| 多维人文学术研究丛书 |

汉语人称代词流变

陈翠珠 | 著

中国书籍出版社
China Book Press

图书在版编目（CIP）数据

汉语人称代词流变/陈翠珠著． —北京：中国书籍出版社，2020.1

ISBN 978－7－5068－7691－9

Ⅰ．①汉… Ⅱ．①陈… Ⅲ．①汉语—人称—代词—研究 Ⅳ．①H146.2

中国版本图书馆 CIP 数据核字（2019）第 291135 号

汉语人称代词流变

陈翠珠 著

责任编辑	姚 红 刘 娜
责任印制	孙马飞 马 芝
封面设计	中联华文
出版发行	中国书籍出版社
地　　址	北京市丰台区三路居路 97 号（邮编：100073）
电　　话	（010）52257143（总编室）　（010）52257140（发行部）
电子邮箱	eo@ chinabp. com. cn
经　　销	全国新华书店
印　　刷	三河市华东印刷有限公司
开　　本	710 毫米×1000 毫米　1/16
字　　数	350 千字
印　　张	19.5
版　　次	2020 年 1 月第 1 版　2020 年 1 月第 1 次印刷
书　　号	ISBN 978－7－5068－7691－9
定　　价	99.00 元

版权所有　翻印必究

前　言

自从我国第一部语法专著——马建忠先生的《马氏文通》1898年问世后，一代又一代的语言文字学界前辈们在他们的著作中对人称代词都做了探讨。马建忠、黎锦熙、王力、高名凯、吕叔湘、向熹、周法高等汉语研究巨擘在他们的著作中都从汉语史的历时角度对汉语人称代词进行了不同程度的考察。除了汉语学界大家们在自己的语法研究论著中的研究外，还有一些学者也从语法、语用等不同角度对人称代词做了考察，出现了众多零星的、对某一专书中人称代词研究和对某一小类人称代词研究的论文，有少数文章则是从语用和修辞角度来探讨人称代词，或者对人称代词作跨语言的对比。可以说，在历代学者的共同努力下，人称代词的研究已经结出了丰硕的成果。

马建忠《马氏文通》（1898），黎锦熙《新著国语文法》（1924），王力《汉语史稿》（1958），太田辰夫《中国语历史文法》（1958），高名凯《汉语语法论》（1986），王力《汉语语法史》（1989），吕叔湘《近代汉语指代词》（1985）、《吕叔湘自选集》（1989），向熹《简明汉语史》（1990），周法高《中国古代语法·称代编》（1990），胡明扬主编的《词类问题考察》（1996），俞光中、植田均《近代汉语语法研究》（1999），许仰民《汉语语法新编》（2001）等，他们从语法研究视角对人称代词作较深入的研究。

王力先生的《汉语史稿》（1958）从汉语史学角度，从意义、语音和语法功能等方面对上古、中古和近、现代汉语中的主要人称代词进行了较为详尽的考察，是一部重要的汉语语法文献。

周法高先生的《中国古代语法·称代编》（1990）是考论古代汉语人

称代词较为专门化的一部专著。它探讨了代词的转变以及代词"位"和"序"的问题，它将第三身代词和指示代词并在一个章节进行论述，并将现在所说的反身称代词"自、己、身"称为"复指代词"，将"所"和"者"称为"代词性助词"，将"人、某、或"称为"无定代词"，将"相、见"称为"互指代词"和"偏指代词"……也是一部很值得关注的古代汉语语法研究著作。

崔希亮《人称代词及其称谓系功能》（2000）探讨了人称代词的称谓功能，并指出："其实人称可以作为一种特殊的称谓形式看待，第一个理由是人称代词除了具有指代功能外还有称谓功能，第二个理由是在汉语人称代词的发展史上我们可以看到许多人称代词与称谓有密切的关系，有些人称代词就是称谓语变来的，如上古的第二人称'子''公'，中古的第一人称'奴''妾''儿''老子'，第二人称'君''卿''先生'。实际上这是最常见的、使用频率很高的称谓形式。"这给我们提出了一个人称代词和称谓形式的关系究竟应该如何定位的问题。

近几年还涌现出一些关于人称代词的硕士论文，主要有：贾英敏《官话方言中的人称代词研究》（2003）、翟颖华《现代汉语旁称代词研究》（2005）、胡伟《秦简人称代词研究》（2005）、苗太琴《〈搜神记〉人称代词研究》（2006）等。它们也对汉语人称代词的局部和专书中的人称代词做了深入细致的考查分析。

在汉语人称代词发展的研究文献中，俞理明的《汉语人称代词内部系统的历史发展》（《古汉语研究》，1999年第2期）一文视角比较独特。它将汉语人称代词分为两大部分：一是指称第一、二、三人称的三身代词，表示对话时人与人之间的客观关系，这种关系不因说话主体的不同和时间的变换而改变；二是指称话题中心人物、非中心人物和表示遍指的话题人物代词，表示主观的指称对象，在交谈时这类代词的指称对象随发话人的主观愿望或话题而定，可因需要而改变。说话人要强调的、位于话题中心位置的人，就用己称，如"自己"；与此相反，处于陪衬地位、不被强调或被故意淡化的人，就用旁称，如"别人"；遍指话题涉及的人，就用统称，如"大家"。

另外，汉语非常注重"意合"（parataxis），缺少逻辑关系表征词，缺乏时态、人称等形态变化，也没有特别显性的词类特征可以提供语义信息，句法成分之间的语义关系也无法用形态标志加以显现。人称代词也如此，其语义解码常常得凭借语境及语感来完成。关于语境中的人称代词研究，有王桂安的《论"人称代词活用"》（1995）、陈辉与陈国华的《人称指示视点的选择及其语用原则》（2001）、肖灵的硕士论文《言语行为中的人称代词》（2003年）等。

王桂安《论"人称代词活用"》（1995）从字面意义虚化和"数""身"换指的角度描绘"人称代词活用"，揭示出"人称代词活用"的特殊性——语境义明显地受字面意义制约，并探讨了语境义获得的途径。

陈辉、陈国华《人称指示视点的选择及其语用原则》（2001）通过研究说话者在听话者面前指称第三者时选择视点的情况，提出人称视点的选择至少受两条语用原则的支配：亲疏原则和地位原则。另外还会因为受到文化传统、说话动机、话语照应等因素的影响而出现违背上述语用原则的情况。

肖灵的硕士论文《言语行为中的人称代词》（2003年）将人称代词放在动态的言语行为中进行研究，分析了言语行为的结构、语言的语言功能与语言的元语言功能，认为人称代词具有角色分配的元语言功能，并且这种功能正是人称代词的本原功能。文章具体分析了人称代词"我、你"的自指功能，认为第一、二人称代词正是通过自指而实现了角色分配的本原功能。分析了"他"的同指功能，指出第三人称代词句内同指具有单向性。

胡树裕《现代汉语》（1995）指出："值得注意的是三类代词（指人称代词、指示代词、疑问代词——笔者按）都可以活用，这就是代词的虚指用法。"其实汉语人称代词的活用不仅有虚指，还有人称转指、数的变异、词性变异、指称暗示等，一些文章对这些问题作了不同程度的探讨。

另有戴志军《现代汉语人称代词系统的语用认知研究》（2006）从视角转换和心理视域的角度对汉语的人称代词系统进行语用和认知方面的研究；曾卫军《人称代词的虚化及其语法化解释》（2007）探讨了人称代词由实词到虚词再到只有语用功能的附着形式的语法化过程，并指出这一过程遵循语法化的渐变性、单向性、并存性原则，体现了现代汉语口语中人

3

称代词发展的趋向；张春泉《第一人称代词的虚指及其心理动因》（2005）将对第一人称代词"我（们）""咱"的描写和解释结合起来考察其虚指作用和心理动因。

在人称代词的语用研究上，主要涉及的是语用中的一些原则，诸如格莱斯（H. P. Grice）的合作原则（cooperative principle），布朗和列文森（Brown & Levinson, 1978）以及利奇（Leech, 1983）的礼貌原则，我国学者束定芳（1989）的自我保护原则以及其他原则和策略。

人们在交际活动中常常通过对合作原则的违背，以达到对礼貌原则和自我保护原则的遵守或实现特殊的交际目的。这也是汉语人称代词在交际语用中经常使用的策略。

可以说，汉语人称代词及活用变异研究仍有着较大的空间以及理论、实际意义。

此书再版，广结同道，抛砖引玉！

序

　　再次翻阅陈翠珠博士的《汉语人称代词流变》，我仿佛开启一瓶美酒，醇香飘来，却又内蕴内敛，顿感灵气乍现，师心精论，甚感欣慰。这本书，是陈翠珠博士把三年前的博士论文不断修改完善而成的，比之三年前的博士论文，更具精化运迹和去粗取精之君子笔法。

　　二十年前，陈翠珠在读本科时，师从我学习修辞学，九年前，她已是副教授，带着理论深化的渴望，她又重新考入母校攻读硕士学位，师从我学习"艺术语言学""现代汉语专题研究""现代修辞学研究""中国修辞学史"等学位课程。她对每一门学位课程都深研细品，体现了良好的家学渊源和学术特质；而学研之余，她又是个敏锐知性、坦荡率真、善解人意、举止有度的好班长，给所有老师留下了深刻美好的印象。两年后，她提前硕士毕业，考入了华中师范大学语言研究所，师从我攻读博士学位，主攻语言学及应用语言学专业的语用方向。选择对汉语人称代词进行研究，对她来说是一个大的学术转向，但也是一个轻松的转向。因为，陈翠珠博士的汉语言文化功底和古汉语功底，作为导师的我是从不怀疑的；她的灵气和细腻，更是让我十二分地放心。

　　陈翠珠博士是在经过了长时间的学术运思之后，选取对汉语人称代词的考论作为研究课题的。她查阅和分析了大量的古汉语和现代汉语语料，用历时研究方法理清了汉语人称代词的演化线索，突出了历史的线索和对考论的阐释，在谨严的论述中偶见风趣幽默的火花闪现。

　　汉语中的人称代词，是汉语词类中最常用的一类，只要能讲汉语的人几乎都在运用。但是，《汉语人称代词流变》通过历时词汇学的考论，普通的人称代词被撒上了理论的金粉，使人们能够从中深深品味到人称代词演变的历史文化内涵，也重新认识了汉语人称代词的独特内蕴。

　　语言学的研究，其实是对人类语言行为和心理行为的研究。《汉语人称代词流变》以历时考察为纵轴，展开了横向的共时研究，进一步系统、深入地考察研究汉语从古至今所使用的人称代词的发展演变及其语法化历程，又从共时的角度探讨了人称代词的分布情况及各自存在的依据。同时，又从语用和文化的角度，考察了汉语人称代词的语用特征和对语境的适切条件，使人们从中感受到汉语人称代词演变过程中特有的语用行为和微妙的心理行为。

　　作者经过认真的考察研究，将汉语人称代词分为典型人称代词、话题人物代词和非典型人称代词三大类十一小类，提出了人称代词形成和发展的动态观点，指出"谦称、敬称代词和傲称代词就是称谓名词向人称代词发展过程中的中间状态"，并对上述观点用了较大篇幅进行了详尽的考论。可以说，这是有着一定创建性的。在汉语学界，一直就没有一个权威的声音将人称代词这个普通、常用的词类划定基本范围，各种意见、观点一直各自为政，辞书编撰也莫衷一是。陈翠珠博士为学界对汉语人称代词的"无政府状态"给出了一个说法，还特别论述了汉语人称代词的活用和变异。我们认为，《汉语人称代词流变》的理论建构不独是静态的，更主要是具有穿透力的。它使人读后深感其启示性、思辨性和灵活性，更体现了理论的生态性。

　　我们认为，语言学的生命在于对语言研究的"生态化"，即对语言"生态化"的揭示。语言本身就是活的、生态的，它不是静止不变的。语言的"生态化"，就是运用灵活的生态系统的思维和方法认识人类语言行为活动，目的是通过革新化的研究方法和理论，使语言学具有永恒的活力，以生态化理论作为支撑，改变单一化的研究方法，本真而又灵动地研究语言，提高理论的科学性，增强理论的论证效果，给人以新颖、调达的感觉而又具有很强的学理性。陈翠珠博士的《汉语人称代词流变》正是具备这样一种语言生态特性的著作。

　　可以说，《汉语人称代词流变》以其广阔的理论视野、动态的整体把握的研究方法，展示了人称代词研究的新成果。传统的静态研究和新的动态研究的融合，使其研究具有了跨越时空的包容气度，清新而余味绵远。

骆小所

2019年11月，于昆明文华苑

（骆小所，教授，博士生导师，云南师范大学原校长，泰国坎查纳布里皇家大学名誉校长，世界汉语教学学会常务理事，中国教育部督导委员会特聘专家。）

目 录
CONTENTS

第一章　人称代词略论 ·· 1
  1.1　什么是人称代词（Personal Pronoun）　1
  1.2　人称代词与称谓词（Appellation）　3
  1.3　谦敬辞与倨傲辞　6
  1.4　人称代词的分类　8

第二章　典型人称代词 ·· 11
  2.1　自称代词　11
    2.1.1　"我""吾""余""予""朕"　12
    2.1.2　卬、台、言　53
    2.1.3　侬（侬家、阿侬）　57
    2.1.4　身、老身　61
    2.1.5　咱和咱（喒、偺）　63
    2.1.6　俺、洒家　68
    2.1.7　某、某甲和某乙　72
    2.1.8　小结　77
  2.2　对称代词　78
    2.2.1　女（rǔ）和汝　79
    2.2.2　尔（爾、尒）——轻贱之称　82
    2.2.3　而——亲密对称代词　84
    2.2.4　若——蔑称代词　86
    2.2.5　乃（廼）——典雅对称代词　88
    2.2.6　戎——《诗经》特有的对称代词　90
    2.2.7　你（伱）、妳　90

2.2.8 您、恁 94
2.2.9 小结 100
2.3 他称代词 100
2.3.1 "厥（jué）"与"其" 101
2.3.2 之 105
2.3.3 彼 107
2.3.4 诸 109
2.3.5 夫 111
2.3.6 渠 112
2.3.7 伊、伊家 114
2.3.8 佗、他、她、它 119
2.3.9 祂（tā） 130
2.3.10 怹（tān） 130
2.3.11 小结 131

第三章 话题人物代词 ……………………………………………… 133
3.1 反身称代词 133
3.1.1 自 133
3.1.2 己 134
3.1.3 身 135
3.1.4 躬 136
3.1.5 自己（自个儿） 137
3.2 旁称代词 141
3.2.1 人 141
3.2.2 人家与别人、旁人 142
3.3 统称代词 150
3.3.1 诸位 150
3.3.2 列位 153
3.3.3 各位与众位 155
3.3.4 大家（大伙儿、大家伙儿） 158
3.3.5 彼此与各自 163
3.4 无定代词 166
3.4.1 肯定性无定代词——"或""有" 166

3.4.2　否定性无定代词——"莫"和"无"　169
　3.5　隐名代词"某"和"甲、乙、丙、丁"　173
　3.6　小结　176

第四章　非典型人称代词　···　179
　4.1　谦称代词　180
　　4.1.1　王侯谦称　181
　　4.1.2　臣下谦称　186
　　4.1.3　女性专用谦称——妾与奴　196
　　4.1.4　读书人谦称　206
　　4.1.5　老者谦称　209
　　4.1.6　平民谦称　211
　　4.1.7　小结　219
　4.2　傲称代词　219
　4.3　尊称代词　222
　　4.3.1　公、子、吾子、君、卿　222
　　4.3.2　官、仁、尊（尊家）　232
　　4.3.3　陛下、殿下、足下、阁下、执事、左右　235
　　4.3.4　小结　243

第五章　人称代词的变异使用与发展　····································　244
　5.1　汉语人称代词的变异使用　244
　　5.1.1　人称转指　245
　　5.1.2　数的变异　253
　　5.1.3　词性变异　254
　　5.1.4　指称泛化和虚化　255
　5.2　"你"和"他（它）"的语法化　256
　　5.2.1　"你"的虚化　257
　　5.2.2　"他（它）"的语法化　259
　5.3　人称代词的暗示功能　262
　5.4　人称代词的网络变体——"偶（们）"　263
　5.5　小结　264

第六章 结 语 · 265

6.1 系统外围考察结论 265
- 6.1.1 人称代词的概念及其范围的确定 265
- 6.1.2 人称代词和称谓名词的关系 266

6.2 系统内部考察结论 267
- 6.2.1 人称代词考察结论 267
- 6.2.2 人称代词的活用变异 279
- 6.2.3 人称代词的发展演变 281
- 6.2.4 相关问题思考 282

参考文献 284

后记 292

第一章　人称代词略论

1.1　什么是人称代词（Personal Pronoun）

人称代词是汉语中一个非常重要而又相对封闭的系统。它和指示代词、疑问代词一样，都具有特殊的"游移泛代性"①。对于"人称代词"的界定，大多数人称代词研究文献都选择了避而不谈，只有少数文献作出了粗泛的解释：

其一，罗竹风主编的《汉语大词典》："人称：语法范畴之一。通过一定的语法形式表示行为、动作是属于谁的。属于说话人的为第一人称，属于听话人的为第二人称，属于说话人听话人之外的是第三人称。"②

其二，李佐丰《古代汉语语法学》："人称代词是指代言语交际双方的代词，通常只有称代作用，不用来指示。……人称代词有自称、对称和己称等。"

其三，许仰民《古汉语语法新编》："代替人或事物的名称的一类词，叫人称代词。依其所表语法意义，可以分为第一人称代词、第二人称代词、第三人称代词、无定代词、约指代词和旁指代词等六种。"

第一种解释稍具体一些，但有些令人费解。因为，如其所言，"行为、动作""属于说话人的为第一人称"，究竟什么为第一人称？这里明显是缺少了一个很重要的主语中心词的。同理，"行为、动作""属于听话人的为第二人称"，"行为、动作""属于说话人听话人之外的为第三人称"，这样的解释显然由于缺少了一个很重要的主语中心词而令人难以理解。

第二种解释准确地抓住了"言语交际"这一典型的人称代词语用环境，也

---

①　邢福义《汉语语法三百问》，北京：商务印书馆，2004年。
②　罗竹风主编《汉语大词典》，上海：上海辞书出版社，1986年。

注意到了人称代词的称代功能，但李佐丰先生所讲的人称代词只是古代汉语中的人称代词，强调所代指的只是"言语交际双方"，因而其人称代词只有"自称、对称和己称"三种。这样的解释虽然有其道理，但仍然不符合人称代词的实际情况。上古汉语中的第三身人称代词虽然不像第一、第二身人称代词那样清晰显著，"他""她""它"等他称代词到近代以后才产生，但毕竟存在从别的语法成分发展而来的第三身人称代词"之、其、彼、夫"等，这是不能够忽略不计的。

　　第三种解释注意到了人称代词的名词替代功能，但也同样有可商榷之处：一是"代替人或事物的名称的一类词，叫人称代词"，那么，可以代替人和事物的"这""那""那些"等词是人称代词吗？显然这里缺少了一个很关键的条件——所代替的必须是言语交际的参与者或与之相关联（言语交际双方谈及）的第三方；二是这一定义之下的人称代词分类（六分法）是否科学？至少它漏了"反身代词"这一不可忽视的小类，因而明显不够完备。

　　由于人称代词的概念不够清晰，有些研究文章中出现了较大的混乱，有的人甚至把社会称谓也作为人称代词来考察，完全理不清二者的关系。因此，我们需要对"人称代词"这一概念做一个较为全面清晰的梳理，否则研究人称代词就会越谈越乱。

　　人称代词是在语用的经济原则和主体中心原则之下产生的一类特殊代词，它的基本功能是称呼和代替，在语用学中也称为"人称指示语"，指用话语传达信息时对相关角色的指代称呼，包括说话人、听话人以及说话人和听话人以外所涉及的人。它首先是具有称代功能的词；其次，既然人类的交际（包括现场和非现场的交际以及虚拟交际）客观地存在着对话的双方和不在场的第三方，那么人称代词就不只是"指代言语交际双方的代词"，而且指代不参与言语交际却相关联的第三方；再次，人称代词与语境有着密切的关系。人类的交际是在一定的社会文化语境中的交际，人们的称谓用语带有浓重的社会历史特征和民族文化色彩，除了典型通用的人称代词外，还有蕴涵浓重社会历史与民族文化色彩的谦敬人称代词和倨傲人称代词等。

　　给人称代词下一个准确完整的定义是极其困难的，我们可以尝试着这样定义人称代词：

　　人称代词，是在言语交际中代替交际双方和相关联（言语交际双方谈及）的第三方的名称的一类词。

　　这里的"言语交际"，包括具有当场性和非当场性的言语交际（如现场对话、电话交谈、网络聊天、短信息沟通等）和具有交际虚拟性的书面言语交际

（如信函往来、文学作品中的叙述与对话等）。文学作品中的叙述也是一种虚拟的言语交际，作者一般选取一个叙述角度对交际对象"读者"进行虚拟交际。人称代词的使用还与语言中心视点的选择定位（即叙述角度的选择定位）有关。

"人称代词"的称代范围很广，包括当场和非当场的言语交际中关涉到的发话人、受话人以及他们双方或一方谈及的所有人，用以代替这些人的名称的代词就是人称代词。

需要注意的是：一个词意义等于人称代词，不等于它就是人称代词，而要看它的称代凝固性和约定俗成性。偶尔、临时的用法不能形成人称代词。

1.2 人称代词与称谓词（Appellation）

人称代词与称谓词既不被人们认可为同类，二者又时常模糊人们的认知界限。不少研究者将一些人称代词纳入称谓形式来研究，如程邦雄《论语中的称谓与避讳研究》把语言中的称谓分为"名字称""代词称"和"其他称"三类来考察。崔希亮《人称代词及其称谓功能》也认为："其实人称可以作为一种特殊的称谓形式看待，第一个理由是人称代词除了具有指代功能以外还具有称谓功能，第二个理由是在汉语人称代词的发展史上我们可以看到许多人称代词与称谓有密切的关系，有些人称代词就是称谓词语变来的。"我们比较认可他们的观点，因为无法割裂人称代词和称谓名词之间的深厚渊源。

《现代汉语词典》（2005，第5版）："称谓：人们由于亲属或其他方面的相互关系，以及身份、职业等而得来的名称，如父亲、师傅、厂长等。"可见，称谓是带有浓厚社会属性的名称。要把人称代词和称谓等同起来，人们会觉得勉强；可要把二者割裂来看，人们更觉为难。人称代词除了具有指代功能之外，还具有称谓功能；称谓词除了具有名词的功能外，也有一定的称代功能。另外，许多人称代词都是由其他词（主要是名词和称谓词）演变而来，包括"我""你""他"也不例外。"我"由"兵器"之意发展而来；作为"你"字前身的"爾"原来是缠绕蚕丝的架子，后又引申出繁盛之意，再被借用为对称代词；"他"本义"负担"，同"佗"，小篆形似一人背负东西的样子，后来用为甄别代词（pronoun of discrimination），再进一步发展为他称代词。最典型的要数自称代词"奴"，它先指女奴，后男、女奴皆指，后来多表示男性，再与后来产生的、专表示女性奴仆的"婢"结合成为表示奴仆身份的"奴婢"（均为名词），再演变而为纯粹表示女子自称的第一人称代词"奴""阿奴""奴家""奴奴"。

例如：

周《尚书·泰誓下》："崇信奸回，放黜师保，屏弃典刑，囚**奴**正士，郊社不修，宗庙不享，作奇技淫巧以悦妇人。"（奴隶）

六朝小说《搜神后记》："我向载人船来，不与共牵，**奴**便欲打我。"（奴仆）

唐佛经《入唐求法巡礼行记》"所畜奴婢，僧许留**奴**一人，尼许留婢二人，馀各任本家收管。"（奴：男奴。奴婢：男女奴仆）

唐小说《大唐新语》："则天朝，**奴婢**多通外人，辄罗告其主，以求官赏。"（奴婢：男女奴仆）

五代《敦煌变文集新书》："远指白云呼且住，听**奴**一曲别乡关。"（我，女子自称）

明小说《二刻拍案惊奇》："**奴**是王府中族姬，被歹人拐来在此的。"（我，女子自称）

汉语中还有许多由称谓词发展而来的人称代词，如"妾""君""卿""子""公"等。可见，人称代词和称谓名词的关系是非常紧密的，这也是许多人将它们混同起来的原因。

从古代汉语发展到现代汉语，人称代词非常丰富，不同人称代词属于不同的次范畴，具有不同的语用功能。人与人在交际过程中通常使用两种称谓符号：一是指别性符号（人称代词和姓名），不需要跟社会交际联系在一起，一般可以自由使用；二是身份性符号（亲属称谓、谦敬称谓、社交称谓等），根据不同的交际对象和交际目的而交替变换使用，这是言语交际中不可缺少的部分。

由此可见，人称代词和称谓名词本是不同的概念。人称代词是基于语言的经济原则用来代替人和事物名称、使交际中的语言变得简省明快的一类代词；称谓名词是基于社会关系用来称呼社会网络中的各类关系人的一类名词。

我们认为，人称代词和称谓名词的界限是非常清楚的，只是因为借用现象才造成了交叉。二者交叉的部分属于兼类词，是称谓名词向人称代词发展的动态过程中的一种状态。

正如20世纪70年代末吕叔湘在其《汉语语法分析问题》一书中提出的："由于汉语缺少发达的形态，许多语法现象就是渐变而不是顿变，在语法分析上就容易遇到'中间状态'。词和非词（比词小的，比词大的）的界限，词类的界限，各种句子成分的界限，划分起来都难于处处'一刀切'。这是客观事实，无法排除，也不必掩盖。"谦敬称代词和傲称代词就是称谓名词向人称代词发展过程中的"中间状态"。

称谓名词本来是一些身份性符号，在交际中根据不同的交际对象和交际目的而交替变换使用，其中一部分虽然还有着一定的身份性特征和社会标记的烙印，但在发展中其身份性特征有所减弱，被借来用为指别性的人称代词，如"妾、奴、君、卿、子、公、陛下、殿下、足下"等。另外还有一部分人称代词，由名词或形容词组合形式借用而来，它们可以自由独立地用来称代人，如古汉语中的"孤（孤家）、寡人、不谷、哀家"等。这是由于汉语人称代词在谦敬功能的表达上有着明显缺位，于是，古人称人称己都采用礼貌式称谓来填补这种缺位，这些称谓一般是由名词或已经名词化了的组合成分充当，它们同时具有人称代词的功能，人们习惯称之为"尊称""谦称"和"傲称"，这些由宗族社会关系中的专用称谓逐步泛化为全社会的称谓形式，最后固化为称代功能较为确定的人称代词，我们称之为"非典型性人称代词"，它们是人称代词的借用形式。

唐末天台山道士杜光庭《仙传拾遗》中说："杨伯丑……被征入朝，见公卿不为礼，人无贵贱，皆汝之。"可见，在古代，人们就认为用人称代词称呼尊长或平辈是一种没有礼貌的行为。以普通自称代词来自称，在交际中也是很不客气的。这是非典型性人称代词产生的内在需要。

我们把人称代词看作是一种特殊的称谓形式，而将谦称代词、敬称代词和傲称代词看作是人称代词的特殊形式，并将人称代词分为典型人称代词、话题人物代词和非典型人称代词（谦称代词、敬称代词和傲称代词）。

在汉语中，典型人称代词（三身代词）所表示的，是对话时人与人之间的客观关系。交谈时以说话人为基点形成三身关系：第一人称指说话人，第二人称指听话人，第三人称指对话双方以外的相关人。对话双方（第一人称和第二人称）相对立，对话双方又与第三人称相对。无论什么时候、什么人说话，这种关系都是明确的。话题人物代词指的是指称话题中心人物、非中心人物和表示遍指的人物的代词，表示主观的指称对象，在交谈时这类代词的指称对象随发话人的主观愿望或话题而定，可因需要而改变。① 说话人要强调的、位于话题中心位置的人，就用己称，如"自己"等；与此相反，处于陪衬地位、不被强调或被故意淡化的人，就用旁称，如"别人"等；遍指话题涉及的人，就用统称，如"大家"等；不确定话题所涉及的人，表示肯定用"或、有"，表示否定用"莫、无"等；不便、不能或不愿意披露话题所涉及的人的名字，就用

---

① 参考俞理明《汉语人称代词内部系统的历史发展》，古汉语研究，1999年第2期。

"某"等。话题人物人称代词包括反身称代词、旁称代词、统称代词、无定代词和隐名代词等。非典型人称代词则是典型人称代词的语用补充式。

这样"认祖归宗"有利于结束称谓词语和人称代词研究的长期混乱局面。

1.3 谦敬辞与倨傲辞

关于谦称尊称的词类归属问题，一直存在两种看法：第一种看法认为是名词，如王力先生指出："谦称和尊称都是名词（或者形容词用如名词）不是代词，所以它们不受代词规律的制约（在否定句中不放在动词前面）；但是从词义上说，它们又表示了'我'或'你'。"① 郭锡良等编著的《古代汉语》和朱振家主编的《古代汉语》都沿用了这个看法。第二种看法认为是人称代词礼貌式，如周秉钧编著的《古汉语纲要》把文言人称代词分成两类，其中第二类是人称代词的礼貌式，包括谦称和尊称，但并没有说明这样分类的理由。

李佐丰在其《古代汉语语法学》中将人称代词分为自称、对称、己称、谦称和敬称四类来研究：

自称：吾、我、予、余、朕。

对称：尔、汝（女）、若、而、乃。

己称：自、己。

谦称和尊称：

①寡人、不穀、孤、臣、下臣、仆、妾、下妾、弟子、小人等；

②公、君、执事、卿、叟、夫子、先生、子、吾子、陛下、大夫、左右、足下等。

崔希亮的《人称代词及其称谓功能》一文将人称代词大致分三个断面来谈，我们用下表加以整理：

---

① 王力主编《古代汉语》，北京：中华书局，1995年，第356页。

年代	第一人称	第二人称	第三人称
上古（先秦两汉）	我、余、予、卬、吾、朕、台、印、辞	女（汝）、乃（廼）、尔（尒、伱、你）、而、戎、若、子、公	夫、彼、之、阙、其、渠、他（它）
中古（魏晋六朝至唐五代）	身、侬、侬家、奴、阿奴、妾、臣、儿、儿家、仆、尔公、老子、某	君、卿、先生、足下	伊
近现代（金元明清至现代）	我、咱、人家	你、您	他、怹、人家

在人称代词研究中，很多学者都像李佐丰先生和崔希亮先生一样，将谦敬称纳入了人称代词来研究，把谦敬称看作一种特殊的人称代词。正如人称代词是称谓词的一种特殊形式，谦敬称也是人称代词的一种特殊形式。因此我们认为，谦称、尊称是"人称代词的礼貌式"的观点更符合汉语的实际。

谦敬词包含谦辞和敬辞。谦辞表示自己的谦恭，一般是有意贬抑自己以抬高对方。广义的谦辞包含甚广，我们在这里主要考论的是用于自称的谦辞，即谦辞中的自称代词，即谦称。如：孤（孤家、孤身）、寡人、不谷（不穀、不毂）、哀家，臣（臣下）、仆（僕）、走、民、鄙（鄙人）、下官（末官、小吏）、卑职、末将、奴才，妾（妾身、贱妾、臣妾），奴（阿奴、奴家、奴奴）、愚（愚生、下愚），晚生、晚学、小生、鄙生、学生，老朽、老拙、老奴、鄙老、小老（小老儿）、老夫，小可、在下、不才、敝人、小人、不佞，等等。敬辞表示对交际的对方的尊敬，其语用意图也是抬高对方以确保交际更加圆满、顺利地进行。广义的敬辞范围也很广，这里主要探讨敬辞中的对称代词，即尊称。如：公、子、君、卿、您（恁）、官、仁、尊、尊家、陛下、殿下、足下、阁下、执事、左右等。本文中，我们将表示谦称的人称代词称为"谦称代词"，相当于"我（们）"；把表示尊称的人称代词称为"尊称代词"，相当于"您（们）"。

但是，还有一类自称代词，它们与谦称相反，并不表示谦恭，而是表示倨傲，如尔公、乃公、老子、老娘等。这类词在语用中有着自己的特色，不能归并到谦敬称中，本文将它们称作"傲称代词"，与"谦称代词"相对，它们都表示自称，相当于"我"。如：

愚鬼弄**尔公**。（北宋小说《太平广记》）

老者答道："你不认识**老子**啦？"（清小说《三侠剑》）

你这瘦骨书生，不将你打破头颅，斩去脚骨，不知**老子**的本事！（清小说《乾隆南巡记》）

我今日与你定个雌雄，拼个死活，你才认得我**老娘**来！（明小说《三宝太监西洋记》）

老娘也不消三智五猜，只一智便猜个十分。（明小说《水浒全传》）

你错认了**老娘**，**老娘**不是个饶人的。（明小说《金瓶梅》）

你快去把顺刀取出来，**老娘**好去办事。（清小说《施公案》）

事实上，谦敬称和傲称都不是纯粹的人称代词，它们除了具有人称代词的称代属性外，还具有鲜明的名词属性。但如果将它们归入名词，其称代功能又使得它们与一般名词有着明显区别——即在某一具体语境中表意上等于"我"或"您"。它们称代用法较为频繁，但大多脱离该语境就是一个普通名词。所以我们把这些词称为典型人称代词的"语用补充式"。它们的这种双重属性使得人称代词和称谓性名词的界限出现了一定的模糊和甄别困难。但是，我们已经看到，表示谦抑和倨傲的自称代词和表示尊崇的对称代词，与具有称谓功能的名词之间有着一种切不断的内在联系；谦敬称和傲称，是借用了具有称谓功能的名词产生和发展而来的，其意义上的联系也非常明显。所以，我们可以把谦称代词、傲称代词和尊称代词看作是具有称谓功能的人称代词借用形式，它们不同于其他名词，又不受某些代词规律的制约，是一种特殊的人称代词。

1.4 人称代词的分类

汉语人称代词有多种分类，对人称代词的认识不同，分类也就不同。较典型的分类主要有以下几种：

第一，以高名凯、吕叔湘、杨伯峻、何乐士等为代表的"三分法"。高名凯将人称代词分为第一身人称代词、第二身人称代词、第三身人称代词。[①] 这一分法主要探讨通用人称代词，除"您"和"恁"外，基本未谈及谦敬辞和倨傲

[①] 高明凯《汉语语法论》，商务印书馆，1986年10月，第123页；王力《汉语语法史》，商务印书馆，1989年4月，第41页；吕叔湘《吕叔湘自选集》，上海教育出版社，1989年8月，第211页。

辞。杨伯峻、何乐士（1992）把古代汉语中的人称代词分作自称、对称和他称三种，与高名凯先生和吕叔湘先生的分法基本对应一致。王力先生在《汉语语法史》中也采用三分人称法，但谈到了"有人称代词作用的尊称和谦称"、反身代词"自"和"相"、无定代词"莫"和"或"等问题。后人一般将三身代词称为第一人称代词、第二人称代词、第三人称代词。"三分法"是人称代词的最传统、最概括的分法，很多语法研究著作都是以这种分类来谈论人称代词的。但这一分法概括而显得笼统，不能将人称代词的细貌反映出来。

第二，以李佐丰先生为代表的"四分法"。这一分法认为人称代词指代的只是言语交际的双方，即说话者和听话者，也可以指代说话者或听话者所在的一方，将人称代词分为自称、对称、己称、谦称和尊称四类，而在"人称代词"之外另立了"他称代词"和"无定代词"两类。这一分法有一定道理，因为汉语的第三人称代词多半都是从别的语法成分发展而来的。但也远不能反映出人称代词的全貌。

第三，黎锦熙先生的"五分法"。在其《新著国语文法》中，黎锦熙先生将人称代词分为五种：①自称：说话的称呼自己（我、我们）；②对称：说话的称呼听话的（你、你们）；③他称：说话的称呼自己和听话以外的（他、他们）；④统称：统括自称、对称两方面，或统括他称（大家、彼此）；⑤复称：复称上面的名、代词（自己、自、亲自、亲身）。这一分法尽管较为详尽，但其叙述和周全程度还是存在某些难以尽如人意之处。

第四，许仰民教授在其《汉语语法新编》中提出的"六分法"。将人称代词依其所表语法意义分为第一人称代词、第二人称代词、第三人称代词、无定代词、约指代词和旁称代词六类。后两类是许仰民教授分类的特点，他所归纳的约指代词只有一个"多"，旁指代词指"他（它、佗）"。许仰民教授指出："古代汉语的约指代词只有'多'一个，指代不定的多数，在句子中一般有先行词，'多'指代其中的多数，可以指代人，也可以指代物，作主语。"（第69页）一个词归为一个类，这并无不可，但不免有些"奢侈"，况且它是"指代不定的多数"。如此说来，将"多"归入"无定代词"类似乎要更"经济"、更科学一些。但我们倾向于将"多"归为约数词。

对旁指代词，许仰民教授这样描述："古代汉语中，'他（它、佗）'是一个旁指代词，指代说话人所谈及的范围以外的人或事，相当于现代汉语中的'别人''别的''旁人''旁的'，在句子中可作定语、宾语，也作主语。"（第70页）光从字面上，"指代说话人所谈及的范围以外的人或事"就值得推敲。至于将"他（它、佗）"列为唯一的"旁指代词"就更应该斟酌了。古代汉语

9

的旁指代词虽然较自称代词和对称代词少，但也绝不是这么单一和简洁的。

据汉语史文献，汉语三身人称代词中第一、第二人称自上古汉语就已是交际中的重要语言成分，且发展得较为完善，而第三人称代词发展不完备，主要是临时借用指示代词"厥、其、之、彼、诸、夫"等来表示第三人称，第三人称代词"伊、渠、他"至中古才形成。

如何给人称代词分类，才能做到既周详又不琐碎呢？

我们在前贤研究的基础上，采用新的"三分法"，将人称代词分为三大类十一小类：典型人称代词（自称代词、对称代词、他称代词）；话题人物代词（反身称代词、旁称代词、无定代词、统称代词和隐名代词）；非典型人称代词（谦称代词、傲称代词和尊称代词）。按照传统，典型的自称代词、对称代词和他称代词又称为"三身代词"。列举如下：

1. **典型人称代词**

①自称代词：我、吾、余、予、朕、卬、台、言、侬（侬家、阿侬）、身、咱、偺（喒、偺）、俺、洒家、某、某甲、某乙。

②对称代词：女、汝、尔（爾、尒）、而、若、乃（迺）、戎、你（妳）。

③他称代词：厥、其、之、彼、诸、夫，渠、伊、伊家，佗、他、她、它（牠）、祂、怹。

2. **话题人物代词**

①反身称代词：自、己、身、躬、自己（自个儿）。

②旁称代词：人、人家、别人、旁人。

③无定代词：或、有、莫、无。

④统称代词：诸位、列位、各位、众位、大家（大伙儿、大家伙儿）、彼此、各自。

⑤隐名代词：某和甲、乙、丙、丁。

3. **非典型人称代词**

①谦称代词：孤（孤家、孤身）、寡人、不谷（不榖、不縠）、哀家，臣（臣下）、仆（僕）、走、民、鄙（鄙人）、下官（末官、小吏）、卑职、末将、奴才、妾（妾身、贱妾、臣妾），奴（阿奴、奴家、奴奴），愚（愚生、愚下、下愚）、晚生、晚学、小生、鄙生、学生、老朽、老拙、老奴、鄙老、小老（小老儿）、老夫、小可、在下、敝人、小人、不才、不佞。

②傲称代词：尔公、乃公、老子、老娘。

③敬称代词：公、子、君、卿、您（恁）、官、仁、尊、尊家、陛下、殿下、足下、阁下、执事、左右。

第二章 典型人称代词

在汉语中，典型人称代词（三身代词）所表示的，是对话时人与人之间的客观关系。交谈时以说话人为基点形成三身关系：第一人称指说话人，第二人称指听话人，第三人称指对话双方谈到的其他人，对话的双方相对立，对话双方又与第三人称相对立。它们体现人物之间的客观关系。无论什么时候、什么人说话，这种关系都是明确的、不言而喻的。

典型人称代词包括自称代词、对称代词和他称代词三类。

2.1　自称代词

自称代词是汉语人称代词中最复杂的一个分支，主要有：我、吾、余、予（yú）、朕、卬（áng）、台（yí）、言、侬（侬家、阿侬）、身、咱、偺（zǎn，喒、偺）、俺、洒家、某、某甲、某乙等。

祝中熹先生在《先秦第一人称代词初探》中指出：第一人称代词最初是一元的，其始元是"我"字。由于假借，形成了字形的多元；由于声转，形成了字音的多元。第二人称代词亦如此：现代汉语中 r 声母及 er 韵母的字，在上古音系里原都读为 n 声母。若、汝、而、尔、乃，本都是同音的，后演变为现代汉语的"你"，复归于一元。这种认识不无道理。汉语的自称代词、对称代词和他称代词表面看虽然其内部复杂多样，实际上它们之间是有着一定的渊源和瓜葛的。

在所有自称代词中，"我"出现最早，在甲骨文中就已多见，延续时间也最长，历经三四千年而不衰，并最终取代了其他同义自称代词，取得了不可替代的主体地位。而其他自称代词则在历史长河中由应运而生到大浪淘沙，最后大多都成了漫长的汉语发展史上的一个历史性的语言符号，发出最后的叹息然后消隐了踪迹；少数则被挤到广袤汉语的一隅，观看汉语舞台上主体自称代词"我"的辉煌演出。

20世纪40年代中期，贺昌群先生对时代与传统的复杂关系就作出了精辟的认识："每一时代皆有时代之特性，当其特性在发展之时，往往与其前一代之传统势力，发生参差之反应作用，申言之，即必然继承其传统之一部分，同时革弃其传统之另一部分，复增入其新异之部分，此历史演变之恒律也。"其实，汉语人称代词的发展演变规律也同此。

2.1.1 "我""吾""余""予""朕"

在上古，"我""吾""余""予""朕"是最常用的五个自称代词。它们有的可以同现，有的则处于历时线性状态。概略地观察甲骨文诸多意思较完整的语句可以发现，其大致情况以用"我"为主，兼用"余"，偶用"朕"。此后，金文以用"朕""余"为主，兼用"我"；《周易》《尚书》以用"我""予"为主，兼用"朕"，偶见"吾"；《诗经》以用"我"为主，兼用"予"，偶用"余""朕"；《左传》《国语》以用"我""吾"为主，兼用"余"，偶用"予"；《论语》以用"吾"为主，兼用"我""予"；《孟子》以用"我""吾"为主，兼用"予"；《楚辞》以用"余""吾"为主，兼用"我""予"，偶用"朕"。引人注意的是，西周金文不用"予""吾"；《尚书》不用"余"；《诗经》不用"吾"；《左传》《国语》极少用"予"；《论语》《孟子》不用"余"；"朕"在各类文籍中均有用例，但在金文和《尚书》中使用频率较高。但之后的发展中，"我""吾""余""予""朕"的运用却呈现多样化格局。这有许多复杂因素介入其中，如社会政治格局变化多样，语言文化政策主导不一，还有文体的选择、作家（说话主体）的语言风格的差别等。下面我们分成三块来进行探究。

2.1.1.1 源流"我""吾"

古汉语中常用的自称代词"吾"和"我"，无论是在语义上还是在用法上都有着极大的相似之处，但是两者又有着种种细小、微妙而又不容忽视的差异，通常不能替换使用。

"我"的起源早于"吾"。早期甲骨文和铭文（如《毛公鼎铭文》和《小孟鼎铭文》）中只有"我"而不见"吾"；《尚书》《周易》中"我"很普遍，但极少见"吾"，《周易》中出现"我""吾"同现一例："我有好爵，吾与尔靡之"；春秋之后，出现二者并行趋势，在《左传》《战国策》《楚辞》中尤为突出。这种状况历经战国、西汉、东汉，一直延续到魏晋南北朝时期。魏晋南北朝之后一直到宋代，出现了新情况：宋文中"吾"的使用频率超过了"我"，时见二者同现用例。宋代话本中则只见"我"而不见"吾"的用例；元代的小令、散曲中，多用"我"自称，偶见"吾"的用例，如马致远〔双调·夜行船〕《秋思》中的尾曲〔离亭宴煞〕："人问我顽童记者：便北海探**吾**来，道东篱醉了也。"戏剧中出现大量的自称代词"俺"；明代的自称代词呈现较复杂的情况："吾、我、予、余"并用，叙述多用"予、余"，而对话中常用"吾、我"（主、定语用吾，宾语用我；与"子"对举时均用吾）。总体来看，"我"的运用比"吾"和"予"少得多。发展到清代，自称代词以"我"为主，也见"吾、余、予"。"我"可作主、定、宾语，"吾"主要作主、定语，多见于老者对话中。"我、吾"可同现于同一文章，如蒲松龄《聊斋志异》；吴敬梓《儒林外史》中则全不见"吾"的用例，偶见自称代词"俺"。从民国时期到现代汉语中，汉语自称代词基本用"我"而不再用"吾"，只在一些拟古作品和个别清朝遗老的书面语中才见得到它的身影。这标志着"我"已全面代替了"吾"，结束了"吾、我"联合又抗衡的历史，"我"成为汉语自称代词的主流。

由此可看出，"我""吾"的发展经历了这样一个过程：

只有"我"没有"吾"（殷商时期甲骨文铭文）→出现"吾"，但以"我"为主（周代）→"我""吾"并行，使用频率大致相当（春秋、战国、汉代）→书面语"吾"的使用频率超过"我"，口语化文体中（如宋代话本）则基本用"我"不用"吾"（宋代）→以"我"为主，偶见"吾"（元代）→"我""吾"并用，但"我"的运用大大少于"吾"（明代）→以"我"为主，偶见"吾"（清代）→"吾"在当世消亡，只在清朝遗老的书面语和今人拟古时才出现，"我"全面取代"吾"获得主体地位（民国时期、现代）。

东汉许慎《说文解字·我部》指出："我，古杀字。"宋代郑樵《通志·六书略二·会意》也说："我……我也，戌戚也，戌也，皆从戈，有杀伐之义。"春秋《墨子》有"故有我有杀彼以**我**"的用例，显然其中后一个"我"为兵器、武器之意。《尚书·泰誓中》"我伐用张"，在《孟子·滕文公下》中即作"杀伐用张"，这表明"我"又为"古杀字"，名词动用。李孝定《甲骨文字集释》认为："契文'我'象兵器之形，以其秘似戈，故与'戈'同，非'从戈'也。卜辞均假为施身自谓之词。"按照字义发展的规律，"我"的最初意义当是兵器、武器，又引申出持戈守禾、武装守土以及杀伐之意，后来本义和引申义逐渐消失，假借为"施身自谓"的自称代词。不过，假借的自称代词"我"，也不可割离地与其本义保留着或多或少的联系："我"时常表示"我方""我军""我国"等意义（尤其在上古时期），这是其他自称代词所不具备的。如：

《墨子》："吾恐齐之攻<u>我</u>也。"
《左传·庄公十年》："春，齐师伐<u>我</u>。"
《史记·战国策》："今吾攻管而不下，则秦兵及<u>我</u>，社稷必危矣。"
《汉书·李广传》："虏亦不得犯<u>我</u>。"

现代汉语中也有"人不犯<u>我</u>，<u>我</u>不犯人；人若犯<u>我</u>，<u>我</u>必犯人"的说法。

无独有偶，像"我"一样，"吾"的本义也是防御的"御"，都是武装防御的意思。《后汉书·光武帝纪上》注和《广韵·模韵》均解释："吾，御也。"《墨子·公输》："厚攻则厚<u>吾</u>，薄攻则薄<u>吾</u>。"这里的两个"吾"，都不可能是自称。孙诒让《墨子闲诂》认为："'吾'当为'圄'之省。"《说文》："圄，守之也。从口。"汉代有"执金吾"的官名。应劭《汉书·百官公卿表上》云："中尉，秦官，掌徼循京师，武帝太初元年，更名'执金吾'。"颜师古注引应劭的说法："吾者，御也，掌执金革，以御非常。"《续汉书·百官志四》解释"执金吾"说："吾犹御也。"自称的"吾"当由"防御"的"吾"假借而来，经发展，在春秋时期进入了当时的汉民族共同语——雅言，从而成为与"我"并行的自称代词。不仅如此，二者在意义读音上也有着一定的相似之处。

根据王力先生的研究，上古时"我"的韵母是 ai，"吾"的韵母是 a，有一定的相同之处。现在看来发音已经大不相同，当属时代音变。《说文·我部》："我，施身自谓也，或说我顷顿也，或说古垂字，一曰古杀字，凡我之属皆从我。徐锴曰从戈者取戈自持也，五可切。"又说："吾，我自称也。从口五声，五乎切。"虽然二者的产生时间有先后，但可看出它们的读音有一定的同源关系。

有着一定同源关系的"我""吾"成为自称代词后展开了"领地"争夺战。在漫长的汉语发展史上，二者此消彼长，竞争又融合，直到民国以后，"吾"退出历史舞台，"我"成为汉语共同语通行的自称代词。

2.1.1.2 "我""吾"的消长演变

"我""吾"的消与长，由许多复杂因素决定。早期只有"我"没有"吾"，而"我"最初作为一种兵器，由于原始社会的群体生活特征，决定了以"我"保家守土跟自我的责任意识紧密联系，于是将"我"假借为"施身自谓之词"。同样来自周人母语、与"我"有着字音和意义的同源关系的"吾"，产生于西周晚期，到春秋时期也迅速发展起来，于是"我""吾"经历了一个相当长时期的共同繁荣发展、又暗暗较量争锋的过程（春秋、战国、西汉、东汉、魏晋南北朝时期）。

先秦时代，书面语（文）是记录当时口语（言）的，"言""文"一致。由于政治经济文化中心的迁移，秦至西汉时大致以秦晋一带的方言作为标准话，东汉以后又以洛阳一带的方言作为标准话，唐诗的韵律也是以洛阳话为据的。秦汉以后，文人的仿古之风盛行，用词的不规范得以延续，文人以摹仿先秦书面语为时尚，隋唐以后推行科举考试，记录口语的书面语"文言"取得了正统地位，与口语逐渐脱离，"言"与"文"出现分化。汉代以后，"我""吾"在口语中逐渐合一，书面语里"吾"的使用逐渐减少。

东晋以后，"吾"在口语中遭到"我"的排挤。魏晋南北朝以来，"吾"在书面语中的用法逐渐向"我"靠拢，"我""吾"的区别界限开始模糊，它们由单复数皆指转变为只指单数，其中"吾"字的用法依然大致遵守传统的语法规则，而"我"在用法与数量上都有所扩张，有取代其他第一人称代词的趋势，这一点可以从南朝刘义庆的《世说新语》一书得到证明，《世说新语》叙事接近口语，基本上真实地反映了魏晋南北朝时期的汉语面貌，有很高的语料价值，在汉语史上有着不可忽视的地位。

到唐代，叙事性的文体诸如传奇小说、变文俗讲，本已呈活跃的趋势，这为宋代俗文学的兴盛奠定了坚实的基础。宋代城市经济繁荣，出现了专供市民娱乐的勾栏、瓦肆，给说书、杂耍等演员提供了演出场所。语言上，"我""吾"的应用领域出现了明显的分野：雅文学中"吾"的使用频率大大超过"我"，而俗文学（小说、话本等）中则是"我"的使用频率大大超过了"吾"，这是文体的选择。当然这种选择的根源仍在"我""吾"的根本差异上。之前之所以没有出现明显分野，是因为夏商祭祀文化、最早的甲骨文和铜器铭文，西周、东周的巫文化和礼乐文化，春秋、战国的史文化，汉代大赋和乐府诗，魏晋南北朝文学和隋唐五代文学，都属于较为纯正的雅文学。唐代虽出现传奇文学和敦煌通俗文学，但尚未形成俗文学之气候。直到宋代话本的出现和兴盛，俗文学才展开其广阔天地。可以说，采用白话文体的古代文言小说和宋代话本是俗文学成熟的标志。宋代话本开启了我国文学语言的一个新阶段。此后，文言作品的比重在古典文学中逐渐减轻，而白话作品的比重则逐步加重。"我""吾"的分野也是白话文学兴起的一个重要表征。在宋代，说话分为四家，即小说、说经、讲史、合生。到元代，"说话"继续盛行，目前我们所能见到的话本，以讲史居多。当然，和明清两代的小说相比，宋元话本还显粗糙。唐宋以后，口语与书面语的差别逐渐增大，宋文更是出现了口语化倾向。思想家朱熹的弟子所编的《朱子语类》一书，在很大程度上保留了朱熹使用宋代口语洛阳话讲授和谈话的原貌。

北京话成为标准话，始自金朝中期，北京（时称"中都"）成为中国的政治中心。当时带有浓重儿化音的大都话（即燕地方言）成了汉民族的共同语，明清时成了官话，民国时被定为标准话，中华人民共和国成立后被定为汉民族共同语，即普通话。历经几代，都是以逐步口语化为特征的。

元朝是我国历史上第一个由少数民族的统治者建立的统一政权。蒙古铁骑是带着奴隶制时代的野蛮习性进入中原地区的。正如马克思所说，野蛮的征服者自己总是被他们征服的民族的较高文明征服。早在金代，征服了汉人的女真人率先汉化；忽必烈灭宋后，也踏着女真人的足迹，接受了汉族文明。元代文学大致涵盖了从蒙古王朝灭金、统一北中国（1234年）起，到元朝被朱元璋的义军推翻、元顺帝逃离大都（1368年）止，其间约134年。元代文学的一个最大特点是：自宋代开始明显的俗文学和雅文学的分裂局面继续发展，作为俗文学的元杂剧在元代产生、发展、完备和盛行。代表元代文学最高成就的，北有杂剧，南有南戏。王世贞说："北字多而调促，促处见筋；南字少而调缓，缓处见眼。北则辞情多而声情少，南则辞情少而声情多。"（《曲藻》）王骥德又云："南北二曲，譬如同一师承，而顿渐分教；俱为国臣，而文武异科。"来自不同民族、具有不同生活背景的作家接受了汉族文化熏陶，还擅长以汉语进行文学创作，其笔端流露出各式各样的风情格调。西北游牧民族特有的质朴粗犷、豪放率直的性格，注入作品的形象中，使元代的文坛更加多姿多彩。民族杂居，也给汉族文化在固有的基础上注入了新的成分。汉族作家们更是大量吸取少数民族的乐曲，以丰富作品的表现力。徐渭说："北曲盖辽金北鄙杂伐之音，壮伟狠戾，武夫马上之歌，流入中原，遂为民间之日用。"（《南词叙录》）北曲包括蒙古族女真族的乐曲，它们流入中原，为民间接受，也开拓了人们的视野胸襟。

元代的历史是比较短暂的，但元代文学在中国文学发展的过程中，却有划时代的意义：叙事性文学第一次居于文坛的主导地位。元以前的传统文学观念注重"温柔敦厚"，"乐而不淫，哀而不伤"，以简古含蓄为美。宋代梅尧臣主张诗要"含不尽之意，见在言外"（欧阳修《六一诗话》）；张戒反对"诗意浅露，略无余蕴"（《岁寒堂诗话》卷上）；姜夔也称"语贵含蓄"（《白石诗说》），即使被视为豪放的辛派词人，也多有芳草美人寄旨遥深之作。元代文学与这一传统大异其趣。许多作家"显而畅"的做法，恰恰为传统所忌。传统观念认为作品要使人能像嚼橄榄那样回甘；元代许多作品则让人痛快酣畅，魂荡神摇。这是因为，元朝统治集团的上层，来自不同的民族，信仰多元化，加之元代科举考试时行时辍，儒学影响力淡化，仕途失落的知识分子，或为生计，或为抒愤，大量涌向勾栏瓦肆，文坛便掀起波澜。儒生不幸文坛幸，知识分子地位的下降，激发了作家的创作热情，这是促成杂剧发展的重要因素。作家与下层人民的联系更加密切，文学创作赢得了更多的观众、读者，在社会上产生了更为广泛的影响。同时，群众的接受情况，又制约着文学的创作，促进了作家审美观念的变化。凡此种种，都表明元初是一个新的文学发展阶段的开始。

宋元之间的政权剧变，也给人称代词的发展打上了深刻的时代烙印。"元有天下，其教化未必古若也"（《元史·孝友传》）。蒙古族入主中原，元朝统治者接受了汉文化，但要广泛接受另一个民族的书面典籍的影响是不容易的，他们更多的是接受口头语言和一些通俗艺术形式的影响。元代文坛，无论是叙事性还是抒情性的文学创作，均体现出自然酣畅之美，其语言是不事雕琢的，呈现的是鲜活灵动的语言。其语言风格崇尚"本色"，大量运用俗语、俚语，以及衬字、双声、叠韵，生动跳挞，绘声绘色。广泛应用于口语文学中的自称代词"我"在元代的散曲、小令和杂剧中得到了广泛和充分的发展，而宋代广泛应用于书面语的"吾"在元代的各种文学形式中都鲜见应用。同时，兴起于宋代话本小说的另一个自称代词"俺"，在元代也得到了较大发展。这是由于政权更迭、文化转型造成的文化新现象。

在元代文学新变的基础上，明代文学的发展历程，有曲折、有突进，呈现出一种波浪形发展态势。在中国文学的传统观念中，以诗文为代表的雅文学一向是正宗，小说、戏曲等俗文学被视为鄙野之言，甚至是淫邪之辞。明代开国之初，朱元璋制定了压抑通俗文学的政策，永乐、宣德、正统几朝都比较严格地予以执行。随着经济的复苏，精神上贫乏的知识分子在追求仕进和自我平衡的心态中，欣赏一种平稳和谐、雍容典雅的美。生机勃勃的小说、戏曲创作受到了轻视和限制，"台阁体"的诗歌和讴歌富贵、道德、神仙的戏剧泛滥，文学创作导向贵族化、御用化而滑入了低谷。但最高统治者出于自己享乐的需要，也往往自己破坏某些禁令。朱元璋本人就喜欢听评话，也鼓励藩王子孙们寄情于歌舞享乐之中。以后承平日久，荒淫无耻的帝王们在寻欢作乐之余，对小说、戏曲产生了越来越浓厚的兴趣，朝廷大臣、文人名士也开始爱好俗文学，为俗文学地位的提高及其繁荣创造了条件。

在各类通俗文学中，在宋元讲史等话本的基础上发展而成的小说的勃兴最为引人注目。特别是中国古代长篇小说主要的，甚至是唯一的体裁——章回小说的发展和定型，是明代对中国文学作出的最为宝贵的贡献。以《三国志通俗演义》《水浒传》《西游记》《金瓶梅词话》"四大奇书"为主要标志,清晰地展示了长篇小说艺术发展的历程。嘉靖以后,《宝剑记》《鸣凤记》,以及第一次用昆腔曲调写作的《浣纱记》陆续问世,标志着以昆腔为主导的传奇的繁荣时期到来。俗文学的发展,推动、刺激了雅文学向着俗化的方向演变,而俗文学自身也在雅文学的规范、熏陶下趋向雅化。明代文学就在较之前代更为广泛和深入的俗与雅的相互交融、相互促进、相互转化的过程中留下了独特的发展轨迹。大批上层官僚、文人雅士对于俗文学的爱好和投入,双向地推动了俗文学的雅化和雅文学的俗化,尤其是对提高俗文学的社会地位、艺术品位和促进其繁荣起了重要作用。与此同时,俗文学在逐步诗文化、伦理化的过程中,渐渐地用典雅替换了民间的本色和活泼的生机,使戏曲、小说等作品逐渐走向了案头。这样的文学演变,使得明代的自称代词呈现较复杂的情况:"吾、我、予、余"并用,自述多用"予、余",而对话中常用"吾、我"(主、定语用"吾",宾语用"我";与"子"对举时均用"吾")。总体来看,"我"的运用比"吾"和"予"少得多。这是雅俗文学相互交融和转化的独特效应,更是明初朱元璋扬雅抑俗的文学政策导致的直接后果。

明末崇祯十七年(1644),李自成率农民起义军攻陷北京,朱明王朝顷刻崩溃。此时已在东北地区称帝立国号的清朝统治集团,乘机挥军攻入山海关,宣布定都北京(时称大都),揭开了中国最后一个封建王朝的帷幕。清王朝曾一度国势强盛,社会繁荣,版图辽阔,被史家称为"康乾盛世"。清王朝统治者利用明王朝的降臣降将,朝廷的设立悉依明制,并利用汉族的儒家思想控制社会思想文化,定都伊始便摆出了尊孔崇儒的面孔,"修明北监为太学",规定学习《四书》《五经》《性理》诸书,科举考试用八股文,取《四书》《五经》命题(《清史稿》卷八十一"选举一")。

朝廷采用编书和大兴文字狱的方法来控制人民的社会文化思想。搜集全国图书,并做了一次大规模的图书检查:编了很多典籍,也查禁了很多颇有价值的著作。在文字狱的恫吓下,人们承袭了清初学者的治学方法,却丢掉了经世致用的精神,多是不关心当世之务,只埋头于古文献里进行文字训诂、名物的考证、古籍的校勘、辨伪、辑佚等工作。乾隆时期《四库全书》的编纂,在文字、音韵、训诂、金石、地理等学术方面,作出了卓越的贡献,在中国学术史上占有一定的历史地位。

鸦片战争以前的清代文学,上承明中叶以后文学发展的新趋势,又呈现出一种集中国古代文学之大成的景观,各种文体都再度辉煌,蔚为大观,取得不容忽视的成就。中国文学历史悠久,到清代已经经过数度变迁、数度形态各异的辉煌，有着丰厚而多彩的历史积累。社会的和文化的种种背景，造成了清代文学独具的历史特征：清代文学较之以往各代异常繁富，甚至可谓驳杂。一方面是元明以来新兴的小说、戏曲，入清之后依然蓬勃发展，另一方面是元明以来已经呈现弱势的诗、古文，乃至已经衰落下来屈居于陪衬地位的词、骈文，入清之后又重新振兴起来。举凡以往各代曾经盛行过、辉煌过的文学样式，大都在清代文坛上占有一席之地。相当多的作者达到了很高的造诣，写出了许多优秀的乃至堪称珍品、佳构的传世之作，如吴伟业的歌行诗和王士禛的神韵诗，陈维崧的登临怀古词和纳兰性德的出塞悼亡词，洪昇的《长生殿》和孔尚任的《桃花扇》两部戏曲，汪中的骈文《哀盐船文》。文言小说中有蒲松龄的《聊斋志异》，白话章回小说有吴敬梓的《儒林外史》和曹雪芹的《红楼梦》。郭绍虞在其《中国文学批评史·绪论》中论及清代学术之集大成时说："就拿文学来讲，周秦以子称，楚人以骚称，汉人以赋称，魏晋六朝以骈文称，唐人以诗称，宋人以词称，元人以曲称，明人以小说、戏曲或制艺称，至于清代的文学则于上述各种中间，或于上述各种之外，没有一种比较特殊的足以称为清代文学的文学，却也没有一种不成为清代文学的文学。盖由清代文学而言，也是包罗万象而兼有以前各代的特点的。"清代文学可以说是以往各类文体之总汇，呈现出一种蔚为大观的集大成的景象。清代文学也表现出新兴文体的雅化倾向和雅俗并存、互渗的状态，斑驳陆离中闪现出耀眼的光芒。

在斑驳陆离的清代文学中，人称代词系统的发展也显现出相应的特征。自称代词以"我"为主，也见"吾、余、予、俺"。清代的许多传世作品如蒲松龄的《聊斋志异》、吴敬梓的《儒林外史》、纪昀的《阅微草堂笔记》、曹雪芹的《红楼梦》、李汝珍的《镜花缘》、冯梦龙的"三言"、凌濛初的"二拍"、洪昇的《长生殿》和孔尚任的《桃花扇》，等等，其中大多数作品都只用"我"，全不见"吾"的用例；而有的作品中虽可见"吾"，也仅只可用"偶尔"一词形容，主要见于文言小说和诗歌中，在使用频率上远远不能与"我"相提并论。这可谓是清代驳杂文学大背景下，作者根据体裁而对语言的不同选择所致。但不难看出，"我"取代"吾"的趋势已是不可阻挡的了。

民国时期是一个文言与白话交融的时代，也是和文言文学彻底告别的时期，白话文学在民国初期就完成了对中国文学史的重写，当时，从文艺复兴近代现实主义文学到20世纪初现代主义文学，都涌入中国。中国作家对此进行了超越时空的选择，从而使中国文学的文学类型、叙述方式、文体形式等都发生了本质的变化。中国文学从文学观念到艺术形式，从作家流派到出版物，都进行了全面变革。最为引人注目的是：白话被普遍认为是活生生的口语，和僵死的、不自然的文言（从过去继承下来、被强制性地灌输给学校里念书的孩子）正好相反。民国时期，口语的白话化程度已经相当完善。尽管白话小说所用的书面语已经有很长的历史，但在民国以后发展得更臻完善，甚至被扩展到新的文学体裁——诗歌、戏剧和散文，白话文学史在这一时期得以全面展开。经过前期"我""吾"交织交融的过渡发展之后，其中的自称代词基本用"我"而不再用"吾"，只在拟古作品、历史小说、公文文体和个别清朝遗老的书面语中才能瞥见"吾"渐行渐远的背影了。

笔者查阅了当时一些影响较大的报刊，如上海《申报》、天津《大公报》等，除极少数电文中用"吾""吾人"等以示严正外，鲜见自称代词"吾"的用例。尤其《大公报》，针对下层民众的需要，自创刊起就开设了以白话文写作的"附件"专栏，就社会上或日常生活中的所见所闻，阐发一些浅显易懂的道理，这也从侧面反映了民国时期文言和白话交织的现状和特色，"我""吾"的应用也应是有着鲜明文体差异的。我们以《大公报》为例看几段报文。

在1921年4月12日天津《大公报》登载的《孙文等致驻京各使电》（节选）中就多处使用"吾"和"吾人""吾国"。其中"吾人"相当于"我们"，"吾国"即"我国"。

> 夫<u>吾人</u>深感各友邦渴望<u>吾国</u>之统一与和平，<u>吾人</u>尤深谂（shěn）<u>吾国</u>之和平关系于全亚及世界之和平，则<u>吾人</u>不得不深望<u>吾</u>友邦了解真正和平之所在及可以达到统一之真正办法，是关余（注：海关余款。1921年1月，军政府宣布接管辖地之海关，因列强干预未果。时年3月，驻京外交使团决定将伍廷芳上年存入上海汇丰银行的250万两关余交付北京政府，孙中山等人致电北京公使团提出抗议）交付问题，实维持正义、渴望真正统一之所表示，而望友邦之勿助暴之举也。

1921年10月3日天津《大公报》登载的孙中山《为是否派代表参与华盛顿会议事与某人的谈话》中严正申明：

> <u>吾人</u>素以北京政府为非法之机关，故欲<u>吾人</u>派遣代表与北京军阀之代表共同列席华盛顿国际会议，实不成为问题。设华盛顿政府暨其他各国坚不承认广州政府为代表中国民意唯一合法政府，则<u>吾人</u>将终不派遣代表赴美。将来关于中国之利益纵有所决议，然对于<u>吾国</u>决不生若何之效果。

另外，蔡元培先生1917年所作的《就任北京大学校长之演说》也是"余""予""我""吾人"交织使用，"吾人"的使用使语言表达显得更为庄重：

且辛亥之役，**吾人**之所以革命，因清廷官吏之腐败。即在今日，**吾人**对于当轴多不满意，亦以其道德沦丧。

这是在外交辞令中以庄重的文言词与对方进行严正沟通和抗议，具有纯白话文所不具备的行文效果。一般口语谈话中，自称多用"我""余（予）"或自己的名，而不用"吾"。如1921年12月5日《大公报》载孙中山《为拒绝吴佩孚拉拢与某要人的谈话》：

我非定要专打吴佩孚，如吴能让出武汉，将鄂省让归鄂民，实行地方自治，彼率驻鄂省之直军尽师北上，助我定中国长治久安之策，以民主主义为前提，**我**又何必与他个人为难。

1936年10月26日《大公报》"文艺"副刊载萧乾撰稿、胡政之修改的《悼念鲁迅先生》：

五四以来，万众青年心灵所归依的鲁迅先生，竟于10月19日的黎明，永远地搁下了他那管劲健的战斗的笔，弃我们而溘然长逝了。自有革新运动以来，**我们**没有过更巨重的损失，更深沉的悲哀。文字表达不出**我们**的惨痛！56年的苦斗生涯，如今他是躺在黄土坯下，宁谧地安息了。但**我们**坚信他将仍以一种更活生更普遍的姿态永恒地存在这世界上的，只要还有不甘心做奴隶的人，追随他那坚实榜样，为着贫弱的中华民族搏战下去。

民国时期，当代文学中的自称代词"吾"是屈指可数的。如在钱钟书先生的《围城》中，作为清朝遗老的方鸿渐的老父亲以书信给远在异国的儿子一顿训斥：

吾不惜重资，命汝千里负笈，汝埋头攻读之不暇，而有余闲照镜耶？……**吾**不图汝甫离漆下，已渝染恶习，可叹可恨！……当是汝校男女同学，汝瞄色起意，见异思迁；汝拖词悲秋，**吾**知汝实为怀春，难逃老夫洞鉴也。若执迷不悔，**吾**将停止寄款，命汝休学回家，明年与汝弟同时结婚。细思**吾**言，慎之切切！

综合来看，"我""吾"的发展和消长其实是一场漫长而隐秘的和平演变，不见硝烟，却蓄势相拼。有时和平共处，互相点缀映衬；有时相互排挤，彼此明争暗斗。在社会历史、政治、经济、文化等诸多因素共同作用下，最终"我"全面取代"吾"，结束二者抗衡局面，"我"成为使用至今的最广泛最通行的现代汉语自称代词。

2.1.1.3 "我""吾"关系辨

"我""吾"在词义上并无很大区别,它们都表示第一人称;在用法上似乎也有诸多共同点,都可以充当句子的主语、定语和宾语,有的情况下甚至可以"互用"。但是,如果它们的意义和用法完全一样,在任何情况下都可以互相替代,那它们就没有同时存在的理由,也就没有同时存在的必要了。就"我""吾"来看,它们在语音状况、词汇意义、语法功能和语用层面上,都有一定的差异,二者是不能混用的。这与汉语韵律特征、时代发展、社会历史、地域色彩以及作家的语言偏好等各方面的因素都有关系。要研究这些现象,我们恐怕在很大程度上得依赖于"我""吾"并行时期的文献资料来进行考察。但不管是哪一方面的区别,都体现很强的时代性。我们在下面的考论中将尽量顾及。

一、"我""吾"的重读(stressed)之辨

现代汉语中自称代词"我、吾、卬"的发音差别很大,但在古汉语中它们都是古疑母字,"我、吾"韵部鱼、歌通转,"吾、卬"鱼阳韵对转,是一组音近义通的同源字("余、予、台、朕"是古定母字,也是一组同源分化字)。"我"产生于"吾"之前,所以用"我"解释"吾"。《说文解字·我部》:"我,施身自谓也。"又说:"吾,我自称也。"很多研究者因此认为二者的词义完全相同。事实上,它们的发音和词汇意义都是有细微差别的。段玉裁《说文解字注》:"施,读施舍的施,谓己厕于众中,而自称则为我也。……《论语》二句,而我、吾互用;《毛诗》一句,而卬、我杂称。盖同一'我'义,而语音轻重缓急不同,施之于文,若自其口出。"这在一定程度上揭示出"我""吾""卬"三词在语音上的差别——"轻重缓急不同"。李开先生也指出:"我"在人称对待中有强调意义,重读,"吾"有"倨"义,此条对说明主格用"我"和"吾"的区别有作用。金守拙先生曾指出:"我""吾"实为同一字之重读(stressed)与非重读(unstressed)之别。他认为"吾"字之后无"句读暂歇",故与其后随之字有密切关系,"我"字之后则常有"句读暂歇"。① 按周法高先生的观点,就是"'我'字当在'重读'之位置,而'吾'仅在'非重读'之位置耳"。② 有时一段文字里"我""吾"错出,同用于主位,跟词语的语气轻重有关。金守拙先生和周法高先生的观点不能说概括得完全准确,但其"我""吾"之重读(stressed)与非重读(unstressed)特征,跟"我""吾"的字调特征直接关联,"我"为仄声,字调发声长而重,"吾"为平声,字调则相对短

---

① 李开《战国时代第一人称代词"我""吾"用法种种》,南京大学学报,1984年第3期。
② 周法高《中国古代语法·称代编》,北京:中华书局,1990年1月版,上册第77页。

而轻。当语句中需要重读以表示强调时用长而重的"我",否则便用"吾"。而一般句子中最重要的"句读暂歇",乃在一句之末或一句起词(topic)之后,这也许可以在一定程度上解释为什么句末宾语一般用"我"而很少用"吾"。这种情况一直到东汉以后才有所改变。例如:

吾知子之所以距**我**。(春秋《墨子》)

楚虽大,非吾族也,其肯字**我**乎?(春秋《左传》)

吾语女:**我**,文王之为子,武王之为弟,成王之为叔父。(战国《荀子》)

吾所谓有天下者,非谓此也,自得而已,自得则天下亦得**我**矣。(西汉《诸子·淮南子》)

今吾虽欲正身而待物,庸遽知世之所自窥**我**者乎?(西汉《诸子·淮南子》)

虽喻真人,向天不俗言,吾不敢妄出此说,天必诛**吾**,真人亦知此诚重耶?(东汉《史论·太平经》)

吾服汝,忘也;汝之服於**我**,亦忘也。(东汉《史论·论衡》)

若见我首有白发者,便时告**吾**。(东汉佛经《东晋译经》)

吾数呵责,遂更忿恚,造作丑逆不道之言以诬谤**吾**,遂隔绝两宫。(六朝史书《三国志》)

唯恃臧洪,当来救**吾**。(六朝史书《三国志》)

可入通,道吾能活此马,则必见**我**。(六朝小说《九州春秋》)

卖者笑曰:"吾业是有年矣,吾赖是以食**吾**躯。吾售之,人取之,未闻有言,而独不足子所乎?世之为欺者不寡矣,而独**我**也乎?吾子(您)未之思也。"(明代刘基《卖柑者言》)

通过语料调查显示:东汉以前句末宾语一般用"我",东汉以后句末宾语用"吾"的逐渐多起来。这奠定了宾语多用"我"而少用"吾"的语法基础。"重读"理论可以解决有些"格位"理论不能解决的问题。如《孟子·尽心上》:"此非**吾**君也,何其声之似**我**君也?"(这不是我的主人,为什么他的口音跟我主人一样?)此中"我""吾"处于同一格位,何以前用"吾君"后用"我君"呢?以"重读"理论可以解释:"吾君"用于非重读之位,而"我君"用于表示当加以强调的"重读"之位。春秋《墨子》中另有"爱我身于吾亲"的用例,此中要强调的重读之词前移,落在"我"上。这也并不说明"重读"之位具有随意性,这是由说话者所要表达的重点决定的。也可以这样说:"重读"之位通常用"我","非重读"之位通常用"吾"。

二、"我""吾"的意义之别

有的学者认为,"我""吾"的基本意义在战国以前是有所区别的。《胡适文存·国语文法概论》引元赵德《四书笺义》:"吾、我二者,学者以为一义,殊不知就己而言则曰吾,因人而言则曰我。'吾有知乎哉',就己而言;'有鄙夫问于我',因人之问而言也。"又引清杨复吉《梦阑琐笔》对赵德这段话的按语:"按此条分别甚明。'二三子以我为隐乎',我,对二三子而言;'吾无隐乎尔',吾,就己而言也;'我善养吾浩然之气',我,对公孙丑而言,吾,就己而言也。"《胡适文存·吾我篇》则以以"我"为主语的例子来说明"以'我'字自别于他人"的观点,指出:"以其着意言之,故用高音之'我'以代平音之'吾'。"这些学者认为:"我",一般是对着别人说自己,即赵德所谓"因人而言"、胡适所谓"自别于他人";"吾",一般是只说自己,即所谓"就己而言"。不过这些说法是不是站得住脚呢?

我们看下面的例子:

(1) 知我者,谓我心忧;不知我者,谓我何求?(《诗经·王风·黍离》)

(2) 司马牛忧曰:"人皆有兄弟,我独亡。"(《论语》)

(3) 我以不贪为宝,尔以玉为宝。(《左传·襄公十五年》)

(4) 赂吾以天下,吾滋不从也。(《左传·昭公二十六年》)

(5) 今予维笃佑尔,予史大史违我。(《逸周书·商誓解》

(6) 吾之于人也,谁毁谁誉。(《论语·卫灵公》)

(7) 甚矣吾衰也!久矣吾不复梦见周公。(《论语·述而》)

(8) 子无罪于寡人,子为子之臣礼,吾为吾之王礼而已矣。(《战国策·齐策六》)

(9) 吾与子言人事,子应我以天时;今天应至矣,子应我以人事。(春秋《国语》)

(10) 吾今见民之洋洋然东走而不知所处。(战国《吕氏春秋》)

上述例子主要选自春秋时期"吾"产生之后至战国的几部重要文献。从上面的例子中,我们难以确证"我"的"因人而言"和"自别于他人",如例(1)(2),不好说是"因人而言",也不能够自圆其说"吾"的"就己而言",如例(8)(9),也不能说只是"就己而言"。以赵德和胡适先生的说法,二者实在难以区分。虽然万事皆有个别现象,但所谓的"就己而言则曰吾,因人而言则曰我"，以及"自别于他人"的说法，虽然有一定的道理，但何为"就己而言"，何为"因人而言"，怎样叫"自别于他人"？这样的表达仍然具有相当的模糊性，十分令人费解——尤其当我们面对许许多多的实际语言资料的时候。"对着别人说自己"其实是最普遍的语言现象，因为这个"别人"含义很丰富，既包括说话的对方，也包括实际的他者，还包括虚拟的他者和泛指的他者。再来看赵德和胡适的说法，就会觉得以此来分清"我""吾"，还是很困难的。

其实，"我""吾"的意义确实是有着细微差别的，主要体现在以下两个方面。

（一）"我""吾"表复数意义有不同："我"多以独立的无标记（unmarked）形式表示复数，但"吾"通常以有标记（marked）形式表示复数。

光杆"我"作为自称代词，既可以指代单个的说话者，又可以表示复数；还可以指代集合名词"我国""我军""我方"等。而光杆"吾"自假借为自称代词后，一般表示单数，且只能指代说话者本身而不能够指代集合名词。如：

戊子卜，宾贞：王<u>耳口</u>听，惟祖乙孽<u>我</u>

此例出自《甲骨文合集》1632。"<u>耳口</u>"：又作"<u>耳㠯</u>"，从卜辞文义看，应为耳病的一种，或与"耳鸣"相类。贞问"王"的耳朵出了问题，是否是祖乙患害"我"。这里"我"显然不是指代贞人宾，也不指王本人，而是包括贞人宾和王在内的群体，是以王为代表的殷商民族。

既克，公问其故。对曰："夫战，勇气也，一鼓作气，再而衰，三而竭，彼竭<u>我</u>盈，故克之。夫大国难测也，惧有伏焉。<u>吾</u>视其辙乱，望其旗靡，故逐之。"

此例出自《左传·曹刿论战》，"我"：我军，集合名词；"吾"：指代说话者本身，单数。

"我"在殷商共同语中，只指称复数，在宗周方言的影响下，到西周时，"我"突破了这一限制，既可指称复数又能指称单数，但表单数的相对少得多。《胡适文存》的《吾我篇》指出："吾字用于偏次，……单数为常，复数为变。……我字用于偏次之时，其所指者，复数为常，单数为变。"此话说得不够准确，因为"我"可作单数也可作复数，"吾"在作定语时也可表复数，无所谓"变"。在殷商共同语中，"我"只指称复数，但宗周方言中它却可以指称单数，到西周时合流时，既可以表单数也可以表复数。这一发展与"我"的基本义、引申义和中国古代强烈的群体意识、归依感有很深的关系。"我"本义为兵器、武器，引申出持戈守禾，武装守土之意，后来本义和引申义逐渐消失，假借为

"施身自谓"的自称代词。因此，自称代词"我"起初大多表复数，这在周代的文献中非常突出。如周代今文《尚书》："天聪明，自**我**民聪明；天明威，自**我**民明威。"周代《春秋》："十有一年，春，齐国书帅师伐**我**。"这样的用例非常普遍。再如：

  帝曰："**我**其试哉。女于时，观厥刑于二女。"

此句出自《尚书·虞书·尧典》。意思是：尧说："我们应该对他（舜）进行考察。（正好我的）女儿到了该出嫁的时候，看看这小伙子用什么方法（刑：法）对待她们。""我"在早期文献中的含义是"我们"。

《竹书纪年》是战国时期写魏国史的竹简文献，是西晋时盗墓贼从魏襄王的墓中盗出的。其中多见自称代词"我"的用例，均作定语或宾语，均表示复数。不见自称代词"吾"用例。如：

  《竹书纪年·威烈王》：九年，楚人伐**我**南鄙，至于上洛。（威烈王：名午，考王之子。）

  《竹书纪年·威烈王》：十八年，王命韩景子、赵烈子及**我**师伐齐，入长垣。

  《竹书纪年·威烈王》：赵成侯偃、韩懿侯若伐**我**葵。

  《竹书纪年·威烈王》：**我**师伐赵，围蜀阳。

  《竹书纪年·威烈王》：齐田寿帅师伐**我**，围观，观降。

  《竹书纪年·显王》：三年，公子景贾帅师伐郑，韩明战于韩，**我**师败逋。

  《竹书纪年·显王》：六年，**我**师伐邯郸，取列人；**我**师伐邯郸，取肥。

  《竹书纪年·显王》：十一年，郑釐侯使许息来致地：平丘、户牖、首垣诸邑及郑驰地。**我**取枳道，与郑鹿。

甚至到了民国时期，"我"仍被用于正式的书面语来表示复数：

  "然弭谤莫如自修，人讥**我**腐败，而**我**不腐败，问心无愧，于**我**何损？"

这是1917年蔡元培先生《就任北京大学校长之演说》中的句子，其中的"我"并不是指蔡先生本人，而是指在场的，包括蔡先生本人在内的所有北大人。

"吾"产生以后，则多表示单数，少数情况下（如作定语时）也表示复数。但是，"我""吾"表复数意义的形式不同："我"以独立的无标记（unmarked）形式表示复数，也可以加标记，但不是必须且较少。如东汉《佛经选·阿难问事佛吉凶经》:"**我等**有福,得值如来,普恩慈大,愍念一切,为作福田,令得脱苦。"而"吾"以有标记(marked)形式表示复数。说得直白一点,就是:"我"可以直接表示复数,相当于"我们、我国、我方、我军"等;"吾"则一般不单独表示复数,而多半加上标记来表示复数,不加标记的"吾"一般只表示单数。西汉以后出现"吾人"表示复数,如西汉史书《史记》:"为我谓河伯兮何不仁,泛滥不止兮愁**吾人**?"东汉史论《风俗通义》中始见"吾侪":"天丧斯人,**吾侪**将何效乎?"后来逐渐出现"吾等""吾属""吾辈""吾曹""吾徒"等。

"吾"的常见复数标记有"+数量短语""+侪/等/辈/属/曹/徒""+表复数的词语"等。例如:

冉有曰:夫子欲之,**吾二臣**者,皆不欲也。(+数量短语,《论语·季氏》,二臣指冉有和季路)

子无谋**吾父子**之间,吾以此观之。(+表复数的词语,春秋《国语》)

文嬴请三帅,曰:彼实构**吾二君**,寡君若得而食之,不厌。(+数量短语,《左传·僖公二十二年》)

吾侪偷食,朝不谋夕,何其长也?(+侪,《左传》)

天丧斯人,**吾侪**将何效乎?(+侪,东汉史论《风俗通义》)

公明于利钝,宁肯捐**吾等**邪?(+等,六朝史书《三国志》)

讨虏若来,**吾属**无遗矣。(+属,六朝史书《三国志》)

吾等愚痴,不别真伪,将何神天?(+等,六朝佛经佛语录《刘宋译经》)

吾辈无义之人,而入有义之国。(+辈,六朝小说《世说新语》)

生死之道,**吾二人**进之矣。(+数量短语,六朝议论文《列子》)

饿走抛家舍,纵横死路歧。有天不雨粟,无地可埋尸。劫数惨如此,**吾曹**忍见之!(+曹,戴复古《庚子荐饥》)

文瑛读书喜诗,与**吾徒**游,呼之为沧浪僧云。(+徒,明代归有光《沧浪亭记》)

在汉语中,表示复数一般用"我",即使是用加标记的"吾"表示复数的情况也并不普遍。不管做何种成分,"吾"通常都只表示单数,而"我"则可根据需要表示单数或复数,可以加数量短语和表复数的词语作为复数标记,也可以加"们""等""辈""侪""属""曹"等作为复数标记,"我"的表数能力比"吾"更为全面。所不同的是,"我"和"吾"使用复数标记的情况有所侧重。通过对北京大学汉语语料库民国（包括民国）以前相关项目的搜索，我们得出下表：

表一

标记 词项	+们	+等	+辈	+曹	+侪	+属	+徒
我	24306	8741	760	225	14	3	0
吾	179	1224	443	63	107	60	110

从表一可以看出，"我"和"吾"有着基本相同的复数标记，但"徒"不作"我"的复数标记。"我"多用"们""等""辈""曹"，与"吾"相比，用"侪""属"的次数几乎可以忽略不计；"吾"则可以使用所有的复数标记。由于汉语中自称代词"吾"的使用范围小得多，使用数量没有可比性。另外，"我们"产生于五代时期，而"吾们"的用法产生较晚，明代始见，清代才多起来，它们都多用于口语化特征较浓的文体和语句。后来随着"吾"的逐渐消亡，"我""吾"的意义和功能逐渐融合，其复数标记也逐步融合。

六朝以后，随着复数标记的逐步完善，光杆"我""吾"逐渐由可表单、复数转变为只表单数，只有"我"在正式书面用语中或习用某些固定结构时才表复数了。如："我国""我党""我军""我校""我公司""人不犯我，我不犯人"等。再如：

7月25日，"东伊运"再次针对北京奥运会发布恐怖信息，并宣称近期在昆明等地发生的爆炸事件是他们所为，对<u>我</u>开展心理战、信息战和网络战。（人民网，2008年8月6日）

（二）"我""吾"表领属意义的强度不同。作领格时，"我＋名词"更强调领属语义，"我"与其所领属的人或事物关系比"吾"更为紧密，因此，"我"与后面的名词之间不需要加"之"这样的连接助词，可以直接领属；而"吾"虽然可以直接领属，但关系较"我"松散，"吾＋名词"更强调"亲近""亲爱"之意，时常需要在中间加入"之"加强领属关系。如：

<u>我</u>后不恤<u>我</u>众，舍<u>我</u>穑事，而割正夏。（周代《今文尚书》）
彼不假<u>我</u>道，必不敢受<u>我</u>币。（战国《韩非子》）
昔<u>我</u>先王世后稷以服事虞、夏。（西汉史书《史记》）
敬敷训典，以服朕命，以勖相<u>我</u>国家，永终尔显烈。（六朝史书《三国

志》）

你便是落了<u>我</u>牙，歪了<u>我</u>口，瘸了<u>我</u>腿，折了<u>我</u>手，天赐与我这几般儿歹症候，尚兀自不肯休。（元代关汉卿套数《南吕·一枝花·不伏老》）

子无罪于寡人，子为子之臣礼，吾为<u>吾之王礼</u>而已矣。（《战国策·齐策》）

子慎<u>吾之言</u>，不可妄思。（东汉史论《太平经》）

汝若不与<u>吾家</u>作亲亲者，吾亦不惜余年！（六朝小说《世说新语》）

虽<u>吾之心</u>亦不知所以。（六朝议论文《列子》）

汝供养毕，但早返舍，端坐思惟<u>吾之名号</u>，即当知母所生去处。（唐代佛经《地藏本愿》）

<u>吾之心</u>悯焉，是故择其力之可能者行焉。乐富贵而悲贫贱，我岂异于人哉！（唐代韩愈《圬者王承福传》）

兵有长短，敌我一也。敢问："<u>吾之所长</u>，吾出而用之，彼将不与吾校；<u>吾之所短</u>，吾蔽而置之，彼将强与吾角，奈何？"曰："<u>吾之所短</u>，吾抗而暴之，使之疑而却；<u>吾之所长</u>，吾阴而养之，使之狎而堕其中。此用长短之术也。"（宋代苏洵《心术》）

表示领属关系时，"我"一般不需要"之"的协助，而"吾"最初常需要"之"的协助。这与"我""吾"表领属意义强度的不同是有关系的。"我"相当于"我（们）的"，而"吾"的领属意义较弱，表示"我的"意义相对偏弱，所以常常要在"吾"和它所领属的人或事物之间加入"之"来强化领属意义。虽然它们领属意义的不同不是很明显，也不绝对，却不同程度地影响着"我""吾"的领属强度。周法高先生《中国古代语法·称代编》（第79页）中认为"'吾'常用于领位，通常不和'之'同用，只在某些特殊情形下用之"，并指出："'子无罪于寡人，子为子之臣礼，吾为吾之王礼而已矣。'（《战国策·齐策六》）案'吾'下如不用'之'字，则误解为'吾王之礼'矣。"这一说法是值得商榷的。承接前句，这里即使不加"之"，也绝对不会有"吾王之礼"的误解。问题的根本在于"吾"与"王礼"之间的领属关系需要"之"来帮助加强。

不过到明清以后，随着当下口语中"吾"的逐渐消亡、"我""吾"的意义和功能渐趋融合，也时见"我"与其后的所领属的人或事物之间加入"之"的用例。例如：

盖生佳儿所以报<u>我之缘</u>，生顽儿所以取<u>我之债</u>。生者勿喜，死者勿悲

也。(清·蒲松龄《聊斋志异·四十千》)

流水高山,通我曹之性命者哉!(清·蒲松龄《聊斋志异·叶生》)

我们采用北京大学汉语语料库,对作领格的"我""吾"后的名词进行检索,发现"我""吾"之后均可以跟以下几类名词:表示国家、人民、军队、亲属、人、事物、时间和身体部位的名词、抽象名词和方位名词。即:它们对后面所领属的名词都没有选择性。但是,"我+名词"更强调领属语义"我的""我们的",而"吾+名词"则更强调"亲近""亲爱"之意。这是因为"我"本身具有一种"自我强调"的意义,而"吾"来自周人口语,在语义上更显温和亲切,不像"我"之强势和霸气,表示领属也显得更加亲近和亲切。

"我"+名词:我民、我列祖、我皇、我王、我先王(君)、我寡君、我师、我军、我甲兵、我国、我子孙黎民、我后、我后人、我众、我家、我(墙)室、我心、我怀、我命、我生、我过、我罪、我役、我宗、我党、我道、我友、我伙、我朵颐、我父、我妇、我徒、我身、我足、我发、我私、我衣、我裳、我马、我斧、我缨、我黍、我麦、我戈矛、我毛戟、我公田、我前、我后、我上、我下、我床下、我之上、我之下……

"吾"+名词:吾民、吾皇、吾君、吾先君、吾先王、吾国、吾军士、吾甲兵、吾先人、吾众、吾宅、吾命、吾父(母)、吾妻、吾兄、吾子、吾二婢子、吾亡友、吾身、吾面、吾宗、吾党、吾命、吾罪、吾道、吾心、吾业、吾言、吾浩然之气、吾之王礼、吾之所长、吾之所短、吾前、吾后、吾上、吾之上、吾之下……

相比之下,尽管"我""吾"之后的各类名词的频率有多少之别,但在很多情况下,"我+名词"中的"我"更强调"我的""我们的"这样的**强势领属**语义;"吾+名词"中的"吾"则更侧重表达"亲近""贴近"的**温和领属**。如:

爱我身于吾亲。(春秋《墨子》)

既取我子,无毁我室!(周《诗经》)

彼不假我道,必不敢受我币。(战国《韩非子》)

戎杀我大父仲,我非杀戎王则不敢入邑。(西汉史书《史记》)

在我前者,吾必奉之同升;在我下者,则扶持之。(六朝史书《三国志》)

事事物物接于吾前,便只把这个真实应副将去。(北宋语录《朱子语类》)

离民且速寇，恐及吾身，若之何？（春秋《国语》）

君之使我，非欢也，抑欲测吾心也。（春秋《国语》）

三、"我""吾"语法功能的区别与分工

关于"我""吾"语法功能的差别，讨论得比较多，最典型的是王力先生（《汉语史稿》）的观点："'我'和'吾'的分别，就大多数情况看来是这样的：'吾'字用于主格和领格，'我'字用于主格和宾格，当'我'用于宾格时，'吾'往往用于主格，当'吾'用于领格时，'我'往往用于主格。"作为汉语研究巨擘，王力先生的观点无疑是具有统领性的。但是汉语的复杂性和多层面又使得很多研究都只能是探索过程中的一个"驿站"，或说是通向真理之路的一块基石。随着研究的深入有的结论或看法将会被确证为定论，而大多数的结论或看法，将会被修正，甚至被完全放弃。"我""吾"语法功能的差别，既有时代特征，又有文体特征和著作差异。经过历代学者的不断研究，王力先生的观点也逐渐得到修正。总的来说，应是："我"可作主语、宾语、定语，"吾"可作主语、定语，同句中"我""吾"同现时通常是"吾作主、定我作宾"，或者是"我主吾定"，或者"吾定我宾"，"吾"只在一定条件下才可作宾语。对于"我""吾"语法功能的异同，可以归纳为以下几点。

（一）"我""吾"都可以充当主语和定语，但二者同现（即出现于同一句子中）时格位通常有所分工：或者"吾作主定我作宾"，或者"我主吾定"，或者"吾定我宾"，还有少数是"吾主我定"，也可以两种形式交织使用。

吾主我宾/兼：

吾恐齐之攻我也。（春秋《墨子》）

今吾欲变法以治，更礼以教百姓，恐天下之议我也。（战国《商君书》）

子不与我国，吾将杀子君矣。（战国《公羊传》）

吾闻子盖将不欲立我也。（战国《公羊传》）

今者吾丧我，汝知之乎？（战国《庄子》）

以求容于我者，吾恐其以我求容于人也。（战国《韩非子》）

吾必能除此害，请详语我。（民国小说《十叶野闻》）

吾定我宾/兼：

人之民日欲与我斗，吾民日不欲为我斗，是强者之所以反弱也。（战国《荀子》）

吾君杀我而不辜。（春秋《墨子》）

孺子长矣，而相吾室，欲兼我也。（春秋《左传》）

是固尝矫驾吾车，又尝啖我以馀桃。（战国《韩非子》）

取吾璧，不予我城，奈何？（西汉史书《史记》）

此人亲惊吾马，吾马赖柔和，令他马，固不败伤我乎？（西汉史书《史记》）

吾命未合绝，今帝许我活矣。（北宋小说《太平广记》）

吾心似秋月，碧潭清皎洁，无物堪比伦，教我如何说？（南宋佛语录《五灯会元》）

汝犯吾境界，夺吾城池，赖吾妻子，反说我有异心耶？（明小说《三国演义（上）》）

吾恩师嘱咐我留神暗算之人，果不出所料。（清小说《三侠剑（下）》）

为父主意已定，吾儿依我，方为孝女。（清小说《镜花缘（上）》）

我主吾定：

我食吾言，背天地也。（春秋《左传》）

平王杀吾父，我杀其子，不亦可乎？（春秋《左传》）

子为郑国，我为吾家，以庇焉，其可也。（春秋《左传》）

我知言，我善养吾浩然之气。（战国《孟子》）

我闻他智勇兼全，屡败吾将，今日遥望丰仪，才知名不虚传了。（民国小说《宋史演义》）

吾主我定及其他：

吾笑者笑魏王欲害我命。（吾主我定，清小说《东周列国志（下）》）

不能挡得曹参，魏国用此等人为将，我军此去必胜，吾无忧矣！（吾主我定，民国小说《秦朝野史》）

我视君如弟兄，吾家奴结党以蠹我，其势蟠固。（我主吾定和吾定我宾交织，清小说《阅微草堂笔记（下）》）

吾不为人之恶我而改吾志，不为我将死而改吾义。（吾作主、定我作宾，诸子百家·儒家，刘向《说苑》）

之所以大多用例都是"吾作主、定我作宾"，或者"吾定我主"，或者"吾定我宾"，只有极少数是"吾主我定"，主要决定于"我""吾"的主要语法功能的侧重点不同："我"的语法功能比较全面，但"吾"则主要作主语和定语。由于"吾"极少作宾语，所以宾语主要由"我"承担下来；"我""吾"都可以作主语和定语，于是它们交互充当主语和定语，即"我"作主语时，"吾"就作定语，反之，"吾"作主语时，"我"就作定语（多以"吾"作定语）。于是，"吾"侧重充当主语和定语，"我"则侧重充当主语和宾语，"我"作定语的情况就相对少得多了。"我"对"吾"存在功能谦让。

（二）"我""吾"居同句中前后小句的主位时，既可以"我前吾后"，也可以"吾前我后"，或者均用"我"或均用"吾"。

我前吾后：

　　我信不若子，若鲍氏有衅，**吾**不图矣。（春秋《国语》）
　　我穷必矣，**吾**不能以春风风人；**吾**不能以夏雨雨人，**吾**穷必矣。（诸子百家·儒家，刘向《说苑》）
　　彼丈夫也，**我**丈夫也，**吾**何畏彼哉？（战国《孟子》）
　　我无分寸之功而得此，然**吾**毁之以为之也。（西汉史书《战国策》）
　　我有一女，乃不恶，但**吾**寒士，不宜与卿计，欲令阿智娶之。（六朝小说《世说新语》）
　　我今须教，**吾**要提携，令伊弃此喧哗，追证取无为妙果。（五代《敦煌变文集新书》）
　　我已得所传，**吾**其去矣。（北宋小说《太平广记》）
　　若丞相能从，**我**即当卸甲；如其不允，**吾**宁受三罪而死。（明小说《三国演义（上）》）
　　窃观列国之中，**我**疆最强，诸侯之众，**吾**晋独盛。（明小说《周朝秘史》）
　　我如今有个两尽之道，使钟离公得行其志，而**吾**亦同享其名。（明小说《醒世恒言（上）》）
　　我非柯引，**吾**乃柴进，宋先锋部下正将小旋风的便是。（明小说《水浒全传（下）》）
　　我父母留下**我**兄弟二人，**吾**母临终之时，曾嘱我多疼爱**吾**弟。（清小说《续济公传》）
　　彼诚能拒我之二三，则**我**之已涉者盖已七八；彼诚能拒我之一二，则**吾**之已涉者盖已三四。（诸子百家·兵家《翠微先生北征录》）

吾前我后：

　　吾不得志于汉东也，**我**则使然。（春秋《左传》）
　　吾闻秦、楚构兵，**我**将见楚王，说而罢之（战国《孟子》）

今**吾**朝受命而夕饮冰，**我**其内热与！（战国《庄子》）

始**吾**从若饮，**我**不盗而璧，若笞我。（西汉史书《史记》）

彼惧**吾**兵而营**我**利，五国之事必可败也。（西汉史书《战国策》）

此者：**吾**为欢乐，**我**作荣华，**我**为究竟之坚劳（牢），**我**作元来之实有。（五代《敦煌变文集新书》）

吾无水战之具，而使淮兵断正阳浮桥，则**我**背腹受敌。（北宋史书《新五代史》）

吾知子所以攻我，**我**亦不言。（北宋小说《太平广记》）

吾便引兵少却，使彼兵半渡，**我**以铁骑数十万，向水击而杀之。（明小说《两晋秘史》）

吾见朝栋将来恐是个穷儒，**我**居此位，安用穷儒做门婿？（明小说《包公案》）

吾不鼓以养三军之气，彼三鼓而已竭，**我**一鼓而方盈。（清小说《东周列国志（上）》）

吾定要去的，**我**也不请你到庙中坐了，你请回去吧。（清小说《彭公案》）

前后均用"我"或均用"吾"：

我今日要看吾师，**我**也不必捉他，**我**把你救走了，先带你找吾师去。（清小说《续济公传》）

衣服附在吾身，**我**知而慎之；大官、大邑所以庇身也，**我**远而慢之。（春秋《左传》）

吾闻汉购我头千金，邑万户，**吾**为若德。（西汉史书《史记》）

吾极知曹公待我厚，然**吾**受刘将军厚恩，誓以共死，不可背之。（六朝史书《三国志》）

吾尝好音，此人遗我鸣琴；**吾**尝好佩，此人遗余玉。（诸子百家·史类《金楼子》）

上述列举例子的多少，并不代表该情况在汉语使用中的多少。实际上，从所搜集之语料来看，"吾前我后"的使用频率比"我前吾后"的使用频率要低很多，且较为集中，用例多见于《左传》《孟子》《庄子》《史记》《敦煌变文集新书》《太平广记》和明代小说中。这说明，这种"吾前我后"的情况并不普遍，其使用有一定局限性。而"我前吾后"的情况却较为普遍，其分布范围几乎包含所有时代所有体裁文献。这也许可以理解为时人们的一种心理倾向：尽管当时"我""吾"并存，但由于"我"的出现先于"吾"，加上"我"在语言应用中的普遍性，在人们的心目中和语词运用中，一般还是先想到"我"，才想到"吾"。可见从总体上来讲，"我"是强势于"吾"的。另外，相比较而言，前后均用"我"或均用"吾"的用例是很少的，这应当是人们在语言选择时尽量避免单一重复的结果。

日本学者衫田泰史通过对《论语》的研究得出结论："'我'在句子里受到一定限制，以'我'为主语的句子里，述语只表示状态（包括体词、形容词）或消极性动作。以'吾'为主语的句子里，述语没有这种限制。"① 这一点尚待深入研究，因为《论语》是春秋时期偏重用"吾"而相对较少用"我"的几部文献之一，并不能得出普遍性的规律。而且，在其中我们也看到了有的以"我"为主语的句子里，其述语并不表示状态或消极性动作。如："<u>我</u>欲仁，斯仁至矣！"

（三）"我"可以无条件充当宾语，而"吾"则在一定条件下充当宾语。

东汉以前，"吾"作宾语需要以下条件：

一是光杆"吾"不作宾语，"吾"处于宾位时必须是以短语形式出现，"吾"必须与其他成分组成偏正名词短语或者主谓短语。

　　承君命以会大事，而国有罪，我以货私免，是我会<u>吾</u>私也。（偏正名词短语，春秋《国语》）

　　夫外朝，子将业君之官职焉；内朝，子将庀季氏之政焉，皆非<u>吾</u>所敢言也。（主谓短语，春秋《国语》）

　　施伯，鲁君之谋臣也，夫知<u>吾</u>将用之，必不予我矣。（主谓短语，春秋《国语》）

　　君之使我，非欢也，抑欲测<u>吾</u>心也。（偏正名词短语，春秋《国语》）

　　梁近于秦，秦亲<u>吾</u>君。（偏正名词短语，春秋《国语》）

　　吾不弑君，谁谓<u>吾</u>弑君者乎？（主谓短语，战国《公羊传》）

　　吾生于陵而安于陵，故也；长于水而安于水，性也；不知<u>吾</u>所以然而然，命也。（主谓短语，战国《庄子》）

　　唅见<u>吾</u>病，乃冀我死也。（主谓短语，西汉史书《史记》）

　　佛子离<u>吾</u>数千里。（动＋吾＋数量补语，东汉佛经《佛说四十二章经》）

---

① 衫田泰史《〈论语〉第一人称代词'吾'与'我'的区别》，古汉语研究，1993年第4期（总第21期）第30页。

廙而勿高也，度吾所能行为之。（主谓短语，东汉史论《新论》）

二是在否定句中，光杆"吾"可以用于动词前作前置宾语。这种"不/莫＋吾＋V"形式出现于战国时期，也多见于战国时期：

三者子言不吾若也。（战国《吕氏春秋》）
群臣之谋又莫吾及也。（战国《吕氏春秋》）
我胜若，若不吾胜，我果是也，而果非也邪？（战国《庄子》）
吾问焉而不吾告，敢问何谓也？（战国《庄子》）
吾三年为人臣仆，而莫吾知也。（战国《晏子春秋》）
汩余若将不及兮，恐年岁之不吾与。（战国《楚辞》）
不吾知其亦已兮，苟余情其信芳。（战国《楚辞》）
退静默而莫余知兮，进号呼又莫吾闻。（战国《楚辞》）
哀南夷之莫吾知兮，旦余济乎江湘。（战国《楚辞》）
世溷浊莫吾知，人心不可谓兮。（战国《楚辞》）
后听虚而黜实兮，不吾理而顺情。（战国《楚辞》）
心慌慌其不我与兮，躬速速其不吾亲。（战国《楚辞》）
燕、赵好位而贪地，吾恐其不吾据也。（西汉《战国策》）
与仆游四五岁，不吾见称。（东汉史论《新论》）
衣食当须纪，力耕不吾欺。（六朝诗文《陶渊明集》）

尽管"吾"在上述情况下可以有条件地充当宾语，但它们出现的频率还是非常有限的。因此，不充当宾语仍是"吾"的显著语法特征。

东汉以后，由于"我""吾"在口语中渐趋合一，"吾"才冲破这些条件，开始出现光杆"吾"作宾语/兼语的用例（光杆"吾"作兼语是东汉才出现的新功能，而"我"在西周时就已具备作兼语的句法功能），六朝使用较多，但其使用频率仍然远不能与"我"相比。我们看下面光杆"吾"作宾语（包括"动＋宾"和"介＋宾"）的例子：

东汉史论《太平经》：

虽喻真人，向天不俗言，吾不敢妄出此说，天必诛吾，真人亦知此诚重耶？（动＋宾）

六朝史书《三国志》：

贼来追吾，虽日行数里，吾策之，到安众，破绣必矣。　（动＋宾）
吾数呵责，遂更忿恚，造作丑逆不道之言以诬谤吾，遂隔绝两宫。

　　　　　　　　　　　　　　　　　　　　　　　　　　（动+宾）
　　唯恃臧洪，当来救吾。　　　　　　　　　　　　　（动+宾）
　　卿知达等，恐不如吾也。　　　　　　　　　　　　（动+宾）
　　夫济大事必以人为本，今人归吾，吾何忍弃去！　　（动+宾）

六朝小说《世说新语》：

　　为子则孝，为臣则忠，有孝有忠，何负吾邪？　　　（动+宾）

六朝议论文《列子》：

　　兼四子之有以易吾，吾弗许也，此其所以事吾而不贰也。　（动+宾）

六朝道论《抱朴子》：

　　如此，则子亦将何以难吾乎？　　　　　　　　　　（动+宾）
　　"孔子以问吾，吾语之，言此非善祥也。""后得恶梦，乃欲得见吾。"
　　　　　　　　　　　　　　　　　　　　　　　　　（动+宾）

六朝史书《三国志》：

　　虏遏吾归师，而与吾死地战，吾是以知胜矣。　（动+宾，介+宾）
　　当念为吾灭二贼，不可但知其情而已。　　　　　　（介+宾）
　　城中故人，有欲与吾同者不？　　　　　　　　　　（介+宾）
　　贼知大驾以旋，无所复戚，得专力于吾。　　　　　（介+宾）

唐代佛语录《六祖坛经》：

　　汝总且归房自看，有知惠者，自取本性般若之知，各作一偈呈吾。
　　　　　　　　　　　　　　　　　　　　　　　　　（动+宾）
　　汝须自修，莫问吾也。　　　　　　　　　　　　　（动+宾）

唐文韩愈《师说》：

　　生乎吾前，其闻道也，固先乎吾，吾从而师之。　　（介+宾）

光杆"吾"作兼语：

　　东汉史论《太平经》："今天地神信此家，故天地神统来寄生于此人，人反害之，天大咎之，而人不相禁止，故天使吾出此书以示后世也。"
　　　　　　　　　　　　　　　　　　　　　　　　　（兼　语）
　　六朝佛语录《支谦译经》："坐汝所为而舍尊客宿令吾见逐。"
　　　　　　　　　　　　　　　　　　　　　　　　　（兼　语）

六朝史书《三国志》:"旧土人民,死丧略尽,国中终日行,不见所识,使吾凄怆伤怀。"　　　　　　　　　　　　　　　　(兼　语)

不过唐以后,随着自称代词"吾"使用频率的减少,光杆"吾"作宾语或兼语的情况就更为少见了。另外,从对众多的语料分析中我们还发现:光杆"吾"作宾语或兼语时一般不与我同现。

四、"我""吾"的语用特征

第一,在诗词和前后两个分句里的相对位置,一般很少出现前后都用"我"或都用"吾"的情况,总是"我""吾"相对,或"我前吾后",或"吾前我后",体现语词变化美和音韵对仗美。例如:

我命恰如凝草露,吾身也似缀花霜。(五代《敦煌变文集新书》)
遗我龙钟节,非吾玳瑁簪。(唐·张九龄《答陈拾遗赠竹簪》)
云闲虚我心,水清澹吾味。(唐·戴叔伦《古意》)
脍成思我友,观乐忆吾僚。(唐·韩愈《叉鱼招张功曹》)
世污(Wū)我未起,道塞吾犹病。(唐·皎然《答郑方回》)
争人我心都纳降,和伊吾歌不成腔。(元曲·乔梦符《满庭芳·渔父词》)
万国九州任我行,五湖四海从吾撞。(明·吴承恩《西游记》)
南天门里我为尊,灵霄殿前吾称上。(明·吴承恩《西游记》)
九曜恶星遭我贬,五方凶宿被吾伤。(明·吴承恩《西游记》)
万壑风烟惟我盛,四时洒落让吾疏。(明·吴承恩《西游记》)
世间尽不关吾事,天下无亲于我身。(唐·白居易《读道德经》)
栋宇非吾室,烟山是我邻。(唐·李德裕《寄题惠林李侍郎旧馆》)
南宫水火吾须济,北阙夫妻我自媒。(唐·吕岩《海上相逢赵同》)
诸侯持节望吾土,男子生身负我唐。(唐·顾非熊《出塞即事二首》)
清赏吾人事,诗情我辈钟。(宋·姚述尧《南歌子》)

第二,在排比句式中,排比的几个句式相同格位一致连贯,或都用"我",或均用"吾"。这样可以增强语势,加强语言表现力。例如:

吾妻之美我者,私我也;妾之美我者,畏我也;客之美我者,欲有求于我。(西汉史书《战国策》)

故非我而当者,吾师也;是我而当者,吾友也;谄谀我者,吾贼也。(战国《荀子》)

吾欲以颜状取人也,则于灭明改矣;吾欲以言辞取人也,则于宰我改

之矣；吾欲以容貌取人也，则于子张改之矣。(诸子百家《儒家——孔子家语》)

　　吾不思腰悬角带，吾不思拂宰相之须，吾不思借君王之快，吾不思伏弩长驱，吾不思望尘下拜，吾不思养我者享禄千钟，吾不思簇我者有人四被。(明代小说《封神演义（上）》)

有时语气连贯、语义顺承的句子，其"我""吾"之用同排比句式：

　　夫高明至贤，德行全诚，耽我以道，说我以仁，暴浣我行，昭明我名，使我为成人者，吾以为上赏。(诸子百家·儒家，刘向《说苑》)

　　古人秉烛夜游，良有以也。况阳春召我以烟景，大块假我以文章。(李白《春夜宴桃李园序》)

　　彼且为我死，故吾得与之俱生；彼且为我亡，故吾得与之俱存。(诸子百家·儒家，贾谊《新书》)

第三，用于主位时，感情色彩方面，"我"重自我强调，一般有较明确的对话人，语气积极、高亢，多与他称"彼"对举；"吾"则有较明显的泛对象的特点，多表示礼貌、自谦语气，有亲密、亲近色彩和消极、压抑的意味，多与敬称"子"对举，用于对等交谈。这一区别在唐代以前更为突出。

　　(1) 古我先后，既劳乃祖乃父，汝共作我蓄民。汝有戕则在乃心，我先后绥乃祖乃父；乃祖乃父，乃断弃汝，不救乃死。(周《今文尚书·盘庚中》)

　　(2) 今我既羞告尔于朕志，若否，罔有弗钦。(周《今文尚书·盘庚下》)

　　(3) 我不敢知曰，厥基永孚于休；若天棐（fěi）忱，我亦不敢知曰，其终出于不祥。(周《今文尚书·周书·君奭（shì）》)

　　(4) 公曰："不可与政。我以武与威，是以临诸侯。未殁而亡政，不可谓武；有子而弗胜，不可谓威。我授之政，诸侯必绝；能绝于我，必能害我。失政而害国，不可忍也。尔勿忧，吾将图之。"(春秋《国语·晋语》)

　　(5) 十一年春，滕侯、薛侯来朝，争长。薛侯曰："我先封。"滕侯曰："我，周之卜正也；薛，庶姓也，我不可以后之。(春秋《左传·隐公十一年》)

　　(6) 斗伯比言于楚子曰："吾不得志于汉东也，我则使然。我张吾三军，而被吾甲兵，以武临之，彼则惧而协以谋我，故难间也。汉东之国随为大，随张必弃小国，小国离，楚之利也。少师侈，请赢师以张之。"(春

秋《左传·桓公六年》)

(7) 公闻之,曰:"**吾**过而里革匡**我**,不亦善乎!是良罟也!为**我**得法。使有司藏之,使**吾**勿忘谂(shěn)。"(春秋《国语·鲁语上》)

(8) 知武子曰:"许之(晋国)盟而还师,以敝楚人,**吾**三分四军,与诸侯之锐以逆来者,于**我**未病,楚不能矣,犹愈于战。"(春秋《左传·襄公九年》)

(9) 知谓黄帝曰:"**吾**问无为谓,无为谓不应**我**,非不**我**应,不知应**我**也;**吾**问狂屈,狂屈中欲告**我**而不**我**告,非不**我**告,中欲告而忘之也。今予问乎若,若知之,奚故不近?"(战国《庄子·外篇·知北游》)

(10) **吾**尝三战三走,鲍叔不以**我**怯,知**我**有老母也。(西汉史书《史记·管仲列传》)

(11) 十方众生,皆是吾子,**我**生诸佛,**我**出世界,**我**是元佛,出生自然,不因修得。(唐佛经《楞严经》)

(12) 敬达曰:"**吾**受恩于明宗,位历方镇,主上授**我**大柄,而失律如此,已有愧於心也。今救军在近,旦暮雪耻有期,诸公何相迫耶!待势穷,则请杀**吾**,携首以降,亦未为晚。"(北宋史书《旧五代史》)

(13) 捧(fēng)子惊曰:"稚川仙府也,**吾**师安得而至乎?"契虚对曰:"**吾**始自孩提好神仙,常遇至人,劝**我**游稚川,路几何耳?"(北宋小说《太平广记·僧契虚》)

(14) 布大怒曰:"**吾**方禁酒,汝却酿酒会饮,莫非同谋伐**我**乎!"命推出斩之。(明小说《三国演义·第十九回》)

(15) 仙芝道:"**吾**遇贼而退,罪固当死不辞,谓**我**私侵军粮,岂不冤哉!"(清小说《隋唐演义·第九十回》)

例(1) 是盘庚对那些不服从迁徙命令的人做说服工作时说的话。意思是:"从前我们的先王既然劳烦过你们的先祖先父,你们当然是我的臣民。可是你们内心却又对我怀有恶意。我们的先王也曾迁居,使你们的先祖先父得以安居,(现在你们违命而不迁居),你们的先祖先父定会断然抛弃你们,不会把你们从死罪中拯救出来。"有明确的对话人,其中的"我",有着浓重的自我强调意味和倨傲语气。

例(2) 意思是:"现在,我已经把我的意图进一步告诉你们了,无论赞同与否,希望你们都要遵从。"("羞,进也。"赵任之注译,《尚书今注今译》第129页)这是盘庚迁都新邑之后发表演说,对百官提出了告诫,也有明确的对话人，其中的"我"，有着浓重的倨傲意味。

例（3）是周成王身边的两个辅弼之臣——太师周公对太保召公所说的话。译为："我不敢断言，我们有周的基业永远可靠而美好，好似上天诚心相助。我也不敢断定，我有周最终会不善而终。"话语有明确的对话人，且带有很强的自信与自我强调语气。

例（4）是当骊姬一再提到晋献公的第一个儿子申生的威势并假劝晋献公授之以政时，尚武重威、自负血性、六亲不认的晋献公对骊姬说的话。语气凌厉决绝，用"我"，表示意志的决绝和对于自己想干的事情或想要的事物的志在必得；当他最后软语安慰骊姬时，则用"吾"。

例（5）说的是薛侯、滕侯"争长"的历史，双方都认为应是自己为长，唇枪舌剑，互不相让，以"我"恰切地表现出二者的自我强调和争强好胜。

例（6）是随国的少师来访时，楚国大夫斗伯对楚王所说的话。意思是：斗伯对楚王说："我们在汉水以东不能得志，这种局面是我们自己造成的。我们扩充军队，装备武器，用武力压制小国，小国则由于害怕而联合起来图谋我们，所以难以离间他们。汉水以东的国家，随国最大，随国一骄傲，必定轻视周围的小国。小国脱离随国，符合楚国的利益。随国的少师很自大，请摆出老弱士卒给他看，以助长他的骄傲。"斗伯以臣对君，在谈到消极压抑的事情（"不得志"）时，包揽责任，以"吾"作主语，语气谦逊；而对所要强调的事情——"我则使然""我张吾三军，而被吾甲兵，以武临之"，则对"我"加以突出，语气强烈，感情饱满。

例（7）说的是鲁宣公不顾时令，下令捕鱼，鲁国大夫里革当场割破渔网，强行劝阻，并说了一番激烈的话，鲁宣公谦逊大度地接受了他的劝阻，说了这番话。以"吾"自称，表示谦逊随和，无明确对象。

例（8）讲的是楚晋之间的郑国之争中，晋国中军师荀䓨定下疲劳楚军的计谋后所言，无倨傲语境，以"吾"作主语自称，无明确对象。

例（9）中，知对黄帝说话，是下对上，虽有明确对象，但以"吾"自称，表示礼貌和谦虚。

例（10）为管仲之语，属于自说自话，以"吾"自称，无明确对象。

例（11）作为经文，无明确对象，但连用三个"我"作主语，以"元佛"语气自居，高高在上，有浓重的自我强调意味。

例（12）所言是与契丹战，大败，马尽食殚。副将杨光远、次将安审琦知不济，劝张敬达宜早降以求自安。张敬达慷慨陈词，有明确对象。但因言"受恩于明宗"，遂以"吾"谦逊自称，以表感恩之情和被动之意。

例（13）是高僧契虚对捀（feng）子自称"吾"，表示亲切之情。

例（14）所举为吕布对向自己献酒的侯成发怒，以"吾"自称，当然既不是表示谦虚，也不表示亲近，这种情况当属个别，也可以看出：到明代时，"我""吾"感情色彩的区别已渐趋模糊。这也为"我"后来全面取代"吾"奠定了基础。

例（15）中，唐玄宗听信监军宦官边令诚谗言，欲斩高仙芝、封常清二人，高仙芝面对边令诚带来的圣旨喊冤，以"吾"表示对圣旨的尊敬和自己的谦卑。

在古代，对等交谈中说话人多用自己的名字或谦称来自称，一般不用"我"自称，以表示对对方的礼貌和自身的教养。"吾"则可以直接用来自称，这与"吾"本身包含的谦和意味有关。

古时在对等交谈中直接自称"我"，会被人当作没有教养、没有礼貌的"下里巴人"看待，有如现代汉语中的"俺"。这反映出古汉语语用中至高无上的"礼"原则，即英国语言学家利奇在格莱斯"合作原则"的基础上，从修辞学、语体学的角度出发提出的著名的"礼貌原则"。我们看几个例子：

> 文子曰："武也得歌于斯，哭于斯。聚国族于斯，是全要领以从先大夫于九京也。"

上例出于《礼记·晋献文子室成》。"武"，即文子之名赵武，有名的"赵氏孤儿"，以名自称而不用"我"，以表示礼貌、有教养。

> 后孟尝君出记，问门下诸客："谁习计会，能为文收责于薛者乎？"

上例出于《战国策·冯谖客孟尝君》，孟尝君，名田文，以名自称表示谦和。

> 太后明谓左右："有复言令长安君为质者，老妇必唾其面。"

上例出于《战国策·触龙说赵太后》，赵太后以"老妇"而不以"我"自称，表示较高的涵养和礼貌。

> （赵宣子）皆告诸大夫曰："二三子可以贺我矣！吾举厥也而中，吾乃今知免于罪矣。"

上例出自《国语·赵宣子论比与党》，句中两个"吾"均用来直接自称。

> 河伯曰："然则我何为乎？何不为乎？吾辞受趣舍，吾终奈何？"

上例出自庄周《秋水》，"我"有自我强调之意；"吾"则有礼貌谦和意味。

<u>吾</u>有一阵，摆与你看，但你认得，<u>吾</u>便保周伐纣；若是认不得，<u>我</u>与你立见高低。

上例出自明小说《封神演义》，用"吾"在对等交谈中直接自称；用"我"则具有了倨傲、不客气的意味。

另外，"吾""我"还出现连用现象，这时二者合而用为动词，有"称说自己"之意，表示动作行为的经常性或对自我的强调。如：

心常轻人，<u>吾我</u>不断，即自无功德。（唐佛语录《六祖坛经》，"吾我"表示高人一等的骄慢心态，且具有经常性。）

若遇<u>吾我</u>贡高者，说卑使下贱报。（唐佛经《地藏菩萨本愿经》，意为：若遇到自高自大、甚至仗势欺人的人，说将会得到下生作下贱人，给人任意使唤、任意辱骂的报应。"吾我"表示自我中心、自高自大。）

"我"和"吾"是最重要，也最难区分的自称代词，想要将它们用一条线截然划分开是不可能的。总的来说，它们在最初时的差别是较为明显的，分工也相对清晰，语用上各有特色，人们在使用这两个词来自称的时候，既要考虑它们的语法功能，又要权衡它们的语用特征，还要斟酌它们的韵律美感，可谓繁难复杂。经过一段漫长的发展演变，二者开始有一定规律的混用，致使它们之间的界线出现模糊，后来"吾"先在口语中消失，继而在书面语中也渐行渐远。最终功能全面的"我"一统天下，"吾"彻底消失，这可以说是优胜劣汰，也是人们对简化、实用要求的语言实现。

2.1.1.4　"我"与"余""予""朕"

"我""吾""余""予（yú）""朕"，是上古汉语中使用最普遍，也最重要的五个自称代词。我们参考黄盛璋（1963）所收的《先秦典籍第一、第二两身代词格位用法统计表目录》，对先秦时期几部有代表性的散文典籍中的自称代词做了一个统计：

表二

自称代词	甲骨文	金文	今文尚书	论语	左传	国语	墨子	孟子	庄子	荀子	韩非子	战国策
我	多	64	189	44	601	187	190	131	146	49	110	114
吾	0	0	2	107	571	369	172	111	329	53	162	192
余	多	99	0	0	172	49	1	0	9	0	3	0
予	0	0	193	25	0	3	16	38	58	4	0	0
朕	多	75	73	1	2	2	4	2	7	0	0	0

（表二所列数据，主要价值在于前面的起始部分，可以看出几个自称代词的大致起源和发展情况。至于后面部分的情况，只能取其普遍趋势，有的数据则代表不同作品对词语的选择性特征。）

从表二可以看出，"我""余""朕"三个自称代词是出现最早的，在甲骨文、金文中使用频繁；而"吾""予"则出现得稍晚些。

从甲骨文、西周金文到尚书时期，言及自己一个人时用"余（予）""朕"，言及自己所属的集体或表示否定时用"我"。换言之，当自称表示单数时用"余（予）""朕"，当自称表示复数或否定时用"我"。例如：

王曰："猷（yǒu）！告尔多士，<u>予</u>惟时其迁居西尔，<u>非我</u>一人奉德不康宁，时惟天命。无违，<u>朕</u>不敢有后，<u>无我</u>怨。"

此例出自《尚书·多士》，为<u>周公</u>对殷商遗民发布的诰令。意为：周公说：唉！众位殷商的旧臣，我要告诉你们，我这个时候把你们迁往西边的洛邑，并不是由于我这个人生性好动，这是为了顺从天意。天意不可违，我不敢延误上天的命令，所以你们不要怨恨我。其中"予""朕"用来表示单数，而表示否定时，一般在否定词"非""无"等后用"我"。

战国《庄子外篇·天运》中："<u>予</u>年运而往矣，子将何以戒<u>我</u>乎？"其中"予"表示单数"我"，"我"则表示复数"我们"。

后来有一些发展，但"余""予"和"朕"一般都只限于称代说话者本人，"我"则既可以称代说话者本人也可以称代说者和听者双方，还可以称代与说者有关的第三者。本节我们重点来考察"余""予""朕"三个自称代词的发展演变及用法。

"余""予""朕"三个自称代词，《尔雅·释诂下》均释为"我也"。对此，<u>邢昺（bǐng）</u>疏："此（指'余'）皆我之别称也。"而<u>郭璞</u>注："古者贵贱皆自称朕。"秦始皇26年,"朕"才专作皇帝的自称。这样,秦以前"朕"和"余""予"似乎就很难区分开了。而事实并非如此,这一点我们稍后论及。

至于"余"和"予",《尔雅·释诂》云:"余予古通用,故论语云:'百姓有过,在予一人';周语引汤誓曰:'万夫有罪,在余一人';郭引曲礼云:'授政任功,曰予一人';郑注引观礼曰:'伯父寔(shí,放置)来,余一人嘉之':是'余''予'古字通之证。故郑又曰:'余予古今字,盖言予,古文作余,……石经鼎铭皆古文,作"余",即知作"予"者为今文矣。"根据这一结论,似乎"余""予"之别仅在古今之别,而根据考证,这一理论也似乎尚待完善。我们下面就着重来考论上面的两个问题。

2.1.1.5 "余"与"予"

东汉许慎《说文解字》(以下简称《说文》):"予,推予也。象相予之形。凡予之属皆从予。余吕切。""余,语之舒也,从八舍省声。以诸切。"可见,在《说文》中并未提供二者在我国古代同为自称代词的相关线索。

一、余

在甲骨文中,我们找到许多以"余"自称的用例,但未见"予"的用例。

戊辰卜王贞妇鼠娩**余**子。(甲骨文14115号)

贞**余**不惟孽。(甲骨文15681号)

癸酉卜王贞**余**勿祀我▲惟用。(甲骨文15496号)

丁亥卜**余**不逐丧。(甲骨文21153号)

贞**余**于商疾。(甲骨文21375号)

卜己亥**余**梦亦彝占。(甲骨文21767号)

未王卜**余**告尹曰受吉。(甲骨文24137号)

在金文中,我们也发现很多自称代词"余"的用例,但同样未见"予"的用例:

余惟嗣朕先姑君晋邦,**余**不辱妾。(晋姜鼎铭)

余小子肇帅井(型)朕皇且(祖)考懿德。(单伯钟铭文)

隹(唯)皇上帝百神,保**余**小子。(宗周钟铭文)

伯氏曰:"不其,驭(朔)方严允广伐西俞,王命我羞追于西。**余**来归献擒,**余**命汝御追于▲,汝以我车宕伐严允于高陶,汝多折首执讯。"(不其簋铭文)

但"余"在后来的《尚书》和《周易》等作品中,却丧失了自称意义,而

作"别的""其他的"解释:

《尚书》:"无敢不供;汝则有无余刑,非杀。"
《周易》:"积善之家,必有余庆;积不善之家,必有余殃。"

直到春秋以后,在《国语》《左传》中,"余"才又恢复了自称意义,并与后产生的"别的""其他的""剩下的"等意义并存发展。"余"作自称代词主要是作主语和定语,偶作宾语。到六朝以后,自称代词"余""予"逐渐在口语中消失。这从当时口语性很强的作品中可以得到佐证。当时佛经翻译(《东晋译经》《刘宋译经》《北凉译经》《百喻经》等)多用口语,以便传播,其中多用"我",很少见到自称的"余""予"的使用。其他较接近口语的作品如《世说新语》《奏弹刘整》等,情况也如此,但文言作品中则使用普遍。同时,"余"的意义向单一化发展,表自称的功能住逐渐削弱,到金元以后,口语化自称代词"我""俺"逐渐盛行,"余""予"多用于书面语中的自述,对话中则常用"吾"作拟古自称或转述。清代以后,自称的"余"逐渐消失,直到现在,"余"主要表示"别的""其他的""剩下的"等意义,加在数词或数量短语后表示"多""多一些"的意思,它已经不再表示自称意义。

二、予

"予"的产生较"余"晚得多,甲骨文和金文中未见"予"的身影。但是,"予"一出现,就显现出很强势的态势。在《尚书》《诗经》等作品中,大量自称代词"予"涌现,它们在句子中主要作主语和宾语,偶尔也作定语;一般表示单数,也可表示复数。

万姓仇予,予将畴依?(《尚书·夏书》)
帝曰:畴咨若予采?(《尚书·尧典》)
郁陶乎予心,颜厚有忸怩。(《尚书·五子之歌》)
予嘉乃德,曰笃不忘。(《尚书·微子之命》)
眇眇予末小子,其能而乱四方,以敬忌天威?(《尚书·顾命》)
终鲜兄弟,维予二人。(《诗经·郑风·扬之水》)
予曰有疏附,予曰有先后。(《诗经·大雅·緜》)

《尚书》中,"予"只有自称意义,但在《诗经》中,"予"开始出现"给予"之意:

彼交匪纾,天子所予。(《诗经·小雅·采菽》)
岁事来辟,勿予祸适。(《诗经·商颂·殷武》)

允也天子，降予卿士；实维阿衡，实左右商王。（《诗经·商颂·长发》）

相予肆祀，假哉皇孝，绥予孝子。（《诗经·周颂·雝》）

自《诗经》以后，"予"的两个意义——自称义和"给予"义就一直并存。不过在其发展中，"予"的自称意义逐渐减少，六朝时在口语中逐渐消失，表义逐渐向"给予"义倾斜，到清代，"予"的自称意义只在历史小说和拟古作品中出现了。

纵观"余"和"予"，尽管很多学者认为它们是古今字，认为"盖言予，古文作余"，但我们从众多的语料中可以看出，二者的关系，绝不仅仅是古字和今字之间那么简单。虽然在历史长河中二者有时可以互代，但它们并不是任何时候都可以互换使用的。

三、"余"和"予"的关系

第一，"余"早于"予"，二者自产生之初至消亡之时均为普通自称之词，上古时期多被用为帝王的自称之词；但也有普通用法，可用于百姓语言。

有学者认为"余""予"在产生之初均为王侯贵族自称之词，我们对这一看法持保留意见：其一，王侯贵族自称之词已有"朕"，"予"是夏、商、周天子通常使用的自称代词，"余"则是普通的自谦代词；其二，所见文献中"余""予"均为王侯贵族自称之词，这与我国上古时期的传世文献均只记录贵族王侯的言和事有关。

由于记录和传播条件有限，甲骨文和金文只能简而又简地刻录下一些非常重要的人和事，而《尚书》是我国第一部用文字记载的中国上古史，很多事情阙不可考，所录大多也只是公元前21世纪至周代之间的虞、夏、商、周各代君王的诰语和当时的有功之臣皋陶、伯益、弃稷等人的言论以及君臣之间的问答，而无百姓言论的记录，普通百姓的自称之词无从可考。因此有人得出"余""予"均为王侯贵族自称之词的结论。但自从记载百姓言论和生活的《诗经》始，"余""予"就挂在了普通百姓的口上。如果之前"余""予"只是王侯贵族自称之词，那么同为记录周代历史生活的《诗经》，是绝不可能如此风云突变迅速逆转为一个通用的自称之词的。《诗经》之后"余""予"便普遍出现于百姓语言。下列用例均非贵族王侯自称：

今女下民，或敢侮予。（《诗经·豳风·鸱鸮》）

予子行役，夙夜无已。（《诗经·国风·魏风·陟岵》

子曰：起予者商也，始可与言《诗》已矣！（《论语·八佾》）

予唯不食嗟来之食，以至于斯也。（《礼记·檀弓下》）

余弟死，而子来，是而子杀余之弟也。（《左传·襄公十四年》）

余知其死所，而长者使余勿言。（《春秋左传·哀公十六年》）

第二，"余""予"起初均见于对话，魏晋以后，"余""予"多用于自述时自称。但它们在语法功能和语用上都有一定的区别。

秦汉之前，"余""予"多用于对话中的自称，但根据对《古文观止》的考察分析：到魏晋以后，"余"多半用于自述时自称，很少见到自称"予"的使用。宋以后，出现自述时"余""予"并行的现象——不同作者，选择不同的"余"或"予"；同一个作者，在不同文章中分别使用"余"和"予"。如欧阳修，在《梅圣俞诗集序》中以"予"自述，在《秋声赋》中则用"余"自述；苏轼，大多以"余"自述，但在《后赤壁赋》中则用"予"。这可以说是"余""予"在消亡之前的混用，也可以说这一混用为它们作为自称代词的最后消失做了铺垫。

但是，在"余""予"混用之前，具体说，就是宋以前，它们还是有一定区别的。

首先，在句法功能上，"余"主要作主语和定语，"予"主要作主语和宾语。虽然"余""予"均有作主语、宾语、定语的用例，但"余"重在甲骨文、金文和《国语》《左传》中充当主语和定语，偶尔作宾语，而"予"则主要在《尚书》《论语》和《孟子》《墨子》《庄子》等诸子散文中充当主语和宾语，偶尔作定语。例如：

庚寅卜余燎于其配。（甲骨文 1864 号，"余"作定语。）

丁丑卜王贞余勿衣占余只三月。（甲骨文 20333 号，"余"作定语。）

乙酉余呼方允。（甲骨文 20497 号，"余"作主语。）

乙丑卜贞占娥子余子。（甲骨文 21067 号，"余"作定语。）

余惟嗣朕先姑君晋邦，余不辱妄。（晋姜鼎铭，"余"作主语。）

余掖杀国子，莫余敢止。（《左传·僖公二十五年》，"余"作主语和前置宾语。）

必死是间，余收尔骨焉。（《左传·僖公三十二年》，"余"作主语。）

公辞焉，曰："骊姬之谗，尔射余于屏内，困余于蒲城，斩余衣袪。"（《国语·晋语四》，"余"作宾语和定语。）

畴若予上下草木鸟兽？（《尚书·尧典》，"予"作定语。）

降水儆予，成允成功，惟汝贤。（《尚书·尧典》，"予"作宾语。）

回也，视**予**犹父也，**予**不得视犹子也。(《论语·先进》，"予"作宾语和主语。)

天之将丧斯文也，后死者不得与于斯文也；天之未丧斯文也，匡人其如**予**何？(春秋《论语·子罕篇》，"予"作宾语。)

其次，在语用表达上，"余""予"虽多为王侯贵族自称之词，但二者表达的语气有明显差别。"余"所表达的语气要谦和、客气一些，更显平民化；而"予"所表达的语气则更为自我和庄严。

夏、商、周天子通常自称"予"。可以说，"予"是秦始皇之前帝王们主要使用的自称代词。据《史记·夏本纪》记载：夏禹十年（前 2060 年），禹姒文命卒，启姒奋校即位。"有扈氏不服，启伐之，大战于甘。将战，作甘誓，乃召六卿申之。启曰：'嗟！六事之人，**予**誓告女：有扈氏威侮五行，怠弃三正，天用剿绝其命。今**予**维共行天之罚。左不攻于左，右不攻于右，女不共命。御非其马之政，女不共命。用命，赏于祖；不用命，僇于社，**予**则帑僇女。'"其中的"予"为夏天子启的自称。

商成汤元年（前 1600 年），成汤子履"乃践天子位，平定海内。汤归至于泰卷陶，中𡌨作诰。既绌夏命，还亳，作汤诰：'维三月，王自至于东郊。告诸侯群后："毋不有功于民，勤力乃事。**予**乃大罚殛女，毋**予**怨。"'"(《史记·商本纪》)

直到宋代，"予"的自称还是保持了较强的自我性和严肃性。如宋欧阳修《梅圣俞诗集序》："**予**闻世谓诗人少达而多穷，夫岂然哉？"以至于到后来，"予"还是比"余"保留了更浓厚的书面语色彩。

尽管殷、周天子也有自称"余"的，但在语用中，"余"所表达的语气较"予"更为谦恭、平和，更显平民化。例如：

襄王姬郑曾说："舅氏，**余**嘉乃勋，毋逆朕命。"(《史记·殷本纪》，襄王对舅舅姬郑说话，以"余"自称以表谦敬。)

若不然，叔父有地而隧焉，**余**安能知之？(《国语·襄王不许请隧》，襄王对晋国国王文公，称其"叔父"而自称"余"以表示谦恭。)

李氏子蟠，年十七，好古文，六艺经传皆通习之，不拘于时，学于**余**。**余**嘉其能行古道，作《师说》以贻之。(唐·韩愈《师说》，作者以"余"自述表达一种平和语气。)

2.1.1.6　"朕"

"朕"，西周金文中为"朕"，甲骨文为朕。尽管郭璞注"古者贵贱皆自称朕"，我们通过研究还是发现了一个事实：并非"贵贱皆自称朕"，而是"自称朕者皆贵"。"朕"虽然和"余""予"一样都是称代发话者本人，但"朕"一般是帝王、贵族王公的自称之词，平民百姓是不用的。这是后来秦始皇将"朕"据为自己专用的基础。我们用几个例证加以说明：

(1) 庚辰卜，王贞：朕循▲。六月。（甲骨文合集20547）

(2) 不其拜稽手（首），休，用作朕皇祖公伯孟姬尊簋，用丐多福，眉寿无疆，永纯灵终，子子孙孙，其永宝用享。（《不其簋》）

(3) 王曰：盂！若敬乃正，勿废朕令。（《大盂鼎》）

(4) 王亲命之：缵戎祖考，无废朕命。（《诗经·大雅·韩奕》）

(5) "帝高阳之苗裔兮，朕皇考曰伯庸。"（屈原《楚辞·离骚》）

例（1）（3）（4）中的"朕"，均为帝王自称。例（2）《不其簋》这篇铭文记述与我国古代西北的少数民族猃狁的一次战事。猃狁侵扰周朝的西部，周王命伯氏和不其抗击，进追于西。不其随伯氏对猃狁作战得胜，这是不其对周王奖赏的回答。其中"朕"是不其的自称，"皇祖公伯"就是不其称为兄长的伯氏（即庄公昆弟）的祖父公伯。例（5）是屈原自称，屈原本身也是出身贵族。

如此看来，"朕"是一个属于王侯贵族阶层的自称代词，在所见文献中，尚未发现一个平民百姓以"朕"自称的用例。秦始皇之后，"朕"成了皇帝的专用自称代词，还有至尊若皇太后也可以自称"朕"。例如《后汉书·和殇帝纪》："皇太后诏曰：'今皇帝以幼年，茕茕在疚，朕且佐助听政。"

2.1.1.7 "我""朕""余""予"的区别

"余""予""我""朕"的上述差异显示：它们之间的根本区别不在形式上而在语用功能上。

（一）"余""予"虽多为贵族使用，但"余"多含谦抑意味；"予"则严肃凛然，表示对天神、先王、臣民说话时的庄重；"朕"由贵族自称词发展为帝王专用自称代词；"我"为通用自称代词。

在宋代以前，自称代词"予"大多具有严肃凛然的意味。可以单用，也可以组合成"予小子"来表达对先祖、神灵等的敬重，还可以加在说者的名字的前面或后面，构成同位结构，来表达郑重之意。例如：

公曰："体！王其罔害，予小子新命于三王，惟永终是图。"（《尚书·周书·金縢》）

念兹皇祖，陟降庭止。维予小子，夙夜敬止。（《周颂·闵予小子》）

今<u>予</u>发，惟恭行天之罚。（《尚书·牧誓》，"予发"是周武王姬发的自称之辞。）

<u>予旦</u>以多子越御事笃前人成烈，答其师，作周孚先。（《尚书·洛诰》，"予旦"是周公姬旦的自称之辞。）

在今<u>予小子旦</u>非克有正，迪惟前人光，施于我冲子。（《尚书·君奭》，"予小子旦"是周公姬旦的自称之辞。）

从《诗经》起，"予"就逐步向谦恭化和平民化发展，如《诗经·周颂》："闵<u>予</u>小子，遭家不造，嬛嬛在疚。"《诗经·小雅》："舍彼有罪，<u>予</u>之佗矣。"

"余"则更多的是谦恭意味，也有"余小子"的用法，表示谦恭。如：

隹（唯）皇上帝百神，保<u>余小子</u>。（宗周钟）

<u>余小子</u>肇帅井（型）朕皇且（祖）考懿德。（单伯钟）

（齐侯）对曰："天威不违颜咫尺，<u>小白余</u>敢贪天子之命无下拜！"（《左传·僖公九年》，"小白余"是齐桓公的自称。——按：孔颖达《正义》引舍人《尔雅注》曰："余，谦卑之身也。"）

关于"余小子"和"予小子"，网络《汉典》做了如下解释：1. 古代天子居丧时的自称；2. 古代天子及诸侯王对先王或长者的自称。由此可看出，"余小子"和"予小子"都表示谦抑。《礼记·曲礼下》："君大夫之子不敢自称曰<u>余小子</u>。"（郑玄注："辟天子之子未除丧之名。"）《礼记·曲礼下》又说："天子未除丧，曰<u>予小子</u>。"三国时期魏国曹植的《责躬》诗："嗟<u>余小子</u>，乃罹斯殃。"一本作"予小子"。

但须注意："余小子""予冲人""予冲子""予小子"都是同位结构，意义相同，相当于"我"。但"我幼冲人""我冲子"则是偏正领属结构。这大概跟"我"的领属能力强有一定关系。如：

《尚书·大诰》："洪惟<u>我幼冲人</u>，嗣无疆大历服。"（"我幼冲人"意为"我们伟大的幼主"。）

《尚书·君奭》："在今予小子旦非克有正，迪惟前人光，施于<u>我冲子</u>。"（"我冲子"意为"我们幼小的国王"。）

"我""朕"含有一定的傲称意味，因此汉语中并无"我小子""朕小子"的用法。由于"余""予"二者读音相同，自称意义逐步趋同，宋以后逐步融合，成为可以混用的自称代词，主要用于自述时自称，成为自称代词的自谦形式；"朕"专属于贵族阶层，秦始皇以后为帝王专用自称代词；"我"是通称形式的自称代词，由单表示复数发展为既表示复数又表示单数，它表示一种自称的自信，既不谦卑也不倨傲。

"余""予""朕"由于有语用意义的限制，在其发展上就受到束缚，加上春秋以后"孤""寡人""不谷""臣""仆"等谦称形式的渐次出现，它的使用范围被进一步缩小，从而逐步从口语中消失了。自称代词发展到宋代，一般自述用"余"或"予"，转述通常用"我""吾"，直到自称代词"余""予""吾"消失。从消失的过程来看，大致是先从日常的口语中消失，然后才逐渐从书面语中消失。这可以从司马迁的语言中看到一些痕迹。司马迁在《史记》中用"余"称代自己，但他在写给任安的信中则用"仆"称代自己。"朕"由于特殊身份限制，一般人很少使用它，因此在春秋战国时期的文献里就已经很少见到了。

（二）在上古早期和中期的文献里，说者用"余""予""朕"称代自己一般都有明确的说话对象，通常只限于称代说话者本人；而"我"则不一定，可以称代说话人本人，也可以称代说者和听者双方，还可以称代与说者有关的第三者。另外，"余""予"都出现在对话当中，鲜有例外。

在一般的语句中，第一人称代词绝大多数都用"我"，一到对话的场景，第一人称代词往往都换成"予"。不过后来这一界线被打破甚至被颠覆，自述时通常用"余""予"，而引述或转述时往往用"我""吾"。

（三）"余""予""我""朕"居领格时，"余""予"和"朕"对后面的名词都有选择性，而"我"对后面的名词没有选择性。

"余""予"居领格，后面的名词表示的都是说者本身所拥有的一般的人或事物。例如：

戊辰卜，王贞：妇鼠娩<u>余</u>子。（甲骨文合集 14115）

<u>予</u>惟率肆矜尔，非<u>予</u>罪，时惟天命。（《尚书·多士》）

<u>予</u>手拮据，<u>予</u>所捋荼。<u>予</u>所蓄租，<u>予</u>口卒瘏（tú），曰予未有室家。（《诗经·豳风·鸱鸮》）

"朕"居领格，后面的名词都是令人尊崇的人或事物，或者是希望听者加以重视的人或事物，如帝王的先祖、身体、意志、言论，颁布的律令、礼仪等。例如：

余小子肇帅井（型）<u>朕</u>皇且（祖）考懿德。（单伯钟）

用乍（作）<u>朕</u>文考妖白（伯）宝尊鼎。（康鼎）

王曰：盂，若敬乃正，无废<u>朕</u>令。（大盂鼎）

勿替敬，典听朕告，汝乃以殷民世享。（《尚书·周书·泰誓上》）

明听朕言，无荒失朕命。（《尚书·盘庚中》）

四海之内咸仰朕德，时乃风。（《尚书·说命下》）

朕志先定，询谋佥同，鬼神其依，龟筮协从，卜不习吉。（《尚书·虞书·大禹谟》）

臣作朕股肱耳目：予欲左右有民，汝翼。（《尚书·虞书·益稷》）

韩侯受命，王亲命之："缵戎祖考，无废朕命。"（《诗经·大雅·韩奕》）

诸葛丞相弘毅忠壮，忘身忧国，先帝托以天下，以勖朕躬。（六朝史书《三国志·裴注》）

卿等各宜尽忠，以体朕怀。（北宋小说《太平广记》）

朕政刑乖僻，仁信未孚，当食我心，无害苗稼。（北宋小说《太平广记》）

"我"居领格没有以上这些讲究，出现在它后面的名词既可以是表示一般的人或事物，也可以是表示说者所尊崇的人或事物。当说者提到自己的邦国和人民时，领格代词大多数都用"我"。这也是自称代词"我"独有的特色。例如：

天降威，知我国有疵，民不康。（《尚书·大诰》）

洪惟我幼冲人，嗣无疆大历服。（《尚书·大诰》，"幼冲人"是指年幼的成王。）

天降威，我民用不乱丧德。（《尚书·酒诰》）

谁谓雀无角，何以穿我屋？（《诗经·召南·行露》）

总的来说，"我、吾、余、予、朕"几个自称代词是在一定的分工之下进行合作的，它们有着各自的特点和分工，在语用中，说者使用"余""予""我""朕"这几个自称代词时，根据说话人的身份、说话时所处的语境（说话的场合、对象等）的不同，所选择的第一人称代词也不同。这样的自称代词系统，使得汉语自称用语呈现一种变化美和精细美。

2.1.2 卬、台、言

2.1.2.1 卬（áng）——西周特有方言自称代词

"卬"有两个读音，读 áng 时有两个意义。1. 通"昂"。扬起，抬高（hold one's head high）的意思；2. 第一人称代词。《尔雅·释诂下》："卬，我也。"读另一个音 yǎng 时为"仰"的古字。在这里，我们主要讨论作为自称代词的"卬"。

《说文解字》云:"女人称我曰姎。由其语转,故曰卬。姎,妇人自称我也。"《新华字典》:"姎(yāng),古代妇女自称。姎徒,犹吾徒。古代西南少数民族语。"清代俞正燮《癸巳类稿·複语解》及章炳麟《新方言·释言》皆以为即俗"俺"字的本原。我们更同意《说文解字》的说法。因为"卬"出现于西周时期,应为西周方言词,盛行于《诗经》时代,与"俺"之间虽然发音更接近,但历时的跨度太大,中间的空白难以填补。

"卬"来自周人的母语,是西周时期特有的自称代词。只见于《诗经》和《尚书》:

予造天役,遗大投艰于朕身;越予冲人,不卬自恤。(《尚书·周书·大诰》,"不卬自恤"即"我决不怜惜自己"。"卬",周成王自指。)

肆予曷敢不越卬敉(mǐ,安抚、安定)宁王大命?(《尚书·周书·大诰》,"卬",周成王自指。)

招招舟子,人涉卬否。人涉卬否,卬须我友。(《诗经·邶风·匏(páo)有苦叶》,毛传:"卬,我也。"郑玄笺:"人皆涉,我友未至。我独待之而不涉。""人涉卬否"即别人涉水过河,而我独不渡。后用以比喻自有主张,不随便附和。)

樵彼桑薪,卬烘于煁(shén)。(《诗经·小雅·白华》)

卬盛于豆,于豆于登。(《诗经·大雅·生民》)

"卬"最初为表示妇人自称的"姎"所转,在《后汉书·张衡传》中有这样一句"虽有犀舟劲楫,犹人涉卬否,有须者也。"可见到这个时候"卬"字的字义在时人的解读和运用上已经变化了,"卬"指"我",不分男女,这个字义一直到今——今山西吕梁地区人还有方言称"我"为"卬(áng)"。① 不过,在汉民族共同语中,自称代词"卬(áng)"在周代以后不久就迅速消亡了。

2.1.2.2 台(yí)——周人方言自称代词

"台"有四个音,有多项意义,其中"指高平的建筑物"这一意义一直贯彻"台"的始终,到现代汉语中,这一意义就成了最主要的意义。做自称代词时"台"读作yí,关于其来源,周法高先生认为可能是"余"和"之"的合音(《中国古代语法·称代编》第51页),郭沫若认为是"余"的音变。我们认为可能是周人方言,跟"余"有一定联系。向熹先生《简明汉语史》(第51页)

---

① 参考《临县方言锦集》。

指出：金文的"辝""以"都是"台"的或体：

  女敬共**辝**命。……余命女嗣**辝釐**（xī，幸福，吉祥）。（叔夷钟 203）

  枼（世）万至于**辝**（yí）孙子，勿或俞（渝）改。（课镈铭文，即齐子仲姜镈 210）

  公曰叔舅！予女铭，若纂乃考服。悝拜稽首曰："对扬**以**辟之，勤大命。"施于烝彝鼎。（《礼记·祭统·孔悝鼎铭》，郭沫若："以辟者，台辟也，朕辟也。"）

《尔雅·释诂上》："台，我也。"主要见于周代《尚书》：

  中邦锡（赐）土、姓，只**台**德先；不距朕行。（周《尚书·夏书·禹贡》，意为：九州之内的土地都分封给诸侯，并分别赐以姓氏，封赏的标准首先是符合我的德教，不准违背我所推行的德政。"台"，即"我"。）

  以**台**正于四方，惟恐德弗类，兹故弗言。（周《尚书·说命》）

  非**台**小子敢行称乱。（周《尚书·汤誓》，孔传："以诸侯伐天子，非我小子敢行此事，桀有昏德，天命诛之。""非台小子"即"非我小子"，自我谦称。）

  今汝其曰，夏罪其如**台**。（《尚书·汤誓》，孔传："今汝复言桀恶，其亦如我所闻之言。"孔颖达《正义》从之。"台"表自我谦称。）

  予恐来世以**台**为口实。（周《尚书·汤誓》）

  肆**台**小子，将天命明威，不敢赦。（周《尚书·汤诰》）

《尚书》中自称代词"台"使用较为频繁，主要作主语和定语，也作宾语。但在后代文献中，自称代词"台"的使用，已经很少，至唐宋文中偶见。例如：

  匪**台**小子敢行举乱，有夏多罪，予维闻女众言，夏氏有罪。（西汉史书《史记·殷本纪》，马融曰："台，我也。"）

  台今有本末。（晋代陈寿《三国志·吴书·周瑜传》）

  台以此封孤都乡侯。（晋代陈寿《三国志·吴书·周瑜传》）

  流灾降愿，天曷**台**怒？（唐代卢肇《汉堤诗》）

  魂且有知，察**台**深意。（宋代王禹偁《莫故节度使文》）

自称"台"多表示自谦，在句法中可以作主语、宾语和定语。其完全消失大致是在元代以后。元以后，"台"的自称意义消失，却产生了一项新义：作敬辞成分，读为 tái，与其他语素组合成敬辞，用来称呼或询问对方或与对方有关的事物和行为。如：台讳（对人官名的尊称）、台坐（敬辞，坐于尊位）、台表

（敬辞，用于称呼人的字）、兄台、台鉴（请对方阅览的敬辞）、台览（敬辞，用于书信，表示请对方阅览）、台屏（敬辞，尊称对方的家）、台甫（敬辞，旧时用于问人的表字）、台安（敬辞，多用于书信结尾，表示对收信人的问候）、台候（敬辞，用于问候对方寒暖起居）、台席（古以三公取象三台，故称宰相的职位为台席）、台驾（请人光临的书面敬语）、台光（请人光临的书面敬语）、台命（敬辞，旧时称对方的嘱托）、台启（敬请启封之意，写在信封上的敬语），等等。例如：

> 是则是难留恋休掩泪眼，去则去好将惜善保台颜。（元散曲·徐琰·小令《叙别》）
> 使贱子慕台颜，仰台翰，寸心为慰。（元杂剧《西厢记》）
> 先生台意若何？（元杂剧《西厢记》）
> 恩相台旨，怎敢有违。（明代小说《水浒全传（中）》）
> 兄台何在这里？（明代小说《水浒全传（下）》）

总体来看，自称代词"台（yí）"的产生和盛行时期都在周代（西周以后），延续一段时间后就消失了。这可以说是众多自称代词竞争的结果，也可以说是"台"的意义重心转移的结果。到现代汉语中，"台"的自称意义、敬辞意义和官名意义已经消失，意义重心逐渐转向表示高而平的建筑物，实现了表意的单一化。

2.1.2.3　言——《诗经》特有方言自称代词

"言"最主要的意义是作名词和作动词，意为：言语、话、说、说话、谈论。作为自称代词，主要出现在《诗经》中，其他作品中很少见。《诗经》中的"言"之多是其他作品无法相比的，其中很多"言"又是用它的名词和动词意义难以解释的，如：

> 翘翘错薪，言刈其楚。之子于归，言秣其马。（《诗经·周南·汉广》）
> 彤弓弨（chāo）兮，受言藏之。（《诗经·小雅·彤弓》，毛传："言，我也。"）
> 弋言加之，与子宜之。（《诗经·郑风·女曰鸡鸣》）
> 匪面命之，言提其耳。（《诗经·大雅·抑》）
> 言念君子，温其如玉；在其板屋，乱我心曲。（《诗经·秦风·小戎》）
> 婚姻之故，言就尔居。（《诗经·小雅·鸿雁之什·我行其野》）
> 言授之絷，以絷其马。（《诗经·周颂·有客》）

俞敏认为"言"是"我""焉"的合音，这一点尚待考证。很多学者认为"言"是自称代词。上述诗句中的"言"解释为单数自称代词"我"较为合理。它表示单数，主要作主语。《诗经》中"言"作自称代词的情况很多，而且主要集中在口语味浓重的民歌中，而且后来就很少见并很快消失了。至于《庄子·山木》中："回曰：敢问无受天损易。仲尼曰：饥渴寒暑，穷桎不行，天地之行也，运物之泄也，**言**与之偕逝之谓也。"陆德明释为："言，我也。"这值得商榷。结合上下文，此处的"言"恐怕理解为动词比较贴切。我们认为，"言"是在先秦时期语言体系不够完善统一的情况下短暂出现和使用的方言自称代词。随着人称代词的完善和统一，"言"的自称意义逐渐消亡。

2.1.3 侬（侬家、阿侬）

"侬"不见于《说文解字》，当是后起字。《现代汉语词典》："侬：①方言，人称代词，你；②人称代词，我（多见于旧诗文）；③姓。"

古代吴人称"人"为"侬"，自称也为"侬"。《广韵》："侬，我也。"《玉篇·人部》："侬，吴人自呼我。"

在古代吴语中，"侬"的本义是"人"，如乐府诗集《西曲歌·孟珠曲》："葳蕤当忆我，莫持艳他**侬**。"意为：看到石榴花这么茂盛，可要想到我呀，切不要把这样美丽的花拿给其他人。"他侬"即"他人"。

韩愈被贬岭南时仿岭南语作《泷吏》诗："比闻此州囚，亦在生还**侬**。""侬"即"人"。

广西藤县也有表示"人"的意义的"侬"："侬儿""人儿"即"小儿"；同时作自称代词："你去侬又去""人家吃饭侬吃粥。"

"侬"作为人称代词，起先是作自称代词，产生于六朝，在吴楚歌词中多见，为南方方言，吴语用之，始见于魏晋南北朝时期，到现代北部吴语中就用为对称代词了。

在南朝的吴歌中，自称代词几乎都是"侬"，只有个别地方用"我"。这是因为在当时的金陵，迁自中原的士族大夫们在其语言使用中大多用我，而广大的民间用的还是吴语，所以吴歌中自称多用"侬"。同时，中原雅语也在逐步影响吴语，所以呈现自称"我""侬"交错的语言现象。

揽枕北窗卧，郎来就**侬**嬉。（《乐府诗集·子夜歌》）
欢愁**侬**亦惨，郎笑**我**便喜。（《乐府诗集·子夜歌》）
天不夺人愿，故使**侬**见郎。（《乐府诗集·子夜歌》）

观见流水还，识是**侬**泪流。（《乐府诗集·吴歌》）
吹欢罗裳开，动**侬**含笑容。（《乐府诗集·夏歌》）
春桃初发红，惜色恐**侬**摘。（《乐府诗集·夏歌》）
三伏何时过，许**侬**红粉妆。（《乐府诗集·夏歌》）
若不信**侬**时，但看雪上迹。（《乐府诗集·冬歌》）
道子领曰：**侬**知**侬**知。（《晋书·列传第三十四》）

自称"侬"又用为"阿侬"，《洛阳伽蓝记》："吴人自呼阿侬。""阿"为吴语常用词头。

登**阿侬**孔雀楼，遥闻凤凰鼓。（《异苑·鬼仙歌》）
世樃亦知帝昏从，密谓其党茹法珍、梅虫儿曰："何世天子无要人，但**阿侬**货主恶耳。"（《南齐书·本纪第七·东昏侯纪》）
阿侬已作征人妇，谢却歌衫舞扇缘。（民国小说《古今情海》）
须眉当代数袁公，巾帼无人只**阿侬**。（民国小说《留东外史续集》）

至今在金华、衢州等地都有自称为"阿侬"的。"侬"是最常用的吴语词，在魏晋南北朝时期进入文学语言，特别是俗文学。由于南朝文化的强大影响，一批吴语词也逐渐地为其他地区的文人所仿用。《通俗编·称谓篇》："隋书：'炀帝宫中喜效吴音，多有侬语。'"于是吴语方言自称代词"侬"在六朝之后继续得到了发展，一直沿用到近代文学作品中。

寄言向江水，汝意忆**侬**不？（李白诗《秋浦歌》）
浪花有意千重雪，桃李无言一队春。一壶酒，一竿纶，世上如**侬**有几人？（南唐李煜词《渔父》）
伊是浮云**侬**是梦，休问家乡。（南宋·朱敦儒词《浪淘沙·康州泊船》）
绿珠碧玉心中事，今日谁知也到**侬**。（明·小说《二刻拍案惊奇》）
奴家生得好仪容，月殿姮娥也赛不过**侬**。（明汪錂《春芜记·宴赏》）
欢能解事，旖旎如云；**侬**本多情，温柔似水。（清小说《九尾龟》）
尔今死去**侬**收葬，未卜**侬**身何日丧。**侬**今葬花人笑痴，他年葬**侬**知是谁？（曹雪芹《红楼梦》中林黛玉的《葬花吟》唱词）
午夜鹣鹣梦早醒。卿自早醒**侬**自梦，更更。泣尽风檐夜雨铃。（清代纳兰性德词《南乡子——为亡妇题照》）
侬带玉环归洞后，君骑白马傍垂杨。（民国小说《元代野史》）
天若怜**侬**天应许，**侬**愿相思，可有相思女？（民国小说《留东外史》）

除了"侬""阿侬"之外，唐以后又产生了"侬家"，它们都是自称代词，表示单数，相当于"我"。

侬家暂下山，入到城隍里。（唐诗《寒山诗》）
也解为诗也为政，**侬家**何似谢宣城。（全唐诗王延彬《春日寓感》）
今朝对众全分付，莫道**侬家**有覆藏。（南宋佛语录《五灯会元》）
侬家不管兴亡事，尽日和云占洞庭。（南宋佛语录《古尊宿语录》）
谁待向禁城狼虎丛中去，我则待**侬家**鹦鹉洲边住。（元散曲《正宫·叨叨令》）

"侬"发展到现代汉语，自称意义已经消失，口语和文学作品中所见的"侬"均已不表示自称，而是表示对称单数，相当于"你"或"您"。

在那里，一颗子弹就叫**侬**上西天啦，你可要识相点儿。（王素萍《她还没叫江青的时候》）
今朝烧了一点赤豆粥，好像很成功，盛一碗**侬**尝尝。（谷苇《又见柯灵》）
侬晓得啦，那个唱夜半歌声、四季歌的金嗓子周璇就是我的家主婆。（应跃鱼《周璇发疯之谜》）
老市长，**侬**来啦。（汪曾祺《星期天》）
侬为中国人吐出一口气，应该谢谢**侬**！（汪曾祺《星期天》）

以"侬"称"你"在现代文学中的应用也只是以上海为代表的吴方言对现代文学的局部渗透，只在相关方言语体中使用。

自称代词"侬"的消失除了系统内部竞争因素外，更与时代变革相关。五四以前的新文化运动是一场提倡资本主义新文化，反对封建主义旧文化的斗争。新文化运动的另一个重要内容是提倡白话文，反对文言文；提倡新文学，反对旧文学。在这样一场大变革中，人称代词也不可避免地进行了前所未有的变革。最突出的变革是，随着白话文的提倡，人称代词得到了统一和规范。自称代词统一于"我""我们"；对称代词统一于"你""你们"；他称代词统一于"他（她，它）""他（她，它）们"。自称代词"侬"和"奴""吾""余""予"等都是在这个时期退出了人称代词的历史舞台。

另外北部吴语的人称代词后面往往加"侬"。如"我侬""吾侬""俺侬""尔侬""你侬""渠侬"等。这个"侬"，就仅仅是一个词缀，不表示任何实在意义。冯梦龙《古今谭概·杂志》第三十六："嘉定近海处，乡人自称曰'吾侬''我侬'，称他人曰'渠侬''你侬'，问人曰'谁侬'。夜间有扣门者，主人问曰'谁侬？'外应曰：'我侬。'主人不知何人，开门方识，乃曰：'却是你侬。'后人因名其处为三侬之地。"这种"人称代词＋侬"的用法在宋以后就渗透到了文学作品中：

无间功不立，渠侬尊贵生。（北宋佛语录《禅林僧宝传》）

王老小儿吹笛看，我侬试舞尔侬看。（唐·司空图《力疾山下吴村看杏花十九首》）

任汝千般快乐，渠侬合自由。（南宋佛语录《五灯会元》）

所以我侬寻常问你诸人。（南宋佛语录《古尊宿语录》）

华歆一掷金随重，大是渠侬被眼谩。（南宋·元好问词《论诗三十首（十四）》）

问渠侬：神州毕竟，几番离合？（南宋·辛弃疾词《贺新郎·同父见和再用韵答》）

休怪吾侬，性本疏慵，赢得清闲，傲杀英雄。（元曲汪元亨《归隐》）

三冬赏江天暮雪飘飞絮，一任教乱纷纷柳絮舞空中，争如俺侬家鹦鹉洲边住。（元·沈和《潇湘八景》）

你辈见侬底欢喜，别是一般滋味子。长在我侬心子里，我侬断不忘记你。（明小说《喻世明言》）

金铺敲响，小尼雏问是何人；玉烛挑明，老居士称为我侬。（明小说《醒世姻缘传》）

关于"侬"字，有一个有趣的故事：

赵孟頫是中国元代书画大家，文人画领袖人物，堪称一代宗师。盛年的赵孟頫未能免俗，自负才华得意，忍不住想要纳个妾，又怕夫人不悦，于是趁着酒兴写词一首窥探夫人的意思：

我为学士，你做夫人，岂不闻王学士（王羲之）有桃叶桃根，苏学士（苏东坡）有朝云暮云？我便多娶几个吴姬越女，无过分。年已过四旬，只管占住尔玉堂春。

岂料，赵孟頫的妻子——世称"管夫人"的管道升，怀着对往昔伉俪情深的无限酸楚和怅惘写了一首《我侬词》：

你侬我侬，忒煞情多；情多处，热如火：把一块泥，捻一个你，塑一个我。将咱两个一齐打破，用水调和；再捻一个你，再塑一个我。我泥中有你，你泥中有我：我与你生同一个衾，死同一个椁（guǒ）。

"你侬我侬",是管夫人运用吴语表达式,增强亲昵与眷恋之情,大有"死生契阔,与子相悦。执子之手,与子偕老"的挚爱深情。赵孟頫读了这首词后,被深深震撼,从此再也没有提起纳妾的事。

清代雷浚《说文外编·人部》:"侬即奴之声转。"我们认为这种观点有一定道理,但尚待深入研究才能下定论。"奴"和"侬"虽然音较接近,都表示单数,使用形式也较接近,但二者也有明显差异。除了本义不同,作为自称代词,"奴"有"性"的特征,尤其后来专用为女性的自我谦称,而"侬"则无"性"的区别特征,男女均可以"侬"自称。虽然有不同发展,但方言音之间的相互转化也是可能的。关于自称"奴",我们将在后面考论。

2.1.4 身、老身

"身"本指人或动物的躯干,也指身孕,后引申出"自身、自己""亲自"和"身份地位"的意思。从最初的"躯干"引申为整个身体,又引申为反身称代词,为"自身、自己、本人"的意思,再引申为自称代词。《尔雅·释诂下》:"身,我也。"又"朕、余、躬,身也"。郭璞注:"今人亦自呼为身。"《三国志·蜀志·张飞传》:"飞据水断桥,瞋目横矛曰:'**身**是张益德也,可来共决死!'敌皆无敢近者。"《资治通鉴·晋惠帝太安二年》:"刘弘谓侃曰:'吾惜为公羊参军,谓吾后居**身**处。'"胡三省注:"晋人多自谓为身。"

"身"是一个典型自称代词,又一个自称话题人物代词,作自称代词相当于"我",作自称话题人物代词相当于"自己",大多用为主语,表示单数。秦汉时"身"已经有自称用法了,不过广泛用为自称代词,还是在魏晋之后。多见于六朝小说中,《世说新语》里尤其多。唐代文学中也时见。但宋以后,自称代词"身"就很少使用了。

中朝时有怀道之流,有诣<u>王夷甫</u>咨疑者,值王昨已多语,小极,不复相酬答,乃谓客曰:"**身**今少恶,<u>裴逸民</u>亦近在此,君可往问。"(六朝·刘义庆《世说新语·文学》)

<u>丞相</u>自起解帐带麈尾,语殷曰:"**身**今日当与君共谈析理。"(六朝·刘义庆《世说新语·文学》)

<u>支</u>(支道林)徐徐谓曰:"**身**与君别多年,君义言了不长进。"(六朝·刘义庆《世说新语·文学》)

<u>王子敬</u>语谢公:"公故萧洒。"谢曰:"**身**不萧洒,君道身最得,**身**正自调畅。"(六朝·刘义庆《世说新语·赏誉》)

（群小）闻贺司空出，至破冈，连名诣贺诉（张阎kǎi）。贺曰："身被徵作礼官，不关此事。"（六朝·刘义庆《世说新语·规箴》）

王（王濛）、刘（刘倓tán）每不重（不尊重）蔡公。二人尝诣蔡，语良久，乃问蔡曰："公自言何如夷甫？"答曰："身不如夷甫。"王、刘相目而笑曰："公何处不如？"答曰："夷甫无君辈客。"（六朝·刘义庆《世说新语·排调》）

今身建高人之功，北面以事庸主，将何以图安？（西晋·司马彪《九州春秋·阎忠》）

身虽孤微，百世国士，姻媾位宦，亦不后物（他人）。（南朝梁·萧子显《南齐书·王僧虔传》）

身是自来奴，妻亦官人婢。（唐·王梵志组诗《敦煌掇琐·工匠莫学巧》）

兄弟争死，旭问其故，赵璧曰："兄长（陆南金）有能干，家亡母未葬，小妹未嫁，自惟幼劣，生无所益，身自请死。"（唐·刘肃《大唐新语》）

盖为是身曾亲经历过，故不敢以是责人尔。（北宋·朱熹《朱子语类》）

"身"是一个具有礼貌意味的自称代词。古时候文人们为了讲求高雅脱俗，显示自身修养，一般对话中尽量避免使用生硬的人称代词，作为自称代词又兼自称话题人物代词的"身"是人们的首选，用以表示谦抑。

到元代，自称代词"身"在书面语中消失，新产生了一个用以自称的词"老身"，只用于老年女性自称。如：

老身不好说得，这大户人家，不是你少年人走动的。（元小说《喻世明言·蒋兴哥重会珍珠衫》）

老身蔡婆婆是也。（元·关汉卿《窦娥冤》）

老身姓李，是这教坊司裴五之妻。（元·马致远《江州司马青衫泪》）

老身姓郑，夫主姓崔，官拜前朝相国，不幸因病告殂。（元·王实甫《西厢记》）

以"老身"自称，元以后就不再使用。

作反身称代词的"身"，我们将在"话题人物代词"一章进行考论。

2.1.5　咱和咱（喒、偺）

2.1.5.1　咱（咱家）

"咱"始见于宋，元、明之后应用比较普遍。"咱"的读音有区别单复数的功能，读 zá 表示单数，读 zán 表示复数，表示复数时大多是包括式，也可以是排除式。包括式是指所指范围包括说话的对方，排除式则不包括说话的对方。

"咱"有四个音。读音不同，表意也不同。

（一）"咱（zá）"多见于早期白话，也称"咱家"，多用作主语和宾语，偶作定语，表示单数，相当于"我"。如："**咱**不懂他的话。"《改併四声篇海·口部》引《俗字背篇》："俗称自己为咱。"《字彙·口部》："咱，我也。"

宋·柳永《玉楼春》："你若无意向**咱**行，为甚梦中频相见。"

北宋小说《话本选集·快嘴李翠莲记》："你是男儿我是女，尔自尔来**咱**自**咱**。"

元·张可久《[中吕]朝天子·春思》："见他，问**咱**：'怎忘了当初话？'"

元代《元人小令》："寻一夥相识，他一会**咱**一会，都一般相知，吹一回，唱一回。"

元代《元人小令》："野鹿眠山草，山猿戏野花。云霞，我爱山无价，看时，行踏，云山也爱**咱**。"

元·王实甫《西厢记杂剧》："非是**咱**自夸奖：他有德言工貌，小生有恭俭温良。"

明小说《三宝太监西洋记》："那晓得一路上有这些风浪，有这些崎岖，耽这些惊忧，受这些亏苦，终不然**咱**这一束老肋骨，肯断送在万里外障海之中！"

明小说《醒世姻缘传》："如今他既是伏了**咱**，我也就好待他。"

清小说《老残游记》："**咱**老子可不怕他！"

清小说《隋唐演义》："**咱**也只是路见不平，也不为你家爷，也不图你家谢。"

清·李汝珍《镜花缘》第五十四回：红女道："**咱**姓颜。不知谁是小山姐姐？"

民国小说《大清三杰》："**咱**的姊姊，你怎么这般老实。"

民国小说《明代宫闱史》："你们给**咱**把那个瘟知县抓来，等**咱**来发落!"

当代报刊《人民日报》1993\\R93_01:"我已经是第二次在海上过春节了,轮上倒班,咱没说的。"

吕叔湘《汉语语法论文集》(第170页)指出:咱是"自家"的切音,为"自家"转变而成。不过,"自家"更接近"自己","家"应是一个词缀,跟"咱(zá)"是有着明显差异的。

"咱(zá)家"产生于明清之际,可表示单数,相当于"我""我的";也可表示复数,相当于"我们""我们的"。不过,表示复数的情况极少。例如:

所事堪宜,件件可咱家意。(单数,元·钟嗣成《南吕·一枝花·丑斋自叙》)

(红云)"姐姐,有人,咱家去来,怕夫人嗔着。"(单数,元·王实甫《西厢记杂剧》)

丈夫是咱家做女人的天,天是好打的么?(复数,清·西周生《醒世姻缘传》)

咱家特来给大人请安。(单数,清·俞樾《七侠五义》)

另外,明朝太监对一般人都自称"咱(zá)家"。

需要注意的是:上述"咱(zá)家"和现代汉语中的"咱(zán)家"是不同的。"咱(zá)家"是一个自称代词,而"咱(zán)家"是两个词组成的偏正短语。"咱(zá)家"=我,"咱(zán)家"=我们家。

(二)"咱(zán)":咱们,包括式复数,总称己方(我或我们)和对方(你或你们)。以下例子中的"咱"都表示复数,相当于"我们",包括说话者和听话者双方。

咱家里有课语讹言的,怎奈何娘,你可急忙告报官司去,恐带累咱们!(北宋小说《大宋宣和遗事》)

咱来了一个月,想那王三必回家去了,咱们回去罢。(元小说《话本选集·玉堂春落难逢夫》)

梅香,咱折柳亭与王生送路去来。(元戏剧《倩女离魂》)

马公公道:"既然有此宝贝,借咱学生们看一看何如?"(明小说《三宝太监西洋记》)

咱同起同坐,这是上等的相待。(明小说《醒世姻缘传》)

从咱这儿到我娘家,要过一个很大的山岭,路也不好走,我没法再等她了。(民国小说《古今情海》)

王贵是<u>咱</u>好同志,再怎么也不能叫他把命送!(李季《王贵和李香香》第二部)

同学们,你们都是<u>咱</u>中国最有出息的好孩子。(杨沫《青春之歌》第二部第四章)

<u>咱</u>山里出个大学生可稀罕了。(当代报刊《人民日报》1993\ \ R93_08)

<u>咱</u>烟台苹果打出国的不多,在这园艺场里,我要培育出自己的名牌。(当代报刊《人民日报》1993\ \ R93_ 10)

<u>咱</u>都是自己人,我说了你别生气。(当代报刊《人民日报》1994\ \ 94Rmrb2)

除了"咱"可以表示复数外,元代以后出现了"咱们""咱门""咱每"等复数形式。清代以后"咱门"和"咱每"逐渐统一于"咱们",现代汉语中就完全不用"咱门"和"咱每"了。在现代汉语中,一般情况下,包括谈话的对方用"咱们",不包括谈话的对方用"我们"。不过在某些场合说"我们"也可以包括谈话的对方,这要依据上下文来推断。

<u>咱们</u>又投那里去宿呢。(元·边宪《老乞大新释》)

我自有妙法,叫他离<u>咱门</u>去。(元小说《话本选集·玉堂春落难逢夫》)

我想<u>咱每</u>一家,若非张生,怎存俺一家儿性命也?(元·王实甫《西厢记杂剧》)

他不来罢,<u>咱每</u>自在,晚夕听大师父、王师父说因果、唱佛曲儿。(明·兰陵笑笑生《金瓶梅》)

既是下雪,叫个小厮家里取皮袄来<u>咱每</u>穿。(明·兰陵笑笑生《金瓶梅》)

<u>咱们</u>往那边客位内坐去罢。(明·兰陵笑笑生《金瓶梅》)

这样说,<u>咱们</u>家也要预备接<u>咱们</u>大小姐了?(清小说《红楼梦》)

<u>咱门</u>自把朝廷的李如松杀败,此刻又换了个刘大刀来了。(民国·许啸天下《明代宫闱史》)

"咱(zán)们"在语用中还有活用用法,可以转指我或你:

<u>咱们</u>(=我)是个直性子,说话不会曲里拐弯。

<u>咱们</u>(=你)别哭,妈妈出去一会儿就回来。

张炼强在《人称代词的变换》中指出:"咱们包括你和我,可以说话的时候往往有口说咱们而意识只指你或我一人的。这个咱们表示休戚相关,因我而及你,因你而及我,是一种异常亲切的说法。"这道出了"咱们"活用的心理动因。

"咱(zá)"和"咱(zán)"的区别:

"咱(zá)"和"咱(zán)"都产生于宋代,主要充当主语、宾语和定语。"咱(zá)"多见于早期白话,它和明清时产生的"咱(zá)家",一般都表示单数,相当于"我""我的";而"咱(zán)"则称代包括式复数,包括说话和受话双方,相当于"我们""我们的"。换言之,"咱"表示单数时读zá,表示复数时读zán。

(三)"咱(zan)",方言,用为"这咱、那咱、多咱、这咱晚"等,表示时间,是"早晚"的合音。明小说《金瓶梅》:"你怎的<u>这咱</u>还不梳头?""俺每不走了,还只顾缠到<u>多咱</u>?""落后见有了金子,<u>那咱</u>才打了灯家去了。""精是攒气的营生,一遍生活两遍做,<u>这咱晚</u>又往家里跑一遭。"清小说俞樾《七侠五义》:"从此到京尚有几天路程,似这等走法,不知道<u>多咱</u>才到京中。"《儒林外史》第七回:"<u>那咱</u>你在这里上学时还小哩!"贺敬之、丁毅等《白毛女》第一幕第三场:"喜儿,(急切地)大叔,你说他们多咱来?"

(四)"咱(ză)":怎。《儿女英雄传》第七回:"姑娘,你<u>咱</u>(ză)的把他杀了?"后来这个"咱(ză)"逐渐为"咋"所取代。

"咱"还可以用在人称代词后作助词,多见于词曲中。(宋)赵长卿《蓦山溪》:"<u>我咱</u>谙分,随有亦随无。"(金)董解元《西厢记诸宫调》卷二:"<u>俺咱</u>情愿苦战沙场。"又卷七:"瑶琴是<u>你咱</u>抚,夜间曾挑鬭(dòu)奴。"元戏剧王实甫《西厢记杂剧》:(末出科云)"那小娘子已定出来也,我只在这里等待问<u>他咱</u>。"

在元代戏剧中,"咱(zá)"还可以作语气词,用于祈使句和陈述句末。如:

今夜舣舟江岸,小生横琴于膝,操一曲以适闷<u>咱</u>。(元戏剧《倩女离魂》)

走了半日,来到江边,听的人语喧闹,我试觑<u>咱</u>。(元戏剧《倩女离魂》)

【么篇】把稍公快唤<u>咱</u>,恐家中厮捉拿。(元戏剧《倩女离魂》)
梅香,休要吵闹,等他歇息,我且回去<u>咱</u>。(元戏剧《倩女离魂》)
望和尚慈悲为本,小生亦备钱五千,怎生带得一分儿斋,追荐俺父母

咱！（元戏剧《西厢记杂剧》）

（红云）姐姐不祝这一柱香，我替姐姐祝告：愿俺姐姐早寻一个姐夫，拖带红娘咱！（元戏剧《西厢记杂剧》）

（红云）你挣揣咱，来时节肯不肯尽由他，见时节亲不亲在于您。（元戏剧《西厢记杂剧》）

（红云）写得好呵，读与我听咱。（元戏剧《西厢记杂剧》）

但总的来说，做自称代词是"咱"的主要功能。

2.1.5.2　昝（zǎn，喒、偺）

"昝"字出现较早，但最初等同于"徂"，是"开始""到"的意思，如《诗经·小雅·谷风·四月》："四月维夏，六月昝暑。"唐代以后"昝"多作姓，但清代文学作品中已经很少见，到民国时已经只见用为姓的例子了。

自称代词"昝（喒）"初见于元代戏曲，"偺"稍晚，它们可以表示单数，也可以表示复数。表示复数时，主要是包括式。

元·王实甫《西厢记杂剧》第二本楔子："我这里启大师：'用昝也不用昝？'"（单数）

明·话本小说冯梦龙《警世通言》卷三十二："娘叫喒寻你，是必去走一遭。"（单数）

清·燕北闲人（文康）《儿女英雄传》第三回："你不听这个，偺唱个好的。我唱个'小两口儿争被窝'你听。"（单数）

元·无名氏《鸳鸯被》："那时我坐香车你乘马，喒两个稳稳安安，兀的不快活杀。"（复数，包括式）

元·王实甫《破窑记》一折："但得些小钱钞，就是喒一二口的盘缠，喒二人同走一遭去。"（复数，包括式）

明·刘兑《金童玉女娇红记》："那妮子做仇恨，离间喒好情分。"（复数，包括式）

明代徐渭《南词叙录》："咱们二字合呼为喒。""喒""偺"后加复数标记"们（每）"，产生了它们的复数形式——"喒们（每）""偺们（每）"，一般为包括式复数。

元·无名氏《赚蒯通》三折："喒每看风子耍子去来。"

明·刘兑《金童玉女娇红记》："夫人，喒每闲玩一遭去咱。"

清·燕北闲人（文康）《儿女英雄传》第十回："偺们大家趁着天不亮

就动身。"

清·燕北闲人（文康）《儿女英雄传》："他疼**喒们**闺女，有个不疼喒俩的？"

根据语料分析，"昝（喒、偺）"有时相当于"咱（zá）"，为单数自称代词；有时相当于"咱（zán）"，表示复数，一般为包括式。其具体的数量表达，应根据上下文确定。"昝（喒、偺）"的用法与"咱"基本一致，也有"这昝（喒、偺）、那昝（喒、偺）、多昝（喒、偺）"的用法来表示时间，主要见于《醒世姻缘传》：

"铺儿有了，一点家伙儿没有，还向老公乞恩，把**那昝**铺子里的卧柜，竖柜，板凳，赏借给使使。"

"娘子是**多昝**没了？"

"俺**那昝**过的日子，你不晓的，张嫂子是知道的。"

"这天**多昝**了，你往那里去呀？"

"我见**那昝**俺县里一个臧主簿来给我持扁，那意思儿也威武。"

还有清小说《孽海花》中也有用例："瓦德西先生**多昝**给你这信的？"
昝（喒、偺）的使用非常有限，民国以后就基本不见了。

2.1.6　俺、洒家

2.1.6.1　俺

方言自称代词"俺"，产生于宋，元明后普遍应用。

"俺"一般表示单数，相当于"我"，也用于表示复数。明清以后在北方口语中广泛使用，主要作主语、定语，也可作宾语。《字汇·人部》："俺，我也。"《正字通·人部》："凡称我，通曰俺。俗音也。"

北宋笔记小说《大宋宣和遗事》："**俺**三十六员猛将，并已登数；休要忘了东岳保护之恩，须索去烧香赛还心愿则个。"（复数，排除式）

宋代话本《错斩崔宁》：魏生答道："功名二字，是**俺**本领前程，不索贤卿忧虑。"（单数）

宋金时期《刘知远诸宫调·知远充军三娘剪发少主》："怎生交**俺**子母穷厮守。"（复数，排除式）

元代小说《话本选集·玉堂春落难逢夫》："三舅，你在此，等**俺**两个与昝爷讲过，使人来叫你。"（复数，排除式）

元·郑光祖《倩女离魂》:"**俺**本是乘鸾艳质,他须有中雀丰标。"(单数)

元·王实甫《西厢记杂剧》:"**俺**夫人治家严肃,有冰霜之操。"(单数)

明·罗贯中《三国演义》:"叔叔自家裁处,凡事不必问**俺**女流。"(单数)

明·施耐庵《水浒全传》:"**俺**是出家人,你却如何问**俺**这话?"(单数)

清·俞樾《七侠五义》:"**俺**爹昨夜偶然得病,闹了一夜不省人事,**俺**只得急急回去。"(单数)

清·曹雪芹《红楼梦》第八十回:"那一天晌午,李家店里打发人来叫**俺**。"(单数)

民国·许啸天《清代宫廷艳史》:"**俺**夫妻好好的在回部,皇上为什么要派兵来夺**俺**土地,杀**俺**酋长?"(复数,包括式)

民国·常杰淼《雍正剑侠图》:"你们要杀便杀,要剐便剐,若要皱一皱眉头,**俺**王环不是英雄好汉!"(单数)

现代·孙犁《天灯》:"你不认的她了?就是**俺**家四妮呀!"(复数,包括式)

当代·冯德英《迎春花》:"**俺**爹出门是爹,在家是妈;又当爹又当妈!"(单数)

"俺"有时也用来称代对方,当属特例。例如元代刘时中《一枝花·罗帕传情》套曲:"我见**俺**(=你)一针撚(niǎn,捻)一丝,一针针不造次,一针针那真至,想**俺**(=你)那不容易的恩情,怎敢道待的轻视。"

"俺"的复数形式有"俺门(每)""俺们",大多为排除式,也可以表达包括式指称。"俺每"在元曲中出现较多,而"俺们"在文学作品中大量出现是从明代开始(宋代极少)。

(正末云)**俺每**是过路的,要投宿哩。(排除式,元曲无名氏《盆儿鬼》)

休和**俺每**一般儿见识,只是饶了俺罢。(排除式,元曲无名氏《孟德耀举案齐眉》第四折)

南朝杀不过**俺们**,叫道士来解魇哩!(包括式,明小说《三宝太监西洋记》)

闻太师请**俺们**来助你；你想必着伤？（排除式，明小说《封神演义》）

俺们放你回去，休得再来！（排除式，明小说《水浒全传》）

我问你，十二日乔家请，**俺每**都去？（包括式，明小说《金瓶梅》）

俺每头里不知是大姨，没曾见的礼，休怪。（排除式，明小说《金瓶梅》）

俺们是闲杂人？（排除式，清小说《七侠五义》）

俺们做文章的人，凡事要看出人的细心，不可忽略过了。（包括式，清小说《儒林外史》）

大哥，**俺们**赌谁先走到？（包括式，清小说《小八义》）

俺们是一家人，有福同享；朕的钱，便是你的，你多要些，也不碍事。（包括式，民国小说《清代宫廷艳史》）

在**俺们**那疙瘩，出奇冒泡的事时常出，出得老汉俺目瞪口呆。（排除式，当代报刊《人民日报》1993\\R93_08）

鬼子快进村了，**俺们**出去看看就回来。（排除式，当代·李晓明《平原枪声》）

她们什么也不带她玩儿，她们说，你说的哈（那）是什么话，**俺们**听不懂。（排除式，当代·铁凝《大浴女》）

这是分给**俺们**村的银圆。（包括式，当代·陈忠实《白鹿原》）

"俺每""俺们"也有活用用法，其复数形式用来转指自称单数的，相当于"我"，这种用法大都是消解自我感觉的说法，表示谦虚和含蓄。这种用法口语性较强，多见于对话中。例如：

俺每（=我）为这一个呆汉，到尘世走了三遭儿也。（元·杨梓《陈季卿误上竹叶舟》）

俺们（=我）还自己请去。（明小说《醒世姻缘传》）

姐姐依**俺每**（=我）一句话儿，与他参笑开了罢。（明·兰陵笑笑生《金瓶梅》）

正以**俺每**（=我）和你恁一场，你也没恁个心儿，还要人和你一心一计哩！（明·兰陵笑笑生《金瓶梅》）

六姐他诸般曲儿倒都知道，**俺们**（=我）却不晓的。（明·兰陵笑笑生《金瓶梅》）

如今把**俺们**（=我）也吃他活埋了，弄的汉子乌眼鸡一般，见了**俺们**（=我）便不待见。（明·兰陵笑笑生《金瓶梅》）

这里墙有缝,壁有眼,**俺每**(=我)不好说的。(明·兰陵笑笑生《金瓶梅》)

"俺"是北方方言,一般出现在口语味较浓的语言中,南方方言不用"俺""咱""偺"等自称代词。

2.1.6.2 洒家

"洒家",陕甘一带方言自称代词。《辞海》修订本说:"洒"(音 sǎ)是"宋元时关西方言'洒家'的略语,犹咱"。"宋元时关西一带人自称为'洒家'。"《辞源》修订本则说:"洒"(音 zá)与"咱""喒"同,"洒家"即"咱家"。这在一定程度上是受了陆澹安的影响,陆澹安著《小说词语汇释》说:"关西人自称为'洒家'。'洒'即'咱'之转音。"

郝懿行《证俗文》卷十七:"五代、宋初人自称沙家,(明)杨慎曰:'沙家即余家之声近。'可证,赊字从余,亦可知也。案沙家即洒家。"章炳麟《新方言·释言》:"明时北方人自称洒家,洒即余也。"因此,又有的学者认为,"洒家"应是陕西一带方言"余"的音变。不管由"咱""沙"还是"余"音变而来,"洒家"来自方言这一点是毋庸质疑的。

"洒家"多见于元明清戏曲和小说中,方言特色鲜明,一般用于对话语言中,而不用于叙述语言,多为出身下层、性格鲁莽的人自称之词:

(正末云)我曲不下这腰,**洒家**腰疼。(元·无名氏《海门张仲村乐堂》第二折)

洒家便道,那马走的紧,小人赶不上。(元·马致远《半夜雷轰荐福碑》第二折)

洒家行不更名,坐不改姓,青面兽杨志的便是。(明·施耐庵《水浒传》第十七回)

鲁智深大叫道:"若还兄长推让别人,**洒家**们各自撒开。"(明·施耐庵《水浒传》第六十八回)

洒家教那厮吃俺一百禅杖!(明·施耐庵《水浒全传》第一百一十五回)

俺师父智真长老,曾嘱付与**洒家**四句偈言。(明·施耐庵《水浒全传》第一百一十九回)

大王即刻到了,**洒家**是打前站的,你下马饭完也未?(明·冯梦龙《警世通言》)

若问我名并我姓,**洒家**本慧姓辛田。(明·方汝浩《东度记》)

劝你不如快与<u>洒家</u>做亲的好。(清小说《呼家将》)

放着天堂有路你不走,地狱无门自找寻,待<u>洒家</u>今天全把你等结果了性命。(清小说《济公全传》)

从文学作品中的使用情况来看,"洒家"这一自称代词主要活跃于元明清时期,是方言进入文学的又一个典型,因而它的使用也具有一定的局限性。"洒家"的口语性很强,只有单数自称用法,相当于"我"。在语用上有着鲜明语气,虽不能说它是傲称,但语气大大咧咧,体现鲜明的社会群体性和地域性,可以说是自称代词的社会变体和方言变体之一。

与"俺"相比,"洒家"具有更强的自我性。语法功能也有所不同,"洒家"只作主语和宾语,尤以作主语为多;"俺"则除了作主语和宾语外,还作定语。

2.1.7 某、某甲和某乙

"某""某甲"和"某乙"作为自称代词,几乎同时产生于唐代,这不是偶然的。佛教自两汉之交传入我国后,经历代名僧信士的努力,到唐代以前已经翻译引进了卷帙浩繁的佛教经典。隋唐时代是中国佛教的大成时期,到唐代,皇室大力推崇与扶持,国家主持译经,成绩可观,并形成多派教理和修持体系,俗讲流行,变文大盛。为了通俗地解经说法,可以用不同的形式,变易文体,也可以增加方言口语。当时解经说法的僧人可以算是最有文化素养的阶层,注重含蓄委婉,避讳冲撞直白,于是,在佛教文化笼罩之下,广泛用于对话口语的代词"某""某甲"和"某乙"被运用得更加广泛,除了隐名代词功能外,"某"开始被用作自称代词。"某甲"和"某乙"被专用于佛经、变文和禅宗史中表示第一人称"我",而"某"则广泛用于诗歌、小说史书等其他作品中做自称代词。南宋以后,随着佛教业的式微,"某甲"和"某乙"结束了自称代词的历史使命,回归到隐名代词的本来面目,一直到今。"某"作为自称代词则一直到清代才逐渐减少,到民国以后消失。

作为自称代词的"某""某甲"和"某乙",都是首先出现于唐代。"某"从单一的隐名代词功能分化为两支:一支是隐名代词,另一支是自称代词;"某甲"和"某乙"则基本上从隐名代词转化为自称代词。

2.1.7.1 某(某家)

"某"一词的归类有些分歧,有的把它归为人称代词,有的把它归入指示代词。如邢福义先生的《汉语语法三百问》就将其归入指示代词,称为"不定指代词"。这样的分歧其实是必然的，因为"某"既有指示作用又有称代作用，表示指示的时候，它的所指是不确定的。我们在这里主要考论它的称代作用。

"某"出现较早，金文字形像木上结一个果实，本是"梅"的象形，本义为"梅"，后借用为代词。它可以作隐名代词和自称代词，作隐名代词可以代有定和无定的人或事物。在周代《尚书·金縢》中已有用例："惟尔元孙某，遘厉虐疾；若尔三王，是有丕子之责于天，以旦代某之身。"春秋战国以后，"某"的使用就已很普遍，主要表示隐晦其名或不便明说、不需说出，便以"某"代之。《汉语词典》："某，凡言人与事物不实指其名者曰某；亦用为自称代名词。"其中未言及"某甲"和"某乙"的自称用法。

"某"作自称代词始于唐代，它是在隐名代词的基础上产生的，其语法功能主要是充当句子的主语和定语，有时也作宾语。到清代又出现"某家"，在语法意义和语法功能上与"某"一致，相当于现代的"我"，但使用不多。

(1) 某是南岳行者，今为本住九真观殿宇破落，特将茶来募施主耳。（主语，唐小说《南岳小录》）

(2) 某之敝居，去此不远，亦有声乐，足以娱情。（定语，唐小说《霍小玉传》）

(3) 某死无恨，但恨不与官家诛得潞王，他日必为朝廷之患。（主语，北宋史书《旧五代史》）

(4) 他时名位在某之上，勉之！（定语，北宋史书《旧五代史》）

(5) 先生真有道者，某愿为隶于左右，其可乎？（主语，北宋小说《太平广记》）

(6) 某还有一言动问，据道长听说之话，是知道某的心事。（清小说《施公案》）

(7) 某与吕布同乡，知其勇而无谋，见利忘义。（主语，明小说《三国演义》）

(8) 非先生明以示某，便是某亦要复蹈故辙的。（宾语；主语，清小说《七剑十三侠》）

(9) 某家乃旱八寨三寨主柳士永，人称花枪将是也！（主语，清小说《三侠剑》）

(10) 某家这飞刀百发百中，今天为何四刀未伤此人？（主语，清小说《康熙侠义传》）

根据"某"一词的大量用例来看，其主要用来充当句子主语，当它充当定语时，其后通常加"之"或"的"，如例（2）（4）（6）。这也说明："某"是不可以直接单独加在中心词前作定语的，它充当定语时以"之"或"的"为标志；"某家"做定语则可以直接前加，如例（10）。"某+中心词"时，它已不再是自称代词而是隐名代词，如"某人""某处""某天"，这已经不能等同于"某+之/的+名"。在语用上，"某"加了词缀"家"之后，其独立性和口语性强于单独的"某"。

近代自称代词"某（某家）"又用为自称的"×某"，到现代汉语中，自称代词"某（某家）"就不再使用，自称多用"我（们）"。

自称代词"某"是一个单数人称代词，它的复数表达式有三种："**某+辈**""**某+等**"和"**某+们**"，相当于"我们"，尤以"某等"为多见：

故召某与文士数辈共为新宫记；帝又作凝虚殿，使<u>某辈</u>纂。（唐诗《李贺诗全集》）

若以后为君，事复再兴佛法，即是<u>某等</u>愿足。（五代《敦煌变文集新书》）

<u>某等</u>初无叛心，直畏死耳！（北宋史书《新五代史》）

尊师非常人也，<u>某等</u>伏矣，愿为弟子，不敢更诗。（北宋小说《太平广记》）

相公忠义，<u>某们</u>不肯做此事。（北宋语录《朱子语类》）

<u>某等</u>一百八人竭力报国，并无异心，亦无希恩望赐之念。（明小说《水浒全传》）

<u>某等</u>真是佩服之至，钦仰之至。（清小说《七剑十三侠》）

根据用例，"某辈"和"某等"是包括说话人在内的自称代词复数，但不包括听话人（"某辈"仅一例）；而"某们"仅两例，见于《朱子语类》，可以包括听话人在内。"某等"是自称代词"某"的复数的主要表达形式。

关于"某"的"谦虚的用法"的质疑：

《汉语大字典》和《汉语大辞典》解释"某"："自称之词。指代'我'或本名。旧时**谦虚的用法**。"但根据语料，上述说法有待切磋之处。我们来看几个例子：

<u>某</u>姓张，名飞，字翼德。（明小说《三国演义》）

<u>某</u>为大汉公卿，何谓吕布之人？（明小说《三国演义》）

<u>某</u>来与你见个胜负！（清小说《乾隆南巡记》）

某岂不知群鬼可恶，但思他们身为鬼物，且多无祀少祭之辈。（清小说《八仙得道》）

"某"在很多例子中确实有谦卑的语用味道，但从以上用例可以看出，"某"在很多情况下都放在主位，并不表示谦虚和卑微，而是不带谦敬意味的普通自称代词，有时甚至可以说是傲称。因此称"某"为自称代词的"谦虚的用法"似乎欠说服力。改为"委婉用法"应该更为贴切。这与"某"一词的初始功能——隐名功能是不无联系的。

2.1.7.2 "某甲"和"某乙"

"某甲"和"某乙"出现较晚一些。"某甲"初见于六朝佛经和佛语录，初始意义为隐名代词。"某乙"大约到唐代的《神会语录》和唐小说中始见，到五代的《敦煌变文集新书》以后就较为多见了。

根据《汉语大字典》的解释："乙（自称代词）；某甲（自称之代词）。"这一注解不是很准确，遗漏了二者的隐名代词功能，确定了二者的自称代词身份。不过，光杆的"甲"和"乙"虽然都可以虚代人名，但没有自称用法。在悠久的汉语史上，自称代词"某甲"和"某乙"虽然只在唐宋五代的佛经、变文和禅宗史中"昙花一现"，却在人称代词系统中留下了深深的印记。

我国自古就有用甲、乙来虚代人名的习惯。单用来指代人时，"甲""乙"的作用与"某"大体相似，故后来产生了合称"某甲"和"某乙"的用例。但是，"某甲"起初并不是自称代词而是隐名代词。《汉语辞典》："某甲，不实指人名，而以天干之字代之，称曰某甲；又如某乙、某丙等，亦此例。"如：

"<u>某甲</u>世尊即是我之真善知识。"（六朝佛经《大悲莲华经》）

"<u>某甲</u>，卿不得我，不得冀州也。"（六朝史书《三国志》）

到唐代，"某甲"和"某乙"几乎同时以自称代词的身份现身并盛行于佛经和佛语录中。它们都表示第一人称单数，相当于"我"，在句子中主要充当主语成分，也作宾语，极少作定语：

从师因念般若心经，至无眼耳鼻舌身意处，忽以手扪面，问师曰，<u>某甲</u>有眼耳鼻舌等，何故经言无。（主语，唐佛语录《筠州洞山悟本禅师语录》）

师就手掣得，竖起云，为什么却在<u>某甲</u>手里？（定语，五代《祖堂集》）

<u>某甲</u>不识文字，请兄与吾念看，我闻愿生佛会。（主语，五代《祖堂

集》）

和尚适来掷瓦子打**某甲**，岂不是警觉**某甲**？（宾语，南宋佛语录《五灯会元》）

某甲于过去迦叶佛时曾住此山。（主语，南宋佛语录《古尊宿语录》）

今行者即是**某甲**师也。（定语，南宋佛语录《无门关》）

某乙叨陪学侣，滥预门徒吵揆庸虚，敢申愚拙。（主语，唐佛语录《神会语录》）

但**某乙**有一交言语，今说与夫人，你从与不从？（主语，五代《敦煌变文集新书》）

今日是个童子替其**某乙**，心中便是发其恶心。（宾语，五代《敦煌变文集新书》）

相对而言，"某甲"的用例比"某乙"多得多。

自称代词"某甲"和"某乙"一般只表示单数，不像"某"那样后加"等""辈""们"的形式表示复数。偶见用于表示复数，是在其后加数量结构，如南宋佛语录《古尊宿语录》："某甲两人出家。"其中的"某甲"，就表示复数，相当于"我们"。另外，"某甲"作定语时，可以直接放在中心词（短语）前，形式为"某甲+名词/名词短语"，而不同于"某"的"某+之/的+名词/名词短语"。

自称代词"某甲"和"某乙"同时出现在唐代佛经和佛语录中，且先后在南宋和北宋销声匿迹。它们的语法形式一致，所表达的词汇意义相同，所不同的，只是具体语用环境。

在唐代佛经和佛语录中，自称代词"某甲"使用非常普遍，而"某乙"仅见一例。更为有意思的是：二者呈现平行互补态势而不相交，就像两个从不见面的孪生兄弟。在用法上完全一致，但它们从不同时出现在同一作品中，如果同时出现，那么其中肯定只有一个是自称代词而另一个是隐名代词。这一现象在后来的文献中进一步得到验证。

在唐代小说中各有一例：

唐小说《野朝佥载》："司功**某甲**言之。"（作隐名代词）

唐小说《大唐新语》："有唐嗣天子臣**某乙**，敢昭告于昊天上帝：天启李氏，运兴土德。"（作自称代词）。

在五代《敦煌变文集新书》中，自称代词"某乙"有11例，但"某甲"仅见一例隐名代词用例："弟子**某甲**等，合道场人，¤始已来，造诸恶业，煞生偷盗邪淫妄语绮语。"

在五代《祖堂集》中，运用了大量自称代词"某甲"而不见自称代词"某乙"。到北宋和南宋时期，在佛语录《禅林僧宝传》《五灯会元》《古尊宿语录》《无门关》中有大量自称代词"某甲"，而不见使用自称代词"某乙"。之后，"某甲"和"某乙"就退出了自称代词的历史舞台。

《祖堂集》是现存最早的一部禅宗史，是在朝鲜发现的，在中国已经失传。它所记录的，是9世纪语言，带有南方方言的色彩；《敦煌变文》记录的大概是唐元和以后流行于寺院和民间的"俗讲"的佛经故事、民间传说或历史故事，是唐五代语言，大都用口语或接近口语的文体写成。那么我们可以推测："某甲"和"某乙"大都运用于对话中，带有某些方言口语的特征，但相对来说，"某甲"作为禅宗史中大量使用的语词，应该比《敦煌变文》中记录"俗讲"故事的通用词"某乙"更具有某种庄重性。但是，"某甲"和"某乙"的这种互补关系我们至今仍只能解释为"作品选择习惯上的不同"。除此原因外，应该还有记录者个人用语习惯的差异。

我们还发现：南宋的佛语录似乎成了自称代词"某甲"和"某"的交接"舞台"。南宋以后，自称代词"某甲"和"某乙"逐渐消失，又回归到隐名代词的角色；而很少介入佛经、佛语录和变文的自称代词"某"在南宋佛语录中却大量出现，仅次于"某甲"：

某已脱野狐身，住在山后。（南宋佛语录《五灯会元》）
某到此弓折箭尽，望和尚慈悲，指个安乐处。（南宋佛语录《五灯会元》）
蒙和尚指示，某有个疑处。（南宋佛语录《五灯会元》）
但某道薄人微。（南宋佛语录《古尊宿语录》）

到元代，寺院经商，成为元代佛教的一种特殊现象，但元代僧徒的著述，却远不及唐宋之盛。随着佛教经典的衰微，佛家专用的自称代词"某甲"和"某乙"渐成历史，之后，它们就只作隐名代词使用。而自称代词"某"，则继续在各种文献作品中和口语中发挥作用，历经明清，直至民国时期才消失。

2.1.8 小结

自称代词系统是人称代词中一个最为庞大的系统，其数量巨大，表意细腻丰富，功能各有千秋。之所以出现大量的人称代词，跟社会历史发展状态是分不开的。

先秦时期诸侯争雄，各国混战，天下风云变幻，给语言文字的发展和应用带来了很大的困难，各国语言文字各自为政，各自有一套人称代词系统，各说各语，各用各文。随着天下的一统，各自的系统合为一个庞大繁杂的人称代词系统，尽管统一的秦国推行"书同文，语同音"的语言文字政策，一时仍难从根本上撼动语言与文字的陈规和惯性，所以先秦时期是汉语人称代词最为复杂的时期，常常出现多个词表示完全同一的意义的情况。人称代词系统中也是如此，表达完全相同的意义和语用内涵，常常在同一时期就出现多个同义人称代词，人们只好择其所好，或者交织使用以示公平无偏。这一点在自称代词系统内部尤为突出。

汉语中，典型自称代词主要有我、吾、余、予、朕、卬、台、言、侬（侬家、阿侬）、身、咱、偺（喒、偺）、俺、洒家、某、某甲、某乙等。它们共同构成了汉语自称代词系统，或在语法功能上互补为用，或在语用中形成互补衬托。在所有自称代词中，"我"出现最早，在甲骨文中就已多见，延续时间也最长，历经三四千年而不衰，并最终取代了其他同义自称代词，取得了不可替代的主体地位。

随着国家的同一、社会的交流，人称代词系统开始优胜劣汰，优化精简，最精华、最符合社会发展和人们需要的就留到了最后。直到新兴代词产生，又开始新一轮的优胜劣汰和转化代谢。

2.2 对称代词

对称代词是言语交际中用来称代与说话者对面一方的代词。

汉语中最早产生和使用的对称代词有"女、汝、尔、而、若、乃、戎"七个，并产生对称代词的礼貌式"公、子、君、吾子"等尊称词。到中古时期，对称代词统一于"汝""尔"两个，其中"尔"逐渐写为"你"，并在用法上得到全面完善，宋代始见借为女性对称代词的"妳"。元代以后，在白话作品中，"你"几乎成为对称代词的唯一形式。近代汉语还出现了一个比较重要的对称代词——"您"，也写作"恁"，相当于"你"，但后来逐渐演变为对称尊词。清代以后，"恁"不再作人称代词。到现代汉语中，对称代词完全统一于"你"和"您"。

2.2.1 女（rǔ）和汝

2.2.1.1 发展的差异

有的学者认为"女（rǔ）"和"汝"是古今字的关系，好多学者甚至直接就把它们放在一起来讨论，似乎"女（rǔ）"等于"汝"。由湖北、四川辞书出版社出版的《汉语大字典》（成都，1986）："女（rǔ），代词。表示第二人称，后作'汝'。"也有的学者认为"女（rǔ）"等于"汝"，是通假字。根据现有材料来看，二者应该是通假字的关系。因为在甲骨文中，既有"女"也有"汝"，"女"使用较多，如《甲骨文合集摹释》中：

第 21719 号："丙子<u>女</u>入在生月。"
第 9741 号："呼取<u>女</u>于林。"
第 9179 号："<u>女</u>其来牛。"

"汝"出现较少，只有两例：第 14026 号："贞<u>汝</u>娩不其嘉。"第 22258 号："辛卯卜今日侑<u>汝</u>。"但是没有证据证明它们的产生是一前一后。

殷商以后，"女（rǔ）"和"汝"都开始用作对称代词。

"女（rǔ）"，甲骨文中为𠨰，《说文解字》："女，妇人也，象形，尼吕切。"在殷商以前只作名词，指妇人，单音单义，到殷商时代开始借作对称代词，而"汝"也偶见被借作对称代词的用例。从战国到西汉时代，"女（rǔ）"和"汝"被借作对称代词的现象开始普遍起来，于是二者进入相对混用时期。对称代词的选择带有很大的随意性，与作者、作品内容以及所涉语境均无关系。从东汉开始，局势发生转化，"女（rǔ）"和"汝"不再混用。

"汝"，《说文解字》："汝，水出弘农卢氏，还归山东，入淮。从水女声，人渚切。""汝"指汝水河。《正字通·水部》："汝，本水名，借为尔汝字。"春秋以前，"汝"主要作名词。如《诗经·国风·汝坟》："遵彼汝坟，伐其条枚。"春秋之后，"汝"既作名词，又被借用为对称代词，但十分少见。春秋时代的对称代词以"女（rǔ）"为主。如《墨子·非攻》："往而诛之，必使<u>女</u>堪之。"从殷商至西汉，"女（rǔ）"和"汝"除了作名词外，都被借用为对称代词，但是，直到战国以后，"汝"作人称代词的用例才逐渐普遍起来，以至于"女（rǔ）""汝"混用，有很大随意性。同一部作品，同一篇文章，同一个意思，有时用"女（rǔ）"，有时用"汝"，而且大多倾向用"汝"。这也是"女（rǔ）"和"汝"在用作对称代词时发展的一个重要特征。

东汉以后，二者有了明确分工，"女"一般作名词使用，读为 nǚ，很少再用为对称代词。"汝"除了偶作名词外，还取代"女（rǔ）"成了一个专门的对称代词。至此，对称代词"女（rǔ）"和"汝"不再混用。

2.2.1.2 功能的差别

从对称代词"女（rǔ）"和"汝"的语法功能来比较，作主语和宾语，是"女（rǔ）"和"汝"共同的句法功能。如：

西汉《史记》："<u>女</u>朝出而晚来，则吾倚门而望；<u>女</u>暮出而不还，则吾倚闾而望。"（主语；主语）

周《尚书》："予告<u>汝</u>训<u>汝</u>，猷黜乃心，无傲从康。"（宾语；宾语）

周《诗经·大雅·荡之什·瞻卬》："人有土田，<u>女</u>反有之；人有民人，<u>女</u>覆夺之。"（主语；主语）

周《诗经》："三岁贯<u>女</u>，莫我肯顾。"（宾语）

周《尚书》："<u>汝</u>惟不矜，天下莫与<u>汝</u>争能。"（主语；宾语）

五代《十六国春秋别本》："<u>汝</u>为尔不已，吾将以<u>汝</u>为奴。"（主语；宾语）

明小说《万历野获编》："<u>汝</u>太辛勤，当买一绿绢，为<u>汝</u>制帻裹之。"（主语；宾语）

很多用例证明，主位和宾位是"女（rǔ）"和"汝"共同的常位。

但是，"女（rǔ）"和"汝"也有一些不同之处。尽管"汝"被借用为对称代词比"女（rǔ）"更晚一些，但自从被借为对称代词之后，"汝"的句法功能发展就比较全面。"女（rǔ）"在句法中一般处于主位和宾位，充当主语和宾语，很少用于领位。在众多的语料中，"女（rǔ）"作定语的情况偶见一二。如战国《庄子》中："天地有官，阴阳有藏，慎守<u>女</u>身，物将自壮。"而"汝"作定语很普遍。从春秋以后，"汝"就开始作定语，相当于"你的""你们的"，应用非常普遍：

吾将残<u>汝</u>社稷，灭<u>汝</u>宗庙。（定语，春秋《国语》）

汝方将忘<u>汝</u>神气，堕<u>汝</u>形骸，而庶几乎！（战国《庄子》）

<u>汝</u>母怀妊时，见<u>汝</u>生有续，心中复喜。（东汉史论《太平经》）

我今要当断<u>汝</u>命根。（六朝佛经《北凉译经·大悲莲华经》）

汝是灵物，吾迷不知道，今骑<u>汝</u>背，示吾路。（六朝小说《搜神后记》）

据<u>汝</u>害民，本当杀却；今姑饶<u>汝</u>命。（明小说《三国演义（上）》）

从句法功能来看，对称代词"女（rǔ）"和"汝"的最大区别是："汝"的语法功能发展逐渐完善，既可以作主语和宾语，又可以用于领格作定语，为其发展为专用对称代词做好了功能的准备；而"女（rǔ）"则只作主语和宾语，不能作定语，最后只保留了性别名词的功能，淡出了对称代词的舞台。

2.2.1.3 "汝"复数表达式的语用特征

"女（rǔ）"作为对称代词的历史，大致到西汉时就结束了，时间并不算长。在数的表达上，"女（rǔ）"只表示单数，不表示复数。而"汝"自产生之后，大有完全代词化的趋势。首先，是语法功能的全面化，主格、定格、宾格全面包揽占据；其次，是数的全面化，单数、复数全面表达。"汝"既可以独自表示复数，也可以加复数标记"-等""-辈"来表示复数，相当于"你们"。

(1) <u>汝</u>二人将何以报我，我死之后，岂可更为人妻？（复数，五代《十六国春秋别本》）

(2) 痛乎，我效<u>汝</u>父子冠帻劫人邪！（复数，六朝史书《三国志》）

(3) 吾辈当先归，明日携一樽，与<u>汝</u>二人称贺。（复数，明小说《万历野获编》）

(4) 此人乃是郡将，不可托以私情，<u>汝</u>二人又不能办事，故吾不敢令<u>汝</u>入见。（复数，民国小说《西汉野史》）

(5) <u>汝等</u>莫以世情浅意，乱动悲伤，但自修心，不坠宗旨也。（"汝+等"表示复数，五代《祖堂集》）

(6) 我今与<u>汝等</u>悉在如来身分之中。（"汝+等"表示复数，六朝佛经《北凉译经·大悲莲华经》）

(7) 天子知<u>汝等</u>忠义，久战劳苦，密诏使汝还郡，后当有重赏。（"汝+等"表示复数，明小说《三国演义（上）》）

(8) <u>汝等</u>皆不欲侍侧，朕养<u>汝等</u>做什么？（"汝+等"表示复数，民国小说《五代史演义》）

(9) 公亡，身尚未寒，<u>汝辈</u>何敢乃尔！（"汝+辈"表示复数，六朝史书《三国志》）

(10) 今放屈突仲任回家为<u>汝辈</u>追福，令<u>汝辈</u>多得人身。（"汝+辈"表示复数，明小说《初刻拍案惊奇（下）》）

"汝"加不同的复数标记，虽然表示的词汇意义相同，都相当于"你们"，但所表示的语用意义有所不同。"汝等"一般用于上对下、长对幼，也可以用于平等的对话双方，是一个较为中性的复数对称代词，感情色彩为中性，而感情也比较中庸和缓，如上述的例（5）（6）（7）（8）。而"汝辈"则是一个感情强烈的复数对称代词，表达发话者对受话者的一种居高临下的心理情感优势，如果双方并非对立关系，则势差相对和缓，如例（10）；如果是对立双方，则感情更为强烈，表示发话者对对方的极端鄙视，如上述例（9）。有些例子感情色彩更为突出：

公亡，身尚未寒，**汝辈**何敢乃尔！（六朝史书《三国志》）

吾虽兵少，觑**汝辈**如儿戏耳！（明小说《三国演义（上）》）

吾奉东王密书，星驰来，**汝辈**敢阻，吾宁不能杀汝耶？（清小说《太平天国战记》）

逆贼作急回兵，饶汝一死；不然，屠**汝辈**如齑粉矣。（清小说《杨家将》）

吾在此山，修真炼性，与**汝辈**无涉。（清小说《绣云阁（下）》）

汝辈使天子颠沛至此，还敢如此施威！（民国小说《宋代十八朝宫廷艳史》）

可以看出，"汝"是一个对听话人带有一定轻蔑之情的对称代词，在有标记复数形式中，这种感情和心理优势更为鲜明。比较而言，"汝等"更侧重表现客观的地位身份势差，"汝辈"更侧重表现主观的心理情感势差。

综观"女（rǔ）"和"汝"的发展状况，"女（rǔ）"更早被借用为对称代词，但它只能占主位和宾位，只能表示单数，东汉以后直至民国，"女（rǔ）"的地位就被"汝"全面取代，以至于后人大多认为二者是古今字，甚至将它们等同起来。"汝"虽然被借用为对称代词较晚，但后起之势甚强，不仅普遍应用，而且在语法功能和数的表达上都相当完善，占据了代词可以占据的所有格位，表示单数和复数。

这一格局的形成是有着客观基础的。"女"的本义为"妇人"，此义在人类的社会生活中应用相当广泛，借用为对称代词只是它的"兼职"；而"汝"最初的本义是指"汝水河"，换言之，一条河占用一个汉字，未免浪费，所以它开辟了另一个领域作为"主职"，这个领域就是"对称代词"。"汝"在这个领域发展喜人，以相当完善的功能优势全面取代了对称代词"女（rǔ）"。

2.2.2 尔（爾、尒）——轻贱之称

甲骨卜辞中不见"尔"字。《字汇·小部》："尔"，同"尒"。"尔"和"尒"都是"爾"的简体字，三者同音同义，同字异体。

"爾"原来是缠绕蚕丝的架子，后又引申出繁盛之意。《辞源》释为"花繁盛貌"。《诗经·小雅·采薇》中"彼爾维何，维常之华"中的"爾"即靡丽繁盛之义。在周代以前，"爾"就已被借用为对称代词和助词，如唐史书《北齐书》："帝曰：'爾乃诽谤我！'""尔"作语气词，大约是从战国以后开始。后来"爾"又另造了形声字"檷（nǐ）"表示蚕丝架子。又产生以"爾"为声旁的一系列汉字如儞、嬭、彌、濔、禰、鬫、鑈等，其中的"儞"在简化为现代汉语中的"你"后仍保留了nǐ音，"嬭"使用了一段时间之后也简化为"妳"。而借作对称代词的"爾"到六朝时也逐渐简化为"尔"和"尒"，读为ěr。也就是说，"爾"和"尒""尔"是繁简字，体现了汉字演变的简化趋势。后来，对称代词"爾、尒、尔"一律统一于"尔"。对称代词"尔"出现很早，在《尚书》《诗经》及列国文献中就有大量用例：

尔尚一乃心力，其克有勋。（周《尚书》）

尔无不信，朕不食言。（周《尚书》）

凡我造邦，无从匪彝，无即慆淫，各守尔典，以承天休。（周《今文尚书》）

世选尔劳，予不掩尔善。（周《今文尚书》）

昼尔于茅，宵尔索绹。（周《诗经·豳风·七月》）

中寿，尔墓之木拱矣。（春秋《左传》）

从语法功能来看，"尔"在句子中主要处于主位和领位，充当主语和定语，很少作动词宾语，偶尔作介词宾语，或作兼语。

初九，舍尔灵龟，观我朵颐，凶。（定语，周《周易》）

予必怀亡尔社稷。（定语，春秋《墨子》）

以吾一日长乎尔，毋吾以也！（介词宾语，春秋《论语》）

宜尔室家，乐尔妻帑。（定语，战国《中庸》）

尔为吾子，生毋相见，死毋相哭。（主语，战国《公羊传》）

尔忘句践杀尔父乎？（主语、定语，西汉史书《史记》）

我为尔娶郑述祖女，门阀甚高，汝何所嫌而精神不乐？（介词宾语，唐史书《北齐书》）

州归谓众曰，台山婆子，我与尔勘破了也。（介词宾语，南宋佛语录《无门关》）

尔妻年少，遇尔直宿，不可令宿于家，当令宿于妃位。（定语、兼语，明小说《醒世恒言（下）》）

二姐，<u>尔</u>不要怕，我送<u>尔</u>苏州去。（主语、兼语，清小说《海公小红袍传》）

<u>尔</u>我一见如故，还拘什么形迹？（主语，民国小说《留东外史》）

"尔"多表示单数，也可以表示复数，相当于"你（的）""你们（的）"。它有时以光杆词的形式表示复数，如，战国《周礼》："各共<u>尔</u>（＝你们的）职，修乃事，以听王命。"明小说《野记》："我乃<u>尔</u>（＝你们的）父母官，可以座，来，<u>尔</u>等来参见。"有时，"尔"通过加"－等""－辈"等复数标记来表示复数，如：明小说《万历野获编》："谕至，<u>尔等</u>只依前谕，不可如彼轻信。"清小说《乾隆南巡记（上）》："<u>尔等</u>且各回衙训练兵卒，暂且罢兵，免致生民涂炭。"六朝史书《三国志》："吾受国厚恩，志报以命，<u>尔辈</u>在都，当念恭顺，亲贤慕善，何故与降虏交，以粮饷之？"北宋史书《新五代史》："今贼城破在旦夕，乃<u>尔辈</u>立功名、取富贵之时。"清小说《阅微草堂笔记（上）》："客言殊有理，<u>尔辈</u>勿太造次。"

在"尔"的有标复数形式中，"尔辈"比"尔等"更显示出说话人的居高临下，表示出更强的鄙视不敬之意，显示着说话人对听话人强烈的心理优势。这与"辈"字的附加意义有着很大的联系。

在对称代词中，"尔"有着自己独特的功能优势——作定语，所以它在汉语对称代词中曾占有重要席位。

古时候，人们在对话中直称对方"尔""汝"，有轻视不敬之意，除非是长辈对晚辈。《孟子·尽心下》："人能充受<u>尔汝</u>之实，无所往而不为义也。"《魏书·陈奇传》："尝众辱奇，或'<u>尔汝</u>'之，或指为小人。"朱熹集注："盖'尔汝'，人所轻贱之称。"焦循正义："'尔汝'为尊于卑、上于下之通称。"杜甫有诗《赠郑虔醉时歌》曰："忘形到<u>尔汝</u>，痛饮真吾师。"韩愈也有《听颖师弹琴》："昵昵儿女语，恩怨相<u>尔汝</u>。"清代顾观光《武陵山人杂著》中指出："尔汝为轻贱之称。"可见，"尔""汝"确实是称代轻贱之人的对称代词。二者合二为一，用为动词，表达"以尔、汝称呼"的意思。

2.2.3 而——亲密对称代词

"而"最早见于甲骨文，字形为𦥑，最初指颊毛。《说文解字》："而，颊毛也。象毛之形。"后来借为连词，这是"而"的基本义。借用为对称代词始于列国时代，相当于"你""你的"。主要用于主位和领位作主语和定语。但相对而言，由于语法功能不够完善，对称代词"而"的使用并不普遍。

《尚书·洪范》:"不协于极,不罹于咎,皇则受之,**而**(=你)康**而**(=你的)色。"孔传:"汝当安汝颜色,以谦下人。"(主语、定语)

《论语·微子》:"旦**而**(=你)与其从避人之士也,岂若从避世之士哉!"(主语)

《左传·昭公二十年》:"余知**而**(=你)无罪也。"(宾语主谓短语的主语)

《庄子·应帝王》:"**而**(=你)今乃知之乎?"(主语)

《史记·定公十四年》:"夫差,**而**(=你)忘越王之杀**而**(=你的)父乎?"(主语、定语)

《左传·襄公二十八年》:"必使**而**(=你的)君弃而封守,跋涉山川,蒙犯霜露,以逞君心。"(定语)

《史记·越王句践世家》:"我令**而**(=你的)父霸,我又立若。"(定语)

《史记·项羽本纪》:"吾翁即若翁,必欲烹**而**(=你的)翁,则幸分我一桮羹。"(定语)

《汉书·高帝纪》:"吕后复问其次,上曰:此后亦非**而**(=你的)所知也。"(定语)

《聊斋志异·促织》:"业根!死期至矣!**而**(=你的)翁归,自与汝覆算耳!"(定语)

"而"和"尔"在语法功能上比较接近,都是主要作主语和定语,这是后来的史书编写者常常把它们混用的重要原因。

西汉时期,也是对称代词的活跃期,对称代词的使用也进入了一个相对混乱时期,"而""尔""女(汝,rǔ)"常常混杂交错、彼此难分,一个句子往往有不同的版本。如《史记·定公十四年》中的"夫差,**而**忘越王之杀**而**父乎?"在《史记·吴太伯世家》中为"**而**忘勾践之杀**女**父乎?",在人民教育出版社中学语文室编写的《全日制普通高级中学(试验修订本·必修)语文第一册》之《勾践灭吴》中则为"**尔**忘勾践之杀**而**父乎?",在有的人的笔下甚至变成了"**尔**忘勾践杀**尔**父乎?"。而"吾翁即若翁,必欲烹**而**翁,则幸分我一桮羹"的另一版本是"吾翁即若翁,必欲烹**尔**翁,则幸分我一桮羹。"因此,王念孙在其《读书杂志三》中指出:"而即爾也。"换言之,即"而即尔也"。这种转换是说得过去的,因为二者不仅读音接近,而且语法功能在表单数时也基本相同。但事实上,"尔""女(汝,rǔ)"是对对方的蔑称,"而"则是对对方的昵称。

"而"借用为对称代词主要是在战国时期。与其他对称代词相比,"而"的语用色彩有着自己的特点,以"而"称呼交际的对方,有一定的亲密意义。因此,有人指出"而"是亲密称,有亲近的意义。① 这种观点是比较符合"而"的语用实际的。

2.2.4 若——蔑称代词

"若"在甲骨文中就已出现,字形为 。《说文解字》:"若,择菜也。"后借为表示"如果","像,好像"的意思,这是"若"最主要的词义。

"若"作为对称代词出现,最早是在金文中。如《大盂鼎》34:"王曰:盂!<u>若</u>敬乃正,勿废朕命。"《金文丛考》:"'若'乃第二人称代名词,用为主格。"对称代词"若"主要出现在战国时期文献中,多见于《庄子》和《史记》中。"若"是汉语对称代词中的蔑称,相当于"你""你们"。说话人以"若"称对方,有一种居高临下的意味。例如:

(1) 既使我与<u>若</u>辩矣,<u>若</u>胜我,我不<u>若</u>胜,<u>若</u>果是也?我果非也邪?我胜<u>若</u>,<u>若</u>不吾胜,我果是也?而果非也邪?其或是也?其或非也邪?其俱是也?其俱非也邪?我与<u>若</u>不能相知也。(主、宾交织,《庄子·齐物论》)

(2) 一虱曰:"<u>若</u>亦不患腊之至而茅之燥耳,其又奚患?"(《韩非子·说林下》)

(3) <u>若</u>虽长大,好带刀剑,中情怯耳。(《史记·淮阴侯传》)

(4) 五侯九伯,<u>若</u>实征之,以夹辅周室。(《史记·齐太公世家》)

(5) 失法离令,<u>若</u>死,我死。(《商君书·画策》)

(6) 狂屈曰:唉!予知之。将语<u>若</u>。(《庄子·知北游》)

(7) <u>若</u>不趣降汉,汉今虏<u>若</u>,<u>若</u>非汉敌也。(主、宾交织,《史记·项羽本纪》)

(8) <u>若</u>归,试从容问而父,然毋言吾告<u>若</u>也。(主、宾交织,《史记·曹相国世家》)

(9) 使余锡女寿,十年有九,使<u>若</u>国繁昌。(《墨子·明鬼下》)

(10) 更<u>若</u>役,复<u>若</u>赋,则何如?(柳宗元《捕蛇者说》)

---

① 参考洪波《先秦汉语对称代词"尔""女(汝)""而""乃"的分别》,语言研究,2002年第2期。

(11) **若**果养乎？予果欢乎？（《庄子·至乐》）

"若"的语法功能是比较全面的，可以用于主格，如上面的例（1）（2）（3）（4）（5）（7）（8）（11）；也可以用于宾格，如上面的例（1）（6）（7）（8）；还可以用于领格，如上面的例（9）（10）。但以主格和宾格为主。

另外，对称代词"若"也没有数的区别，它既可以表示单数，也可以表示复数，还可以加复数标志来表示复数，相当于"你们"，主要用于主格和宾格，也有个别用于领格。"若"常附带的复数标记有"－属""－等""－辈"。加标记的"若属""若等""若辈"，其蔑称意味更浓：

不者，**若属**皆且为所虏。（西汉《史记》）

公平生数言魏其、武安长短，今日廷论，局趣效辕下驹，吾并斩**若属**矣。（西汉《史记》）

幸吾得了大道，**若属**凡夫俗子，今夜被尔罗织死矣。（清《绣云阁（上）》）

令朔在事无为是行者，**若等**安能及之哉！（西汉《史记》）

我与**若等**能为异域鬼耶？（北宋《旧五代史》）

此地已破，更无他往，吾以身殉，**若等**可自为计。（清《东南纪事》）

若辈既有志于功名，岂忘情于举业，以此程士，自无留良。（明小说《万历野获编》）

若辈艳称极乐，何不尽驱而归之西土？（清《海国春秋（上）》）

汝伯父权焰熏天，满朝多系党羽，**若辈**苟志图富贵，竟泄秘谋，不特汝身被戮，恐皇上亦蹈不测了。（民国《元史演义》）

有意思的是，"若"加复数标记"－等""－辈"不一定表示"你们（的）"。在语料分析中我们发现，"若等""若辈"可以表示"你们（的）"，但有很多用例都不是表示对称，而是"这些人"的意思，情感上暗含鄙视意味：

侠客相与言曰："虞氏富氏之日久矣，而常有轻易人之志。吾不侵犯之，而乃辱我以腐鼠。此而不报，无以立谨于天下。请与**若等**(这些人，虞氏）戮力一志，率徒属，必灭其家为等伦。"（六朝议论文《列子》）

将军等有何妙策，可擒**若辈**(这些人)？（清小说《七剑十三侠（下）》）

若辈(这些人）皆百战功臣，若非湘淮军，我辈今日不知死所矣。（清小说《清代野记》）

若辈(这些人，指妖魅）皆我奴隶，若令一指得着肌肤，则此耻西江不能濯也。（清小说《聊斋志异（下）》）

若辈（这些人）既经收捕，便当处死，何必送他入狱，多烦考讯哩？（民国《后汉演义》）

挣扎下来，四面一望，都是**若辈**（这些人的）党羽，只好待至夜间。（民国《清朝三百年艳史演义》）

"若"加复数标记的这一特殊用法，跟"若"本身所具备的"指示代词"意义有关。因为"若"还用作指示代词，意为"此""这个"，加上表示人的复数标记，就表示"这些人"。

"若"还有用为他称代词的用例，但这种用法尚属个别。《淮南子·氾论训》："宋人有嫁其子者，告其子曰：'嫁未必成也。有如出，不可不私藏，私藏而富，其于以复嫁易。'其子听父之计，窃而藏之。**若**（＝她的）公知其盗也，逐而去之。"这里的"若"即"她"，用为定语，代指那个刚出嫁的新娘。

2.2.5 乃（迺）——典雅对称代词

"乃"在甲骨文中原文写作"⿱"，即迺，最初意义尚不能确定。根据东汉许慎《说文解字》："乃，曳词之难也，象气之出难。奴亥切。"意谓"乃"在句中起加重语气的作用。后借为副词、代词和判断动词。对称动词"乃"出现很早，在甲骨文、金文和《尚书》《诗经》中均有用例，尤以金文、《尚书》《左传》《汉书》中为多。

（1）乙卯卜，宾贞曰氏**乃**邑。（殷墟卜辞173）

（2）王曰：善，昔先王既令女左足侯，今余唯肇先王令令女左足侯，监撇师戍，易（锡）女**乃**且（祖）旗，用事。（善鼎）

（3）公曰：女及，余经**乃**先具（祖），余既专**乃**心，女小心（畏）忌，女不象（坠），夙夜宦（执女）而政事，余弘厌**乃**心。（齐钟铭）

（4）古我先后既劳**乃**祖**乃**父，汝共作我畜民，汝有戕则在**乃**心！我先后绥**乃**祖**乃**父，**乃**祖**乃**父乃断弃汝，不救**乃**死。（《尚书·盘庚中》）

（5）朕心朕德，惟**乃**知。（《尚书·康诰》）

（6）各修**乃**职，考**乃**法，待**乃**事，以听王命。（《周礼·天官·小宰》）

（7）命我众人，庤**乃**钱镈，奄观铚艾。（《诗经·周颂·臣工》，笺："教我庶民，具女田器，终久必多铚艾。劝之也。"）

（8）王曰：舅氏，余嘉**乃**勋，应**乃**懿德，谓督不忘。往践**乃**职，无逆朕命。（《左传·僖公十二年》）

（9）今欲发之，**乃**肯从我乎？（《汉书·翟义传》，甸师古曰："乃，汝也。")

(10) 过此之后，非**乃**所及。(《汉书·张陈王周传赞》)

(11) 王师北定中原日，家祭无忘告**乃**翁。(陆游《示儿》)

"乃"一般用于名词前的领格，用为领属性定语，相当于"你的""你们的"，如上面的十一个例句中的(1)(2)(3)(4)(6)(7)(8)(11)八句中的"乃"都位于领格，在句中充当定语。"乃"偶尔也用于主格，充当主语。如上面的例(5)(9)(10)三例。从语料来看，对称代词"乃"不用于宾格。

"乃"在古代还写作"廼(nǎi)"。《汉书·张良传》："吕氏真**廼**主矣。"《史记·留侯世家》则为"吕氏真**而**主矣"。

在对话中以"乃"对称，有很强的典雅和庄重意味。因此，对称代词"乃"一般用于比较严肃、庄重的场合。

"乃"还可以用为他称代词，相当于"他的""他们的"。如《吕氏春秋·上农》："若民不力田，墨(即没收)**乃**(他们的)家畜。"《红楼梦》第四回："令其读书，较之**乃**兄，竟高十倍。"意思是，让他读书，跟他的哥哥相比，(学问)竟然高出十倍。"乃"即"他的"，定语。

现在，"乃"的对称和他称用法早已不常见，但我们有时为了增加文雅效果，偶尔也会使用"乃"来作他称："某某颇有**乃**父遗风。"这里的"乃"即为"他的"。另外，在一些书面语体中，我们也还能不时看见他称代词"乃"的身影：

当代报刊《南方周末》2005年4月28日所刊《越来越鲜明的连战》一文中有这样的用例：

"作为国民党重点培养的对象，连战以**乃**父'脚踏车哲学'，使上司无威胁感，使下属无压迫感，擢升也就理所当然。"

《羊城晚报》2005年6月4日所刊《为书消得人憔悴》一文中也可见他称代词"乃"的使用：

"老岑于1926年12月2日生于珠江三角洲的一个农村。祖父是旅美华侨，父亲岑崑巍就学于岭南画派宗师高剑父、高奇峰门下，以书画自娱，并承**乃**父余荫，广购典籍，博览群书。"

与表轻贱的对称代词"尔""汝"不同，无论用作对称代词还是用作他称代词，"乃"在语用中传达的是一种庄重，一种礼貌，一种典雅。

2.2.6 戎——《诗经》特有的对称代词

"戎"本为"武器",借指士兵、军队,或军事、战争,又借为表示我国古代对西部民族的统称。"戎"作为对称代词,是《诗经》中特有的现象,其他文献中并未见使用,主要出现于"大雅"中。《诗经·大雅·民劳》:"**戎**虽小子,而式弘大。"郑玄笺:"戎,犹汝也。式,用也。弘,犹广也。"马瑞辰:"戎女一声之转。"其他的还有:

《诗经·大雅·崧高》:"徒御啴啴,周邦咸喜,**戎**有良翰。"(主语)

《诗经·大雅·烝民》:"缵(zuǎn,继续)**戎**祖考,王躬是保。"(定语)

《诗经·大雅·韩奕》:"韩侯受命,王亲命之,缵(zuǎn,继续)**戎**祖考。"(定语)

《诗经·大雅·韩奕》:"朕命不易,干不庭方,以佐**戎**辟。"(定语)

对称代词"戎"的昙花一现,只在《诗经》中留下了行迹。所以很多字典词典中的"戎",都没有"戎"作对称代词的义项。它主要用于领位和主位,不作宾语。

2.2.7 你(伱)、妳

2.2.7.1 你(伱)

"你",古代写作"尒、伱","尒、伱"是"尔"的俗体。"尔"和"你"古音相近,是同源分化字。"尔"本为句末语气词,先秦时期被借来表示"繁盛"之意和用作对称代词。六朝以后,有的人把"尔"写成"尒",将"儞"简化为"伱",宋元以后,"伱"定型为"你"。《广韵》:"你,秦人呼傍人之称。"这里的"傍人"并非第三者,而是对话中区别于自己的对方。《集韵》:"伱(你),乃里切,汝也。"起初,"你"只是个方言词,并未在汉语中普遍使用,最早见于《隋书·五行志》所载"北齐谣":"武平元年童谣曰:'狐截尾,**你**欲除我我除**你**。'"还有《隋书·李密传》:"化及曰:'共**你**论相杀事,何须作书语?'"又《隋书·许善心传》:"我好欲放**你**,敢如此不逊?"隋代使用对称代词"你"还不是很普遍。从唐代开始,由于佛教兴起,佛经翻译必须通俗易懂,僧侣们便大量采用口语句式翻译佛经,带动了古白话的兴起,所以从唐代开始,文风突转,白话入文入诗。从诗歌来看,村言口语入诗的代表作家就是王梵志和寒山子(寒山大师)。唐代是一个政治经济文化繁荣昌盛的时代,也是一个白话盛行的时代和对称代词"你"隆重登上汉语史舞台的时代。我们从下面的例子可见一斑。

　　童子答能（慧能）曰："**儞**不知大师言，生死事大……"（主语，唐代传法记录法海本《坛经》，又称"敦煌写本"）

　　皇帝宣曰：不要**你**把棒勾当，便交搬土。（主语，唐佛经《入唐求法巡礼行记》）

　　你不知大师言，生死事大，欲传于法，令门人等各作一偈来呈看。（主语，唐佛语录《六祖坛经》）

　　你父打我时，竟不来救！（定语，唐史书《北齐书》）

　　再三劝**你**早修行，是**你**顽痴心恍惚。（兼语、主语，唐诗《寒山诗》）

　　你若不煞我，我还却煞**你**。（主语、宾语，唐诗《王梵志诗》）

　　若向**你**州县道，**你**即不存生命。（定语、主语，唐小说《野朝佥载》）

　　今取**你**父骸骨，及**你**生身，祭我父兄灵魂始得。（定语、定语，五代《敦煌变文集新书》）

　　你不须干啼湿哭，我明日共姊妹三人，更去游戏，定见**你**儿。（主语、定语，五代《敦煌变文集新书》）

　　我若称断，是**你**嘱我；**你**若称断，我则嘱**你**。（主语、主语，五代《祖堂集》）

到宋朝以后，除少数用"您"外，对称普遍用"你"。但"您""你"并无区别，"您"表示尊称是到清代以后才开始的。例如：

　　你若无意向他人，为甚梦中频相见。（主语，北宋《柳永词》）

　　官人，**你**坐么，我说与**你**，休心困者！（主语、宾语，北宋小说《大宋宣和遗事》）

　　我欲答汝一顿，恐天下人称**你**云，撩得李日知嗔，吃李日知杖，**你**亦不是人，妻子亦不礼汝。（宾语、主语，北宋小说《太平广记》）

　　你知道不敢，我叫将起来，教坏了**你**。（主语、宾语，北宋小说《话本选集·碾玉观音》）

　　说出来，又恐**你**见怪；不说时，又须通**你**得知。（主语、兼语，北宋小说《话本选集·错斩崔宁》）

唐宋以后，"你"就成了与"我"相对的一个专职对称代词，句法功能相当完善，可以用于主语、宾语和定语。

"你"还是一个单、复数同形的对称代词，既可表示单数，也可表示复数，还可以加上复数标记"-等""-们""-辈"一起来表示复数。但复数标记多用"-们"和"-等"，很少使用"-辈"。

是你诸人如许多时在我身边，若有见处各呈所见，莫记吾语，我与你证明。（五代《祖堂集》）

是你三家村里男女、牛背上将养底儿子作摩生投这个宗门？（五代《祖堂集》）

阿哥去日曾说与我，教保护你三人，安心不妨。（北宋小说《大宋宣和遗事》）

郡王怎知得你两个在这里，我没事却说甚么。（北宋小说《话本选集·碾玉观音》）

你等是甚人，向我前头？（五代《敦煌变文集新书》）

山上有鹿，临崖告人云：你等无事触他南方圣人之国，不久当灭。（北宋《太平广记》）

我不知你们在建康住，教我寻来寻去，直到这里。（北宋小说《话本选集·碾玉观音》）

老汉却是看你们不过，今日赞助你些少本钱，胡乱去开个柴米店，赚得些利息来过日子。（北宋小说《话本选集·错斩崔宁》）

我怎么还敢留你们宿么。（元口语《老乞大新释》）

只是你们自家要上紧用心，休得怠慢。（元小说《话本选集沈小霞相会出师表》）

你们且站在门外，待我先进去通报一声，却来相请你们厮见。（明小说《三宝太监西洋记》）

你们姑嫂年纪相仿，即如姊妹一般，正好相处，怕怎的！（明小说《今古奇观（下）》）

李白见众官苦苦哀求，笑道："你等受国家爵禄，如何又去贪财害民？"（明《今古奇观（上）》）

我算计是谁，原来你等是彭赃官手下的差官！（清《彭公案（四）》）

李革卿如敢抵抗，便活活的将他打死，有我姓章的负责，不与你等帮忙的相干。（民国《留东外史续集》）

词曰："你辈见侬底欢喜，吴人谓'侬'为'我'。……永在我侬心子里。"（北宋《湘山野录》）

你辈果要逼我，我日日好死，时时好死，你辈也防不胜防呢！（民国

《清朝三百年艳史演义》)

光杆"你"表复数的情况较少，其后面通常跟表示多数的数量短语"两个""三人"等。复数对称代词"你们"一词产生于北宋时期，先在口语中普遍使用，后来进入书面语并占据了绝对优势。到现代汉语中"你"的复数标记统一于"-们"，不再用"-等"和"-辈"。

2.2.7.2 妳——女性专用对称代词

"妳"最早作"嬭（nǎi）"，是"奶"的古字。《字彙·女部》："妳，与嬭同。"对于"嬭"，《正字通》："妳，俗嬭字。"《博雅》："母也。楚人呼母曰嬭。"又《集韵》："忍氏切，音尔。谓之嬭。"据《新华词典》（修订版）第642页："妳是奶的异体字，其义项有三：①乳房；②乳汁的通称；③喂奶。"《晋书·桓玄传》："妳媪每抱诣温（大司马温之孽），辄易人而后至。""妳媪"即奶妈。很多小说中所提到的"妳子"也是指奶妈。《金瓶梅》中也有一些用例。

"妳"借为女性对称代词较早，读作"nǐ"。宋代柳永《瑞（tǐ）人桥》词中就有"恨浮名牵系，无分得与<u>妳</u>恣情睡睡"的句子。但"妳"的使用当时并没有普及开来，所以"妳"字一直以来都是作"奶"字使用。

直到五四新文化运动时期，西学东渐，女性对称代词"妳"才又被人们重新发掘出来。可以说，对称代词"妳"的新兴是时代发展的产物。它与女性旁称代词"她"的产生有着很深的渊源。1919年2月15日《新青年》杂志第6卷第2号上，钱玄同发表了一篇题为《英文"SHE"字译名之商榷》的文章，提到刘半农想要造一个表示女性的"她"以翻译英文的"SHE"，但钱玄同认为不甚好。为此，当时学术界展开了热烈的讨论。最终，"她"一词还是产生了。旁称代词分出了男女性别之不同，随后人们也发掘出久违的女性对称代词"妳"来区分谈话对方的女性性别，并且在当时一些作品及港台书面语中使用。直到现在，"妳"还时常出现在港、澳、台及海外华人的文学作品、电影电视和报刊网络之中。如西西莉雅的小说《PS, I Love You》就被台湾作家宋瑛堂、陈佳琳翻译为《PS，我愛<u>妳</u>》，2008年08月24日由时报出版社出版。但是，"妳"开始只指女性，后来就不仅指女性，而且还指男性。下面两个例句是从一些港台网站摘录下来的：

他可能攻擊<u>妳</u>的性格缺點、外貌缺矢，以貶低<u>妳</u>的價值來控制<u>妳</u>。（任指女性）

大熊熊，我們相愛，就是一項約定……我愛<u>妳</u>！（指男性）

事实上，正如许多学者指出的，女性对称代词"妳"的产生和使用是没有必要的。因为在对话的语用中，对方是明确的，没必要特意以性别代词来区别对称，这与不在现场的"他"或"她"是不同的。否则，自称也要以"俄"和"娥"来区分性别了。还有，非人的自称、对称是否也要再造新字或借用其他字词来区分呢？如是那样，汉语人称代词的使用岂不又要面临一番混乱？

2.2.8 您、恁

2.2.8.1 "您"的语用演变

"您"，最早见于宋代作品，在宋元话本小说和金元诸宫调里使用普遍。在金元文献中也常用"恁"。《改并四声篇海·心部》引《俗字背篇》："您，你也。"《字彙补·心部》："您，《中原音韵》：'与你同义。今填词家多用此字。'"北宋时，俗字"您"被引入文学作品中，而且专职作对称代词。北宋时的文献中，"您"使用频繁，历经宋、元明三代，"您"都只是作为一个普通的对称代词运用于通俗易懂的小说、话本和诸宫调等艺术形式中，和"你"一样通称对方，并不是一个尊称代词。例如：

(1) 李克用兵马答曰："黄巢反贼，您若会事之时，束手归降。"(《五代史平话·汉史上》)

(2) 姬昌又告曰："您后七年至中秋，吾免囚牢，吾西归也。"(《武王伐纣平话》中)

(3) 余深问曹辅道："您小官何得僭言朝廷大事？"(北宋小说《大宋宣和遗事》)

(4) 母亲，休打扫书房，您孩儿便索长行，往京师应举去也。(元戏剧《倩女离魂》)

(5) 老夫人谎到天来大；当日成也是您个母亲，今日败也是您个萧何。(元戏剧《西厢记杂剧》)

(6) (红云) 你挣揣咱，来时节肯不肯尽由他，见时节亲不亲在于您。(元戏剧《西厢记杂剧》)

(7) 李靖曰："娘娘，弟子今得何罪？"娘娘曰："您恩将仇报，射死我门人，你还故推不知！"(明小说《封神演义（上）》)

(8) 打出祸来，我夏驿丞耽着，往您下人推一推的也不是人！(明小说《醒世姻缘传（上）》)

(9) 寄姐道："没帐！活打杀了小蹄子淫妇，我替他偿命，累不杀您旁

人的腿事！"（明小说《醒世姻缘传（下）》）

（10）素姐发作道："……狄周媳妇子，替我即时往外去，再不许进来！这贼淫妇，快着提溜脚子卖了！我眼里着不得沙子的人，您要我的汉子！……"（明小说《醒世姻缘传（中）》）

例（1）中李克对"反贼"黄巢称"您"，不是敬称。例（2）中姬昌与儿子说话，称儿子"您"。例（3）为余深与曹辅的对话。余深为北宋时期罗源人，宋神宗元丰五年（1082年）进士，官位太宰（副宰相），进拜少保，封丰国公，再封卫国公加太傅。对位在其下的谏官曹辅称"您"，显然并不是尊称。例（4）对母亲称"您"，与现代汉语相同。例（5）讲张生"一封书将半万贼兵破"，"免除崔氏全家祸"之后，老夫人却反悔不兑现诺言让崔莺莺与张生成亲。句中的"您"即指老夫人。唱词悲伤愤怒，不应是表尊敬的对称。例（6）是崔莺莺让红娘传简帖与张生约会时红娘对张生说的话，称对方"您"，"他"则是指崔莺莺。例（7）中娘娘称李靖"您"，显然也不是尊称。例（8）的"您"指夏驿丞对其"下人"之称。例（9）是寄姐和童奶奶吵架时的用语，"您"不可能是尊称。例（10）是恶妇素姐看见自己丈夫狄希陈正跟狄周媳妇和调羹二人说话，醋劲大发，对狄周媳妇一顿恶骂，使用"您"，绝对不是尊称。

不过，从清代以后的文献看，"您"从清代开始，就逐渐成为一个专门的对称敬词。凡所用"您"，基本都是表示对对方敬重、郑重、客气的语用意义。

贾爷，这是您的法宝，给您送来啦！（清小说《三侠剑（上）》）

我聘约您来，俱是您的高朋宾客。（清小说《三侠剑（上）》）

连大叔面前，烦您提拔提拔，您的话比符还灵呢！（清小说《孽海花（下）》）

您好歹成就这件事罢，我替您磕一个头谢谢您。（清小说《老残游记续》）

您的孩子打多少分您才满意？（当代·方富熹、方格《儿童的心理世界——论儿童的心理发展与教育》）

美国记者迈克·华莱士：您说过，您要活到一百岁，然后可以去见马克思，到那时候，马克思旁可能还坐着毛泽东，他们可能对您说些什么？（当代·邓小平《邓小平文选》第三卷）

我不同意您的政见，但我认为您是了不起的。（当代报刊《人民日报》，1993\\R93_03）

清代以后，"您"语用意义大有转变，由一个北方通用的俗词，成了一个具有较大文明程度的对称敬词，一般用于下对上、卑对尊、幼对长。这种势差有时是决定于身份地位，有时则决定于心理情感。尤其在现代汉语中，使用不使用"您"，是有着很强暗示性的。一是暗示着说话人对对方是否尊敬和客气，二是暗示着说话人自身的文化修养和文明程度。如果一个年轻人对长者说话用"你"而不用"您"，会被视为没有教养；如果一个人与尊者交际而不懂使用"您"，那么其交际的成功率就要大打折扣了。

2.2.8.2 "您们"与"您每"

在现代汉语中，"您们"的使用一度受到质疑。人们大多认为"您"是一个单数对称敬词，不能用于复数，即不能用为"您们"，但实际语用中又不时出现"您们"的用例。这一状况使得语言文字教学工作者无所适从。为此，邢福义先生在1996年写了一篇名为《说"您们"》的文章，从"普通话—古汉语—方言"三个角度，全面观察和探讨了"您们"的历史基础、现实基础和方言基础。

从语料来看，对称代词"您"一般表示单数，偶见单独表示复数的情况，例如：元代白朴《梧桐雨》杂剧："您众军不进，却为甚的？"清代小说《三侠剑》中："您看二位呀，我跟您商议商议，您二位高升一步。"根据上下文我们可以推知，这二例中的"您"相当于"你们"，表示复数，但这种情况较少见。其复数表达式为加复数标记"-们"。另外，还可以加表示两个以上数量的同位成分表示复数，如"二位""二人""二老""两个""夫妻""弟兄"，等等。例如：

您三人兵少，如何保驾？（《七国春秋平话》中）

不索打官防，叫您夫妻尽百年欢偶。（金·董解元《西厢记诸宫调》）

三翁曰："若您弟兄送他，我却官中共您理会。"（金·无名氏《刘知远诸宫调》）

（刘琮云）……今有刘备问俺父亲借座城子，俺父亲久后，必将这荆州让与刘备，唤您二将（蒯越、蔡瑁）来商议。（元·高文秀《刘玄德独赴襄阳会》）

您两个是折了腿出不来呀，是长了嗓黄言语不的？（明小说《醒世姻缘传（下）》）

希望刘公能借给我一块地安葬父母，而我可做牛做马来侍候您二老。（民国《古今情海》）

方太太：**您二位**不能走，不喝两盅儿再走，我过意不去！（现代·老舍戏剧《方珍珠》）

您二位要不怕弄伤了自个就来。（当代·王朔《顽主》）

不是我话说得实在啊，就**您二位**这模样儿站门口儿收棉裤棉袄，我都怕观众起了疑心呢。（当代电视电影《编辑部的故事·人民帮人民一把》）

在近代汉语里，"您"的复数表达以后加表多数的同位成分为多，"您们"的表达虽有用例，但比较少。到了现代，由于语用的需要，"您们"的使用逐渐普遍起来。虽然北京人口头上一般不说"您们"，但一些私人书信和文学作品中却时常见到"您们"的称呼。例如：

谁叫**您们**救下我来！（明小说《醒世姻缘传（下）》）

我若早说，**您们**势必要杀鹅取珠，我就犯了杀戒。（当代应用文《佛法概要》）

您们是国家的精华和希望。**您们**失去了太多的时间，我相信**您们**会夺回来。（王蒙《王蒙小说报告文学选·蝴蝶》）

早期"您"还可以加"每"成为"您每"，"您每"即"您们"。"您每"一般表示复数，但偶尔也用来表示单数，这也是"您每"不同于"您们"的地方。例如宋代讲史话本《五代史平话·梁史上》："朱五经看了这诗道：'秀才，**您每**下第不归故乡？'"这就是一个表示单数的用例。"您每"的用法大致产生于宋代，但元曲杂剧中才见普遍使用。例如：

（1）（云）**您每**各自安置，我待睡也。（做睡，色旦扯末科，云）俺每都陪先生，怎敢舍的先生孤孤恓恓、凄凄冷冷的。[全元曲，马致远《西华山陈抟（tuán）高卧》]

（2）【油葫芦】休那里说短论长语话频，（家童云）**您每**坐着车儿，自自在在的，我从五更鼓起来，打点行李，走了这半日，你便不知饥，我可肚里饥哩。（全元曲，无名氏《冯玉兰夜月泣江舟》）

（3）待老夫亲自问他，**您每**且休闹者。（全元曲，武汉臣《散家财天赐老生儿》）

（4）【尾】**您每**朝聚九卿，你须当起五更，去得迟呵着那两班文武在丹墀候等。俺出家来纳被蒙头，黑甜一枕，直睡到红日三竿犹兀自唤不的我醒。（全元曲，宫天挺《严子陵垂钓七里滩》）

例（1）中陈抟用"您每"称呼色旦，色旦自称"俺每"。例（2）中的

"您们"是家童称呼奶奶田夫人、小姐冯玉兰和小舍人憨哥的，表示复数。例（3）是刘员外刘从善称呼大都子、张郎、刘九儿等人的，表示复数。例（4）中严陵以"您每"称呼好友刘秀，并与后面的"俺"对举，表示单数。语用中，"您每"表示单数还是复数，要根据语境才能确定。

"每"是宋元时期特有的复数标记，它附加于人称代词之后，但都不一定表示复数。元代以后，"您每"这样的用法就已不再使用。

2.2.8.3 恁（nín）

《说文解字》："恁，下齎也。从心任声。如甚切。"

《广雅·释诂》："恁，思。"另据《康熙字典》所释，"恁"是一个多音多义字。

《汉语词典》所标"恁"有两个读音。

一是"nèn"。①思，念，如班固《典引》："宜亦勤恁旅力，以充厥道。"②那，那样，如此，例如：宋·姜夔《疏影》："等恁时、再觅幽香，已入小窗横幅。"宋·辛弃疾《沁园春》："君非我，任功名意气，莫恁徘徊。"宋·欧阳修《玉楼春》："已去少年无计奈，且愿芳心长恁在。"明·兰陵笑笑生《金瓶梅》："为人心地儿又好，来了咱家恁二三年，要一些歪样儿也没有。"③怎么，例如《水浒全传》："却恁地教什么人在间壁吱吱的哭，搅俺弟兄们吃酒。"

二是"nín"，义同"您"，多见于早期白话，尤以元曲中最为多见。下面例子中的"恁"都同"您"，也读nín，有时还"您""恁"并用：

元·王实甫《西厢记》："（红娘对张生云）来时节肯不肯尽由他，见时节亲不亲在于恁。"

元·王实甫《西厢记》："我从来斩钉截铁常居一，不似恁草拈花没掂三。"

元·王实甫《西厢记》："恁与我助威风擂几声鼓，仗佛力呐一声喊。"

元·马致远《汉宫秋》："恁不去出力，息生教娘娘和番？"

元·尚仲贤《尉迟恭三夺槊》："您送的我荒荒有国难投。恁便做下那肉面山，也压不下我心头火，造下那酒食海，也洗不了我脸上羞，须有日报冤仇！"

元·杨景贤《西游记》杂剧："（张云）恁来家了，看什么社火，对我细说一遍。"

明·佚名《白兔记·看瓜分别》："未知何日得见恁，铁石心肠也泪零。"

明·凌濛初《二刻拍案惊奇（下）》：（末笑介）"俺是恁二十年前一旧知。"

"恁"读作"nín"时与"您"是同音假借字，《中原雅音》寝部："恁，云你也。"《老乞大·单字解》："恁，汝也，亦作您。"另外，"恁"同"您"一样，也有加复数标记和同位成分的用法，如"恁们""恁每""恁二位"等。如：

恁子母说话整一日，直到了不辨个尊卑。（《刘知远诸宫调》）

于时吕后至，看帝病，见高皇于戚氏怀中睡，吕氏怒指着戚夫人言："若高祖万岁之后，我将恁子母每未肯轻恕！"（元代全相平话《前汉书续集》卷中）

恁二位学士休怪，小官则今日便索登程也。（元·无名氏《苏子瞻醉写赤壁赋》）

李逵便叫众庄客："恁们都来散福。"（明·施耐庵《水浒传》第七十三回）

恁每宜十分警省，常存敬谨，纤毫不要怠忽。（明《太常续考一·敕论太常寺官》）

钦奉圣旨：恁每都在这里歇着，过正了去时，再见我了去。（《诚意伯文集》卷一）

恁每中书省收拾纱罗缎子四十八匹，差元朝旧日老院使送去。（当代报刊《人民日报》，1993\\R93_10）

如今着那年纪小的秀才官人每来署学事，他定的学规，恁每当依着行。（当代·汪曾祺《国子监》）

清代以后，"恁"不再作人称代词。现当代文学中的"恁每"，一般都是在写到历史事件的时候使用，属于拟古用法。"恁"到现代汉语中，主要保留了"如此""这样"的义项，读音也只保留了"nèn"。如："你咋来得恁早？"

"您"最初还被用为"儜"，读为 níng，多见于早期白话，用例比较少。《老残游记》："昨日龙叔不说吗？儜早去也是没有。"又："今日总算'他乡遇故知'，儜也该做首诗，我们拜读拜读。""儜"本为怯懦、软弱的人。用来骂人粗劣，如：儜奴（骂人话，劣奴）、儜拙（拙劣）、儜陋（丑陋）、儜儿（骂人之语，孱头），等等。现在"儜"字已经不用。

2.2.9 小结

对称代词是人称代词系统中的一个重要组成部分。数量虽不及自称代词众多,但也是人称代词中较为发达的一支。

"女、汝、尔、而、若、乃、戎"是汉语中产生和使用最早的对称代词。"汝"和"女(rǔ)"只能占主位和宾位,只能表示单数,与主要占领位、既可表示单数也可表示复数、有着较大的表现优势的"尔(爾、尒)"形成互补体系;"而"和"乃"多作定语。"尔(爾、尒)""女(汝)"一般用来对称轻贱之人。"若"是对称代词中的一个蔑称,以居于主格和宾格为主,说话人以"若"称对方,有一种居高临下的意味。"而"的语用色彩有着自己的特点,以"而"称呼交际的对方,有一定的亲密意义,是亲密称。与表轻贱的对称代词"尔""汝"不同,无论用作对称代词还是用作他称代词,"乃"在语用中传达的是一种礼貌和尊重。"戎"则是《诗经》中特有的对称代词。

唐代是一个政治经济文化繁荣昌盛的时代,也是一个白话盛行的时代和对称代词"你"隆重登上汉语史舞台的时代。此后,"专职"对称代词"你"就在白话的肥沃土壤中迅速发展壮大,逐步成为至今仍然一枝独秀的通用对称代词。女性对称代词"妳"的产生和使用是语言文字发展史上的一支小插曲,最终遭到历史和社会的检验和扬弃。清代以前,"您"只是作为一个普通的对称代词运用于通俗易懂的小说、话本和诸宫调等艺术形式中,清代以后,"您"语用意义大有转变,由一个北方通用的俗词,成了一个具有较大文明程度的对称敬词。"恁(nín)"多见于早期白话,尤以元曲中最为多见。清代以后,"恁"不再作人称代词。

与自称代词系统一样,对称代词系统的庞大与社会历史发展是密切相关的,先秦时期,各国争雄,诸侯混战,时局变换,语言文字的使用各自为政,由此产生了大量的词语,对称代词也不例外。随着国家的统一,对称代词逐步统一于"你"和"您"。这符合社会发展的需要,也是历史的必然。

2.3 他称代词

在汉语史上,他称代词远不如自称代词和对称代词发达。对于这种语言现象,王力先生认为"它(中国上古语)没有第三人称,是因为它没有这种需要"。(《中国语法理论》,1954)其实这也不能说是没有需要,只能说不像自称代词和对称代词那样必要，所以它的发展就较为缓慢。由于他称代词所代指的主体不在当场，称代上就不用有太多的讲究，一般直呼其名称就可以了。重复提到该主体时，就再以其名称称之。这样虽然啰唆一些，但也权可将就，毕竟不像自称代词和对称代词那样迫切需要发展。不过，重复啰唆也不符合语言发展的需要，于是借用了几个指示代词作为他称代词，这就是上古汉语中的"厥""其""之""彼""诸""夫"。它们形成了一个功能上互为补充的相对完整的他称代词系统。汉代以后，方言他称代词"伊""渠"和"他"才逐渐产生并盛行起来。最终"他"以绝对优势取得主流地位成为汉语通用他称代词。清代以后，逐渐产生了几个区别性的他称代词，如："她""它（牠）""祂（tā）""怹（tān）"等。

汉语中的他称代词，多半是从别的语法成分变来的。大多由指示代词转化而来，有的由甄别代词演绎而来，还有的则是由名词借用而来。

2.3.1 "厥（jué）"与"其"

2.3.1.1 厥（jué）

《说文》："发石也。从厂欮声。俱月切。"《玉篇》："短也。"

"厥"在先秦时即被借作他称代词，在金文和《尚书》中常见，《诗经》的"雅""颂"中也有，可以代人，也可以代物，相当于"他（们）的""她（们）的""它（们）的"，汉以后逐渐为"其"字所替代。《尔雅·释言》："厥，其也。"

"厥"大多用于领位，在句中作定语。相当于"他（她、它）的""他（她、它）们的"。如：

《尚书·禹贡》："济河惟兖州……**厥**土黑坟，**厥**草惟繇（yáo），**厥**木惟条（táo），**厥**田惟中下，**厥**赋贞。"又"**厥**土惟白壤，**厥**赋惟上上错，**厥**田惟中中。"（"厥"代指兖州；居领位）

《尚书·武成》："予小子其承**厥**志。"（"厥"代指予小子；居领位）

《尚书·康诰》："子弗祗服**厥**父事，大伤**厥**考心。于父不能字**厥**子，乃疾**厥**子。"（前二"厥"代指"子"，后二"厥"代指"父"；居领位）

《诗经·大雅·绵（mián）》："肆不殄（tiǎn）**厥**愠（yùn），亦不陨**厥**问。"（郑笺："文王……不绝去其恚恶人之心，亦不废其聘问邻国之礼。""厥"代指文王；居领位）

《诗经·大雅·文王》："无念尔祖，聿修**厥**德。"（"厥"代指文王；居

领位)

《诗经·小雅·大田》:"俶(shū,开始)载南亩,播**厥**百谷。"("厥"代指农夫;居领位)

《诗·周颂·噫嘻》:"率时农夫,播**厥**百谷。"("厥"代指农夫;居领位)

《汉书·晁错传》:"近者献其明,远者通**厥**聪。"("厥"代指"远者";居领位)

宋·苏洵《六国论》:"思**厥**先祖父,暴霜露,斩荆棘,以有尺寸之地。"("厥"代指六国之人;居领位)

明·顾炎武《复庵记》:"范君知其必且西奔,于是弃其家走了关中,将尽**厥**职焉。"("厥"代指范君;居领位)

有时,"厥"也作附属子句的主语。如:

《尚书·召诰》:"若生子,罔不在**厥**初生,自贻哲命。"("厥初生"为主谓短语,是"在"的宾语)

《诗经·大雅·文王》:"**厥**作裸将,常服黼冔(fǔxǔ)。"(孔注:"此殷士其为裸行礼之时,常服其所服黼衣而冔冠也。"黼冔:殷代的一种绘有黑白斧形花纹的帽子。"厥作裸将"为表时间之副词句。即时间状语)

"厥"还有指示的用法。如《尚书·无逸》:"相小人,**厥**父勤劳稼穑,**厥**子乃不知稼穑之艰难。"

总的来说,他称代词"厥"盛行于先秦时期,汉以后就少见。主要用于领位,且单、复数同形。汉以后逐渐被比"厥"功能更完善的"其"替代。

2.3.1.2 其(qí)

甲骨文字形象簸箕形,金文加声符"丌"(jī),变成"其",为"箕"的本字。本义为"簸箕",后假借为代词。

"其"可作指示代词,相当于"那""那个""那些"。《史记·项羽本纪》:"今欲举大事,将非**其**人不可。"又表示"其中的"。《庄子·山木》:"**其**一能鸣,**其**一不能鸣,请奚杀?"《史记·孝文本纪》:"**其**岁,新垣平事觉,夷三族。"又指根据情况指示所提到的或所认为的那个人(物、意思或时间)。如《孔雀东南飞》:"**其**日牛马嘶,新妇入青庐。"

"其"作人称代词为后起意义,相当于"他(她)""他们(她们)""它(它们)"或"他(她)的""他们(她们)的""它(们)的"。《韵会》称"其"为"指物之辞",这只是它的一个功能。"其"可以代人,也可以代物和国家，主要用于领位作领属性定语，作主语多用于附属子句的主位，很少用于宾位，功能比"厥"更全面。成语如：各得**其**所、莫名**其**妙、三缄**其**口、独行**其**是、自食**其**果等。在古代汉语、近代汉语和现代汉语中均有应用：

周《春秋》："楚杀**其**大夫公子侧。"（"其"称代国家，居领位）

周《诗经·小雅·鱼藻之什》："苕之华，**其**叶青青。"（"其"称代物，居领位）

春秋《孙子·军争》："避**其**锐气，击**其**惰归。"（"其"称代敌人，居领位）

战国《易经·系辞下》："将叛者**其**辞惭，中心疑者**其**辞枝，吉人之辞寡，躁人之辞多，诬善之人**其**辞游，失其守者**其**辞屈。"（"其"称代人，居领位）

战国《易经·系辞下》："**其**称名也小，**其**取类也大。**其**旨远，**其**辞文，**其**言曲而中，**其**事肆而隐。"（"其"称代易学，居领位）

战国《论语·泰伯》："鸟之将死，**其**鸣也哀。"（"其"称代物，居领位）

战国《论语·卫灵公》："公欲善**其**事，必先利**其**器。"（"其"称代人，居领位）

晋·陈寿《三国志·魏书·华佗传》："当须刳（kū）割者，便饮**其**麻沸散。"（刳：割。麻沸散：一种麻药。"其"称代人，居领位）

春秋·左丘明《左传·曹刿论战》："吾视**其**辙乱，望**其**旗靡，故逐之。"（"其"称代人，居领位）

春秋·左丘明《左传》："雍子自知**其**罪，而赂以买直；鲋也鬻狱，邢侯专杀，**其**罪一也。"

西汉·韩婴《韩诗外传》："襄子曰：吾闻之于叔向曰：'君子不乘人于利，不厄人于险，使修**其**城然后攻之。'"（"其"称代人，居领位）

唐·韩愈《师说》："余嘉**其**能行古道，作《师说》以遗之。"（"其"称代人，居附属子句主位）

唐·韩愈《师说》："郯子之徒，**其**贤不及孔子。"（"其"称代人，居领位）

明·潘高《初春有述》："树中尤爱梅，为**其**能守素。"（"其"称代物，居附属子句主位）

鲁迅《祝福》："或者不如说希望：希望**其**有，又希望**其**无。"（"其"

称代物，居附属子句主位)

"他们思想保守，固守其老一套做法。"（"其"称代人，居领位）

根据语料我们可以看出，他称代词"其"为单、复数同形，它可以表示单数，也可以直接表示复数，不用加复数标记。另外，领位是"其"的主要位置，偶尔也作附属子句的主语，这与"厥"完全相同。所不同的是，"其"虽然不能在句子中单独作动词后宾语，但可以在连动句中作动词后宾语，在双宾句中作间接宾语，也可以作介词宾语，或用于使令动词之后作兼语：

晋·陶渊明《桃花源记》："太守即遣人随其往，寻向所志。"（连动句中动后宾语）

北凉·法盛译《菩萨投身饴饿虎起塔因缘经》："谁有此药？当分半国，从其市之。"（连动句中动后宾语）

东汉·王充《论衡·感类》："武王梦帝与其九龄。"（双宾句中间接宾语）

晋·陈寿《三国志·魏志·陈登传》："可引军避之与其空城。"（双宾句中间接宾语）

南朝·刘义庆《世说新语·言语》："有人遗其双鹤。"（双宾句中间接宾语）

北齐·颜之推《颜氏家训·教子》："教其鲜卑语及弹琵琶。"（双宾句中间接宾语）

后汉·安世高译《长者子懊恼三处经》："因有一子，为其娶妇。"（介词宾语）

晋·干宝《搜神记》："有异人过之，为其掌火，能出五色烟。"（介词宾语）

西汉·刘歆（xīn）《西京杂记》："蘩乃与其佣作，而不求价。"（介词宾语）

南朝·印度来华僧人求那毗地译《百喻经》："如来见夫，欲共其语。"（介词宾语）

战国·庄子《庄子·齐物论》："夫吹万不同，而使其自已也。"（兼语）

北齐·魏收《魏书·西域大秦国传》："大则黜退，令其举贤人以代之。"（兼语）

南齐·臧荣绪《晋书·外戚何准传》："兄允，为骠骑将军，劝其令

仕。"（兼语）

可以作宾语，是"其"比"厥"更完善之处。正因为如此，"其"取代了"厥"，直到现代汉语中的一些书面语中，还偶尔使用他称代词"其"来简化句子结构，或避免单调重复。如："这种交换留学生和一般意义上的交换学者不一样，它是表明承认中欧课程的质量与他们的相当，其学分也同时被所有学校承认。""美国大学的认证体系是其保证教育质量非常重要的手段。"

"其"还可以临时用作反身代词，指自己。《楚辞·九章·哀郢（yíng）》："心婵媛而伤怀兮，眇不知其所蹠（zhí）。"

总之，无论在何种情况下，"其"都不能单独作动词后宾语。但是，"其"以其较为完善的语法功能在汉语中得到了较为广泛的应用，经久不衰。直到"他"出现，"其"的使用频率才逐步减少。

2.3.2 之

《说文解字》："之，出也，象艸过中枝茎益大，有所之。一者，地也。"本义：出，生出，滋长。《礼记》："如语焉而未之然。"俞樾平议："此之字乃其本义。未之者，未出也。"

后来"之"引申出"往，朝某方向走，到……去"的意义。《玉篇》："之，是也，适也，往也。"又借用为指示代词和人称代词。"之"借为指示代词，相当于"这""此"，一般为近指代词。甲骨文中的"之"多为指示代词。如：《甲骨文合集摹释》第1036号："之夕雨五月。"第10904号："之日王往于田从东允获豕三十月。"之后，指示用法一直是"之"的常用用法。《诗经·周南·桃夭》："之子于归。"（这个女子出嫁。）《庄子·逍遥游》："之二虫又何知？"（这两个动物又懂什么？）《韩非子·内储说上》："宣王说之。"（之：指南郭处士来吹竽这件事。）唐·柳宗元《三戒》："虎因喜，计之曰。"（之：这，指上文所说驴生了气只能踢的情况。）

"之"从先秦开始借用为他称代词，代替人或事物的名称，并产生"置之度外""等闲视之"等成语。他称代词"之"为单、复数同形，相当于他、她、它、他们、它们，多作宾语。

(1) 周《尚书·虞书·舜典》："虞舜侧微，尧闻之聪明，将使嗣位，历试诸难，作《舜典》。"

(2) 周《尚书·虞书·大禹谟》："戒之用休，董之用威，劝之以九歌，俾勿坏。"

105

(3) 周《周易》:"见乃谓之象,形乃谓之器,制而用之谓之法,利用出入,民咸用之谓之神。"

(4) 周《诗经》:"参差荇菜,左右流之。窈窕淑女,寤寐求之。"

(5) 春秋《国语》:"公弗听,遂伐骊戎,克之。"

(6) 春秋《墨子》:"有能则举之,无能则下之。"

(7) 春秋《左传·僖公三十二年》:"郑商人弦高将市于周,遇之。"

(8) 战国《吕氏春秋》:"是利之而反害之也,安之而反危之也。"

(9) 东汉·班固《汉书·高帝纪》:"贤士大夫有肯从我游者,吾能尊显之。"

(10) 西汉·司马迁《史记·西门豹传》:"使吏卒共抱大巫妪(yù),投之河中。"

(11) 西汉·司马迁《史记·项羽本纪》:"臣请入,与之同命。"

(12) 唐·韩愈《师说》:"余嘉其能行古道,作《师说》以贻之。"

(13) 宋·李昉《太平广记》:"黄帝退而闲居三月,后往见之,膝行而前。"

(14) 清·曹雪芹《红楼梦》:"适闻二位谈那人世间荣耀繁华,心切慕之。"

例(1)中"之"相当于他,代指舜。例(2)中"之"即他们,代指人民。例(3)的"之"相当于它,分别代指不同的事物。意思是:凡卦之用皆自然物之显现,此谓象。人依卦象而成之于物,则谓器,由象至器的应用过程就是法。法能为民普遍使用,就是"神"。"神"即法所具有的普遍性意义。例(4)中前"之"即"它们",代指荇菜;后"之"即"她",代指淑女。例(5)中"之"即他们,代指骊戎。例(6)的"之"相当于"他们",前者代指有能之人,后者代指无能之人。例(7)的"之"即他们,代指秦军。例(8)的"之"即他们,代天下之民。例(9)中"之"即他们,代贤士大夫。例(10)中"之"即她,代指大巫妪。例(11)的"之"即他,代指"沛公"。例(12)中"之"即他,代指"李蟠"。例(13)的"之"即他,代指仙人广成子。例(14)中"之"即它,代指人世间荣耀繁华。可以看出,他称代词"之"既可以代人,也可以代物;既可以表示单数,也可以表示复数;既可以代指具体人和物,也可以代指抽象概念。

"之"同"其"一样,都可以用于使令动词之后作兼语:

《论语·阳货》:"取瑟而歌,使之闻之。"

《论衡·物势》:"如天故生万物,当令其相亲爱,不当令之相贱杀也。"

"之"主要作宾语。上述用例中,"之"都是用于宾位充当宾语。这与用于领位充当宾语和在附属子句中用于主位充当主语的"其"恰好形成互补。偶尔有"之"用于领位作定语的用例。如:

《论语·先进》:"鲤也死,有棺而无椁,吾不徒行以为之椁。"(他,代指孔鲤,定语)

《史记·廉颇蔺相如传》:"且相如,吾羞不忍为之下。"(他,代指蔺相如,定语)

元·虞氏《武王伐纣平话》:"纣王令推上法场,斩之老母。"(他,代指"姜尚",定语)

到现代汉语中,"之"一般不再作他称代词,而是多用于名词和它的修饰语之间作结构助词。例如:

你们家来北京之前在什么地方?

这位已过不惑之年的上海爱建信托投资公司总经理精力过人,早晨鸡鸣即起,晚上三更方睡。(当代应用文《MBA宝典》)

2.3.3 彼

"彼",《说文解字》:"往,有所加也。从彳(chì)皮声。补委切。"本义:流行、传播,施加。首先借为指示代词,相当于"那",与"此"相对。《玉篇》:"对此之称。"《尚书·周书·泰誓中》:"我武维扬,侵于之疆,取彼凶残。我伐用张,于汤有光。"《诗经·小雅》:"彼月而微,此日而微。"《孟子·公孙丑下》:"彼一时此一时也。"六朝议论文《列子》:"故物损于彼者盈于此,成于此者亏于彼。"六朝·刘勰《文心雕龙》:"凡檄之大体,或述此休明,或叙彼苛虐。"《战国策·秦策二》:"息壤在彼。"(息壤:地名。)又借来指代"别人""对方",与"己""我"相对。《孙子兵法·谋攻》:"知彼知己,百战不殆。"《荀子·议兵》:"彼畏我威。"后过渡为他称代词,盛行于春秋以后,直至五四运动之前。

"彼"用为他称代词,单、复数同形,无性别,相当于"他(的)""她(的)""他们(的)",在句子中主要作主语。我们看下面的例句:

春秋《国语·齐语》:"庄公以问施伯,施伯对曰:'夫管子,天下之才也,所在之国,则必得志于天下。令彼在齐,则必长为鲁国忧矣。'"

(他，兼语)

春秋《国语·晋语》："骊姬曰：'君盍老而授之政，<u>彼</u>得政而行其欲，得其所索，乃其释君。'"（他，主语；代指晋献公之子——太子申生）

春秋《礼记·檀弓》："尔之爱我也，不如<u>彼</u>。"（他，宾语。）

战国《孟子》："<u>彼</u>夺其民时，使不得耕耨以养其父母，父母冻饿，兄弟妻子离散。<u>彼</u>陷溺其民，王往而征之，夫谁与王敌！"（他，主语）

东汉·王充《论衡·言毒篇》："叔虎之母美，叔向之母知之，不使视寝。叔向谏其之，其母曰：'深山大泽，实生龙蛇。<u>彼</u>美，吾惧其生龙蛇以祸汝。'"（她，主语；代指叔虎之母）

西汉·贾谊《治安策》："<u>彼</u>且为我死。"（他，主语）

六朝议论文《列子》："杞国有人，忧天地崩坠，身亡所寄，废寝食者。又有忧<u>彼</u>之所忧者，因往晓之曰……"（他，定语）

六朝·刘勰《文心雕龙》："请夺<u>彼</u>矛，还攻其楯矣。"（他，定语）

唐·韩愈《师说》："<u>彼</u>与<u>彼</u>年相若也。"（他，分别为主语、宾语）

北宋《新五代史》："我败曰败绩，<u>彼</u>败曰败之，文理宜然。"（他，主语）

北宋《旧五代史》："吾与太妃恩如伯仲，<u>彼</u>经年抱疾，但见吾面，差足慰心。"（她，主语；代指太妃）

元小说《话本选集·金玉奴棒打薄情郎》："<u>彼</u>出身寒门，得公收拔，如兼霞倚玉树，何幸如之。"（他，主语）

明小说《万历野获编》："余因微叩其故，<u>彼</u>亦娓娓道之，但屡嘱余勿广告人而已。"（他，主语）

明小说《三国演义》："<u>彼</u>既认为皇叔，吾以天子之诏令之，<u>彼</u>愈不敢不服矣。"（他，均为主语）

清小说《老残游记》："若怠慢此人，<u>彼</u>必立刻便去，去后祸必更烈。"（他，主语）

清小说《聊斋志异（上）》："<u>彼</u>为李九所害，我为之驱其鬼而去之。"（他，主语）

民国小说《秦汉演义》："不过<u>彼</u>毒民，民亦必还而毒<u>彼</u>，<u>彼</u>以为智，实则愚甚。"（他，分别为主语、宾语、主语）

从句法功能来看，"彼"主要用于主格充当主语，偶尔也用于宾格和领格充当宾语和定语，还可以在使令动词后作兼语。在古汉语中，是一个使用较为普遍的他称代词。

"彼"一般表示单数，也可以表示复数。有时候则用"彼等"来表示复数，相当于现代汉语的"他们"。"彼等"代指不包括说话的人或作者在内的一群非特指的人或势力，与纯粹表示复数的"彼"不同的是，"彼等"尤指对说话者或写作者而言不受欢迎或不持认可态度的一群人或势力。我们看下面的例子：

如**彼等**者，无足与计天下事。（西汉《史记》）

无学诸大菩萨，及阿罗汉，各说最初成道方便，皆言修习真实圆通，**彼等**修行，实无优劣，前后差别。（唐佛经《大佛顶首楞严经》）

彼等群邪，亦有徒众，各各自谓，成无上道。（唐佛经《大佛顶首楞严经》）

彼等咸得五种神通，唯除漏尽，恋此尘劳，如何令汝摧裂其处？（唐佛经《大佛顶首楞严经》）

当知**彼等**但徇人情，师今从理解说，合心地法，实是真理不可思议。（南宋佛语录《五灯会元》）

我等费了许多军马，用了许多钱粮，目下南郡反手可得；**彼等**心怀不仁，要就现成，须放着周瑜不死！（明小说《三国演义（中）》）

彼等穷困思归，相聚为盗，何能所制！（明小说《两晋秘史》）

洲诸国使臣之赠品，附以标帜，而题曰某国王奉献中国皇帝之贡物，**彼等**亦恬然有所不顾也。（清小说《外交小史》）

大人笔下如刀剑之利，**彼等**一见，自当碎胆矣。（清小说《海公大红袍传》）

自司衡被害后，**彼等**就酌酒称庆，又联合育唐国，有密谋凭陵上国之意。（民国小说《上古秘史》）

世充见**彼等**毫无远虑，不禁忿然道……（民国·张恂子《隋代宫闱史》。"彼等"代指因李密归降而宴饮庆功的元文都等人。）

第一句有禅无净土，指当时一般禅宗门徒，**彼等**十人中修禅，九人堕入魔道。（当代应用文《佛法概要》）

上述例句中的"彼等"虽然在词汇意义上与"彼"相同，但在语用意义上却表示出对被称呼者的谴责、责备和蔑视，语义轻微者也表示出自身的一种居高临下。

2.3.4 诸

"诸"，小篆写为𦧕，形声字。《说文》："诸，辩也。从言，者声。"本义为

"辩、问辩"。《敦煌变文集·燕子赋》："穷研细**诸**问，岂得信虚辞！"周代用它构成名词"诸侯"，指古时帝王所辖各小国的王侯，后也喻指掌握军政大权的地方长官。如周《尚书·周官》："**诸侯**各朝于方岳，大明黜陟。"（"黜陟"指人才的进退、官吏的升降。）春秋《国语》："若鲁从之而**诸侯**效之，王命将有所壅，若不从而诛之，是自诛王命也。"三国（蜀）诸葛亮《前出师表》："臣本布衣，躬耕于南阳，苟全性命于乱世，不求闻达于**诸侯**。"从周代开始，"诸"还用来表示"众""许多"。如《尚书·舜典》："虞舜侧微，尧闻之聪明，将使嗣位，历试**诸**难，作《舜典》。"《论语·学而》："子曰：'赐也，始可与言诗已矣；告**诸**往而知来者。'"此例来自孔子与子贡的对话。其中的"诸"是"许多""种种"的意思。全句意为："孔子说：'子贡啊，你已经可以和我谈诗了，告诉你许多过去的事情，你能够引用诗歌举一反三而推知未知之事了。'""赐"指子贡。子贡姓端木，名赐。2007年由商务印书馆出版的《古汉语常用字字典》（第510页）在"诸"字的第④义项"第三人称代词"时例举了《论语·学而》的"告**诸**往而知来者"，将"诸"视为第三人称代词，这是有待商榷的。孔子称对方子贡，怎么会用第三人称代词呢？

他称代词"诸"最早出现于春秋时期，后来使用频繁。在句子里主要充当宾语，一般不作主语和定语。例如：

（1）《左传·僖公十三年》："冬，晋荐饥，使乞籴于秦。秦伯谓子桑：'与**诸**乎？'"

（2）战国《孟子》："王如改**诸**，则必反予。"

例（1）中的"诸"指晋国人，相当于他称"他们"。

例（2）中的"诸"指一件事情，相当于他称"它"。朱熹《孟子集注》："所改必指一事而言，然今不可考矣。"

"诸"是一个较为特殊的他称代词。其特殊之处还在于它可以同时身兼代词和介词，或者同时身兼代词和语助词。"诸"不仅表示"代词＋介词"形式的"之于"和"代词＋语助词"形式的"之乎"的合音，而且语义上也是"之于""之乎"的合义。这是"诸"特有的，而且用例不少。例如：

周《尚书》："太甲既立，不明，伊尹放**诸**（＝之于）桐。"

西汉诸子《淮南子》："纪纲道德，经纬人事，上考之天，下揆之地，中通**诸**（＝之于）理。"

战国《中庸》："施**诸**（＝之于）己而不愿，亦勿施于人。"

春秋《论语·子路》：定公问："一言而可以兴邦，有**诸**（＝之乎）？"

《左传·昭公八年》："子闻诸（＝之乎）？"

西汉诸子《法言》："使起之固兵每如斯，则太公何以加诸（＝之乎）！"

当"诸"用于问句句末时，一般都是"之乎"合音，在句子中作宾语。

2.3.5 夫

"夫"，象形字。甲骨文字形，像站着的人形（大），上面的"一"，表示头发上插一根簪（zān），表示是成年男子，是个丈夫了（古时男子成年束发加冠才算丈夫）。《说文解字》："夫，丈夫也。从大，一以象簪也。周制以八寸为尺，十尺为丈。人长八尺，故曰丈夫。凡夫之属皆从夫。甫无切。"还用来称从事体力劳动的人（夫役、拉夫、农夫），称学者，称老师，称读古书而思想陈腐的人。这些义项都是名词。

作为代词，"夫"主要作文言指示代词使用，相当于"这"或"那"。

"夫"借作他称代词，大约始于春秋时期，大致等于"彼"，相当于"他""她""它""他们"。但用例不多：

春秋《国语·周语》："**夫**亦皆天子之父兄甥舅也，若之何其虐之也？"（"夫"：他们。与后面的"之"同指。）

春秋《国语·齐桓公求管仲》："**夫**为其君动也。"（他是为他的国君而行动。"夫"：他。）

春秋《国语·齐桓公求管仲》："桓公曰：'施伯，鲁君之谋臣也，**夫**知吾将用之，必不予我矣，若之何？'"（"夫"：他。）

春秋《左传·襄公三十一年》："子皮欲使尹何为邑。子产曰：'少，未知可否。'子皮曰：'愿，吾爱之，不吾叛也。使**夫**往而学焉，**夫**亦愈知治矣。'"（"夫"即"他"，与前面的"之"同指，代指尹何。）

春秋《左传·哀公五年》："**夫**非而仇乎？"（他不是你的仇人吗？"夫"：他；"而"：你。）

战国《孟子·公孙丑》："**夫**既或治之，予何言哉？"（他既然都已经那么做了，我还说什么呢？"夫"：他。）

东汉·班固《汉书·贾谊传》："**彼**且为我死，故吾得与之俱生；**彼**且为我亡，故吾得与之俱存；**夫**将为我危，故吾得与之俱安。"（他称代词"彼""夫"互用，与后面的"之"同指。）

"夫"一般表示单数，主要作主语，偶尔作兼语。由于它作为名词的本义和引申义应用广泛，具有压倒性优势，其他称代词用法逐步退化，未能形成较大影响。所以,很多字典都没有列出"夫"的他称代词义项。

2.3.6 渠

《说文解字》:"渠,水所居。"这是"渠"的本义。

"渠"作他称代词是后起意义,来自吴方言、赣方言和江淮方言。初见于南北朝时期,例如:《玉台新咏·古诗为焦仲卿妻作》:"虽与府吏要,渠会永无缘。"晋·陈寿《三国志·吴书·赵达传》:"女婿昨来,必是渠所窃。"唐以后"渠"大量用作他称代词,尤其在各代佛语录中最多,相当于"他""她""它""祂"(指神,佛)。唐代《寒山诗》中使用很普遍:"渠笑我在后,我笑渠在前。""卧者渠自卧,行者渠自行。""得利渠即死,失利汝即殂(cú)。""渠命既不惜,汝命有何辜。""才死渠便嫁,他人谁敢遏。"在这些诗句里,"渠"均表示单数,可以用于主格、宾格和领格,是一个语法功能较为全面的方言他称代词。我们再看下面例子:

渠今正是我,我今不是渠。(他,唐佛语录《筠州洞山悟本禅师语录》)

我即向渠道,尔识我著衣底人否。(他,唐佛语录《镇州临济慧照禅师语录》)

匣中盘剑装䃤鱼,闲在腰间未用渠。(它,唐·李白《醉后赠从甥高镇》)

怜肠忽欲断,忆眼已先开;渠未相撩拨,娇从何处来?(他,唐·张文成《游仙窟》)

犯国法,师德当家儿子亦不能舍,何况渠。(他,唐小说《野朝佥载》)

渠不似我,我不似渠,所以肯这个字。(他,五代《祖堂集》)

明安曰,令渠出来,我要相见。(他,北宋佛语录《禅林僧宝传》)

吾知之矣,此非渠意,是他人教来。(他,北宋史书《旧五代史》)

渠已许嫁一人,但时未就耳。(她,北宋小说《太平广记》)

渠言子无仙骨,但可作贵公卿尔。(他,北宋小说《湘山野录》)

渠无所在,渠无名字,渠无面孔。(祂,指神,佛。南宋佛语录《五灯会元》)

拈出退之山石句,始知渠是女郎诗。(它,南宋元好问词《论诗三十首》)

112

但<u>渠</u>所最推崇，为吾浙徐文长，似誉之太过。（他，明小说《万历野获编》）

<u>渠</u>意欲以千金聘汝。（他，明小说《今古奇观（上）》）

<u>渠</u>自回安省，我引军回巢县、黄山，息养过年。（他，清小说《太平天国战记》）

我先小儿一日行，计<u>渠</u>亦应到矣。（他，清小说《清代野记》）

<u>渠</u>不过欲我下拜呢，我能得志，何惜一拜。（他，民国小说《宋史演义》）

<u>渠</u>说子规为帝魄，侬知孔雀是家禽。（他，诸子百家《蒙学——声律启蒙》）

可以看出，"渠"的语法功能比较全面，它一般表示单数，可以作主语、宾语，还可以作定语；可以代指人，也可以代指物，还可以代指神；可以代指男性，也可以代指女性。在古代汉语中，是一个重要的方言他称代词。

他称代词"渠"还用为"渠伊""渠侬"。"渠伊"和"渠侬"可以表示单数，也可以表示复数，相当于"他""她""他们"。例如：

宋·郑文宝《江南馀载》卷上："张崇帅庐，州人苦其不法。因其入观，相谓曰：'<u>渠伊</u>必不来矣。'崇闻之，计口徵渠伊钱。"（"渠伊"，他，指南唐贪官张崇。）

金·元好问《论诗三十首》："华歆一掷金随重，大是<u>渠侬</u>被眼谩。"（"渠侬"，他，指华歆。元好问借质疑三国时华歆掷金的典故对重山林隐士诗轻贱台阁仕宦诗的现象提出质疑。）

南宋·辛弃疾《贺新郎·同父见和，再用韵答之》："问<u>渠侬</u>：神州毕竟，几番离合？"（"渠侬"，他们，指统治者，表示向统治者严厉质问。）

表示复数常用"渠辈""渠等""渠们"，它们只表示复数，相当于"他们""它们"。这种用法明代以后才使用，而且使用较少。例如：

<u>渠等</u>不为汝所处分也。（明小说《两晋秘史》）

岂可使<u>渠辈</u>常出不祥之语、败兴之言以相阻挠也？（明小说《夏商野史》）

<u>渠等</u>随令吾徒从其后。（清小说《清宫禁二年记》）

只看濂溪二程横<u>渠们</u>说话，无不斩截有力，语句自是恁地重。（北宋《朱子语类》）

有的说，虾将来许会反咬<u>渠们</u>一口，我可不大信，试想溜汪洋面上的

大鱼，虾儿们咬得着吗？（现代·俞平伯《元旦试笔》）

"渠"还有"大"的意思，通"钜"。古代称敌对方的首领或部落酋长为"渠魁"，即"元凶"。如《尚书·胤（yìn）征》："歼厥渠魁，胁从罔治，旧染污俗，咸与维新。"北宋小说《靖康纪闻》："作乱，殴统制王健，杀使臣十余人，内前大扰，太尉王宗礎引兵戮数渠魁方定。"南宋佛语录《五灯会元》："师乃随宜说法，渠魁闻而拜伏，脱身服，施之而去。"明小说《三国演义（上）》："渠魁殄灭天下宁，谁知李郭心怀愤。"清小说《海国春秋（下）》："恶党渠魁皆在其中，定非寻常。"类似的词还有"渠凶""渠首""渠帅"等。不过，它们都不是他称代词而是名词。

2.3.7 伊、伊家

2.3.7.1 伊

"伊"，会意。从人，从尹，本意为"治理"。后假借为指示代词，表示"此""那"。《诗经·秦风·蒹葭》："所谓伊人，在水一方。"郑笺："伊，当作繄，繄犹是也。"《诗经·颂·鲁颂·泮水》："载色载笑，匪怒伊教。"郑玄笺："和颜色而笑语，非有所怒，于是有所教化也。"扬雄《河东赋》："伊年暮春，将瘗后土，礼灵祇。"师古曰："伊，是也。"另外，我们在古代汉语常常见到一个词——"伊人"，即那个人，这个人。今多指女性，常指"那个人"，有时也指意中人。《画图缘》："怎明白咫尺伊人，转以睽隔不得相亲。"

"伊"还可以作句首发语词和句中语气词。如《诗经·国风·邶风》："不念昔者，伊余来塈。"（"塈"：爱。）又《诗经·小雅·何人斯》："伊谁云从。"（"云"，犹"是"。）六朝史书《三国志》："伊尔小子，恃宠骄盈，举挂时网，动乱国经。"这些句子中的"伊"，都是发语词。

后来"伊"演变为人称代词，盛行于魏晋和唐宋时期。在口语性很强的文学作品和佛教语录中尤其普遍。作他称代词相当于"她"或"他"。

六朝·刘义庆《世说新语·方正》："江家我顾伊，庾家伊顾我。"

六朝·刘义庆《世说新语·品藻》："伊以率任之性，欲区别智勇。"（他，代谢万。）

唐佛语录《镇州临济慧照禅师语录》：德山宣鉴禅师——示众曰："道得也三十棒，道不得也三十棒。"临济闻得，谓洛浦（元安）曰："汝去问他，道得为甚么也三十棒。待伊打汝，接住棒送一送，看伊作么生。"（他，代德山宣鉴禅师。）

唐佛语录《马祖语录》：祖曰我有时教**伊**扬眉瞬目，有时不教**伊**扬眉瞬目。

唐《寒山诗》："打**伊**又不得，骂**伊**又不著。"

唐·李延寿《南史》："吾见张时，**伊**已六十。"

五代《敦煌变文集新书》："我心终不见**伊**过，愿得身安归帝京。"

五代《敦煌变文集新书》："任**伊**修行紧切，税调着必见回头；任**伊**铁作心肝，见了也须粉碎。"

五代《祖堂集》："过得两年，院主见他孝顺，教**伊**念《心经》。"

北宋佛语录《禅林僧宝传》："直是要**伊**一念无私，即有出身之路。"

北宋·柳永词《惜春郎·玉肌琼艳新妆饰》："恨少年、枉费疏狂，不早与**伊**相识。"

南宋佛《五灯会元》：（岩）头曰："噫，我当初悔不向**伊**道末后句。若向**伊**道，天下人不奈雪老何！"（代雪峰）

宋·话本小说《新编五代史平话·梁史平话》："**伊**母王氏为刘崇机织。"

元·吕止庵《风入松·揽筝琶》散曲："休道咱虚，怕**伊**不敢。"

清·曹雪芹《红楼梦》："薛蟠因**伊**倔强，将酒照脸泼去。"

从他称代词"伊"的使用来看，其语法功能是较为全面的。在句法中，它主要用于主位、宾位充当主语和宾语，有时还可以用于领位充当定语。民国时期的文学作品中，"伊"作定语的比例大大增加，其语法功能进一步完善。

在魏晋时期到清代，他称代词"伊"尚无性别之别，但在民国时期的文学作品中，"伊"称代男性的就很少了，"伊"一般代指女性，相当于"她"。如：

俞平伯《古槐梦遇》："遂舍此单马伶丁之车，更雇一新汽车，先**伊**到达，心中殊喜。"

川岛《桥上》："他们说，**伊**比我大四岁，那末**伊**该是十五或者十六了，在那一年。"

陈学昭《雪泥鸿爪》："秋阳淡淡的照着**伊**满含怀疑的、悲哀的、彷徨的、灰白色的脸上。"

周作人《初恋》："**伊**本姓杨，住在清波门头，大约因为行三，人家都称她作三姑娘。"

鲁迅《风波》："何况六斤比**伊**的曾祖，少了三斤，比**伊**父亲七斤，又少了一斤，这真是一条颠扑不破的实例。"

  鲁迅《阿Q正传》："阿Q走近<u>伊</u>身旁，突然伸出手去摩着<u>伊</u>新剃的头皮，呆笑着，说……"

  鲁迅《白光》："<u>伊</u>说是曾经听得<u>伊</u>的祖母说，陈氏的祖宗是巨富的，这屋子便是祖基。"

  玄庐《十五娘》："他抬起头来，<u>伊</u>便低下头去，像是全世界底固结性形成佢俩底状况。"

  在作品中使用他称代词"伊"的一般都是江苏、浙江、上海一带的作家，这都是方言词入文的典型范例。

  在现代汉语中，他称代词"伊"只在一些方言中使用了，最突出的是吴方言区的上海、江浙一带。不过，在吴方言中，他称代词"伊"仍然没有性的分别，既可以代指男性，也可以代指女性，无性的区别特征，只能依据语境来确定其性别。如张爱玲《有女同车》：儿子终于做下了更荒唐的事，得罪了母亲："<u>伊</u>爸爸一定要<u>伊</u>跽下来。"这里的"伊"指"儿子"，即男性"他"。

  "伊"还可以作对称代词，表示第二人称，相当于"你"，常见于金元的曲文里。吕叔湘先生认为，这是"利用伊字的平声来协律"，因为汉语中没有平声的对称代词，所以在需要平声对称代词时就以"伊"代之。这是有一定道理的，涉及汉语的语言韵律。

  六朝刘义庆《世说新语·品藻》："王僧恩轻林公。蓝田曰：'勿学汝兄，汝兄自不如<u>伊</u>。'"

  佚名《马陵道》："我这里吐胆倾心说与<u>伊</u>，难道你不解其中意。"

  元·萧德祥《小孙屠》第九出："花前宴乐同欢会，<u>伊</u>和我两同心。"（李氏和朱令史朱邦杰同唱互称）

  元·刘唐卿《白兔记·私会》："（旦）从<u>伊</u>去后受禁持，不从改嫁生恶意。"（李三姐对称丈夫刘智远）

  根据语境我们可以推知，上述四个例句中的"伊"都不是"他（她）"，而是指"你"。

  "伊"一般表示单数，要表示复数主要靠组合结构，一般为方言词。如"渠伊""伊行""伊曹""伊侪""伊们""伊拉"等，都是代指"他（她）们"。"伊们"和"伊拉"是现代典型的吴语方言他称代词（"阿拉"则代指"我们"，也是吴语方言）。如：

  ①<u>伊</u>（他）已经退休十多年了，文新报业集团还能为<u>伊拉</u>迪些老同志来办回顾展览，功德无量。

②讲句实话，我觉得现在老三老四的年轻人多起来了，害得我老是想请**伊拉**吃"牌头"。（"老三老四"：言行逞能，不谦虚，自以为是，言行与自家的年龄、身份不相称。"牌头"：善意的责备。）

③今朝**伊拉**一道到公园里去了。

④**伊们**射皮草茎，咿呀不知所云。

"伊行"一词比较特殊，它可以表示他称代词复数，也可以表示对称代词复数，相当于"她们""你们"，多出现在方言和口语性突出的宋元请时期的词曲中。而且更多时候，"伊行"是"她那里""你这（那）里"的意思。例如：

宋·晏几道《临江仙》词："月堕枝头欢意，从前虚梦高唐，觉来何处放思量。如今不是梦，真箇到**伊行**（她那里）。"

宋·周邦彦《风流子》词："遥知新妆了，开朱户，应自待月西厢。最苦梦魂，今宵不到**伊行**（她那里）。"

元·萧德祥《小孙屠》："今难学庄周梦蝶，愿飞到**伊行**（她那里）根底，同坐同行同衾睡。"

宋·苏轼《沁园春·情若连环》："料到**伊行**（她那里），时时开看，一看一回和泪收。"

宋·苏茂一《祝英台近》词："归鸿欲到**伊行**（你那里），丁宁须记，写一封、书报平安。"

金·董解元《西厢记诸宫调》卷五："当时闻语，和俺也恓惶。遣妾将汤药来到**伊行**（你这里）。却见先生，这里恰待悬梁。"

清·李渔《奈何天·密筹》："歌鱼水，咏兔罝，国士贤臣都在野。愧吾侪，智术多疏；羡**伊行**（你这里），计策偏奢。"

"伊行"作他称代词复数和对称代词复数的用例不算多。例如：

元·徐田臣《杀狗记》："道出言语触**伊行**（他们），都撇漾，夫妻义重休挂心肠。"

清·李渔《风筝误·释疑》："我记得初报状元那一晚，曾做箇恶梦，梦中的人就是这副嘴脸，记在恶梦里，受**伊行**（她们）无限凌亏。"

清·李渔《奈何天·闹封》："怪封章不齐，致佳人怨悲；恨颁来不迟，把**伊行**（她们）怒回。"

清·李渔《慎鸾交·私引》："高朋盈座，为**伊行**（你们），交情欠和。"

清·李渔《久要》："我奉劝**伊行**（你们），莫把无情咎。我私心岂不恋温柔。"

因此,"伊行"究竟是表示他称还是对称,或者表示"她那里""你这(那)里",必须根据语境来加以判定。

2.3.7.2 伊家

他称代词"伊"出现于魏晋六朝时期,但他称代词"伊家"则出现较晚,产生于宋代,大概盛行于宋元之后,元明词曲中通用。他称代词"伊家"多用于口语性较强的宋词元曲和话本小说中,相当于现代汉语的"他"或"她"。

宋·晁端礼《金盏子》:"想伊家、应也背著孤灯,暗弹珠泪。"

宋·陆游《鹧鸪天》:"人间何处无春到,只有伊家独占多。"

宋·史浩《洞仙歌》:"算同时、虽有似火红榴,争比得、淡妆伊家轻妙。"

宋·杨湜(shí)《古今词话》中施酒监赠杭妓乐婉的词:"识尽千千万万人,终不似、伊家好。"

宋·利登《过秦楼》:"料想伊家,如今羞傍琴窗,慵题花院。"

宋·赵长卿《瑞鹤仙·残秋有感》:"负伊家,万愁千恨,甚时是足。"

宋·洪楩(pián)《清平山堂话本·快嘴李翠莲记》:"可耐伊家忒恁村,冷饭将来与我吞。"(李翠莲对先生说话指称媒婆)

元·刘唐卿《白兔记·诉猎》:"莫怪伊家无礼,是我命该如是?"(他,代指哥哥李洪一;李三姐称其兄长李洪一,对兄嫂的虐待自怨自艾。)

明代《金瓶梅》第52回:"山盟海誓,说假道真,险些儿不为他错害了相思病。负人心,看伊家做作,如何教我有前程?"(他)

同"伊"一样,"伊家"也可以作对称代词。如元·萧德祥《小孙屠》第九出中:"(旦连唱)因奴家不肯便生嗔,将刀欲害伊家命。"这是李氏与旧相好朱令史朱邦杰趁丈夫孙大酒醉时行苟合之事,孙二闻声前来捉奸,朱溜走。李氏遂向丈夫孙大反诬前来捉奸的小叔子孙二欲非礼自己害哥哥性命。其中"伊家"为"你"。还有元·刘唐卿《白兔记·私会》中:"(旦)听伊说转痛心,思之你是个薄幸人。伊家恋新婚,交奴家守孤灯。我真心待等,你享荣华,奴遭薄幸。"这是李三姐与丈夫刘智远瓜园一别十六年之后重逢,刘智远诉说自己被岳节度使招赘为婿,娶了岳府绣云小姐为妻,由此荣华富贵。李三姐悲从中来,抱怨丈夫薄情寡幸。其中的"伊"和"伊家"为李三姐对称丈夫刘智远之词,相当于"你"。下面句子中的"伊家"都是对称代词。

金·董解元《西厢记》卷八:"忆自伊家赴上都,日许多时,夜夜魂劳梦役。"

元·高明《琵琶记》五出："我年老爹娘，望<u>伊家</u>看承。毕竟你休怨朝云暮雨，只得替着我冬温夏清。"

明·王世贞《鸣凤记》写本："是<u>伊家</u>自贻灾祸。"

现代闽方言仍然保留"伊家"一词，相当于"他"，没有对称用法。

"渠""伊"在六朝和唐代应用广泛，但到了宋代，由于"他"在口语里的普遍应用，"渠"和"伊"就只是应用于一些方言之中，书面上就很少见了。"伊"多见于上海、江浙一带方言中，"渠"则多见于粤语和客家话中。"渠"在粤语中写成"佢"，平声变为上声；在客家话中则念为不送气音。

2.3.8 佗、他、她、它

2.3.8.1 佗（tuō）

"佗"本义"负担"，读作 tuó，为形声字，小篆写作 ，形似一人背负东西的样子。《说文解字》："佗，负何也，从人它声。"汉以前用本义，如：《诗经·小雅·节南山之什》："舍彼有罪，予之<u>佗</u>矣。"（舍：舍弃、放开。佗：加、负担。）

汉以后，"佗"借用为表示指别的"别（人）的""其他的"之意，读作 tuō。例如：

<u>佗</u>不在令中者，皆以此令比率从事。（西汉《史记·孝文本纪》）

可以全其身，不负先人之统，<u>佗</u>人尽天终，独得竟其天年，人皆名恶，独得为善人。（东汉史论《太平经》）

亲戚或余悲，<u>佗</u>人亦已歌。（东汉·陶潜《挽歌诗》）

慊慊思归恋故乡，何为淹留寄<u>佗</u>方。（魏晋·曹丕《燕歌行》）

谦无<u>佗</u>能，直以聚敛为事。（北宋史书《新五代史》）

持一铁枪，骑而驰突，奋疾如飞，而<u>佗</u>人莫能举也，军中号王铁枪。（北宋史书《新五代史》）

小太尉已入<u>佗</u>手，吾辈至，则并死矣。（北宋史书《旧五代史》）

"佗"借用为他称代词始于南宋，读为 tuō，相当于"他"。在佛语录中非常普遍，但其他文献中却不见使用。例如：

未审那里是<u>佗</u>住处？（南宋佛语录《五灯会元》）

三度蒙<u>佗</u>赐杖。（南宋佛语录《古尊宿语录》）

师拈棒与<u>佗</u>。（南宋佛语录《古尊宿语录》）

>佗道珍重便出。(南宋佛语录《古尊宿语录》)

他称代词"佗"仅见于南宋佛语录,在其他作品中表示他称时均由"他"所替代。

虽然"佗"字出现更早,但在表达指别意义上,"他"比"佗"要早得多;在表示他称功能方面,"他"也比"佗"更加全面和完善。正因如此,"佗"的指别和称代功能才会为"他"所取代。

2.3.8.2 他

在上古时期就有"他"一词,但不作他称代词,而是表示"别(人)的""其他的",是甄别代词(pronoun of discrimination)。《正韵》:"他,汤何切,音拖。与佗它通。彼之称也,此之别也。"《集韵》:"他,唐佐切,同佗。亦畜负物也。"这与"佗"的意义基本一致。下面的例子都是表示"别(人)的""其他的":

>周《尚书·秦誓》:"如有一介臣,断断猗,无他伎,其心休休焉,其如有容。"

>周《诗经·郑风·褰裳》:"子不我思,岂无他人。"

>周《诗经·小雅·小旻》:"人知其一,莫知其他。"

>春秋《孟子·梁惠王下》:"此无他,不与民同乐也。"

>春秋《左传·成公二年》:"萧同叔子非他,寡君之母也。"

>西汉《史记·高帝纪》:"于是沛公乃夜引兵从他道还。"

>东汉史论《太平经》:"非为他神,乃身中神也。"

>六朝·干宝《搜神后记》:"使人解其衣服及身体,事事详悉,了无他异。"

"他"用为他称代词是后起意义,先秦的经书中没有他称代词"他"。明·张自烈《正字通》:"方言呼人曰他。读若塔平声。"由湖北、四川辞书出版社出版的《汉语大字典》(成都:1986)这样解释他称代词"他":"古代、近代泛指男女及一切事物,现代则专指男性,性别不明显或不必区别时也用'他'。"

关于他称代词"他"的起源,高名凯先生(《汉语语法论》,1986)、王力先生(《汉语语法史》,1989)、吕叔湘先生(《中国文法要略》,1990)都认为他称代词"他"起源于唐代盛行于宋代。他们都引南朝宋时范晔的《后汉书·方术传》中"还他马,赦汝死罪"为他称代词"他"的首例。但根据语境来看,这里的"他"理解为"人家"或"别人"要更合理一些,理解为他称代词确实有些牵强。我们比较赞同向熹先生(1998)的观点,认为产生于六朝,广泛应用于唐代。

我们在《百喻经》中看到了多处他称代词"他"的用例。《百喻经》，全称《百句譬喻经》，又名《痴华鬘》，鬘是做装饰用的花环，意思是用故事作比喻来阐述道理，为古天竺高僧伽斯那撰，南朝萧齐天空三藏法师求那毗地译。为了说明问题，我们列举《百喻经·二鸽》这个故事：

> 昔有雌雄二鸽共同一巢，秋果熟时，取果满巢。于其后时，果乾减少，唯半巢在。
> 雄嗔雌曰："取果勤苦，汝独食之，唯有半在。"
> 雌鸽答言："我不独食，果自减少。"
> 雄鸽不信，嗔恚而言："非汝独食，何由减少？"即便以嘴啄雌鸽杀。
> 未经几日，天降大雨，果得湿润，还复如故。
> 雄鸽见已，方生悔恨："彼实不食，我妄杀<u>他</u>。"即悲鸣唤雌鸽："汝何处去！"

故事末尾的"他"只可能是他称代词，代指雌鸽，当为现代汉语的"她"。这是六朝出现他称代词"他"的明证。早期的佛教俗文学已经可见用"他"作他称代词的用例。不过，他称代词"他"的盛行是到唐代才开始的：

> 唐佛经《入唐求法巡礼行记》："先还俗僧林宗、信观相议：情愿许相送到汴州。州去京一千四百里。见<u>他</u>殷重，不阻其情也。"（"殷重"："恳切"之义。）

> 唐佛经《原人论》："若言死后更有身者。岂有今日身心造罪修福。令<u>他</u>后世身心受苦受乐。"

> 唐佛经·宗密《禅源诸诠集都序》："然根钝者辛难开悟。故且随<u>他</u>所见境相说法渐度。"

> 唐佛语录《筠州洞山悟本禅师语录·洞山良价禅师》："沩曰：此去澧陵攸县，石室相连，有云岩道人，若能拨草瞻风，必为子之所重。师曰：未审此人如何？沩曰：<u>他</u>曾问老僧，学人欲奉师去时如何？老僧对<u>他</u>道：直须绝渗漏始得。"（"他"：代指前述"云岩道人"。）

> 唐佛语录《镇州临济慧照禅师语录》："学人来问，菩提涅盘，三身境智，瞎老师便与<u>他</u>解说。"

> 唐佛语录《黄檗山断际禅师传心法要》："<u>他</u>是阿谁，尔拟觅<u>他</u>。"

> 唐·元稹《遣悲怀》："谢公最小偏怜女，自嫁黔娄百事乖。顾我无衣搜荩箧，泥<u>他</u>沽酒拔金钗。"（"泥他"：缠着她。）

唐·寒山子《喷喷买鱼肉》："喷喷买鱼肉，担归喂妻子。何须杀他命，将来活汝己。"（"他"：它，代指鱼。）

唐《寒山诗集（上）》："他贤君即受，不贤君莫与。君贤他见容，不贤他亦拒。"

唐《王梵志诗》："岁日食他肉，肉是他家命。"

唐·温大雅《大唐创业起居注》："突厥达官自相谓曰：'唐公相貌有异，举止不凡，智勇过人，天所与者……且我辈无故远来，他又不与我战，开门待我，我不能入，久而不去，天必瞋我。'"（"他"代指前述"唐公"。）

唐·张鷟（zhuó）《野朝佥载》："太平公主就其宅看，叹曰：'看他行坐处，我等虚生浪死。'"（"他"：她，代指张易之的母亲。）

唐·蒋防《霍小玉传》："他亦知有李十郎名字，非常欢惬。"（"他"：她，代霍小玉）

五代《敦煌变文集新书》："汝为宾，他为主，他且如龙君似虎。"

五代《祖堂集》："这个儿子，养来到十六，并不曾见他语话，又不曾见他过门前桥。"

我们列举了唐五代时期他称代词"他"较为典型的用例，主要为了说明如下两个事实。

第一，他称代词"他"最初产生于佛家，早期主要是佛家使用。从六朝的《百喻经》到唐代的佛经、佛语录和五代的《敦煌变文集新书》《祖堂集》等，都是佛家经典。另外，寒山子为唐代僧人、诗人。王梵志诗以浅显平易而时带诙趣的风格，寓生活哲理于嘲戏谐谑之中，寄嬉笑怒骂于琐事常谈之内，开创了以俗语俚词入诗的通俗诗派，由此带动了文学语言中他称代词"他"的使用。所以在唐文学中，也有一些诗歌和小说中使用了他称代词"他"。但使用还不算多。

第二，"他"在借用为他称代词之初，不仅称代男性，也称代女性；不仅称代人，也可以称代事物。

直到宋代，除了佛语录之外，他称代词"他"才在佛语录之外的各类体裁的文学作品中盛行起来，尤其在话本小说中使用普遍：

北宋佛语录·释惠洪《禅林僧宝传》："日汝还识他麽。"（"他"：代指不入瓜园者）

北宋小说《南迁录》："秦王之子年幼，郎主万岁，他无所识，立之，他亦不知是何底用。"

北宋·李昉《太平广记》："他不食汝肝，今欲如何！"（"他"：代指席豫。）

北宋小说《话本选集·碾玉观音》："却是郡王府中一个排军，从小伏侍郡王，见他朴实，差他送钱与刘两府。"

北宋小说《话本选集·错斩崔宁》："因是小弟戏谑了他，他便取笑写来的。"

北宋小说《话本选集·简贴和尚》："那汉见那妇人叫将起来，却慌了，就把只手去克着他脖项，指望坏他性命。"

北宋小说《话本选集·快嘴李翠莲记》："翠莲说罢，恼的媒婆一点酒也没，一道烟先进去了，也不管他下轿，也不管他拜堂。"

北宋小说《话本选集·万秀娘仇报山亭儿》："只消叫他离了你这庄里便了，何须只管要坏他。"

宋以后，他称代词"他"得到进一步发展，至现代汉语中，"他"已取代其他他称代词成为汉语最重要的他称代词。

"他"的语法功能相当全面，在句法中可以用于主位、宾位和领位来充当主语、宾语、定语和兼语。表数功能也非常完善，既可以表示单数，也可以表示复数。上述例句中的"他"主要表示单数，下面的例句中的"他"则表示复数，相当于"他们"。

北宋小说《五代史阙文》："天下饥荒，入黄巢作贼，天子用汝为四镇节度使，富贵足矣，何故灭他李家三百年社稷，称王称朕，我不忍见汝血吾族矣，安用博为！"

北宋小说《话本选集·错斩崔宁》："思量起来，是我不合当初做弄他两人偿命；料他两人阴司中也须放我不过。"

值得注意的是，大约"五四"以前的他称代词"他"不仅可以代指男性、女性，还可以代指一切非人的事物，例如，明小说《三宝太监西洋记（四）》："小臣打探得南船上有一根草，叫作隐身草，拿起来只是他看见别人，别人却不看见他。"这里的"他"相当于"它"，代指前面提到的"隐身草"。

古汉语的"他"涵盖了现代汉语中"他""她""它"三个词所代指的一切外延，即无论他称男性、女性还是指称事物，都用"他"。到"五四"前后，"他"分化为"他""她""它"。

2.3.8.3 她

"她",最初字形为𡛒。早在南朝梁陈之间的顾野王所编的《玉篇》卷三"女部"中已收了"她"字。《玉篇》指出:她,古文姐字,亦作牠。《说文》:蜀谓母曰姐,淮南谓之社,亦作"她",或作媎。又子我切,音左。《广韵》:"姐,羌人呼母。"很可能羌族呼母近兹也切或音左,于是汉族造了个"姐"字,宋代"姐"通用为"姊"。"姐"的原义消失。可见,"她"字本是方言中"姐"的另一体,这与后来的他称代词"她"在读音和字义上都没有关系。"姐"字产生后,"她"几乎成了个"死"字。直到近代,著名诗人、杂文家和语言学者刘半农先生借用其字形而赋予了新的音和义,"她"字才获得了新生。

近代以前,汉语的他称代词一直是不区分性别的。晚清以来,随着白话文运动的兴起,西方语言特别是英语的东渐,人们不得不努力去创造一些新字词,或改造一些传统汉字的用法,以适应中西语言词汇对译的需要。到了五四运动时期,普遍提倡和推广白话文,大量引进了西方现代文化。在用白话文翻译欧美文学作品时,汉语第三人称不能区分性别,造成了很大的混淆和不方便。汉语中没有一个与"She"相对应的词,因此最初翻译"She"时,常译成"他女"或"那女的"。由于"她"是常用词,往往造成连篇累牍的"他女""那女的",十分累赘和别扭。后来人们又试图借用吴方言中的"伊"来专门代表女性他称单数,并在晚清和"五四"前后成为一种趋势。像鲁迅、周作人等现代作家的作品中,就惯常使用"伊"字来专指女性。(参看本文"3.3.7.1 伊")

1920年,"五四"新文化运动的先驱之一刘半农先生发表了《"她"字问题》一文,提议把古语中的"她"字作为女性第三人称的书面字,这也同时表达了对女性的尊重,并将这个字的读音定为"tā"。刘半农在提议以"她"字取代"伊"字时,陈述了他的三个理由:"口语中用'伊'字当第三位代词的,地域很小,难求普通;'伊'字的形式,表显女性,没有'她'字明白;'伊'字偏文言,用于白话中,不甚调匀"。《"她"字问题》的发表,马上获得了热烈的讨论和较广泛的社会认同,但真正推动"她"字被社会普遍使用的,还在于刘半农于1920年9月4日作于伦敦的一首著名白话情诗《教我如何不想她》,这是现代汉语中"她"字的首用:

天上飘着些微云,地上吹着些微风。啊,微风吹动了我头发,教我如何不想她!

目光恋爱着海洋,海洋恋爱着目光。啊,这般蜜也似的银夜,教我如何不想她!

水面落花漫漫流，水底鱼儿慢慢游。啊，燕子，你说些什麽话，教我如何不想她！

枯树在冷风里摇，野火在暮色中烧。啊，西天还有些残霞，教我如何不想她？

这首新诗表达了旅居欧洲的刘半农对祖国——母亲（她）的深情眷念，经赵元任先生谱曲后，收入了1925年出版的《新诗歌集》，经年传唱，家弦户诵，至今不衰。随着《教我如何不想她》在千百万读者和歌者当中不断的传播，"她"字也快速地流行、推广开来，其用法也随之得到公认，并逐渐成为第三人称女性的专有代词。

在《"她"字问题》一文的最后，刘半农还顺势提出了另一个新想法：除了"她"之外，还应该再造一个"它"字，以代无生物。自此，汉语他称代词分化出了"他""她""它"。

刘半农对"她"字的创造性运用，结束了以往书面语言中他称的混乱现象，从而纯洁、丰富了祖国的语言文字。鲁迅高度评价刘半农的创造精神，说"她"字的创造是打一次"大仗"，并欣然地由用女性他称代词"伊"改用了"她"。

在语用实践中，刘半农还赋予"她"字以更富有感情的语用含义。他在给周作人的一封信中写道："说起文学，我真万分的对她不起，她原是我的心肝宝贝！"用"她"字，而非"它"字，来代称自己格外珍爱的事物，在当时也应该是比较大胆的创新。这种用法在汉语中一直沿用至今。

《现代汉语字（词）典》这样解释"她"：

"用于女性第三人称；亦用以代称国家、山河、旗帜等，表示敬爱。称代美好的事物或者自己所敬重、热爱和喜欢的事物，往往用'她'字［she］。如：黄河，她是中华民族的摇篮。［她们］对自己和对方以外多于两个女性的称呼。"

"她"和"他"一样，语法功能很完善，可以用于主位、宾位和领位，充当主语、宾语、定语和兼语；可以表示单数，也可以表示复数。在语用上，"她"可以超越词汇意义，用于称代自己所敬重和喜爱的事物来表达对所称对象强烈的、如对母亲般的敬爱。这又是"他"所不具备的。

2.3.8.4 它（牠）

"它"：甲骨文字形☒，金文字形☒，小篆字形☒，象虫形。本义为"虫"，后作"蛇"。《说文解字》："它，虫也。从虫而长，象冤曲垂尾形，上古草居患它，故相问'无它乎？'……臣铉等曰：今俗作食遮切。"后借为表示"别的，其他的"。周《易经·系辞下》："六者非它也，三材之道也。"《诗经·小雅·

鹤鸣》："<u>它</u>山之石，可以为错。"（错：磨刀石。）战国《荀子·不苟》："君子养心莫善于诚，致诚则无<u>它</u>事矣。"西汉史书《史记》："张汤又与异有却，及有人告异以<u>它</u>议，事下张汤治异。"西汉诸子《法言》："适尧、舜、文王者为正道，非尧、舜、文王者为<u>它</u>道。"六朝小说《世说新语》："儿悲思啼泣，不饮<u>它</u>乳，遂死。"唐·元稹《阳城驿》："妹夫死<u>它</u>县，遗骨无人收。"唐·白居易《自感》："宾客欢娱僮仆饱，始知官职为<u>它</u>人。"北宋佛语录·释惠洪《禅林僧宝传》第275页："大家围、向火、唱田乐。何也、免更倚他门户、旁<u>它</u>墙。乃下座。"宋·史达祖《风流子》："风流休相误，寻芳纵来晚，尚有<u>它</u>年。"

正是由于"它"和"他"在先秦时就都借为表示"别的，其他的"的意义，所以从周代开始到"五四"以前，它们在表达意义时就基本互通，大多情况下都可以互相代替。例如：

  战国《纵横家书》："愿君之专志于攻齐而无有<u>它</u>虑也。"
  战国《荀子·王霸篇》："彼其人苟壹，则其土地奚去我而适<u>它</u>？"
  唐·施肩吾《赠王屋刘道士》："出门即是寻常处，未可还<u>它</u>（他）跨鹤鞭。"
  宋·曹冠《夏初临》："流觞高会，不减兰亭，感怀书事，聊寄吟哦。升沈变化，任<u>它</u>造物如何。"
  宋·李芸子《木兰花慢·秋意》："生平不如老杜，便如<u>它</u>、飘泊也风流。"
  宋·华岳《霜天晓角》："帖儿烦付祝。休对傍人读。恐怕那憨知后，和<u>它</u>也泪瀑漱。"
  宋·赵希蓬《满江红》："篱下菊，门前柳。身外事，杯中酒。肯教<u>它</u>萧瑟，负持螯手。"
  元·无名氏《张协状元》："<u>它</u>又未上任，又未归乡，又未入朝，只是湖州去。"
  元·无名氏《雁门关存孝打虎》："【尾声】不是勤王存孝相轻慢，我觑的叛国黄巢一似等闲。休俄延，莫急慢，我将<u>它</u>特小看。"
  明·安遇时《包公案》："看起来这样东西（指'钱'）果然有个神附了<u>它</u>，轻易求<u>它</u>求不得，不去求<u>它</u>也自来。"
  明·刘兑《金童玉女娇红记》："<u>它</u>怎么不答应就回去了！"
  清·无名氏《小五义（下）》："我先打<u>它</u>一镖，后砍<u>它</u>一刀在胸膛之上，方才结果虎的性命。"

上面例句中的"它"，有的表示指别，相当于"别的，其他的"，有的表示称代，相当于现代汉语的"他"或"它"，大多可以换为"他"。这说明，"他""它"在近代以前是相通的。有时它们甚至先后出现在同一作品中，交叉使用：

元曲·孙叔顺《醉中天》："想当日两军闹，起全翼赴宣朝。将我击破花腔，它每都哭破眼胞。可正是发擂催军校，不付能勾引的离城去，又将他黎民掳掠，这的是怎破黄巢头件功劳。"

到近代，由于刘半农先生的提议，"五四"以后"它"成了一个独立的、称代人以外的事物的他称代词。"它"不只称代人以外的有生物，还称代无生物；不只可以称代具体事物，还可以称代抽象事物。如：

事实上，质能关系是物质的本性，并非是人们发现了它之后，物质才开始具有这种关系。（"它"称代抽象的"质能关系"。当代应用文《21世纪的牛顿力学》）

祖母绿是波斯文的音译，它的矿物名称叫绿柱石，是铍和铝的硅酸盐矿物。（"它"称代具体物质"祖母绿"。当代应用文《中国儿童百科全书》）

鲎（hòu）的眼睛很特别，它有四只眼睛，两只小眼睛长在头胸甲正中，像灵敏的电磁波接收器一样，能接收深海中最微弱的光线。（"它"称代具体动物"鲎"。当代应用文《中国儿童百科全书》）

漂亮柔软的维尼纶，它的原料不是棉花，也不是羊毛，而是"石头"。（"它"称代具体物质"维尼纶"。当代应用文《中国儿童百科全书》）

蓝藻是能进行光合作用的原核生物。它是一个大门类，有很多种。（"它"称代具体植物"蓝藻"。）

事实是毫无情面的东西，它能将空言打得粉碎。（"它"称代抽象概念"事实"。鲁迅《花边文学·安贫乐道法》）

他称代词"它"的复数形式"它们"大约始见于宋代。但是在宋元明清时期都使用不多，而且这一时期"它们"既可以称代人，也可以称代物。例如：

要是它们科举之习未除，故说得如此。（称代人，北宋·朱熹《朱子语类》）

不知它们关着门不见人底，是如何过日？（称代人，北宋·朱熹《朱子语类》）

今日<u>它们</u>出去烧香，便回来也三朝两日。（称代人，元·萧德乾《小孙屠》）

当时便有两般怪物，一种鸟类，天正将阴，<u>它们</u>便三五成群的飞起，那阴云便散，红日益赤了。（称代动物，明小说《夏商野史》）

儒家既自有了<u>它们</u>的路子，自然不用再做我辈的功夫。（称代人，清小说《八仙得道（下）》）

<u>它们</u>便捧着皎月，躲入云中而去，再不回过脸儿来，瞧一瞧这可怜之鹤。（称代物，清小说《八仙得道（下）》）

民国以后，"它们"的使用普遍起来，而且其表意也发生了重大转变："它们"由称代人和事物转为只称代人以外的事物，一般不再称代人。到现代汉语中，这一用法得到了发展和巩固。例如：

我看过去有点认识<u>它们</u>，料想<u>它们</u>也有点认识我们，不然，为什么不怕人，尽管来依傍着我。（民国小说《上古秘史》）

我女儿作诗只写两句，你要能把<u>它们</u>续完，并能符合她的心意，我就将她许配给你。（民国小说《古今情海》）

狐与狸本不是同一种东西，而世人多混在一起称呼<u>它们</u>。（民国小说《古今情海》）

但是那群鸟雀总算是救命恩人，我们不能知恩报恩，还要用箭射<u>它们</u>，岂不罪过！（民国小说《宋代宫闱史》）

钱宁把这一大群虎豹弄出城来，如何使<u>它们</u>列阵使皇上高兴。（民国小说《武宗逸史》）

我三顷二十亩，再把我那俩哥哥六顷四十亩搁在一块，我把<u>它们</u>都卖喽，也练不出来！（民国小说《雍正剑侠图（中）》）

"五四"以后，"它"用来称代除人以外的事物，这是很明确的。但是在他称代词"它"的使用中，出现了一个问题。我们在一些使用拟人手法的作品中，时常看到他称代词使用比较混乱，有时用"它（们）"，有的用"他（们）""她（们）"，似乎无"法"可循。例如：

《小猪的礼物》："'小胖猪呀，'老山羊摇摇白胡子说，'<u>它</u>到那边的树林子里去了。'"

《鞋子舞会》："'啪啪'，一双红绒拖鞋从床角落里钻出来。<u>她</u>身上有一条可怕的大口子——一鞋帮和鞋底儿裂开了，她没法儿跳舞，心里很难过。"

《纸片上的字》："小白兔在树林里玩，拾到一张纸片，纸片上写着四个字：一条老狼。小白兔吓得直哆嗦。**它**拼命跑回家告诉妈妈：'妈妈妈妈，树林里有一条老狼，你看你看！'"

童话《小燕子吉吉》："当**他**(小燕子吉吉) 重新落在那棵苹果树上时，发现红苹果正哇哇大哭，**她**的肚子已经出现了一个小洞。……烂苹果强打精神说：'好心的燕子，我就要死了，请你将我肚子里的籽粒种在山坡上。**他们**是我的孩子，你要精心地照料**他们**……'"

这种混乱容易导致他称代词使用的无所适从，不知究竟该用哪一个他称代词。我们认为，既然拟人化手法将物当作人来写，用以称代拟人化事物的他称代词就应该用称代人的"他（们）、她（们）"，这样不仅与其他词语尤其是自称、对称代词的使用保持一致，统一拟人格中词语的用法，使语言更加生动有趣，而且，对拟人化事物使用"他（们）、她（们）"还能使指代明确、清楚。例如：

(1)《一只丑小鸭的悲剧》："两只田鼠相遇了，**他们**互相友好地打招呼。哦，**他们**的样子显得多有礼貌，可以看出**他们**都是受过良好教育的。"

(2)《一只小老鼠》："**他**（小老鼠）看，黑家伙也看；**他**动，黑家伙也动。好像是自己的影子。'难道**它**真是我的影子？'"

例（1）中统一使用"他们"来称代两只田鼠，突出了他们的拟人特性。例（2）中以"他"称代拟人化了的小老鼠，用"它"来称代对于小老鼠自身而言尚不知为何物的"影子"，指代非常明确，不会引起混淆。

"牠"是"它"的异体字，书面语用作称代物的第三指称词，主要称代动物，有时也用来称代非生命事物。但使用很少：

清·文康《儿女英雄传》："那骡子见那铃铛满地乱滚，又一眼岔，**牠**便一踅头，顺着黑风岗的山根儿跑了下去。"

巴金《白鸟之歌》："那一夜父女两个做了差不多相同的梦。他们梦见白鸟唱歌了。那歌声的确是很美妙的，美妙到他们醒来时还不能够把**牠**忘记。"

周法高《中国古代语法·称代编（下）》第308页："'相'原解作'互相'作副语用，修饰**牠**后面的述语。"

"牠"的语法功能较"它"狭窄得多，且没有自己的独特作用，失去存在价值，因而最终为"它"所代。

2.3.9 祂 (tā)

"祂"是称代上帝、耶稣或神的他称代词。台湾地区教育部门《国语辞典简编本》(1994)："祂:(1)西方宗教在华传教时,对上帝、耶稣等的第三人称代词。例:每位虔诚的基督徒都深信"祂就是真理,信祂得永生"这句话。(2)泛指一般神明的第三人称代词。"

"祂"是称代上帝、耶稣或神的他称代词。在宗教教徒的心中,上帝既不是人,也不是物,上帝是超然万物之上的造物主,应该拥有专属的称代词。汉语中上帝专属的他称代词就是"祂"。可以指上帝、圣母、男女神和耶稣等,其本身又是无性别的。

他称代词"祂"在一些宗教书籍及宗教网站上经常使用:

《认识神,就是这样一个简单的祷告》:"祷告就是对神说话:这是认识祂的第一步。……你愿意如此向神祷告吗?如果你愿意的话,现在就向祂祷告,而耶稣基督就会如同祂所承诺的,来到你的生命当中。"

《天父爱的信》:"这是我们的父内心要对你说的话。祂爱你,祂就是你生命中渴望的那一位父。这里是我们的父写给你的一封爱的来信。"

吴涤申译《创世纪》:上帝赐福给第七日,定为圣日;因为在这日,上帝歇了祂一切创造的工,就安息了。

《旧约史·先祖与先知》:上帝只做对人类有益的事。既然祂认为有必要将祂的旨意告诉我们的话,祂肯定会告诉亚当威胁这个地球的危险。

现在,他称代词"祂"在现代汉语中已经成为一个历史词语,很少有人使用了。不过在对华传教的各派宗教及其传播媒介仍在使用。另外,在一些宗教国家的华语也在使用他称代词"祂"。如泰国华语中至今还在使用这个用于称代神祇的"祂"。

2.3.10 怹 (tān)

"怹 (tān)":北京方言,"他"的敬称,是汉语中唯一一个他称敬词。例如:

常杰淼《雍正剑侠图·万龙藏峰岛》:"王班头点头:'这我明白。谭老爷子无辜,遭人陷害,咱底下人也为怹不平,不过说不上话去,总希望侠义前来救怹。'"

老舍《龙须沟》:"四嫂,您忙您的活儿,我是个闲人,我来伺候怹。"

徒弟到退了休的师父家串门，对着师娘说："我的这些个技术，都是怹手把手儿教出来的，没怹，哪儿我们这些小家雀的食儿！"

张老师虽然八十多岁了，怹身体还很硬朗。

"得，您回去问怹好。等怹身子骨儿灵便了，到我那儿坐坐，还得跟怹喝两盅哪"。

北京是六朝古都，生在皇城根下，长在天子脚下的北京人养成了说话谦恭礼貌的习惯。他们的人称代词非常丰富：对称代词有"你"和"您"之别，对晚辈、下级、比自己岁数小的人可以用"你"称呼，对长辈、上级、比自己岁数大的人就用"您"称呼；他称代词有"他"和"怹"之分，以"怹"称代自己敬重的第三方，充分体现出对长辈和尊者的尊重，同时给人以有礼貌、有教养的感觉。直到现在，北京人说话还把对称的"您"和"你"分得非常清楚。对称敬词"您"逐渐进入普通话，而他称敬词"怹"表敬称的用法却逐渐消失，并且只保留在方言里了。"怹"的消失与第三人称的非当场特性有关。既然"他（她、它）"不在现场，那么敬称与否就不重要了，只要不使用不礼貌或侮辱性的词语称呼"他（她、它）"，就不违背汉语交际潜在的语用规则。这也是汉语他称代词一般都不像自称代词和对称代词那样含有附加意义的原因。

2.3.11 小结

他称代词在上古汉语中主要有"厥""其""之""彼""诸""夫"。"厥"和"其"主要用于领位作定语，但"厥"作宾语非常有限，而"其"却可以用于宾位充当宾语，语法功能比"厥"更完善，所以"其"取代了"厥"。"之"主要用于宾位作宾语，"彼"主要用于主位充当主语。"夫"也是主要作主语，但由于在他称功能上"彼"更为强势，加上"夫"作为名词的本义和引申义具有压倒性优势，他称代词功能逐渐衰退。这样，"之""彼"与用于领位充当宾语和在附属子句中用于主位充当主语的"其"恰好形成互补，它们共同形成了一个功能上互为补充的相对完整的他称代词系统。"诸"是一个较为特殊的他称代词。其特殊之处还在于它可以同时身兼代词和介词，或者同时身兼代词和语助词。"诸"不仅是"代词+介词"形式的"之于"的合音，而且是"代词+语助词"形式的"之乎"的合音，在语义上也是"之于""之乎"的合义。与它们同时代的"夫"，则由于它作为名词的本义和引申义应用广泛，具有压倒性优势，其他称代词功能逐步退化，未能形成较大影响。因此，很多字典都没有列出"夫"的他称代词义项。

汉代以后，方言他称代词"伊""渠"和"他"相继产生并盛行起来。经过一番角逐，"他"很快以绝对优势成为汉语通用他称代词。到近代，由于社会发展的需要，汉语又产生了几个区别性的他称代词——"她""它（牠）""祂（tā）""怹（tān）"等。

由于受西洋语言影响，他称代词发展到现代汉语，发生了两个重要变化：一是"他"成了汉语中最主要的他称代词，二是"他"字分化为"他""她""它"，结束了以往书面语言中他称称代不明的混乱现象，使得汉语他称代词的属性表达更为清晰明确。

作为现代汉语最主要的他称代词，"他"最初指"其他的""别的"。他称代词"他"起源于六朝时期，盛行于唐宋之后。在"他"字逐渐向他称代词发展的期间，"渠"和"伊"曾与之相争，但"渠"和"伊"仅各自占据一些方言地区，没有像"他"一样在官话区域得到推广，所以"他"最终取得了绝对主导的地位。

他称代词"他"的形成经历了这样一个过程：动词（同"佗"，本义"负担"）→甄别代词（别的）→包举所有别的人或泛指任何的别人（无定实词）→"他"定指一个或几个别的男女或事物（有定实词，尚具无定性质）→"他"专用为他称代词（有定实词）。

由于他称代词所称代对象不在交际现场，发话人和受话人对其称呼不用太多考虑情感、态度、语气等因素，因此他称代词系统较为单纯而不繁复。

第三章 话题人物代词

话题人物代词指的是指称话题中心人物、非中心人物和表示遍指的人物的代词，表示主观的指称对象，在交谈时这类代词的指称对象随发话人的主观愿望或话题而定，可因需要而改变。说话人要强调的、位于话题中心位置的人，就用己称，如"自己"等；与此相反，处于陪衬地位、不被强调或被故意淡化的人，就用旁称，如"别人"等；遍指话题涉及的人，就用统称，如"大家"等；不确定话题所涉及的人，表示肯定用"或、有"，表示否定用"莫、无"等；不想或不便明示的人，就用隐名代词"某"等。它们体现说话人鲜明的主观性。

话题人物人称代词主要有反身称代词、旁称代词、统称代词、无定代词、隐名代词几种。

3.1 反身称代词

反身称代词又称"复称代词"或"复指代词"，表示对别人称某人本身，主要有"自、己、身、躬、自己（自个儿）"几个。"自己（自个儿）"还可以跟在其他人称代词后面以强调前面的人称代词所指的人本身，如"我（们）自己""你（们）自己""他（们）自己"。但单音反身称代词无此用法。

3.1.1 自

"自"，《说文解字》曰："鼻也。象鼻形。"本义为呼吸和嗅觉器官"鼻子"，后来引申出"始、从、由、开头、本来"等意义。

其意义最大的变化是被借用为反身称代词，而且它被借用为反身称代词之后，反身称代功能就成了它的一个重要功能，相当于现代汉语的"自己"。常见词语有"自爱""自己自足""自力更生""自以为是""自怨自艾"等。《集韵·至韵》:"自,己也。"

"自"的反身称代用法产生很早,从春秋时期就已经开始使用,而且使用非常普遍。例如:

《易经·乾卦》:"天行健,君子以自强不息。"

《诗经·小雅·节南山》:"不自为政,卒劳百姓。"

《孟子·离娄上》:"夫人必自侮,然后人侮之;家必自毁,而后人毁之;国必自伐,而后人伐之。"又"自暴者不可与有言也,自弃者不可与有为也。"

《老子》:"知人者智,自知者明。"

《庄子·人世间》:"山木自寇也,膏火自煎也。"

《史记·魏公子列传》:"自度终不能得之于王。"

《史记·屈原贾生列传》:"自疏濯淖污泥之中。"

唐代白居易《琵琶行》:"自言本是京城女,家在蝦蟇(háma)陵下住。"

清·刘开《问说》:"自知其陋而谨护其失。"

清代曹雪芹《红楼梦》第四回:"你自去挑所宅子去住,我和你姨娘、姊妹们别了这几年,却要住几日。"

大约到六朝时期,"自"和另一个反身称代词"己"合为双音反身称代词"自己"。"自"作为反身称代词使用逐步减少。

"自"是一个使用较为普遍的重要反身称代词,限用于动词之前。它的语法功能主要是用于主位作主语。

3.1.2 己

"己",小篆为𠀤,为象形字,象绳曲之形,本义为丝的头绪,用以缠束丝。《说文解字》:"中宫也。象万物辟藏诎形也。己承戊,象人腹。"这是后来它被借用为反身称代词的基础。"己"还是古"纪"字,为天干的第六位,与地支相配,用以纪年、月、日。

"己"借用作反身称代词的用法出现也非常早,在周代就已经使用,它与"自"的词汇意义完全相同,表示"自己""本人""本身"之意,这一意义也成了它最重要的意义。《玉篇·己部》:"己,己身也。"《广韵·止韵》:"己,身己。"在古代文献中应用非常普遍:

周《尚书·大禹谟》："稽于众，舍己从人。"

春秋《国语》："以君之出也处己，入也烦己，饥食其粢，三施而无报，故来。"

春秋《论语·颜渊》："己所不欲，勿施于人。"

春秋孙武《孙子·谋攻》："知己知彼，百战不殆。"

战国《礼记·坊记》："君子贵人而贱己，先人而后己。"

战国《孟子·滕文公上》："尧以不得舜为己忧，舜以不得禹皋陶为己忧。夫以百亩之不易为己忧者，农夫也。"

战国吕不韦等《吕氏春秋·察今》："而己亦人也。"

西汉《史记·司马穰苴（ránɡjū）列传》："（庄）贾素骄贵，以为将己之军而己为监，不甚急。"

西汉《史记·刺客传》："士为知己者死，女为悦己者容。"

六朝《世说新语·赏誉》："人所应有，其不必有；人所应无，己不必无。"

晋·干宝《搜神记》："王即临之，客以剑拟王，王头随堕汤中；客亦自拟己头，头复堕汤中。"

唐·柳宗元《三戒》："他日，驴一鸣，虎大骇，远遁，以为且噬己也，甚恐。"

宋·范仲淹《岳阳楼记》："不以物喜，不以己悲。"

宋·王安石《游褒禅山记》："然力足以至焉，于人为可讥，而在己为有悔。"

和"自"一样，"己"也是一个重要的反身称代词，在古汉语中使用非常普遍。它在句法中主要作宾语和定语，很少作主语。"己"的语法功能与"自"互补，这是"自""己"共存的语法基础。随着白话的逐渐兴盛，发展到六朝时期，"己"和"自"合并为反身称代词"自己"继续延续自己的生命。新合成的反身称代词"自己"整合了"己"和"自"的作用，功能更完善，用法更多样。

3.1.3 身

"身"，《说文解字》曰："躬也。象人之身。"小篆为𦫵。所以"身"主要是作名词，本指人和动物的躯体，又引申出"身孕"之意，也可以用来表示"亲身""亲自"的意思。例如：

《韩非子·五蠹》："禹之王天下也，**身**执耒臿（lěichā，两种农具）以为民先。"

《史记·项羽本纪》："乃遣其子宋襄相齐，**身**送至无盐，饮酒高会。"

《史记·吴王濞（bì）传》："吴王犹恐其不与，乃**身**自为使，使于膠西，面结之。"

"身"后来被借用为自称代词和反身称代词。作为自称代词，我们在自称代词部分已经做过探讨（参见 3.1.4 身、老身），此处不再讨论。

"身"用为反身称代词，表示"自身""自己"的意思。但是用例不太多，而且其反身称功能也没有得到长足发展。这可能是因为它身兼自称与反身称二职的缘故。

《孟子·滕文公下》："是何伤哉？彼**身**织屦，妻辟纑，以易之也。"

《荀子·议兵》："**身**苟不狂惑戇陋（gànglòu），谁睹是而不改也哉？"

《韩非子·五蠹》："兔不可复得，而**身**为宋国笑。"

《吕氏春秋·爱类》："故**身**亲耕，妻亲绩，所以见致民利也。"

《楚辞·九章·惜诵》："吾谊先君而后**身**兮，羌众人之所仇。"洪兴祖补注："人臣之义，当先君而后己。"

《谷梁传·昭公十九年》："就师学问无方，心志不通，**身**之罪也。"

《汉书·佞幸李延年传》："李延年，中山人，**身**及父母兄弟，皆故倡也。"

唐·王建《田家行》："田家衣食无厚薄，不见县门**身**即乐！"

反身称代词"身"在句法中主要居于主位，也可以用于领位和宾位。作为代词，它既可以作自称代词，又可以作反身称代词，但二者都没有得到充分发展，最后被"自"和"己"挤出了反身称代词的舞台。

3.1.4 躬

"躬"，本义为"身""身体"，又引申为动词"弯（下）"，名、动两种词性意义至今仍是它的主要的、常用的意义。后被借用为反身称代词，但使用较少，表示"自己""自我""自身"的意思。例如：

周《尚书》："予懋乃德，嘉乃丕绩，天之历数在汝**躬**，汝终陟元后。"

周《尚书》："尔有善，朕弗敢蔽；罪当朕**躬**，弗敢自赦，惟简在上帝之心。"

春秋《诗经·大雅·文王》："命之不易，无遏尔**躬**。"

春秋《礼记·乐记》:"不能反**躬**。"郑玄注:"躬,犹己也。"

西汉《战国策》:"**躬**窃闵然不敏,敬执宾主之礼。"

汉代司马迁《史记·文帝本纪》:"百官之非,宜由朕**躬**。"

北宋《新五代史》:"此何异求已覆之车,**躬**驾而履其辙也?"

宋代王安石《本朝百年无事劄子(zházi,古代一种公文)》:"**躬**以简俭为天下先。"

反身称代词"躬"主要作宾语,偶尔作主语。它同"身"一样,都可以用来表示"亲自""亲身"之意。但最终还是被淘汰出局。

3.1.5 自己(自个儿)

汉魏以后,出现许多复合的反身称代词,如"自己""自己身""自身""身自""己自""自我"等。"自己""自身""自我"沿用至今,"自己"成了一个通用形式。"自身"多用于书面语,"自我"组合能力最弱,多用于一些相对固定的短语。我们主要考论使用最普遍的"自己"。

一、自己

"自""己"连用在汉代就已有之,后代沿用,但最初是作为两个词,"自"即"从","己"即"自身""自己"。例如:

> 扶辅氅乱,政**自己**出,虽幸无阙,罪已不容于诛矣。(东汉史论《风俗通义》)

> 从中被外,周应可以裁成;**自己**及物,运行可以资用。(唐史书《北齐书》)

随后,"自己"便凝固成一个词,将反身称代词"自"和"己"的意义和功能合而用之,整合为一个完善的反身称代词。所以我们说,"自己"是古已有之、至今一直普遍使用的反身称代词。它复指某人自身或某物本身(多强调不借助外力),即"自身""本身"的意思。例如:

> 或师友父兄所作,或**自己**为;师友尚可,父兄犹非,自为最不谦。(主语,六朝史书《三国志》)

> **自己**尚不可得,何况更别有法当情。(主语,唐佛语录《黄檗山断际禅师传心法要》)

> 坐卧兼行总一般,向人努眼太无端,欲知**自己**形骸小,试就蹄涔照影看。(主语,唐代蒋贻恭《咏虾蟆》)

> 初,弘景母梦青龙无尾,**自己**升天。(主语,唐代李延寿《南史·隐逸

传下·陶弘景》）

若能<u>自己</u>除讥谤，免被他人却毁伤。（主语，五代《敦煌变文集新书》）

有钱财，不布施，更拟贪监（婪）于<u>自己</u>。（宾语，五代《敦煌变文集新书》）

汝若自得<u>自己</u>面目，密却在汝边。（定语，五代《祖堂集》）

功夫到后，诵圣贤言语，都一似<u>自己</u>言语。（定语，北宋朱熹《朱子语类》）

<u>自己</u>时不见有<u>自己</u>。（主语和宾语，南宋佛语录《古尊宿语录》）

太尉先去对<u>自己</u>夫人说知，出厅迎接。（定语，元小说《话本选集·勘皮靴单证二郎神》）

孩儿休过虑，且将息<u>自己</u>。（宾语，元戏剧《倩女离魂》）

夺他人之酒杯，浇<u>自己</u>之垒块。（定语，明代李贽《杂说》）

<u>自己</u>又回到签押房，亲自写了一封信，次日一并遣人送去。（主语，清小说《文明小史》）

他<u>自己</u>也不管一管<u>自己</u>，这些兄弟侄儿怎么怨的不怕他？（主语和宾语。清小说《红楼梦（中）》）

我记着这样的话：为了人类，牺牲<u>自己</u>。（宾语，巴金《新生·四月十七日》）

瓶子不会<u>自己</u>倒下来，准是有人碰了它。（主语）

这种新型客机是我国<u>自己</u>制造的。（主语）

从上述用例可以看出，"自己"凝固成一个反身代词使用至少源于六朝时期而不是到现代汉语中才凝固，唐宋以后逐渐盛行。它整合了"自"和"己"的语法功能。因此，"自己"的语法功能相当全面，它在句子中可以用于主位、宾位和领位，充当它所称代的名词所能充当的所有句子成分。由于"自"和"己"的语法意义和语用意义完全相同，只是语法功能有所侧重，所以它们并列存在的必要性减弱，其整合凝固就成了一个主要发展趋势。到现代汉语中，单音反身称代词"自"和"己"一般只在从古汉语沿袭下来的固定短语中独立存在，新生成的现代汉语通常就只用凝固的复合反身称代词"自己"了。

"自己"还可以和三身代词组成同位复指结构，表示强调。如"我（们）自己""你（们）自己""他（们）自己"等，单个儿的"自"和"己"都没有这种组合能力。

值得注意的是,"自己"不光可以反身称代单个的人或物本身,如"我自己""你自己""他(她、它)自己",而且还可以用作集合反身称代词,作为一个集合体,表示彼此关系密切的人或自己方面的人,相当于"自己人"。例如《红楼梦》第四十二回:"别说外话,咱们都是<u>自己</u>,我纔这么着。"邓洪《山中历险记》:"部队却胜利地冲了过去,<u>自己</u>伤亡很少,倒把敌人打死很多。"这种用法是单个的"自"或"己"所不具备的。单个的"自"或"己"具有泛指功能,表示不定对象本身,但没有表集合体功能。

另外,"自己"还有一种单个的"自"或"己"不具备的用法,即词性活用。"自己"可以活用为形容词,一般用副词"很"修饰,表示"自我""自在""有个性"之意。这种用法在现代汉语中始见。例如:

老舍《柳屯的》:"'乘早不必多那个事,我告诉你句好话!'他<u>很</u>'<u>自己</u>'的说。"

赵树理《李家庄的变迁》三:"铁锁见他说得<u>很自己</u>,也愿意受他的照顾,只是见他穿着军人的衣服,怕跟上当了兵。"

网络 2008 年 11 月 26 日 "乐多日志":"我处在一个<u>很自己</u>的房间,所以,理所当然的可以<u>很自己</u>……或许,在走出这个<u>很自己</u>的房间后,会开始让人有突兀之感,因为,我知道自己又要处在一个过度沿袭风格的一个仿冒世界里……"

"泰坦部落" 2008 年 10 月 23 日网络日志:杭州的路很宽,树很绿,而我呢?<u>很自己</u>……

总之,"自己"的凝固整合,使得它本身的语法功能和语用功能更加完善多样和富有表现力,基本满足了现代汉语表达的需要,因而成了现代汉语最重要、最完备的反身称代词。

二、自个儿(zìgěr)

"自个儿",方言反身称代词,表示"自己""自身"。"自个儿"在文学作品中使用大致始于清代。在清代和民国时期的小说中时常出现。这一时期,"自个儿"多与三身代词组成同位结构来充当句法成分。主要作主语,也可作宾语和定语。

清·燕北闲人《侠女奇缘(上)》:"要是你<u>自个儿</u>招些邪魔外祟来弄得受了累,那我可全不知道。"(同位结构充当主语)

清·曾朴《孽海花(上)》:"彩云道:'谁耐烦<u>自个儿</u>拉,你难道折了手吗?'"(宾语)

清·曾朴《孽海花（下）》："可是天生就我这一副爱热闹、寻快活的坏脾气，事到临头，自个儿也做不了主。"（主语）

清·曾朴《孽海花（下）》："那世里结下的缘分，就承您这样的怜爱我、搭救我，还要自个儿老远的跑来看我，我真不晓得怎么报答您才好呢！"（主语）

清·文康《儿女英雄传》第五回："要是你自个儿招些邪魔外祟来弄的受了累，那我可全不知道。"（同位结构充当主语）

民国·常杰淼《雍正剑侠图（下）》："张方转身形往外走，他爸爸嚷，他爸爸骂，他全当听不见，自个儿往后去了。"（主语）

民国·常杰淼《雍正剑侠图（下）》："我自个儿的庙都不知道什么时候有人拾掇了。"（同位结构充当定语）

民国·常杰淼《雍正剑侠图（中）》："爹娘死得早，老三小，咱们自个儿节省着点儿，不能屈了他。"（同位结构充当主语）

现代·老舍《鼓书艺人》："他加紧脚步，容光焕发，兴奋得心怦怦直跳，仿佛他自个儿也要开始一场新生活了。"

在现当代文学作品中，尤其是口语性很强的文学作品中，"自个儿"的使用非常频繁。与之前的使用相比较，其独立性更强，既可以与三身代词组成同位结构，也更频繁地独立充当句法成分了。不仅如此，"自个儿"的语法功能也更加完善，在句法中它不仅大量充当主语，也越来越多地充当宾语和定语：

现代·老舍《四世同堂》："她眨巴着小眼，自个儿骗自个儿——妞妞乖，睁眼就知道笑。"（主语，宾语）

当代·何秀珍《北京话口语》：自个儿姑娘结了婚了，到婆婆家去就得初六给娘家拜年来，给父母来拜年。（定语）

当代《人民日报》（1994\\94Rmrb2）："我再不愿跟父母他们一样凑合着过日子了，我得救救自个儿。"（宾语）

当代《读者》（合订本）："有人说，文学是狡黠的情人，话不说透，让你自个儿猜测，她用遮掩来突出，用省略来增添。"（同位结构充当兼语）

当代·毕淑敏《女人之约》："我一钻到这套衣服里头，自个儿都开始可怜自个儿了。"（主语，宾语）

当代电视剧《乔家大院》："谁叫自个儿养的是闺女呢，一双毛袜子，竟然要哄走我五十万两银子！"（小主语）

当代电视剧《编辑部的故事·谁是谁非（下）》："打铁需得本身硬，

育人先得<u>自个儿</u>红。"（主语）

"自个儿"和"自己"相比，主要区别在于语体的差异。"自己"是书面语体，一般用于比较正式的场合和书面语中；"自个儿"是口语语体，通常用于某些方言和口语之中。

3.2 旁称代词

"旁"即"其他""另外"。"旁称代词"，即指代说话人和听话人以外的其他人和事，强调的是与"我""己"的对立。

"旁称代词"与"他称代词"关系密切，"旁称代词"称代的是"别人""另外的人"，所指是模糊笼统的；"他称代词"称代的是说话人和听话人所谈及的具体的第三方，所指是具体明确的。在具体语境中，"旁称代词"的模糊性弱化之后所指明朗，可以活用为他称代词，相当于"他（她、它）""他（她、它）们"。

旁称代词主要有"人、人家、别人、旁人"。

3.2.1 人

甲骨文字形像侧面站立的人形。本义为"能制造工具改造自然并使用语言的高等动物"。《说文》："<u>人</u>，天地之性最贵者也。"《礼记·礼运》："故<u>人</u>者，天地之德，阴阳之交，鬼神之会，五行之秀气也。故<u>人</u>者，天地之心也，五行之端也，食味，别声，被色，而生者也。"《列子·黄帝》："有七尺之骸、手足之异，戴发含齿，倚而食者，谓之<u>人</u>。"直到现在，"人"最重要的功能还是作为名词使用。

我们将"人"命名为"旁称代词"，理由是："人"有时候不是概念意义上的"人"，而是表示"别人"的意思，常与"卬""我""己"相对。

"人"的这一用法出现很早：

《尚书·大禹谟》："稽于众，舍己从<u>人</u>，不虐无告，不废困穷，惟帝时克。"

《尚书·正义·仲虺（huǐ）之诰》："能自得师者王，谓<u>人</u>莫己若者亡。"

《诗·邶风·匏有苦叶》："招招舟子，<u>人</u>涉卬否。<u>人</u>涉卬否，卬须我友。"

《诗经·国风·鄘风·鹑之奔奔》:"鹑之奔奔,鹊之彊彊（jiàngjiàng）。人之无良,我以为兄? 鹊之彊彊,鹑之奔奔。人之无良,我以为君?"

《论语·卫灵公篇》:"己所不欲,勿施于人。"

《史记·项羽本纪·鸿门宴》:"人为刀俎,我为鱼肉。"

上述例句中的"人"均表示旁称。与名词"人"不同,旁称代词"人"的最基本特征是:它一般与自称代词"卬""我"或反身称代词"己"对举而称"别人"。这种用法主要是在古代汉语中使用,现代也有"人不犯我,我不犯人;人若犯我,我必犯人"之说,但仅限于在一些古代形成的固定结构和某些方言口语中使用。因此,《现代汉语词典》里面"人"没有"代词"这一义项。

需要特别注意的是:"人"一般和"我""己"对立而不和"自"对立使用。

在古汉语中,"人"还可以用为统称代词,表示"所有人"的意思。例如:

《淮南子·人间训》:"居数月,其马将胡骏马而归。人皆贺之。……故福之为祸,祸之为福,化不可极,深不可测也。"

章炳麟《致张继于右仁书》:"长此不悟,纵令势力弥满,人莫予毒,亦乃与满洲亲贵等夷。"

但是,旁称代词"人"的使用并不多,随着白话的兴起,其使用逐步走向衰落。

3.2.2 人家与别人、旁人

根据《现代汉语词典》（2005）的解释,"人家"指"说话人和听话人以外的人","别人"指"自己或某人以外的人",而"他称代词"称代的是"自己和对方以外的人"。

从概念上看,旁称代词"人家"和"别人"跟"他称代词"确实很难分辨,"人家"的概念更接近他称代词。我们可以从两个方面来看待它们的关系。

首先,就本用而言,"旁称代词"可以表示单数也可以表示复数,指称对象是虚泛的、笼统的,而"他称代词"所指对象是具体明确的。旁称代词"人家""别人""旁人"等所指对象并不清晰明确,但他称代词"他（们）"等的所指却很明确。

其次,旁称代词模糊性一旦削弱,称代对象逐步明确化,就可以活用为他称代词,相当于"他（们）""她（们）"。

所以，从概念上，我们可以修订为：

"人家"指说话人和听话人以外的**不确指**的人；"别人"指"自己或某人以外**不确指**的人"；"他称代词"称代的是"自己和对方以外的**确指**的人"。

3.2.2.1 人家（rénjia）

"人家"最初见于春秋时期，是两个词，合起来意为"（别）人的家（里）"。如春秋《墨子》："视**人家**若其家。"西汉史书《史记》："诗书所以复见者，多藏**人家**，而史记独藏周室，以故灭。"六朝史书《三国志》："我之有斐，譬如**人家**有盗狗而善捕鼠，盗虽有小损，而完我囊贮。"六朝陶渊明《搜神后记》："然当为君一言：凡**人家**殡殓葬送，苟非至亲，不可急往。"明小说《三国演义（上）》："祖茂被华雄追急，将赤帻挂于**人家**烧不尽的庭柱上，却入树林潜躲。"大约到唐代，"人家"凝固成词，意为"住户""家庭"。如：

> 唐佛经《入唐求法巡礼行记》："从楚州至登州，道路尽是山坂旷野，草木高深，蚊虻如雨。终日逾山行野，村栅迢远，希见**人家**。"

> 唐佛语录《筠州洞山悟本禅师语录》："师问疏山，空劫无**人家**，是甚麼人住处。"

> 唐诗《薛涛诗全集》："手持云篆题新榜，十万**人家**春日长。"

到北宋时期，"人家"又产生一项新义："人、家人"。突出体现在北宋小说《太平广记》中，其他作品中也偶见：

> 其后诸相识**人家**，皆云："同日见李山人来告别。（"人家"即"人"；北宋小说《太平广记》）

> 下视见其居处，恐雨不足，因而倾瓶……以倾瓶之故，其宅为水所漂，**人家**尽死。（"人家"即"家人"；北宋小说《太平广记》）

> 君速敛此孙，是罗刹鬼也，当啖害**人家**。（"人家"：家人；北宋小说《太平广记》）

> 一称乌郎，一称黄郎，后常与**人家**狎昵。（"人家"：家人；北宋小说《太平广记》）

> 积来积去，被自家积得多了，**人家**便从容。（"人家"：家人；北宋语录《朱子语类》）

在上述意义中，"人家"均读作"rénjiā"。

与此同时，"家"的意义萎缩退化，变成一个词缀，读音也失去声调变为轻声，读为 [rénjia]。"人家"就只留下"人"的意义，即"别人""他人"。宋

以后,"人家"便开始表示"别人"之意,这也是旁称代词"人家"的开始。例如:

高励者,崔士光之丈人。夏日,在其庄前桑下,看<u>人家</u>打麦。(北宋小说《太平广记》)

你是婆婆,如何不管?尽着她放泼,象甚模样?被<u>人家</u>笑话!(北宋小说《话本选集·快嘴李翠莲记》)

县官道:"不是贼,是甚么样人,躲在<u>人家</u>床下?"(明小说《二刻拍案惊奇(下)》)

黄翁道:"衣带之约,果然是真,老汉岂可昧得!况我自有子,便一日身亡,料已不填沟壑,何必赖取<u>人家</u>之子?"(明小说《二刻拍案惊奇(下)》)

看你这样艰难,你把这小的儿与了<u>人家</u>可不好?(明小说《今古奇观(上)》)

见<u>人家</u>有病来求他,他先前只说救不得。……知弄<u>人家</u>费多少钱钞,伤多少性命!(明小说《初刻拍案惊奇(下)》)

在这些例句中,"人家"的词汇意义都表示旁指,相当于"别人""旁人"。到明代,我们在小说《金瓶梅》中看到了很多旁称代词"人家"转指他称代词的用例,相当于"他(们)"或"她(们)":

你心里要收这个丫头,收他便了,如何远打周折,指山说磨,拿<u>人家</u>来比奴。("人家"即"她",指庞春梅。)

<u>人家</u>不属你管辖,你是他甚么着疼的亲?("人家"即"他",指西门庆。李瓶儿骂丈夫花子虚的话。)

<u>人家</u>央你一场,替他看个真正女子去也好。("人家"即"他",指东京太师老爷府里翟管家。)

潘金莲在旁接过来道:"嫌<u>人家</u>是房里养的,谁家是房外养的?"("人家"即"他",指张亲家。)

早是与<u>人家</u>做大老婆,还不知怎样久惯牢成!("人家"即"他",指西门庆。)

这些例句中的"人家"的所指对象就很具体,这可以通过语境推断加以明确。清代以后直到现代汉语中,旁称代词"人家"转指他称代词的用法就非常普遍了。

三弟也是逼迫**人家**太过，你我弟兄无言与**人家**对答。（清小说《三侠剑（上）》）

你想，值得到二百多两的价值，才给**人家**几吊钱，叫**人家**怎么样肯呢！（清小说《二十年目睹之怪现状（上）》）

那时姐姐不依，三句话不合，扬起刀来就讲砍**人家**的脑袋。（清小说《侠女奇缘（上）》）

你瞧瞧，**人家**脊梁上可披着把大刀呢！（清小说《儿女英雄传（上）》）

反正**人家**不是傻子，咱们的底细，**人家**心里早已是雪亮的。（闻一多《画展》）

问题是**人家**要选择对抗，我们不得不作出坚定的回应。（当代报刊《人民日报》，1993\\R93_01）

人家有困难，咱们应该帮他一把。

在现代汉语的旁称代词中，"人家"是比较活跃的一个，不仅使用频率高，而且用法灵活，含义丰富。它既是名词，又可以用作旁称代词、他称代词和自称代词，是由词根"人"和词缀"家"组合而成的人称代词。其意义和用法都是以旁指的"人"为基础，与反身代词"己"相对。随着"己"双音化变为"自己"，"人"也加词缀变成了双音词"人家"，词缀"家"读为轻声。

"人家"用作旁称代词还是他称代词，可以根据语境加以判别，如果其指称的第三方是明确的（专指），可以置换为他称代词，那么它是他称代词；如果其指称的第三方是模糊的（泛指），那么它是旁称代词：

《红楼梦》第 113 回："凤姐听见，便叫：'平儿，你来，**人家**好心来瞧，不要冷淡**人家**。你去请刘姥姥进来，我和他说说话儿。'"（她，他称，确定）

人家能做到的，我们也能做到。（别人，旁称，不定）

把信给**人家**送去。（他，他称，确定）

旁称代词"人家"的指称功能较为广泛，基本功能是泛指或专指说话人和听话人以外的人；也可作复指成分，与后面的名词性成分共同构成同位语，还可转指第一人称，指说话人自己或转指第三人称；可以代指单个的人，也可以代指多个人，即可以代指某个人或某些人。

旁称代词"人家"指说话人或听话人以外的人，其意义接近"别人"。不过"人家"和"别人"也有细微的差别，否则就没有同时存在的必要了。二者的差异主要体现在语体色彩上。尽管它们的语体特征区别不是非常鲜明，但与

"别人"相比,"人家"更贴近日常口语,多用于日常对话闲谈拉家常的时候,有较强的随意性。而相对显得更为庄重的正式场合和正规语体多用"别人"。

与其他人称代词相比,"人家"(人)具有丰富的修辞功能和良好的修辞效果。它在语用上具有丰富的语用含义和独特的表达效果。由于"人家"具有浓厚的泛指色彩,常常没有明确的所指,人们使用"人家"故意把确定的指称对象说得含糊隐蔽,可以委婉含蓄地表情达意,具有特殊的表达效果。常见的有两种情况:一是"人家"代替他称代词"他(们)",二是"人家(人)"代替自称代词"我(们)",这种用法在明清小说和现代口语、小说中都较为普遍:

  明代《金瓶梅》第75回:"如今犯夜倒拿住巡更的,我倒容了<u>人</u>(=她,潘金莲),<u>人</u>(=她,潘金莲)倒不肯容我。"(月娘向她娘家嫂嫂数落潘金莲)

  清代《七侠五义》第108回:"玉兰听至此,不由的发恨道:'<u>人家</u>(他,指相公)愁到这步田地,还要将酒害人,我母亲太狠心了!'"

  杨朔《三千里江山》:"姚志兰会拿食指按着嘴唇,睬吴天宝说:'咱们敢跟<u>人家</u>(=他,丈夫吴天宝)比吗?<u>人家</u>(=他,丈夫吴天宝)是火车头,咱得向<u>人家</u>(=他,丈夫吴天宝)看齐。'"

  还说哩,<u>人家</u>(=我)都等了半天,你才来!

  别卖关子了,快告诉我吧,<u>人家</u>(=我)都快急死啦!

这里使用具有一定模糊性的"人家"来代替具体所指对象,迂回委婉,巧妙避开了直指的正面冲突和直露,多半带着或娇嗔,或怨愤的语气,委婉含蓄,体现模糊表达的语言魅力。

3.2.2.2 别人(biéren)与旁人(pángren)

一、别人

"别人"最初是两个词,"别",小篆写作𠛎,刀为意符,是"分解"之意,后引申出"分辨、区分"的意思。《说文解字》:"别,分解也。"《玉篇》:"离也,分别也。"《增韵》:"辨也,解也,诀也。"例如,《尔雅·释山》:"小山<u>别</u>大山,鲜。"《疏》:"谓小山与大山不相连属者名鲜。"江淹《别赋》:"黯然销魂者,惟<u>别</u>而已矣。"西汉史书《史记》:"故古圣人为之脉法,以起度量,立规矩,县权衡,案绳墨,调阴阳,<u>别</u>人之脉各名之,与天地相应,参合于人,故乃<u>别</u>百病以异之,有数者能异之,无数者同之。"东汉史论《论衡》:"世能<u>别</u>人之产与六畜之乳,吾将听其讳;如不能<u>别</u>,则吾谓世俗所讳妄矣。"北宋语录《朱子语类》:"而今只是分<u>别</u>人欲与天理,此长,彼必短;此短,彼必长。"

唐佛语录《筠州洞山悟本禅师语录》："免干世上名与利，永**别**人间爱与憎。"

从隋唐时期开始，旁称代词"别人"就凝固成词了。

根据《现代汉语词典》，"别人"有两个同形异义异声的词，字形相同，但读音不同，意义也不同。① [bié rén] 名，另外的人：家里只有母亲和我，没有**别人**。② [bié ren] 代，人称代词。指自己或某人以外的人：**别人**都同意，就你一人反对。/把方便让给**别人**，把困难留给自己。

从《现代汉语词典》的解释和举例来看，我们还是很难将①②两项意义区别开来。其实它们都是一个意思："另外的人"，也就是指"自己或某人以外的人"。两个义项中的"别人"其实没什么不同。因此，我们认为对"别人"一词的注释尚待商榷。我们根据考证提出以下观点：

"别人"凝固成词之前（隋唐以前），为两个词，分别读作"bié"和"rén"；凝固成词之后，就合成一个词，读作"bié ren"，作为旁称代词，表示"另外的人""自己或某人以外的人"，相当于英语的"other people"或"others"。

这一义项在汉语中应用最普遍，例如：

奴婢换曹主，马即**别人**骑。（唐《王梵志诗》）

虚垂异乡泪，不滴**别人**心。（唐·杜荀鹤《湘中秋日呈所知》）

除却路途分付弟，**别人**借问莫教知。（五代《敦煌变文集新书》）

从前可惜与你供炭米，今朝却与**别人**欢！（北宋小说《大宋宣和遗事》）

你只管理会**别人**家猫儿，不知走却自家狗子？（南宋佛语录《五灯会元》）

别人怕着你，我沈链不怕你。（元小说《话本选集·沈小霞相会出师表》）

你那番狗奴，一团邪术，还敢开大口说**别人**。（明小说《三宝太监西洋记（三）》）

我和他无见面与说话之必要，请他去问**别人**罢。（民国小说《留东外史续集》）

中国人应该有具有民族特点的声乐艺术，跟在**别人**后面学，唱得再好也是**别人**的东西。（当代报刊《人民日报》，1993\\R93_12）

有的称赞比咒骂还恶毒，这就是那种煽动**别人**嫉恨你的称赞。（当代应用文《21世纪的牛顿力学》）

147

和旁称代词"人家（rénjia）"一样，旁称代词"别人"的意义明确化也可以转指他称代词，其意义相当于"他（们）""她（们）"。例如：

（1）云长曰："军师何故长<u>别人</u>锐气，灭自己威风？"（明小说《三国演义（中）》）

（2）探春说："昨儿我恍惚听见说老爷叫你出去的。"宝玉笑道："那想是<u>别人</u>听错了，并没叫的。"（清小说《红楼梦（上）》第二十七回）

（3）金桂冷笑道："如今还有什么奶奶太太的，都是你们的世界了。<u>别人</u>是惹不得的，有人护庇着，我也不敢去虎头上捉虱子。你还是我的丫头，问你一句话，你就和我摔脸子，说塞话。"（清小说《红楼梦（下）》第八十三回）

（4）宝蟾听了这话，那里受得住，便眼睛直直的瞅着金桂道："奶奶这些闲话只好说给<u>别人</u>听去！我并没和奶奶说什么。奶奶不敢惹<u>人家</u>，何苦来拿着我们小软儿出气呢。"（清小说《红楼梦（下）》第八十三回）

例（1）中关云长所称的"别人"显然指敌人，相当于"他们"，而不表示"另外的人"，已经活用为他称代词。例（2）中宝玉的话是接着探春的话说的。探春说听见别人说老爷叫宝玉出去，宝玉所说的"别人"当是指说老爷叫宝玉出去的人，承接来说，相当于"他们"或"她们"。例（3）中薛家夏金桂赶了薛蟠出去，酒后便想拿给薛蟠作妾的宝蟾作个醒酒汤。"别人"指前面对话中提到的"老爷"薛蟠，相当于"他"。例（4）中的"别人"也是一样。为了避免重复单调，接下来宝蟾用了一个同义词"人家"。

旁称代词"别人"常常用为他称代词，但是必须有一定语境，它究竟是旁称代词还是他称代词必须根据语境来加以识别。

二、旁人

"旁人"的使用早于"别人"，始见于东汉史论《太平经》，以后逐渐盛行起来，到民国以后使用最为普遍。

或言人且度去，或言人且富而贵，或言人且贫而贱，或誉<u>旁人</u>，或毁<u>旁人</u>，或使人大悦喜，或使人常苦大忿。（东汉史论《太平经》）

母不自觉，<u>旁人</u>亦不窥，不复迎，遂不得生。（六朝史书《三国志》）

今<u>旁人</u>构间至此，大家何忍复出此言。（唐史书《北齐书》）

<u>旁人</u>不识予心乐，将谓偷闲学少年。（北宋语录《朱子语类》）

奴家卖身葬夫，<u>旁人</u>也笑我不得。（元小说《话本选集·蒋兴哥重会珍珠衫》）

中丞喜谈笑，王居于亦善谐谑，每遇两人俯而相握手，仰而听启口，**旁人**无不绝倒。(明小说《万历野获编》)

你不做官，你要做和尚，横竖随你自家的便，与**旁人**毫不相干。(清小说《官场现形记（上)》)

因想这事非常，若说出来，奸盗相连，关系人命，还保不住带累了**旁人**。(清小说《红楼梦（中)》)

今生拼两两同心，不怕**旁人**间阻。(民国小说《古今情海》)

大家都在这里亡命，犯不着同室操戈，给**旁人**笑话。(民国小说《留东外史续集》)

如果他不自觉、不自愿，捂着自己的烂疮，那么，**旁人**尽管闻到他的臭味儿，也无法为他治疗。(当代·杨绛《洗澡》)

谁愿意在未死之前将生命的秘密显示给**旁人**呢？(现代·施蛰存《跑警报》)

她是外国语文系，我是政治系，将来到了学校，她是**旁人**的 office wife，跟我道不同不相为谋。(现代·钱钟书《围城》)

假如他是一只很感满意的狐狸，这句话他对**旁人**说，因为诉苦经可以免得**旁人**来分甜头。(现代·钱钟书《写在人生边上》)

从语料来看，"旁人"自始至今意义变化不明显，指"其他的人""另外的人"。它与"别人"的语汇意义和语法功能一致，区别只在于"别人"较"旁人"更庄重，多用于较正式场合，而"旁人"则多用于方言口语和口语性较强的文学作品中的对话，是"别人"的语体补充形式。这从"旁人"一词的使用分布可以看出来。"五四"以前，旁称代词"旁人"使用不算频繁，但"五四"以来，它的使用频率迅速飙升，这与"五四"以后白话之风盛行有着密切的联系。

3.2.2.3 旁称代词"人家"和"别人"的区别

"人家"和"别人"是一对常用的旁称代词，当它们泛指说话人和听话人以外的人，一般前面有先行词（即所指代对象已在上文出现），并与"自己"相对时，二者的意义和用法相当，可以互换。但是二者在语义和语用上都存在一定区别。

首先，"别人"侧重于指代"另外的人"，且不强调与"自己"的相对；而"人家"则较强调与"自己"的相对，常用于转指特定的"他（们）""她（们）"。

其次,"人家"可以指代人,也可以指代物,但"别人"只能指代人。如巴金《春》:"'四弟,你放了它罢。<u>人家</u>好好地飞着,你为什么一定要把它拖来关起?'淑英不愉快地对觉新说。"这里的"人家"就不能换成"别人"。

再次,"人家"可以用来转指说话人自己,表达娇嗔、埋怨的亲近语用意义,为女性优选用法,但"别人"一般没有这种用法。

第四,语用上,他称代词"别人"一般用于正规语体和正式场合,具有郑重意味,而"人家"多用于对话口语中,表达随和亲近。

3.3 统称代词

统称代词,即统括自称、对称,或并统括他称的人称代词。到目前为止,统称代词系统还不够稳定,尚在发展中。我们主要考论"诸位""列位""各位""众位""大家(大伙儿、大家伙儿)""彼此""各自"几个。

3.3.1 诸位

"诸位"始见于东汉佛经,表示"各个席位",为两个单音词组合的形式。例如东汉佛经《佛说四十二章经》:"心不系道。亦不结业。无念无作。非修非证。不历**诸位**。而自崇最。名之为道。"南宋佛语录《五灯会元》:"师卧次,梦入弥勒内院,众堂中**诸位**皆足,惟第二住空,师遂就座。"

"诸位"作为统称代词表示"对所指的若干人的尊称",是在稍后的六朝佛经中才出现。此后的唐、五代、宋、元各代都有人使用,"诸位"后面一般紧跟它所称代的对象,形成偏正式名词短语,"诸位"表示称代范围,当时尚未普及开来。最早看到的用例有:

  敬请读诵受持本经**诸位**贤者,若有疑难不明处,可以两种译本对照参阅,悉令明晰。(六朝佛经《北凉译经·大悲莲华经》)

  得须陀洹果、斯陀含果、阿那含果,阿罗汉道、辟支佛乘、十地地前**诸位**菩萨。(唐佛经《首楞严经》)

  吾有捷疾一百万,**诸位**灵官万垓人。(北宋小说《宋朝事实》)

这是"诸"和"位"最早的粘合凝固形式。"诸位"凝固之后单个语素意义虚化,不宜再进一步分析,整个凝固结构本身统称在场的所有对象。直到明代以后,作为统称代词的"诸位"才普及开来。例如:

伏望**诸位**圣贤，仔细检点，仔细推详。（明小说《三宝太监西洋记（一）》）

诸位高邻在此，小人冤各有头，债各有主，只要众位做个证见。（明小说《水浒全传（上）》）

吾师朝见玉帝，奏上帝，**诸位**仙友多助仙功，未得上升，恳求玉帝超擢。（明小说《警世通言（下）》）

咱家承**诸位**英雄将咱家性命救活，只可怜我那小使不知生死如何了。（清小说《七剑十三侠（上）》）

外面**诸位**大人老爷都在前殿谢王爷赏宴。（清小说《红楼梦（下）》）

他们对无颜的宠爱有过于其他的**诸位**女婿。（民国小说《古今情海》）

国宾学识浅陋，只能贡献这一个"爱"字，望**诸位**先生原谅原谅。（民国小说《留东外史》）

所以事实上"今不如古"者，正因为有许多唠叨着"今不如古"的**诸位**先生们之故。（现代·鲁迅《坟》）

清代以前，"诸位"的使用大多有一个明显的特点："诸位"之后一般跟名词或名词短语形成复指短语。如上述例句中的"诸位贤者""诸位菩萨""诸位灵官""诸位圣贤""诸位高邻""诸位仙友""诸位英雄""诸位大人老爷""诸位女婿""诸位先生"等。清以前，"诸位"独立称代的情况很少；清以后，"诸位"独立称代的情况非常普遍：

臣今有足疾未瘳，乞遇假日或日晚执政出省后，有合商量公事，许乘小竹轿子往**诸位**商量。（宋·司马光《乞与诸位往来商量公事札子》）

有烦**诸位**与我出力，拿贼则个！（明小说《初刻拍案惊奇（上）》）

邢大舅就喝了杯，便说道："**诸位**听着：村庄上有一座元帝庙，旁边有个土地祠。"（清小说《红楼梦（下）》）

三公子着实谦光，当下同**诸位**作了揖。诸位祝寿，三公子断不敢当，又谢了**诸位**，奉坐。（清小说《儒林外史》）

倒难为**诸位**，这一回代我出力，我明天办下酒菜，专请**诸位**吃杯水酒，酬劳酬劳。（清小说《续济公传（上）》）

本人确实不知杨虎城将军的消息，会后当尽快查明此事，定邀**诸位**同访。（当代·罗广斌《红岩》）

承蒙**诸位**关照，特别是田总乡约宽宏大量，明天受我一请。（当代·陈忠实《白鹿原》）

小人武功远不及在座**诸位**，如何敢称第一勇士？（当代·金庸《神雕侠侣》）

诸位相与，刚才致庸只是和**诸位**开个玩笑！（当代电视电影《乔家大院》）

现在证书放在这里，**诸位**随便来拿，因为大家都是第一，自然不必分前后的次序。（现代·老舍《猫城记》）

吕校长，诸位先生，诸位同学：**诸位**的鼓掌虽然出于好意，其实是最不合理的。（现代·钱钟书《围城》）

诸位有表赞同的，还希望协力去进行。（现代·徐特立《欧洲义务教育现状》）

这样，统称代词"诸位"就由最初的不独立发展到了独立，可以用它来单独对称听话一方的若干人。

"诸位"作为统称代词，表示对所指若干人的总称。同时，它又是一个敬辞。《现代汉语词典》："诸位：人称代词。对所指的若干人的尊称：'**诸位**有何意见，请尽量发表。'"可见，"诸位"是一个兼有统称和对称属性的代词，它只用于称代人。我们还可以在一些用例中看到"诸位"与对称代词"你们"的复指照应：

你们诸位从哪里来的？（民国小说《上古秘史》）

你们诸位，不是前来救生，倒是前来送死的了。（民国小说《大清三杰（下）》）

诸位，如果我个人有什么喜讯，**你们**是否愿意向我祝贺呢？（当代·礼平《晚霞消失的时候》）

你们诸位赔了钱的，谁愿意跟兄弟作伴儿就到监狱来找我吧。（当代·陈建功、赵大年《皇城根》）

我劝**诸位**还是回去，**你们**可以据理力争嘛。（当代电视电影《历史的天空》）

使用"诸位"，可以表达一种对对方的客气、礼貌和尊敬。从语体来讲，它属于书面语体。统称代词"诸位"一般用于对称，但现代汉语中偶尔也会以"诸位"来统称说话人一方若干人。这种表达属于"诸位"的临时活用，有强调意味，能够产生一种诙谐色彩。例如当代电视电影《编辑部的故事·人民帮人民一把》中："那你这意思是不是让**我们诸位**给人垫场去啊？"

有的学者把"诸公""诸君"也列为统称代词，这有待讨论。"诸公"和

"诸君"与"诸位"不同,"诸位"已凝固成词,而"诸公"和"诸君"分别表示"诸位公卿大人""诸位先生",后来泛称各位人士,不再是词而应为大于词的短语。我们看几个例子:

> 天子当宁而立,**诸**公东面、诸侯西面,日朝。(战国《礼记》)
>
> 小臣师纳**诸**公、卿、大夫,**诸**公、卿、大夫皆入门右,北面东上。(战国《仪礼》)
>
> 昔肃祖临崩,**诸**君亲临御床,并蒙眷识,共奉遗诏。(六朝小说《世说新语》)
>
> 下官才能所经,悉不如**诸**贤;至于斟酌时宜,笼罩当世,亦多所不及。(六朝小说《世说新语》)

从上面的四个例子我们可以看出,"诸"和后面的"公""君""贤"是离析的。"公"和"卿"在这一形式中是有独立意义的,这和"诸贤""诸位圣贤""众位英雄"等组合是一样的道理。如果将"诸公""诸君"列为统称代词,那么统称代词的系统将会很庞大、很复杂。个人认为这是很不科学的。

3.3.2 列位

"列位"最初是"排列职位"的意思,又用为名词,表示"职位"。战国《商君书》:"不容,则民不急**列位**;不显,则民不事爵。"西汉史书《史记》:"而家皇子为列侯,则尊卑相逾,**列位**失序,不可以垂统于万世。"六朝史书《三国志》:"其诸子侄悉处**列位**,为扬土豪右,而札凶淫放恣,为百姓所苦。"北宋小说《宋朝事实》:"文武**列位**,将相具僚,同心同德以逢时,尽节尽忠而宣力。"唐·刘禹锡《许给事见示哭工部刘尚书诗因命同》:"宫星徒**列位**,隙日不回轮。"唐·张籍《送李仆射诉赴镇凤翔》:"由来勋业属英雄,兄弟连营**列位**同。"

统称代词"列位"指"在场的各位""诸位"。《现代汉语词典》:"列位:人称代词。诸位。"直接用"诸位"来解释"列位"。从语义来看,我们很难区分"列位"和"诸位"的不同。

统称代词"列位"的出现比"诸位"要晚很多,大概出现于宋代,但使用很少。北宋语录《朱子语类》:"每听词状,集属官都来,**列位**于厅上看,有多少均分之,各自判去。"元代以后,尤其是元、明、清三代和民国时期,统称代词"列位"被普遍使用。但到现代汉语中使用就很少了。例如:

> (净)**列位**哥哥,我和你在神道前面许下一个愿心,保佑你我早拿得陀

满兴福。(元曲·施惠《幽闺记》)

这两个凶徒，相烦**列位**替奴家拿他同去，莫放他走了。(元小说《话本选集·沈小霞相会出师表》)

列位殿下，众位先生，商容纵粉骨碎身，难报国恩。(明小说《封神演义（上）》)

我姊姊自是病死的，有我做兄弟的在此，何劳**列位**多管？(明小说《二刻拍案惊奇（上）》)

列位不知书中有明点，有暗过，请看前文便知。(清小说《七侠五义（下）》)

列位，打拳要准，发招要稳；纵如风，站如丁；手眼身法步，招招精奇。(清小说《三侠剑（中）》)

列位试想，留着他们少数几个人，就逼得我们民不聊生。(民国小说《宋代十八朝宫廷艳史》)

列位如愿入会忏悔，定能趋吉避凶，我可与**列位**做个保人，不要错过机会。(民国小说《清史演义》)

列位看官，在家靠父母，出外靠朋友，艺无止境，能人背后有能人，还望……(当代·刘绍棠《狼烟》)

列位家长早已看出端倪来，姜是老的辣，真正不错。(当代·亦舒《七姐妹》)

列位办学堂，尽不必问教育部规程是什么，须先问这块地方上最需要的是什么。(现代·胡适《归国杂感》)

跟"诸位"相比，"列位"不仅出现得晚，而且它的独立性也比"诸位"强，从一开始就不必依赖后面的名词。从语用实例来看，"列位"多用于口语性很强的语境中，而且一般用于有"位"可"列"的情形下，这里的"位"不再专指职位、官位，而是指有一定秩序或一定等级意味的位置（座位或者站位），民国以前一般属于民间市井用语，使用范围比"诸位"狭窄。而"诸位"则一般用于比较正式的场合，但不一定要有"位"可"列"，更倾向于书面用语。"诸位"比"列位"的指称更为概括笼统。偶尔也可以看到二者连用的用例：

列位老殿下，**诸位**大夫，今日安危，俱在丞相、**列位**谏议定夺。(明小说《封神演义（上）》)

这种情况一般是为了表示强调或避免重复而用。"诸位"和"列位"在句法上是相同的，主要作主语，也作宾语，但作定语的用例则很少见。可以说，在"五四"以前,"诸位"和"列位"在语体上呈现一种互补态势。到现代汉语中,就多用"各位""大家"等来统称了。

3.3.3 各位与众位

3.3.3.1 各位

"各位"统称众多对象,最早见于元代口语《老乞大新释》:"**各位**请家里坐。"从明代开始,在之后各代的小说中使用频率都很高。例如:

> 张公的才术,是以前**各位**所赶不上的。(明小说《万历野获编》)
>
> 如今正该去禀知**各位**爷,差人迎接才是,怎么把我不放在眼里,这等无状!(明小说《醒世恒言(下)》)
>
> 前日老檀越饯行**各位**老爹时,悲怜本寺废坏,也有个良心美腹,要和本寺作主。(明小说《金瓶梅》)
>
> **各位**将军受国家知遇之恩,想皆具有天良,竭力以报君恩,共诛逆贼的。(清小说《七剑十三侠(下)》)
>
> 倪刚刚进去换件衣裳,**各位**包涵点,勿要动气。(清小说《九尾龟(一)》)
>
> 萧云仙次日拜了**各位**,**各位**都回拜了。(清小说《儒林外史(下)》)
>
> 今由皇后抱失列门听政,乃是敬遵太宗遗嘱,**各位**当无异议。(民国小说《元代宫廷艳史》)
>
> 那安女士不慌不忙,从容步入,见了**各位**皇妃,请安跪拜,无不如仪。(民国小说《民国演义》)

"各位"与产生于它之前的"诸位"和"列位"在语义和语用上存在一些不同。

首先,"诸位"和"列位"两个统称代词具有较强的对称属性和敬辞色彩;而"各位"的对称属性相对较弱,它的统称属性强于对称属性,感情色彩上是个中性词。

其次,"各位"在语义表达上主要称代一定人群中的"每一位",这一点我们从上面的用例可以分析出来;而"诸位"和"列位"在语义上虽然也可以代指"每一位",但仍然是侧重称代"你们"中的"每一位",即"你们每一位",包括听话人,对称属性较强。与后面将要考论的"大家"相比,"各位"表示更为具体明确的统称,所指更为清晰,而且可以不包括说话人或听话人。

清小说《红楼梦》第七回:"周瑞家的进来笑道:'林姑娘,姨太太着我送花儿与姑娘带来了。'宝玉听说，便先问：'什么花儿？拿来给我。'一面早伸手接过来了。开匣看时，原来是宫制堆纱新巧的假花儿。黛玉只就宝玉手中看了一看，便问道：'还是单送我一人的，还是别的姑娘们都有呢？'周瑞家的道：'**各位**都有了，这两枝是姑娘的了。'黛玉冷笑道：'我就知道，别人不挑剩下的也不给我。'"

这一段话中，使用了统称代词"各位"。从语境来看，"各位"指的是贾府中的每一位姑娘，包括说话人自己，却不包括说话的对方——"黛玉"。在这里，"各位"统括了自称"我"和他称"她们"，但不包括对称"你"，其语义接近"大家"。这是"各位"与"诸位"和"列位"最大的差异。

总的来说，"诸位"和"列位"还是属于较典型的文言词，代表了文言统称代词书面用语和口头用语两个方面。"各位"和接下来要考论的"众位"则是代表了由文言向白话过渡转型期比较典型的口语和书面用语两个方面。它们各自有着自己的表述特色。

3.3.3.2　众位

《现代汉语词典》没有收录"各位"和"众位"两个统称代词，这种忽略是一个小小的缺憾。

"众位"是一个统称代词，产生时间与"各位"相差不多。它最初出现于宋词中，不过只见一例：王义山《乐语·对厅致语》："**众位**判府郎卿金石春鸣，琳琅映照。"元曲杂剧和元代话本小说中稍多一些。如：元代无名氏《随何赚风魔蒯通》："（黄门云）您**众位**将军俱望阙跪者，听圣人的命。"元末明初贾仲明《吕洞宾桃柳升仙梦》："时遇重阳节令，分付兴儿，在这秀野园登高赏玩，请下**众位**街坊，俺先到此间。"元代《话本选集·白娘子永镇雷峰塔》中：白娘子道："**众位**官人在此，他捉我不得。我自小学得个戏术，且把先生试来与众人看。"

元明时期"众位"的使用还不算普遍，直到清代小说中，统称代词"众位"才普遍盛行。不过，到民国时期，"众位"的使用就开始衰退。所以我们可以说，清代是统称代词"众位"的全盛时期。

今日并非贱降，因欲与**众位**一叙，恐董卓见疑，故托言耳。（明小说《三国演义（上）》）

明日请姑娘**众位**，好歹往我那里坐坐，晚夕走百病儿家来。（明小说《金瓶梅》）

我料余七妖术厉害，**众位**大祸将临，特同傀儡生前来相救。（清小说

《七剑十三侠（上）》

我姓胜的不愿与**众位**为仇，我来的这些朋友，怕他们没有容人之量。（清小说《三侠剑（上）》）

众位休得惊慌，我邓某虽不才，还分得出个皂白清浊。（清小说《侠女奇缘（上）》）

凤四哥，你随便使一两件武艺，给**众位**老哥们看看。（清小说《儒林外史（下）》）

我与**众位**讨这口刀，**众位**想一想怎样？（清小说《小五义（上）》）

众位英雄，看着我杨某的面上，并保王义士为山寨之主，我要去也。（清小说《康熙侠义传（上）》）

我托**众位**洪福，已将花得雨拿到，大人是昨日晚间被我救回，请**众位**到里面见。（清小说《彭公案（二）》）

老夫既首先发起，邀请**众位**前来，领衔的人自然应由老夫担任。（民国小说《元代宫廷艳史》）

陶某我没有什么本领，但也愿随**众位**之后，赴汤蹈火。（民国小说《雍正剑侠图（上）》）

"五四"以后，随着白话的蓬勃兴起，统称代词"众位"就为"各位"或"大家"所取代，只有少数作品中偶尔一见，为拟古用法。如林希的《婢女春红》中："我身为大哥治家无方，因此才出了这么一个孽障弟弟，有什么对不住**众位**的地方，**诸位**只管对我一个人说，我这里向**众位**谢罪了。"这里，为了避免单调重复，交叉使用了"众位"和"诸位"两个同义的统称代词，均为拟古用法。

与其他统称代词相比，"众位"更突出"众"字的意义。"众"即众多，它和"各位"是文言向白话过渡时期——元明清时期两个典型的统称代词。只不过"各位"留存下来而"众位"却逐渐被淘汰了。

从语义上讲，"众位"更接近"大家"，介于"各位"的明确和"大家"的笼统之间。"众位"本身的所指是比较笼统的，它的对称和他称属性较弱，一般得通过具体语境中的对应词来判断它是表示对称还是他称。例如：

明小说《水浒全传（上）》："非是敝山不纳**众位**豪杰，奈缘只为粮少房稀，恐日后误了足下，**众位**面皮不好，因此不敢相留。"（与"足下"对称照应表对称。）

明小说《水浒全传（上）》："你们**众位**要杀时便杀了我，休想我随顺你们。"（对称复指照应。）

清小说《三侠剑（上）》："**你们众位**，依仗人多势众，在下我不能瞑目受死，只怕钢锋起处人头滚……"（对称复指照应。）

清小说《九尾龟（四）》："**你们众位**不消生气，我自己认一个错就是了。"（对称复指照应。）

民国小说《汉代宫廷艳史》："**你**和**众位**在这里候着，如有动静，我就吹起画角，你们就来接应我吧！"（与说话人和听话人"你"相对照应，相当于"他们"。）

明小说《初刻拍案惊奇（上）》："**他每众位**多是地方中见。"（他称复指照应。）

"众位"的所指一般不包括说话人自己。它通常统称在场的除说话人以外的所有人，还可以表示对称和他称。一般来讲，在复指关系中，"众位"与对称代词复指，它就是表对称；与他称代词复指，它就是表他称（它通常不与自称代词构成复指关系来使用）。在相对关系中，如果"众位"与说话人相对，它表示对称，相当于"你们"；如果与说话人和听话人"你（们）"相对，它表示他称，相当于"他们"。

3.3.4 大家（大伙儿、大家伙儿）

3.3.4.1 大家

"大家"作为一个凝固的词最早见于周代《尚书·梓材》："以厥庶民暨厥臣，达**大家**，以厥臣达王，惟邦君。"这里的"大家"，即孟子所说的"巨室"，古指卿大夫之家，后泛指世家望族。南朝·徐陵《玉台新咏·古诗为焦仲卿妻作》："汝是**大家**子，仕宦于台阁。"明小说《包公案》："但见言词文雅，气象雍容，人物超群，真是**大家**风范。"这些用例中的"大家"也是这个意思。后来这一意义引申出"大作家""大专家"的意思，用来称那些知识渊博的人。例如：明小说《万历野获编》："元人以郑、马、关、白为四**大家**，而不及王实甫有以也。"王夫之《夕堂永日绪论外编》："艺苑品题有**大家**之目，自论诗者推李杜始。"

唐宋时，"大家"还用于皇宫中与皇帝亲近的人如近臣、后妃等对皇帝的称呼。如唐代白居易《上阳白发人》："今日宫中年最老，**大家**遥赐尚书号。"此诗中的"大家"称唐玄宗。北宋史书《新五代史》："妾在长安，见宰相奏事，未尝如此，盖轻**大家**耳！"此处"大家"为唐明宗宠妃王淑妃称明宗。

"大家"还用来表示"主人"的意思。六朝小说《百喻经·奴守门喻》：

> 譬如有人，将欲远行，敕其奴言："尔好守门，并看驴索。"
> 其主行后，时邻里家有作乐者，此奴欲听，不能自安。寻以索系门，置于驴上，负至戏处，听其作乐。奴去之后，舍中财物，贼尽持去。**大家**行还，问其奴言："财宝所在？"奴便答言："**大家**先付门、驴及索，自是以外，非奴所知。"**大家**复言："留尔守门，正为财物。财物既失，用于门为？"

这个故事中共使用了三个"大家"，都是指"主人"。

"大家"还用于古代女子的尊称，晚辈对母辈可以称"大家"，女子称呼其婆婆亦呼为"大家"。表示这一意义时，"大家"为名词，读为"dàgū"。六朝小说·刘歆《西京杂记》有一段记载："王凤以五月五日生，其父欲不举，曰：'俗谚：举五日子，长及户则自害，不则害其父母。'其叔父曰：'昔田文以此日生，其父婴敕其母曰：勿举！其母窃举之。后为孟尝君，号其母为薛公**大家**。以古事推之，非不祥也。'遂举之。"此故事中，"举"即"生（孩子）"，"大家"表示孟尝君对自己母亲的尊称。《太平广记》中"**大家**见之，即不忘息（媳）妇"中的"大家"即指"婆婆"。

以上所述的都是作为名词的"大家"。直到唐代，统称代词"大家"才开始崭露头角：

(1) **大家**五更发，其僧暗走脱而去。（唐佛经《唐求法巡礼行记》）

(2) 今旁人构间至此，**大家**何忍复出此言。（唐史书《北齐书》）

(3) **大家**疲乏，虽行千里，约损万人。（五代《敦煌变文集新书》）

(4) **大家**担柴则担柴，**大家**搗米则搗米。（五代《祖堂集》）

(5) **大家**以香花送之，埋于城外。（北宋小说《太平广记》）

(6) 公休怨，婆休怨，伯伯、姆姆都休劝，丈夫不必苦留恋，**大家**各自寻方便。（北宋小说《话本选集·快嘴李翠莲记》）

(7) 我肯去蒿恼他一场，教他**大家**没趣。（元小说《话本选集·金玉奴棒打薄情郎》）

(8) 人是在里头，料没处去，**大家**在此帮说句话儿，催他出来，也是个道理。（元小说《话本选集·沈小霞相会出师表》）

(9) 此时人困马乏，**大家**面面相觑，各欲逃生。（明小说《三国演义（上）》）

(10) 彼此谈论多时，真是文武各尽其妙，**大家**欢喜非常。（清小说

《七侠五义（上）》）

（11）**大家**想一想，假使中国没有原子弹、导弹，那中国是什么国际地位？（当代传记《周恩来传》）

"大家"借作统称代词后，迅速成为各代话本小说和佛经中最为通用的统称代词，其统称功能也逐渐成了"大家"的最重要、最常用的两大功能之一。《现代汉语词典》解释："大家——名词：著名的专家；世家望族。代词：人称代词。指一定范围内所有的人。"

"大家"之所以能最终取代其他统称而成为现代汉语最通用的统称代词，跟它语义功能和语法功能的完善是分不开的。"大家"是真正能代称"一定范围内所有的人"的统称代词。

第一，它能泛代一定范围内所有的人。

上述例（1）（3）（4）（5）（8）（9）（11）都是这种情况。现代汉语中有一种惯常句式："**大家**都称他（她、他们）……"这样的"大家"一般指称非常宽泛，它泛代所有了解他（她、他们）的相关事情的人，这些人与他（她、他们）或许认识，或许不认识。它统括了包括说话人自己的所有相关人。这种用法可以在对话中使用，也可以用于叙述语言等非对话场景。这个"大家"在口语中可以用"大伙（儿）""大家伙儿"替换，但不能用"诸位""列位""各位""众位"或"彼此""各自"来置换。

第二，"大家"在一定的语境中，与其他人称代词相对对举时，其所称代对象不包括其他人称代词所指称的对象。

在相对关系中，如果"大家"与说话人"我（们）"相对，它表示对称，相当于"你们"，如："**大家**不要吵，听**我**说几句。"上述例（2）中的"大家"在对话语境之下也暗含与说话人"我"的相对，所以也当表示对称，相当于"你们"。如果它与听话人"你（们）"相对对举，则"大家"表示自称，相当于"我们"，如："最后结果怎样？小李，**你**说来**大家**听听。"如果它与说话人"我（们）"和听话人"你（们）"相对，它表示他称，相当于"他们"，如："**你**和**大家**在这里等着，十分钟**我**就回来"。如果不是相对对举关系而是照应关系，则"人家"与前面的人称代词的所指为同一对象，如："**他们**谈了很久，直到快十二点，**大家**才恋恋不舍地各自回了家。"这里，"大家"统称"他们"。如果"他们"换成"我们"，那么"大家"就统称"我们"。

有时"大家"还用于旁指别人："他整天不说话，头上带着**大家**以为耻辱的高帽子。"

第三，"大家"常常用于其他人称代词"你们""我们""他们""咱们"后面作复指成分。例如，上述例（7）构成他称复指"他大家"，"他"为单、复数同形，这里表示复数。构成对称复指的例子，如："**你们大家**都不要着急，有机会我会好好说说这方面的事情，但现在不是时候。"上述例（12）则构成了自称复指"我们大家"。"大家"还可以与自称代词"咱们"构成自称复指，例如："明天**咱们大家**就这个问题开个会议议。"

第四，"大家"还可以表示"彼此"的意思，这是"诸位""列位""各位""众位"，甚至"大伙（儿）""大家伙儿"等统称代词都不具备的功能。例如上述的（6）（10）二例。例（6）是李翠莲以"大家"代称丈夫和自己两方面。例（10）是公孙策与前来弃暗投明的王朝、马汉、张龙、赵虎四条好汉相遇，双方谈得很是投机，所以"文武各尽其妙"。"大家"就是指双方，即前文提到的"彼此"。

第五，语法功能上，"大家"也非常全面，可以用于句子的主位、宾位和领位充当句子的主语、宾语和定语。

一个"大家"，基本上统括了其他所有统称代词的所有语义功能和语法功能，这就是它取代其他统称代词占据现代汉语中最重要的统称代词席位的原因。到目前为止，还没有哪一个统称代词的功能像"大家"这样完善。至于语体方面的不足，书面语用"诸位""各位"，口语则用"大伙（儿）""大家伙儿"等加以补充。在正式场合表示尊敬、郑重时用"诸位"或"各位"；在民间非常宽松随意的场合下用"大伙（儿）""大家伙儿"。

3.3.4.2 大伙（儿）、大家伙儿

"大伙"最初出现于明代一些小说中，指人数较多、聚集成伙的强盗。例如明小说《万历野获编》："今天下赌博盛行，其始失货财，甚则鬻田宅，又甚则为穿窬，浸成**大伙**劫贼。"明小说《水浒全传（中）》："这座山生得形势怪恶，莫不有**大伙**在内？"明小说《醒世姻缘传（下）》："传了一声，来了一**大伙**子，抗门的抗门，弄窗户的弄窗户，弄开了一叶隔断间木板。""大伙"还指"大副"，是船长的主要助手。例如，清小说《二十年目睹之怪现状（中）》："此时是**大伙**的班，船主便到船头上和**大伙**说知；**大伙**便发下快车号令。"当代作家高阳的《红顶商人胡雪岩》中："对我来说，你是股东；对阜康来说，你是**大伙**。"

清代，"大伙"被借用为统称代词，也作"大伙儿""大家伙儿"，词汇意义跟"大家"一致。例如：

你把太和店的小二也叫了来，有的是酒，有的是菜，咱们**大伙**同吃，算是我一点敬意。（清小说《七侠五义（上）》）

你们**大伙**休息一二日，仍分头去访贼人的下落，便中再访胜爷现在何处。（清小说《三侠剑（中）》）

这庙里是个'大家的马儿大家骑'的地方儿，让**大伙儿**热闹热闹眼睛，别招舍怨！（清小说《儿女英雄传（下）》）

小和尚他们**大伙**又给北侠磕了一阵子头。（清小说《小五义（中）》）

你若撇不下你干妈，咱们索性把你干妈也带了去，**大家伙儿**乐一乐好不好？（清小说《红楼梦（下）》）

大家伙儿看着张旺怪可怜的，洒泪分别，张旺从这里徜徉而去。（民国小说《雍正剑侠图（中）》）

这样回来，咱们**大伙儿**就可以办了，可行则行，可止则止。（民国小说《雍正剑侠图（中）》）

高大哥说的是，我们兄弟**大伙儿**都要敬高大哥一杯。（当代·古龙《英雄无泪》）

子默虽得到**大伙儿**的尊敬，她却得到**大伙儿**的"爱"。（当代·琼瑶《水云间》）

后来打晕了，嘛也不知道了，他们**大伙**拿大铁丝把我绑起来，我就不知道了。（当代·冯骥才《一百个人的十年》）

这面大旗是俺们**大伙儿**要求做的，与七爷无关。（当代·姚雪垠《李自成》）

不过那样一来的话，你们**大伙**的加班费可就泡汤了。（当代电视电影《北京人在纽约》）

你可不能辜负我们**大伙儿**对你的减肥的期望。（当代电视电影《编辑部的故事·胖子的烦恼》）

从上述例子可以看出，"大伙（儿）""大家伙儿"和"大家"一样，都可以统括"一定范围内所有的人"，可以用在一定的人称关系中表示自称、对称和他称，还可以跟在"你们""我们""他们""咱们""俺们"后面作复指成分。它们在句法中的功能也很全面，可以作句子的主语、宾语和定语。但是，"大伙（儿）""大家伙儿"一般用于北方口语中，不像"大家"那样在汉语中普遍使用。另外，"大家"具有表示双方"彼此"的语义功能，而"大伙（儿）""大家伙儿"不具备这样的表述功能。

3.3.5 彼此与各自

3.3.5.1 彼此

"彼此"又称"互指代词"。"彼此"本是两个指示代词,"彼"指"那","此"指"这",分别表示远指和近指。二者合起来,表示"那"和"这"两方面,包括"那个和这个""那些和这些""那边和这边""那里和这里"等相对的两个方面。

大约在六朝时期,"彼此"被借用为统称代词,可以称代人和事物,但以称人为主,表示当事的各方。《现代汉语词典》(2005):"彼此——人称代词。1. 那个和这个;双方。2. 客套话,表示大家一样(常叠用作答话)。"这样表述还是不够清晰和准确。

其实,"彼此"从一开始作人称代词就不仅可以称代"双方",而且可以称代当事的各方。多称代"双方",也称代当事的各方。例如:

六朝史书《三国志》:"背本逐末,以陷浮华焉,以成朋党焉;浮华则有虚伪之累,朋党则有<u>彼此</u>之患。"(指多方)

六朝小说《世说新语》:"裴冀州释二家之义,通彼我之怀,常使两情皆得,<u>彼此</u>俱畅。"(指双方)

唐史书《北齐书》:"文遥大惊,追加慰抚,还以与之,彼人愧而不受,<u>彼此</u>俱让,遂为闲田。"(指双方)

北宋小说《太平广记》:"慎无泄我下降之事,泄之则<u>彼此</u>获罪。"(指双方)

元小说《话本选集·蒋兴哥重会珍珠衫》:"他两个萍水相逢,年相若,貌相似,谈吐应对之间,<u>彼此</u>敬慕。"(指双方)

明小说《万历野获编》:"而贵州、广西诸土官,竟自以所藏谱牒上请,以致<u>彼此</u>纷争,累年不决,称后构难。"(指多方)

明小说《二刻拍案惊奇(上)》:"我辈俱是孔门子弟,以文艺相知,<u>彼此</u>爱重,岂不有趣?"(指多方)

明小说《今古奇观(上)》:"两下挑灯对坐,<u>彼此</u>倾心吐胆,各道生平志愿,情投契合,遂为至交,只恨相见之晚。"(指双方)

清小说《绣云阁(上)》:"妾见君意起怜爱,君见妾视如寇仇,<u>彼此</u>用心,何左若是?"(指双方)

统称代词"彼此"着重强调处于一定事件中的各方的互动,有时很多人为

163

一方，有时一个人就代表一方。清以后，"彼此"也可以置于"我们""你们""他们""咱们""俺们"等后面作复指成分，但表示双方还是表示多方，要根据具体语境来分析判断。

　　清小说《儿女英雄传（上）》："当日在京，<u>我们彼此</u>都是通家相见。"
　　清小说《红楼梦（上）》："林黛玉素知丫头们的情性，<u>他们彼此</u>顽耍惯了，恐怕院内的丫头没听真是他的声音，只当是别的丫头们来。"
　　清小说《红楼梦（上）》："他们既随和，你也随和，岂不<u>大家彼此</u>有趣。"
　　清小说《镜花缘（上）》："俺因他们个个把俺冷淡，后来走开，俺同妹夫商量，<u>俺们彼此</u>换了衣服，看他可还冷淡。"
　　"这件事情，<u>咱们彼此</u>心照不宣，对其他人，就不要再说了。"
　　"走到今天不容易，<u>你们彼此</u>要格外珍惜啊。"

　　"彼此"还被引申出"不同""区别"之意，作名词。如：北宋史书《新五代史》："军士犯法，安有<u>彼此</u>！"司马光《资治通鉴》："军中之将，各有<u>彼此</u>。"明小说《封神演义（下）》："孔宣，你在马上不好交兵，你下马来，与你见个<u>彼此</u>，吾定要拿你，方知吾的手段！"这一用法一般只在古汉语中使用。

　　有意思的是，单个的"彼此"表示"区别""高下"的意思，但将"彼此"重叠为"彼此彼此"来使用，则表示相反的意思，即"没什么不同""都一样"的意思。这是汉语交际中表示谦虚客气的说法。

　　"彼此"是一个文言词，但由于表意独特，它在现代汉语书面语中仍保有一个重要席位。

3.3.5.2　各自

　　"各自"与"彼此"相对，"彼此"强调一种交互性，而"各自"强调自为性，它表示多人中的个人自己或者多方中的每一方，它强调多个或多方中的个体行为。虽然称代的是个体，但不是确指，而且是多个个体或多方面组成的集合体，因而属于统称代词。《现代汉语词典》："各自：人称代词。各人自己；各个方面自己的一方。"

　　"各自"一词出现很早，大约在春秋战国时期就已经使用。例如：春秋《墨子·备城门》："为闺门，闺门两扇，令可以<u>各自</u>闭也。"春秋《墨子·号令》："度食不足，食民<u>各自</u>占，家五种石升数，为期，其在菹害，吏与杂訾，期尽匿不占，占不悉，令吏卒瞰得，皆断。"战国《商君书》："名分定，则大诈贞信，巨盗愿悫，而<u>各自</u>治也。"战国《晏子春秋》："公弃其民，而归于田氏，齐旧四量：豆、区、釜、钟，四升为豆，**各自**其四，以登于釜，釜十则钟。"这些"各自"，与现在的意义是相同的。

从汉代开始，"各自"的使用就非常普遍了。从"各自"的使用来看，其语法意义一直没有大的变化，主要用于作主语，也作定语，偶尔可作兼语，一般不作宾语。

西汉《史记》："君王能自陈以东傅海，尽与韩信；睢阳以北至谷城，以与彭越：使**各自**为战，则楚易败也。"（兼语）

东汉《太平经》："行气者**各自**有伍，非独火也，金火最为伍，赤帝之长。"（主语）

晋·干宝《搜神记》卷一："一旦分别，岂不怆恨，势不得不尔，**各自**努力。"（主语）

唐·李商隐《代赠二首》："芭蕉不展丁香结，同向春风**各自**愁。"（主语）

宋·姜夔《鹧鸪天·元夕有所梦》："谁教岁岁红莲夜，两处沈吟**各自**知。"（主语）

元《话本选集·蒋兴哥重会珍珠衫》："夫妻本是同林鸟，大限来时**各自**飞。"（主语）

明《三国演义（下）》："孔明即唤马岱、赵云、魏延三人受计，**各自**领军前去。"（主语）

清《红楼梦（中）》："我想往年不拘谁作生日，都是**各自**送**各自**的礼，这个也俗了，也觉生分的似的。"（主语；定语）

民国《雍正剑侠图（上）》："五家寨主，**各自**抄兵刃，一个个的都飞身出来。"（主语）

当代《中国政府白皮书·中国的禁毒》："公安、海关、铁路、交通、民航、林业、邮电等有关部门，充分发挥**各自**职能，缉毒成效显著。"（定语）

当代《哈佛管理培训系列全集·哈佛经理的谋略》："在某种意义上，两国间的合作就是竞争和对抗，就是**各自**利用谋略思维从对方身上获取利益。"（主语）

《人民日报》，1993\\R93_06："在莫斯科举行会晤，就按均等原则分割黑海舰队，并在此基础上组建**各自**舰队达成协议。"（定语）

"各自"还可以跟在人称代词"我们""你们""他们""咱们""俺们"等

后面作复指成分。此不赘述。

"各自"称人表示各人自己，称事物则表示各个事物自身。除了表示对人或事物的统称之外，"各自"还表示"独自"的意思。清《侠女奇缘（下）》："此是生死机关，你须**各自**各儿拿定主意，免生后悔。"清《红楼梦》第67回："宝玉仍把黛玉送至潇湘馆门首，才**各自**回去了。"又《红楼梦》第115回："正说着，外头嚷进来说：'这和尚撒野，**各自**跑进来了，众人拦他拦不住！'"郭沫若《海涛集·我是中国人》："安娜来解围了。她端着茶，并还把预备给孩子们吃的糖点送来奉献，我**各自**退进我的斗室里去了。"这些句子中的"各自"都不能理解为统称代词。

汉语中，统称代词为数不少，它们都有着各自的语义倾向和语用特征，有着自己特定的表达范畴。为了表示强调或准确地表情达意，也为了避免重复单调，常常把语义相近的不同统称代词交错使用，使得表达立体生动。

  列位殿下，**众位**大夫，不可退朝，且听西宫黄娘娘消息，方存定论。（明小说《封神演义（上）》）

  我已将饼单银两交与**各位**兄台了，明晚做节，你与**列位**兄台多饮几杯。（清小说《乾隆南巡记（上）》）

  这是散碎白银二百两，我们敝东人与**众位**达官爷不成敬意，你**各位**买酒不醉，吃饭不饱，作为喝杯茶，你们**众位**爷们作为零用。（清小说《三侠剑（上）》）

  众位好汉请了，我们正要赶路，**列位**拦路不放前行，却是为何？（清小说《侠女奇缘（上）》）

  快快先把万岁的龙体遮住，你们**大家**也得赶紧穿上衣服，我要召集**各位**王爷进来，商量大事。（民国小说《大清三杰（中）》）

3.4　无定代词

无定代词是指没有确定指示对象的代词。"或""有"和"莫""无"是古汉语特有的代词，现代汉语中没有这一类代词。

3.4.1　肯定性无定代词——"或""有"

"或"和"有"是肯定性无定代词，二者意义相当。《尚书·微子》："殷其弗或乱正四方。或,有也。言殷其不有治正四方之事,将必亡。"在句子中,无定代词"或"和"有"一般只充当主语,通常指人,有时候也指代事物,相当于现代汉语中的"有人""有的人"或"某人"。

3.4.1.1 或

"或",会意字。金文为🈯,甲骨文字形从口(象城形),从戈(以戈守之)。表示以戈卫国。本义为"国家",用本义时读作"yù"。《说文解字》:"或,邦也。从口从戈,以守一。一,地也。域,或又从土。于逼切。"后被借用为表示选择的连词、动词和代词等,读作"huò"。

肯定性无定代词"或"一般指人,相当于现代汉语的"有人""有的人""某人"。"或人"即"某人""有些人",不称名而暗指的人。《韵会》:"凡或人或曰皆阙疑之辞。""或时"即"有时";"或一""或种"即"某种";"或曰"即"某日""有一天"。《康熙字典》:"按六书有假借,或本是邦或字,借为疑字,后人加土为域,加心为惑。而于或字,止作或人或曰之用,并其本义而忘之矣。"

无定代词"或"代指不定的人,一般只作主语。例如:

战国《孟子·许行》:"<u>或</u>劳心,<u>或</u>劳力;劳心者治人,劳力者治于人;治于人者食人,治人者食于人,天下之通义也。"

战国《孟子·梁惠王上》:"<u>或</u>百步而后止,<u>或</u>五十步而后止。"

战国《吕氏春秋·察今》:"先王之法,经乎上世而来者也,人<u>或</u>益之,人<u>或</u>损之,胡可得而法!"

春秋《左传·昭公二十八年》:"<u>或</u>赐二小人酒,不夕食。"

春秋《左传·襄公十五年》:"宋人<u>或</u>得玉,献诸子罕,子罕弗受。"

春秋《左传·哀公七年》:"曹人<u>或</u>梦众君子立于社宫而谋亡曹。"

西汉《史记·陈涉起义》:"今<u>或</u>闻无罪,二世杀之。"

西汉·司马迁《报任安书》:"人固有一死,<u>或</u>重于泰山,<u>或</u>轻于鸿毛。"

六朝《世说新语·周处》:"<u>或</u>说处杀虎斩蛟,实冀三横唯余其一。"

当"或"之前有先行词时,则"或"指代其中一个或一些。如果"或"之前没有先行词,则"或"指代全体人类中的一个或一些。

"或"还可以前后呼应使用,表示列举不同的情况。这时"或"仍然是无定代词,它既可以称人(译为"有人"),又可以称物(译为"有的")。例如:

或百步而后止，或五十步而后止。（称人，《孟子·梁惠王上》）

夫物之不齐，物之情也。或相倍蓰，或相什伯，或相千万。（称物，《孟子·许行》）

这种用法中的"或"不是表示选择的连词，不能理解成"或者"，这是应当特别注意的。

古汉语中，在"无"与"或"连用时，"或"同"惑"。例如，周《尚书》："无或敢伏小人之攸箴！"《孟子·告子上》："孟子曰：无或乎王之不智也。"

3.4.1.2 有

"有"为会意字。金文字形，从又（手）持肉，意为手中有物。本义是"具有"的意思，如《诗经·硕鼠》："相鼠有皮，人而无仪。"李贺《金铜仙人辞汉歌》："天若有情天亦老。"又引申出"存在"之意，如《诗·小雅》："东有启明，西有长庚。"《老子》："天下万物生于有，有生于无。"这些表示领有和存在的意义与"无"相对。《说文解字》："有，不宜有也。《春秋传》曰：日月有食之。从月又声。"按，掩日者月也。故许（慎）云月有食之，犹言日有食之月食之也。后又引申出"获得""占有"之意，如《资治通鉴》："若据而有之，此帝王之资也。""有"还可以用作副词、前置词缀和无定代词。"有"作词缀很有特点，它附着在名词、动词、形容词之前，相当于词缀，无实际意义。王力先生在其《古代汉语》中称之为"词头"。一是用在某些名词的前面，如《荀子·议兵》："舜伐有苗……汤代有夏。"二是用在某些动词、形容词前面凑足音节，协调节奏，如《诗经·泉水》："女子有行，远父母兄弟。"现代汉语中用于动词前一般表示客气，如"有劳""有请"等。

作为无定代词的"有"，表示不定指，跟无定代词"或"的作用相近。如《尚书·舜典》："咨四岳，有能奋庸熙帝之载，使宅百揆，亮采惠畴？"这里的"有"为无定指代词，是"有人"的意思。全句意为：跟你们四岳商量一下，有人能奋起图强，光大先帝的业绩，并顺顺当当辅佐政务吗？

以下四例均为无定代词：

《孟子·告子上》："由是则生，而有不用也。"（有：有的人。）

《列子·周穆王》："其民有智有愚。"（有：有的人。）

《晋书·艺术传》："嘉之死日，人有陇上见之。"（有：有的人。）

《史记·淮阴侯列传》：信喜，谓漂母曰："吾必有以重报母。"（有：有某种机会。）

"有"的基本意义与"无"相对，无定代词"有"与无定代词"无"也是相对的。但"有"的无定代词用法不是它的主要用法，在汉语中使用并不多。

3.4.2 否定性无定代词——"莫"和"无"

"莫"和"无"是否定性无定代词，可以用来指代人，也可以用来指代事物。相当于现代汉语的"没有谁"或"没有什么东西（事情）"。

3.4.2.1 莫

"莫"为会意字，本义是傍晚。《说文解字》："莫，同暮。"后借作动词、代词、副词等，另造"暮"字表本义以相区别。

"莫"义项繁多。正因为如此，到现在，还有一些关于"莫"的词性之争。有的人说它是名词，如杨树达先生（1986）的《高等国文法》和《词诠》中均称"莫"为无指代名词；有的人说它是副词，如周生亚先生（1964）；有的人说它是动词，如韩学重先生（2000）；有的人说它是指示代词中的"约指代词"，如马建忠先生（《马氏文通》）。其实大家都没错。像很多词语一样，"莫"也是一个身兼数职的多功能词，这一点没必要争论。"莫"可以用作名词、动词、副词、助词、疑问代词、无定代词等。"莫"是一个无定代词，并不否定它作为名词、副词或动词等功能。同理，它是一个副词，也不能说它就不能是一个无定代词或别的词。

尽管"莫"的义项很多，但最主要的义项是两项：一是作无定代词；二是作否定副词。

汉以前，"莫"字大多为无定代词，没有确定的指示对象，相当于现代汉语的"没有谁"或"没有什么东西（事物）"。

（1）汝惟不矜，天下<u>莫</u>与汝争能；汝惟不伐，天下<u>莫</u>与汝争功。（周《尚书·大禹谟》）

（2）<u>莫</u>高匪山，<u>莫</u>浚匪泉。（周《诗经·节南山之什·小弁》）

（3）国人<u>莫</u>敢言，道路以目，王喜，告邵公曰……（春秋《国语》）

（4）杀臣，宋<u>莫</u>能守，乃可攻也。（《墨子·公输》）

（5）天下之水，<u>莫</u>大于海。（《庄子·秋水》）

（6）<u>莫</u>非命也，顺受其正……（《孟子·尽心上》）

（7）吾盾之坚，物<u>莫</u>能陷也。（《韩非子·历山之农者侵畔》）

（8）世间不行道德，<u>莫</u>过桀、纣；妄行不轨，<u>莫</u>过幽、厉。（东汉《论衡》）

(9) 五音莫不有声，而以徵羽定名者，以胜者也。（西汉诸子《淮南子》）

(10) 拨乱世反诸正，莫近于《春秋》。（唐《大唐新语》）

无定代词"莫"前面一般都伴有或暗含一个指人或事物群体的先行词。"莫"的作用就是对群体中的个体进行逐个否定，从而否定整个全体。表示整个群体中"没有一个如此"的意思。作为一个否定词，"莫"字所否定的可以有范围，也可以没有范围，或者不指出范围。我们也要根据它们所指代的对象的不同，做不同的翻译。否定性无定代词"莫"表示否定一切对象，如果"莫"字前面没有指出否定范围，那么它是全称否定，它所否定的范围是最广泛的。如上面的（2）（6）（7）三例。

"莫"表示对前面先行词的否定，"莫"与动词"如"或"若"结合，表示没有什么人或事物比后面所说的人或事物更好，是对后面事情的肯定而不是否定。

　　凡今之人，莫如兄弟。（周《诗经》）
　　重莫如国，栋莫如德。（春秋《国语》）
　　吾闻之：非德，莫如勤，非勤，何以求人？（春秋《左传》）
　　我非尧舜之道不敢以陈于王前，故齐人莫如我敬王也。（战国《孟子》）
　　至爱莫如父子，尚且不肯为我吮疽，邓通爱我胜如吾子。（明小说《今古奇观（上）》）
　　如今当今贴体万人之心，世上至大莫如"孝"字，想来父母儿女之性，皆是一理，不是贵贱上分别的。（清小说《红楼梦（上）》）
　　莫若权弃山东，且往山西，再聚大兵，以图恢复。（明小说《英烈传》）
　　莫若派人暗暗访查，需剪了他的羽翼，然后一鼓擒之，方保无虞。（清小说《七侠五义（下）》）

"莫"与否定副词"不"或"非"连用，是否定之否定，表示对后面所说事物的肯定。如：

　　昔圣帝明王，莫不历象日月星辰，以为镜戒。（东汉史论《风俗通义》）
　　佛说是时莫不欢喜。（六朝佛经《支谦译经·佛说龙施女经》）
　　莫非是你老相交送的表记？（元小说《话本选集·蒋兴哥重会珍珠

衫》）

足下<u>莫</u>非就是岳二公子么？（清小说《说岳全传（下）》）

"莫"与其他成分粘合后，它就失去独立性，只是一个构词成分。粘合作为语言的一种词汇演变现象，反映出了语言系统各方面的相互影响。

汉以后，"莫"字逐渐产生了新的用法，成了否定副词，常用于祈使句表示禁止，表示禁止性否定，相当于"勿（不要）"。这一义项逐渐成了"莫"的一个主要义项。例如：

秦王车裂商君以徇曰："<u>莫</u>如商鞅反者。"（西汉《史记·商君列传》）

<u>莫</u>将愁绪比飞花，花有数、愁无数。（南宋·朱敦儒《一落索·惯被好花留住》）

若要人不知，除非己<u>莫</u>为。（元小说《话本选集·勘皮靴单证二郎神》）

有时也用于陈述句，表示否定，相当于"不"。例如《史记·韩信破赵之战》："诸将皆<u>莫</u>信。"

六朝以后，"莫"作无定代词的用法逐渐减少，而作副词的用法却得到极大发展。"莫"作副词可以作否定副词，表示否定、劝诫和禁止；也可以作语气副词，表示揣测。云南省境内一些地方方言也在使用副词"莫"，如昆明、楚雄等地。

到现代汉语中，无定代词"莫"已经很少使用，多在方言或者某些文言词语（包括成语）、宣讲佛法的文献中用到，如"莫名其妙""莫须有"等。例如，当代应用文《佛法概要》："<u>莫</u>待老来方学道，孤坟多是少年人，此身不向今生度，更向何生度此身。"

无定代词"莫"还有一个非常重要的语法特征，就是在句子中，它只作主语，不作其他成分。这一点从上面的例句中可以看出。

3.4.2.2 无

"无"，会意字。甲骨文、金文中为"無"，小篆为𣞣。据甲骨文字形，像一个人持把在跳舞，如一舞蹈者执道具的正面造型。卜辞、金文中"无、舞"同字，本义为"乐舞"。《说文解字》："无（無），亡也。奇字，无通舞。"即"没有"。这其实是后来的假借义而非本义。后来以"舞"表示"舞蹈"，"无"则借表"没有"之意，并进一步简化为"无"。

可以看出，"无"最初是动词"舞蹈"的意思，后来被借为表示动词"没有"的意思，在哲学范畴中，指无形、无名、虚无等，或指物质的隐微状态

(nihility)。如《老子》："天下万物生于有，有生于无。"

"无"又被借为副词，表示"不"的意思。例如，春秋《国语》："楚之所宝者，曰观射父，能作训比率，以行事于诸侯，使无以寡君为口实。"战国《孟子》："无为其所不为，无欲其所不欲，如此而已矣。"还可以作连词，表示在任何条件或情况下都是如此，相当于"无论"。

除此之外，"无"还有否定性无定代词用法，同无定代词"莫"一样，没有确定的指示对象，在句子中既可以代称人，也可以代称事物，表示不定指的人、事物、时间、处所等，相当于英语的"nothing"。主要用于主位充当主语，表示"没有谁""没有什么东西"的意思。例如：

周《尚书》："我之弗辟，我无以告我先王。"

春秋《韩非子·难一》："吾矛之利，于物无不陷焉。"

春秋《墨子》："今唯无以厚葬久丧者为政。"

春秋《左传·齐桓公伐楚》："尔贡包茅不入，王祭不共，无以缩酒，寡人是征。"

春秋《左传》："好恶不愆，民知所适，事无不济。"

战国《孟子》："于不可已而已者，无所不已；于所厚者薄，无所不薄也。"

《汉书·高帝纪》："臣少好相人，相人多矣，无如季相。"

北宋·司马光《资治通鉴》："逊曰：'安东得士众心，城牢粮足，无可忧也。'"

宋·苏洵《衡论·远虑》："知无不言，言无不尽，百人誉之不加密，百人毁之不加疏。"

清·百一居士《壶天录》卷上："古来战无不胜，攻无不克，端赖吾能用兵之将，球至于今，邈不可得。"

无定代词"无"与无定代词"莫"的称代用法相同，语法功能一致，但无定代词"无"在古汉语中的应用要少得多，而"莫"使用更为普遍。相反，在现代汉语中，无定代词"无"的使用则比无定代词"莫"更为广泛，"莫"使用极少，而"无"使用普遍。例如：

刘瑾虽然被杀，但是明武宗的昏庸腐败却是无可救药的。（当代应用文《中华上下五千年》）

这批流民勇猛无比。一个抵十个，十个抵百个。（当代应用文《中华上下五千年》）

天下之大，<u>无</u>奇不有！（当代应用文《21世纪的牛顿力学》）

"莫"和"无"在很多时候都不能够互相替代，原因就在于它们具有一些不可忽视的差异。

1. 在"无定"意义上，"莫"和"无"都没有特定指称对象，二者均为无定称代。但"莫"前面一般都伴有或暗含一个指人或事物群体的先行词，"莫"通过对先行词所表达的群体中的个体进行逐个否定，从而否定整个全体，而"无"的前面有时有先行词，但大多没有先行词，直接否定全体。

2. 在"否定"意义上，"莫"和"无"否定的侧重点不同。"莫"为后向否定，否定的是它后面的动作行为或性质，其否定形式为"没有谁（或什么事物）怎么样"，如《韩非子·历山之农者侵畔》"吾盾之坚，物<u>莫</u>能陷也"否定的是"没有什么东西能刺穿"。而"无"为前向否定，否定的是它前面的人或事物，其否定形式为"没有什么人（或事物）"，如《韩非子·难一》"吾矛之利，于物无不陷焉"否定的是"没有什么东西"。这就是"莫"有"莫若""莫如"用法，而"无"鲜见"无若""无如"用法的原因。这跟它们的本义有极大关系。

另外，"无"还有一个较为特殊的用法——与"有"粘合成词，即存现动词"无有"，表示"没有"的意思。例如：

战国《庄子》："<u>无有</u>所将，<u>无有</u>所迎。"

西汉·刘向《战国策·赵策》："有在者乎？"曰："<u>无有</u>。"

唐·李朝威《柳毅传》："因而随之，<u>无有</u>碍矣。"

明·张溥《五人墓碑记》："凡四方之士<u>无有</u>不过而拜且泣者，斯固百世之遇也。"

无定代词"或、有，莫、无"是汉语中比较特殊的一类人称代词。它们都有一些共同特点：一是没有确定的称代对象，二是都只用于主位作主语，三是无定称代都不是它们的主要功能。

3.5 隐名代词"某"和"甲、乙、丙、丁"

黎锦熙先生主编的《汉语辞典》解释："某，凡言人与事物不实指其名者曰某；亦用为自称代名词。"

"某"是一个特殊的代词，无论在古代汉语还是现代汉语中，"某"都是一个普遍使用的隐名代词,即隐去名称而以"某"代之,表示"某人""某时""某地""某物"等,用于指称不详、无关紧要,或者不愿、不必直接说出的人和事物。

春秋战国以后,"某"的使用就已很普遍,主要表示隐晦其名或不便明说、不需说出,便以"某"代之。因此我们把"某"称为隐名代词。

两汉之交,佛教传入我国,汉唐盛世,也是佛教的盛世,引进了卷帙浩繁的佛教经典。到唐代,皇室大力推崇与扶持佛教业,形成多派教理和修持体系,俗讲流行,变文大盛。为了通俗地解经说法,僧人们用不同的形式,变易文体,甚至增加方言口语来译经讲经。在佛教文化笼罩之下,口语语词"某""某甲"和"某乙"被广泛运用,除了原有的隐名代词功能外,"某"开始被用作自称代词。关于自称代词"某",前面已经做过详尽考论(见3.1.7),此不赘述。

作为隐名代词的"某",其性质非常鲜明,即"隐晦其名",只要是不能、不便、不愿、不需说出的人或事物的名称,都可以"某"代之。下列句中的"某"都表示隐晦其名:

婴不知孔<u>某</u>之有异于白公也。(春秋《墨子》)
覆而败之曰取<u>某</u>师,京师败曰王师败绩于<u>某</u>。(春秋《左传》)
凡诸侯之女,归宁曰来,出曰来归,夫人归宁曰如<u>某</u>,出曰归于<u>某</u>。(春秋《左传》)
我于前世,于<u>某</u>生中,先度<u>某</u>人,当时是我妻妾兄弟,今来相度,与汝相随,归<u>某</u>世界,供养<u>某</u>佛。(唐佛经《大佛顶首楞严经》)

与之相类,在"某"的基础上产生的"某甲"和"某乙"也作为隐名代词使用。"某甲"和"某乙"出现稍晚:"某甲"初见于六朝佛经和佛语录,最初为隐名代词;"某乙"大约到唐代的《神会语录》和唐小说中始见,到五代的《敦煌变文集新书》以后就较为多见了。

"某""某甲""某乙"等的隐名功能是一样的,但它们在运用时有所分工:

(一)"某"运用范围很广,可以代人,可以代物,还可以代事件,而"某甲"和"某乙"一般只能代人。

(二)指代人的时候,如果只是单个人,可以用"某",也可以用"某甲"或"某乙",但如果要分别指代两个以上的人,则分别用"某甲""某乙""某丙""某丁"……

(三)"某甲"和"某乙"的独立性强于"某",一般独立指代一个人,而"某"常与其他语素组合称代。"某"指代人时可代姓名,也可只指代名而将姓置于"某"前或单用"某",还可用"某人"表示;指代事物时,多用"某+属性名词"来代替,偶尔也单用"某"来指代。唐以后,"某"的角色功能也逐步向第一人称代词转化。

(四)"某甲"和"某乙"产生之初就如孪生兄弟,唐代时同时被佛家借去用作第一人称代词,而隐名代词功能就主要由"某"来承担。北宋以后"某甲"和"某乙"又逐步转向隐名代词功能。

"甲"最初指草木萌芽时所带的种子皮,又引申为动物身上起保护作用的硬壳和古代军人穿的皮做的护身衣服。被借来虚代人名是因为它又为天干的第一位,而"乙"为第二位,"丙"为第三位,"丁"为第四位……故汉语中自古就有用"甲、乙、丙、丁"来虚代多个人名的习惯。单用来指代人时,"甲、乙、丙、丁"的作用与"某"大体相似,都是作为隐名代词使用,故后来产生了合称"某甲"和"某乙"的用例。《汉语辞典》:"某甲,不实指人名,而以天干之字代之,称曰某甲;又如某乙、某丙等,亦此例。"例如:

<u>某甲</u>世尊即是我之真善知识。(六朝佛经《大悲莲华经》)

<u>某甲</u>,卿不得我,不得冀州也。(六朝史书《三国志》)

不过,单独的"甲、乙、丙、丁"等作为隐名代词虽然都可以虚代人名,却没有自称用法,与"某"组合才有了自称用法。

需要注意的是,"甲""乙""丙""丁"系列一般成组使用,或连续用为"甲、乙、丙、丁",或合用为"甲乙丙丁",多表示天干,也可以表示隐名,有时则表示序数,相当于"第一第二第三第四"。例如:

北宋·沈括《梦溪笔谈》:"方隅远近之实,始可施此法,分四至、八到为二十四至,以十二支、<u>甲乙丙丁庚辛壬癸</u>八干、乾坤艮巽四卦名之。"(天干)

明小说《警世通言(上)》:"这个长老,博通经典,座下有十个侍者,号为<u>甲、乙、丙、丁、戊、己、庚、辛、壬、癸</u>,皆读书聪明。"(隐名代词)

民国小说《上古秘史》:"后来十年功夫,连生十子,都以<u>甲乙丙丁</u>做小名,所以史传上面载着说'羲和生十日',就是这个解释。"(隐名代词)

当代报刊《读书》Vol-160:"想一想'围城'状态,<u>甲乙丙丁</u>三教九流尽在各自的生存圈内'围点打援',正闹得不亦乐乎。"(隐名代词)

现代·沈从文《水云》:"两年前偶然写成的一个小说,损害了他人的尊严,使我无从和<u>甲乙丙丁</u>专家同在一处继续共事下去。"(隐名代词)

当代·老舍戏剧《茶馆》："……常四爷、秦仲义、吴祥子、李三、老人、康顺子、二德子、乡妇、茶客<u>甲</u>、<u>乙</u>、<u>丙</u>、<u>丁</u>、马五爷、小妞、茶房一、二人。"（隐名代词）

东汉《太平经》："夫音声各有所属，东西南北，<u>甲乙丙丁</u>，二十五气各有家。"（隐名代词）

五代《敦煌变文集新书》："底卷在校记内称原卷，别卷以<u>甲乙丙丁</u>……为次，并作为代号。"（序数）

现代·老舍《四世同堂》："可是日本人的心里只会把事情分开，分成<u>甲乙丙丁</u>若干项目，每一项都须费尽心机去计划，去实行，而不会高视远瞩的通盘计算一下。"（序数）

当代·卜庆祥《"马家军"称雄世界记》："他有了自己的一套田径训练理论，尤其是对中长跑，一摆起来就是<u>甲乙丙丁</u>，让专家都像听评书似的入神。"（序数）

当代报刊《人民日报》1993＼＼R93_02："病毒性肝炎是严重威胁人类健康的常见传染病，目前分<u>甲</u>、<u>乙</u>、<u>丙</u>、<u>丁</u>、<u>戊</u>五型肝炎。"（序数）

《现代汉语词典》解释"天干"时指出："天干：甲、乙、丙、丁、戊、己、庚、辛、壬、癸的总称，传统用作表示次序的符号。"可见"甲、乙、丙、丁"系列是有着表序数的基础的。

隐名代词"某"和自称代词"某"是有着密切关系的，隐名功能是"某"发展为自称代词的基础；而从另一个角度看，自称代词"某"也具有一定的隐名属性。在"某"的基础上产生的自称代词"某甲"和"某乙"，也和"某"的隐名功能分不开，它们是相互联系而又相对独立的。

汉语中还常常使用"张三""李四""王二麻子"等来代替人名，这些人并非姓张、姓李或姓王，而是分别代替几个人。这种隐名用法已被大众接受，在汉语中通用，所以它们和"某"等相同，都是隐名代词。

3.6 小结

这一章我们考论了话题人物代词所包含的五类称人代词：反身称代词、旁称代词、无定代词、统称代词和隐名代词。

反身称代词"自、己、身、躬、自己（自个儿）"形成一个互补系统，它们都表示对别人称某人本身,但各有自己的特点和职责。"自"和"己"语法功能互补,"自"主要作主语,"己"主要作宾语和定语。"自己"将"自"和"己"凝固成一个词,把二者的意义和功能合而用之,强调不借助外力而行。"自己"不光可以反身称代单个的人或物本身,而且还可以用作集合反身称代词,甚至可以活用为形容词,用副词"很"加以修饰,最终发展成为现代汉语中的一个最重要、最完善的反身称代词。一般用于某些方言和口语之中的"自个儿"则从语体上对"自己"形成补充。反身称代词"身"和"躬"使用时期大致相当,句法功能也大致互补:"身"主要居主位作主语,也可以用于领位和宾位作定语和宾语;"躬"主要居宾位作宾语,偶尔作主语。"身"和"躬"因身兼名词与人称代词二职("躬"还兼动词),且主要作名词使用,所以其人称代词功能(包括自称和反身称)未能得到充分发展,唐宋以后就逐步退出反身称代词系统。

旁称代词主要有"人、人家、别人(旁人)",指代说话人或说话双方以外的其他人和事,强调的是与自称"我""己"的对立。"旁称代词"称代的是"别人""另外的人",所指是含糊不定的;"他称代词"称代的是说话人和听话人所谈及的具体的第三方,所指是具体明确的。在具体语境中,"旁称代词"的模糊性弱化之后所指明朗,可以转指他称代词,相当于"他(她、它)""他(她、它)们"。

其中"人家"是一个比较特殊的旁称代词,其最为特别之处在于它浓郁的泛指色彩和在无定与有定之间的游移性,很多时候貌似无定而其实有定。正因为如此,它才具有了别的旁称代词所不具有的独特表达效果。"人家"和"别人"是一对意义和用法相当的旁称代词,当它们泛指说话人和听话人以外的人,并与"自己"相对时,二者可以互换。但并非说二者在任何情况下都可以呼唤,它们语义和语用上都存在一定区别,使用时要注意辨析。

统称代词统括自称、对称,或并统括他称的人称代词。有"诸位""列位""各位""众位""大家(大伙儿、大家伙儿)""彼此""各自"等,表示笼统的称代。各个统称代词有着自己的特点和侧重,在一定范围内形成互补。这一类代词产生和使用较晚,系统也还不够稳定。

无定代词是指没有确定指示对象的代词。"或""有"和"莫""无"是古汉语特有的代词,现代汉语则没有这一类代词。"或"和"有"为肯定性无定代词,相当于现代汉语的"有人""有的人""某人";"莫""无"为否定性无定代词,相当于现代汉语的"没有谁"或"没有什么东西(事情)"。"或"和"有"肯定的是局部,"莫""无"否定的是指定范围或无指定范围的全部。

"莫"和"无"虽然看似相同，但一般都不能够互相替代，原因就在于它们具有一些不可忽视的差异。

　　一是在"无定"意义上，"莫"和"无"都没有特定指称对象，二者均为无定称代。但"莫"前面一般都伴有或暗含一个指人或事物群体的先行词，"莫"通过对先行词所表达的群体中的个体进行逐个否定，从而否定整个全体，而"无"的前面有时有先行词，但大多没有先行词，直接否定全体。

　　二是在"否定"意义上，"莫"和"无"否定的侧重点不同。"莫"为后向否定，否定的是它后面的动作行为或性质，其否定形式为"没有谁（或什么事物）怎么样"，如《韩非子·历山之农者侵畔》"吾盾之坚，物<u>莫</u>能陷也"否定的是"没有什么东西能刺穿"。而"无"为前向否定，否定的是它前面的人或事物，或直接否定全体，其否定形式为"没有什么人（或事物）"，如《韩非子·难一》"吾矛之利，于物<u>无</u>不陷焉"否定的是"没有什么东西"。这就是"莫"有"莫若""莫如"用法，而"无"鲜见"无若""无如"用法的原因。这跟它们的本义有极大关系。

　　隐名代词是一类特殊的人称代词，用来代替不能、不便、不愿、不需说出的人或事物的名称。这一类词以"某"为基础，"某"与隐名代词"甲、乙、丙、丁"合用，产生了"某甲""某乙""某丙""某丁"等，到现在还在普遍使用。"某""某甲""某乙"等的隐名功能是一样的，但它们在运用时有所分工。"甲、乙、丙、丁"系列词一般成组使用，多表示天干，也用为隐名代词或序数词。类似的隐名代词还有"张三""李四""王二麻子"等。

　　汉语中，话题人物代词是人称代词的一个重要组成部分，它们在很大程度上体现了说话人的主观意图。

第四章 非典型人称代词

汉语中有一类词，它们具有鲜明的语用色彩，一般都是名词，个别是动词、形容词或动词短语、形容词短语用为名词，这类词也叫谦敬辞，在汉语中可谓数量繁多，形式多样。有些谦辞在运用中逐步具备了人称代词功能，用来称代人和事物，并且逐渐在频繁使用中凝固成人称代词。这样，它们中有的完全变为人称代词，只具有称代功能；有的就变成了兼类词，既用为名词、动词或形容词，又用作人称代词。我们把这样的具有浓重语用色彩的代词称为"非典型人称代词"。由于这类词的称代功能大多在具体语境中才能体现，且普遍频繁使用，但脱离语境后大多还原为名词，它们是典型人称代词的"语用补充式"，具有较强的社会属性。

汉语非典型人称代词是从普通名词、形容词或表示身份性特征的称谓名词演化而来的借用形式，包括谦称代词、傲称代词和尊称代词三类。它们既有名词的特征，又具有突出的称代功能，是一类特殊的人称代词。非典型人称代词又是一个具有开放性的子系统，其外延广泛，一直处在较大的发展中。

谦称代词和傲称代词都表示说话人自称。

谦称代词主要有：孤（孤家、孤身）、寡人、不谷（不穀、不榖）、哀家，臣（臣下）、仆（僕）、走、民、鄙（鄙人）、下官（末官、小吏）、卑职、末将、奴才、妾（妾身、贱妾、臣妾）、奴（阿奴、奴家、奴奴）、愚（愚生、愚下、下愚）、晚生、晚学、小生、鄙生、学生、老朽、老拙、老奴、鄙老、小老（小老儿）、老夫，小可、在下、不才、敝人、小人、不佞等。

傲称代词主要有尔公、乃公、老子、老娘几个。

尊称代词用来称代听话人，表示对称，主要有：公、子、吾子、君、卿，官、仁、尊（尊家）、陛下、殿下、足下、阁下、执事、左右、您等。

从非典型人称代词的使用情况看，它们大多用于古代汉语中，现代汉语中运用较少。因此，从一定程度上讲，非典型人称代词是我国封建等级制度和中华传统文化的一个缩影,也体现了汉语发展的一种必然的简化趋势。现代汉语中谦称代词缺失,一般用自己的名自称以表示谦逊,有的人则用傲称代词"老子"或"老娘"自称来表示倨傲霸道和对对方的蔑视侮辱。尊称代词有一个——由普通对称代词发展而来的"您"。对"您"的考论见"3.2.8",此章不再重复。

4.1　谦称代词

　　谦称是表示谦虚的自称,表示谦逊的态度。主要语用功能是在语言交际中抬高对方,贬抑自己和自己一方,以便顺利达成交际目的。不仅对他人称自己用谦称,对他人称自己的妻子也用谦称,如"拙荆、贱内、内人、山荆、荆屋、山妻",谦称自己的儿子则用"小儿、犬子、息男",称女儿用"息女、小女"等,主要用于口语,常见于戏剧。古代的谦称颇有讲究:愚,谦称自己不聪明;鄙,谦称自己学识浅薄;敝,谦称自己或自己的事物不好;卑,谦称自己身份低微;窃,有私下、私自之意,使用它常有冒失、唐突的含义在内;臣,谦称自己不如对方的身份地位高;仆,谦称自己是对方的仆人,使用它含有为对方效劳之意。

　　谦称实是一种卑称,所以往往用一些自我贬低之词语,表现自己在对方面前的低下鄙劣。有些字眼甚至很不好听。如清代著名作家郑燮(号板桥)对明代戏曲家徐渭(号青藤道士)极为钦慕,便自称"青藤门下走狗郑燮"。现代名画家齐白石也愿做"走狗",其诗云:"青藤、雪个远凡胎,老缶衰年别有才;我欲九泉为走狗,三家门下转轮来。"诗中的"雪个"指清初画家朱耷(号八大山人,又号雪个),"老缶"指近代书画家吴昌硕(号缶庐)。

　　在这里,我们主要考论非典型人称代词中自我谦称代词,如:古代王侯以"孤(孤家、孤身)、寡人、不谷(不穀、不穀)、哀家"谦称自己;臣下以"臣(臣下)、仆(僕)、走、民、鄙(鄙人)、下官(末官、小吏)、卑职、末将、奴才"等谦称;一般人自称"愚(愚生、下愚)、小可、在下、不才、敝人、小人、不佞"等;读书人自我谦称"晚生、晚学、小生、鄙生、学生"等;老者自称"老朽、老拙、老奴、鄙老、小老(小老儿)、老夫"等;女子自称则用"妾(妾身、贱妾、臣妾)、奴(阿奴、奴家、奴奴)"等表示自己的谦卑和对对方的敬重。其中,每一个谦称代词都有着自己独特的称代特点,体现着中华几千年文化的深厚积淀。

4.1.1 王侯谦称

"王"本作"𡈼",是能独立任事的人,后加一横,表示在"士"之上,即人间的最高统治者,而"帝"是天上的最高统治者。后"帝""王"同步降职,帝成了人间的皇帝,而"王"成了对臣子的最高封爵。"侯"是中国古代君主授予贵族和功臣爵位的制度中封建五等爵位(公、侯、伯、子、男)的第二等,后来泛指达官贵人。"皇帝"之称是从秦始皇开始的,是最高统治者的称号。在此之前,中国的最高统治者称"王"或单称"皇"和"帝",如周文王、周武王、"三皇""五帝"等。春秋战国时期,周王室衰微,诸侯争霸,一些国力强大的诸侯国的国君也自称为王,如秦王、楚王、齐王、赵王、燕王等。所以"王侯"包括了"王""侯"和"皇帝"。

王侯谦称代词主要有"孤(孤家、孤身)、寡人、不谷(不穀、不穀)、哀家"等。

4.1.1.1 孤(孤家、孤身)

"孤",古代王侯自称。《集韵·模韵》:"孤,侯王谦称。"《左传·庄公十一年》:"列国有凶,称孤,礼也。"杜预注:"列国诸侯无凶则常称寡人。"《礼记·曲礼下》:"庶方小侯,入天子之国曰某人,于外曰子,自称曰孤。"孔颖达疏:"若自与臣民言则曰孤。孤者,特立无德能也。"汉代曹操《让县自明本志令》:"设使国家无有孤,不知当几人称帝,几人称王。"清代赵翼《陔馀丛考·称孤》:"是孤本小侯之称,诸侯遭丧则亦称之,此定制也。……诸侯或遇危难,则亦有称孤者。……亦以丧败而自为贬损之词,非诸侯之本称也。……及秦汉之间,而孤已为南面之雄称。……然《史记》《汉书》文内,亦不见有称孤者,至汉末及三国群雄之割据僭(jiàn,超越本分)窃者始称之。"

可见,"孤"原本是小侯自称之词,诸侯遭丧者或遭遇危难亦称之,即"孤危无助的人",秦汉时亦为南面之雄的自称,汉末又为"群雄之割据僭窃者"自称之代词。

春秋《国语·晋语七》:"**孤**始愿不及此,**孤**之及此,天也。"战国《吕氏春秋》:"**孤**与吴王接颈交臂而偾(fèn,毁坏、败坏)。"《史记》中是有少量称"孤"者,因此赵翼的话不尽确切,但秦汉之后,"孤"已不再表示"孤危无助之人",而发展成为"南面之王"的自称,这已是不争的事实:

西汉《史记》:"**孤**闻邻国有圣人,敌国之忧也。"

六朝《三国志》:"**孤**不度德量力,欲信大义于天下,而智术浅短,遂用猏（獮），至于今日。"

唐代《北齐书》："**孤**既忝预皇枝，实蒙殊奖，今便拥率义兵，指除君侧之害。"

唐代《大唐创业起居注》："纵卿不诚于**孤**，亦当以赤心相仰。"

北宋《太平广记》："**孤**梦将一木，上破其天，**孤**禅帝位，果十全乎？"

明代《封神演义》："**孤**与卿等当共修臣节，以俟天子修德，再为商议。"

明代《隋唐野史》："**孤**观此人用兵，天下少有及者，汝当与**孤**以礼聘之。"

清代《七剑十三侠》："杨一清，你休得狂言，**孤**便谋反，是夺取姓朱的天下，与你何干？"

清代《木兰奇女传》："他日功成，尔主负**孤**，**孤**负尔主，皇天厌绝！"

清代《杨家将》："往年兵革不息，民遭荼毒，**孤**甚悯焉。"

民国《元代野史》："**孤**生不能啖汝之肉，死必褫（chǐ）汝之魄。"

民国《汉代宫廷艳史》："二卿高见，正与**孤**暗相吻合；日间诸将陈词，也非不是；**孤**为慎重起见，故作一顿。"

到民国时期，许多历史小说中还常见自称代词"孤"的身影。但我们发现，记述明以前各代历史小说中自称代词"孤"使用频繁，但在明代以后的小说中则不见自称"孤"的使用，一些清代文学如《清代宫廷艳史》《清史演义》《清朝前纪》《清朝秘史》等作品中均无自称的"孤"，所以我们推断：清朝时期，自称代词"孤"已经在口语中逐渐消失，只在文学作品中使用；到民国时期，"孤"已经不用来自称，当时小说中所用的自称代词"孤"，当为拟古而用。

自称代词"孤"的句法功能主要是充当主语和宾语，很少作宾语。其语用功能主要是以"孤危无援之人"贬抑自己，表示谦抑，是交际中的一种语用策略。

除了以"孤"自称外，在清代以后的文学作品中我们还发现了双音自谦代词"孤王""孤家"和"孤身"的使用，有时它们还与"孤"在同句中交替使用：

清小说《海公大红袍传》："继王道：'**孤王**不去接他，你且代**孤**请他进来相见，**孤王**殿下立等就是。'"

清小说《七侠五义》："**孤**乃当今皇叔，颜查散他是何等样人，擅敢要捉拿**孤家**，与百姓报仇雪恨！"

清小说《七剑十三侠》："**孤家**若登龙位，李军师是开国元勋，当为首相。"

清小说《康熙侠义传》："叛贼休要无礼，**孤家**定要结果于你！"

清小说《彭公案》："妹丈，他刺杀**孤家**，你还给他讲情？"

清小说《说岳全传》："**孤家**看他也是一条好汉，况当今用人之际，可赦其小过，以待立功赎罪罢！"

清小说《说岳全传》："朕正为贼兵犯阙，张俊败回，**孤家**无计。"

民国小说《汉代宫廷艳史》："娘娘，今天只怪**孤王**一着之错，得罪了你，**孤家**自知不是，千万要请娘娘恕我一朝才好呢！"

民国小说《南北史演义》："德文亦明知有变，怎奈宫廷内外，已都是刘裕爪牙，**孤身**如何发作，只好得过且过，权登帝座。"

这说明，在单音自称代词"孤"正逐渐走向衰落的时候，以它为基础的双音谦称代词却诞生了。双音词"孤家"和"孤身"的句法功能和语用功能与"孤"是完全一样的，都是王侯的自我谦称之辞。它们随情随境而变化使用，既和谐了音节，又表现了语词的变化美。

4.1.1.2 寡人

寡人，即寡德之人。此词最先出现在《诗经·邶风》中："先君之恩，以勖**寡人**。"这是古代诸侯夫人卫庄公夫人庄姜自称"寡人"。

春秋以后，"寡人"被广泛用于王侯自称。《礼记·曲礼下》："诸侯见天子，曰臣某、侯某；其与民言，自称寡人；其在凶服，曰适子孤。"郑玄注："寡，谦也。""寡人"的自称，也是语言交际中自谦的一种语用策略。

春秋《国语》："秦将归**寡人**，**寡人**不足以辱社稷，二三子其改置以代圉也。"

春秋《左传》："城濮之役，汝知**寡人**之及此，汝其辟**寡人**乎！"

战国《公羊传》："**寡人**无良，边垂之臣，以干天祸，是以使君王沛焉，辱到敝邑。"

战国《晏子春秋》："晏子之家，若是其贫也，**寡人**不知，是**寡人**之过也。"

战国《礼记》："请君之玉女与**寡人**共有敝邑，事宗庙社稷。"

战国《韩非子》："**寡人**不辱而问道于子，子以俭对**寡人**何也？"

西汉史书《史记·廉颇蔺相如列传》："秦王以十五城请易**寡人**之璧，可予不？"

西汉史书《战国策》:"子无罪于寡人,子为子之臣礼,吾为吾之王礼而已矣。"

六朝史书《三国志》:"将相诸侯咸推寡人,寡人敢不承受玺符。"

唐小说《隋唐嘉话》:"寡人持弓箭,公把长枪相副,虽百万众亦无奈我何。"

北宋史书《旧五代史》:"此天下,明宗之天下,寡人窃而取之久矣。"

北宋小说《太平广记》:"寡人欲强国,愿知其方,先生何以教寡人?"

元曲《楚昭公》:"(正末云)寡人有何德能,敢劳秦王如此错爱也?"

明小说《三国演义》:"卿有何安邦之策,以教寡人?"

明小说《续英烈传》:"但恐寡人无天子之福,不能上居天位耳。"

明小说《西游记》:"寡人久病,不曾登基,今上殿出榜招医,就有高僧来国!"

清小说《东周列国志》:"寡人宁可失地,岂可伤兄弟之情,拂国母之意乎?"

清小说《绿野仙踪》:"卿若将步登高生擒活拿,来见寡人,实寡人之至愿也。"

民国小说《上古秘史》:"寡人死后,不免受大夏国之欺,到那时,天朝天子如能赐予援助,寡人死且感谢。"

"寡人"与"孤"相比,"寡人"的谦抑气息更加浓重。在语法上,"孤"主要作主语和定语,而"寡人"主要作主语和宾语,一般不作定语。二者在语义上各有侧重,句法上形成一定程度的互补。

古代士大夫也有自称为"寡人"的,但只是特例。六朝小说《世说新语》:"晋王衍诸婿大会,郭家与衍婿裴遐谈,衍谓诸人曰:'君辈勿为尔,将受困寡人女婿。'"

自称代词"寡人"也是在民国时期消亡的。当时的历史小说中使用大量"寡人"自我谦称,同样是拟古用法。

4.1.1.3 不谷(不穀、不榖)

"不谷"同"不穀""不榖",即"不善"的意思,为古代王侯的自我谦称之辞,多见于春秋之后的文学作品中。《老子》:"贵以贱为本,高以下为基,是以侯王自谓孤、寡、不穀。"《左传·僖公四年》:"齐侯曰:'岂不穀是为,先君之好是继,与不穀同好,如何?'"西汉《史记·韩世家》:"不穀国虽小,已悉发之矣!"汉代刘向《说苑·正谏》:"庄王曰:'善,不穀知诎。'""穀",本作"縠",后又作"谷"。汉以后这个谦称代词就逐渐消失,使用时间较短。古代王侯以"不谷(不穀、不縠)"谦称自己不善,也是一种交际中的语用策略。

不穀不德,失先君之业,覆出国之师,**不谷**之罪也。(春秋《国语》)

不穀恶其无成德,是用宣之,以惩不壹。(春秋《左传》)

楚王飨之,曰:"公子若反晋国,则何以报**不穀**?"(春秋《左传·僖公二十三年》)

(周王)曰:"**不穀**不德,政事不时,国家罢病,不能胥匡,二三子不尚助**不穀**,官考厥职,乡问其人,因其耆老,及其总害,慎问其故,无隐乃情。"(战国《逸周书》)

不谷不烦一兵不伤一人,而得商於之地六百里,寡人自以为智矣!(西汉《战国策》)

今我下君也,而群臣又莫若**不谷**,**不谷**恐亡无日也。(西汉·贾谊《新书》)

失先君之绪,覆楚国之师,**不谷**之罪也。(明代《东汉秘史》,拟古用法)

不谷躬承先训,恪守丕基,必不敢弃先人之业,以图一时之利。(民国《清朝秘史》,拟古用法)

"不谷"在句子中可以充当主语、定语和宾语,但在历代文学作品中相对使用较少。汉以后,"不谷"在文学作品中的使用就很少见了,多为拟古用法。《老子》:"人之所恶,唯孤、寡、不穀,而王公以为称。""孤、寡、不谷(不穀、不縠)",皆是谦称。孤,小国之君,孤危无助之人;寡人,少德之人;不谷,不善之人。有善而自称不善,乃是不自以为德的意思,表示谦逊和自我贬抑。战国《孟子》:"老而无妻曰鳏,老而无夫曰寡,老而无子曰独,幼而无父曰孤,此四者天下之穷民而无告者。"老子《道德经》第三十九章:"故贵以贱为本,高以下为基。是以侯王自称孤、寡、不穀。此非以贱为本邪?"这道出了王侯们自称"孤、寡、不谷"的内在心理根源。

4.1.1.4 哀家

在《现代汉语词典》《辞海》等通用辞书上,不见"哀家"的词目。

在一些早期白话小说、戏曲和当今的古装影视剧中,可以看到"哀家"的踪影。它被用于太后、皇后的自称,有时也用于公主的自称。这是人们对"哀家"的局部曲解。更有甚者,有的女孩在网络上以"哀家"自称,实在是一件尴尬与不吉利的事情。"哀家"不是指悲情的人,而是死了丈夫的人。

事实上,"哀家"作为一个规范的称呼,来源于戏曲作品,只能用于孀居的太后、太妃的自称。评剧《秦香莲》第十场太后的唱词:"忽听皇儿禀一声,不由**哀家**怒满胸。"对"哀家"一词,以下词典都作出了较为一致的解释:

《汉语大辞典》的解释是:"戏曲中孀居的太后的自称。"

中华汉语在线词典(http：//fawen.cn/hanyu－zidian.html)的解释:"哀家:旧小说、戏曲中太后或皇后在丈夫死后的自称。"

自称代词"哀家"多出现在清代以后的小说、戏曲中,在民国时期的历史小说中也见拟古用法,仅用于孀居的后妃。当皇帝健在时,皇后是不能自称"哀家"的。皇太后自称"哀家"是因为死了丈夫,犹言自己只不过是"先帝"留下来的悲哀的人。而皇后绝不能以"哀家"自称,皇后对皇帝多称"妾"或"臣妾",对臣子则直接称"我"。"哀家"就是"死了皇帝丈夫的悲哀之人"的意思。我们看下面的例子:

哀家的冤枉,全仗卿家了。(清小说《七侠五义》)

哀家二十载沉冤,多亏了你夫妇二人。(清小说《七侠五义》)

你等不用打,**哀家**我明白了,下世我必要转女为男。(清小说《济公全传四》)

哀家今复昭阳者,赖卿之功也,特赐锦缎十匹、如意一枝。(清小说《海公大红袍传》)

今乃八旬寿诞,赐卿龙凤绣旗一对,**哀家**御手亲绣"忠心贯日"四字。(清小说《海公小红袍传》)

将这两奸臣锁着,待**哀家**见圣上发落。(清小说《说唐全传下》)

你不是谢尚书的正室夫人,快去换了正室的来见**哀家**。(民国小说《明代宫闱史》)

还望转嘱严道师,下次也不可再来请求**哀家**,如若故违,定受天诛不恕。(民国小说《隋代宫闱史》)

以上例子大致概括了"哀家"在文学作品中出现的范畴,都是孀居后妃的自称。可见,自称代词"哀家"出现较晚,使用也很受局限,不是一个普通的谦称。在句中可以充当主语、定语和宾语。这个称呼包含谦抑的成分,说自己只是先帝留下的"未亡人",是一种低调、内敛的自我谦称。如果不懂其意义和用法而随意自呼为"哀家",则必然贻笑于大方之家。

4.1.2 臣下谦称

古代臣子也有特定的谦称代词,主要有"臣(臣下)、仆(僕)、走、民、鄙（鄙人）、下官（末官、小吏）、卑职、末将、奴才"等。

"臣、仆、走、民、鄙（鄙人）、下官（末官、小吏）、卑职、末将"等都是臣下对上级官吏的谦恭自称。但它们各自有各自的特点。"臣、仆、走"是先秦时期的自称谦词，"民、鄙（鄙人）、下官"是六朝时产生的自称谦词。"卑职"是明清时期普遍使用的臣下谦称代词。"末将"专用于军中官职较小的将领对军阶较大的将领说话时的自称。"奴才"是清代特有的谦称代词，最初只是宦官及旗籍官员在皇帝面前自称，但后来意义泛化，只要身份卑贱者与自己的上司或主子说话，都自称"奴才"。

4.1.2.1 臣（臣下）

"臣"最初是指男性奴隶，又称"小臣"。《甲骨文合集摹释》第 21533 号："辰呼多<u>臣</u>鱼十三。"《甲骨文合集摹释》第 32663 号："河暨上甲在十月有二<u>小臣</u>。"《韩非子·五蠹》："虽<u>臣</u>虏之劳，不苦于此矣。"

后来"臣"发展为指作官的人，即君主时代的官吏，有时也包括百姓，意为君主的奴仆。在甲骨卜辞以及《尚书》中，"臣"基本是指君王的奴仆，其后很多文学作品中也如此。这个意义一直保留到"臣"这个词成为一个历史名词。例如，《荀子·君道》："<u>臣</u>不能而诬能，则是<u>臣</u>诈也。"（诬能：自以为能。臣：作官的人。）《诗经·小雅·北山》："率土之滨，莫非王<u>臣</u>。"（臣：泛指群臣百姓。）民国小说《顺治出家》："<u>臣</u>不敢正位，实有至情。"

借为自我谦称代词后，"臣"最初是臣下对君上上书或说话时的专用自称代词，春秋以后多见。如：

<u>臣</u>闻爱子，教之以义方，弗纳于邪。（春秋《左传·隐公四年》）

<u>臣</u>非敢哭君师，哭<u>臣</u>之子也。（春秋《左传·隐公三年》）

<u>臣</u>不及<u>臣</u>友蹇叔，蹇叔贤而世莫知。（西汉《史记·秦本纪》）

<u>臣</u>知虞君不用<u>臣</u>，<u>臣</u>诚私利禄爵，且留。（西汉《史记·秦本纪》）

王必无人，<u>臣</u>愿奉璧往使。（西汉《史记·廉颇蔺相如列传》）

<u>臣</u>闻之，疑行无成，疑事无功。（《汉书·蒯通传》）

<u>臣</u>窃见先帝欲开西域。（六朝·范晔《后汉书·班超传》）

随着自称"臣"的使用与发展，到汉代以后对一般人表示自谦也可以自称"臣"，而并非只有君臣关系的人之间才能自称"臣"。如《扁鹊见蔡桓公》："今在骨髓，<u>臣</u>是以天请也。"张晏曰："古人相与语，多自称臣，自卑下之道。若今人相与语，皆自称仆。"这样的"臣"，已与自称代词"我"相当。例如：

《史记·高帝纪》："始大人常以<u>臣</u>无赖。"（汉高祖刘邦对父亲说话自

称）

  《史记·高帝纪》："吕公曰：'<u>臣</u>少好相人，相人多矣，无如<u>季</u>相，愿<u>季</u>自爱。<u>臣</u>有息女，愿为<u>季</u>箕帚妾。'"（吕公对当时还未发迹的刘季——刘邦自称）

  《史记·信陵君传》："<u>臣</u>乃市井鼓刀屠者，而公子亲数存之。"（屠者<u>朱亥</u>对魏公子<u>信陵君</u>自称）

  《汉书·蒯通传》："通说（游说）范阳令徐公曰：'<u>臣</u>范阳百姓<u>蒯通</u>也。'"（<u>蒯通</u>对范阳县令<u>徐公</u>自称）

"臣"在句中多作主语，但较少作宾语和定语。

"臣"系列的自称谦词还有"贱臣""下臣"等。它们都是在君主或上司面前的自谦之称，尤言自己为卑微、卑贱之小臣，以示自己的谦恭。《仪礼·士相见礼》："凡自称君，士大夫则曰下臣"。例如：

  《韩非子·存韩》："今<u>贱臣</u>之愚计，使人使荆。"

  《左传·文公十二年》："使<u>下臣</u>致执事，以为端节，要结好命"。

宋孝武帝时，改制称"下官"，不得再称"臣"。于是自称"臣"到宋孝武时终结。

4.1.2.2 仆（僕）

"仆（僕）"，是奴隶的一个等级，泛指奴隶。《左传·昭公七年》："僚臣<u>僕</u>，<u>僕</u>臣台。"（僚、台：奴隶的等级。）进入封建社会后，"仆"的意义不再是奴隶，而是指奴仆、仆人。这样就为"仆"引申为自称谦辞奠定了基础。须注意的是，在古代"仆"和"僕"不是一个字，它们意义各不相同，只是后来合用为"仆"了。上述意义都不是"仆"而是"僕"。"仆"则是"向前倒下"的意思。

大约到汉代，"仆"引申为男子对自己的谦称，相当于"我"，主要作主语，也可作定语和宾语。但多见于汉代的文学作品，使用也不算普遍。

  西汉《史记·季布传》："曹丘至，即揖季布曰：'……且<u>仆</u>楚人，足下亦楚人也。<u>仆</u>游扬足下之名于天下，顾不重邪？何足下距<u>仆</u>之深也。'"（主；主；宾）

  西汉《战国策·赵策》："平原君曰：'将军释之矣。<u>僕</u>已言之<u>僕</u>主矣。<u>僕</u>主幸以听<u>僕</u>也。将军无言已。'"（主；定；定；宾）

  西汉《战国策·燕策》："今提一匕首入不测之强秦，<u>仆</u>所以留者，待

吾客与俱。"（主）

汉·司马迁《报任安书》："仆非敢如是也。"（主）

汉·司马迁《报任安书》："僕虽不敏，亦尝奉教于君子矣。"（主）

南朝刘义庆《世说新语·文学》：殷咨嗟曰："僕便无以相易。"（主）

谦称"仆（僕）"一般为男性自称，不见女性用例。加上"仆（僕）"自称源于奴仆、仆人这样的意义，在等级森严的中国古代封建社会，便多为身负一官半职的男性使用，以表示任对方驱使的谦卑之意。

4.1.2.3 走

"走"本义为"跑"，后引申出"仆人"的意思，即四处奔忙的人，如司马迁《报任安书》："太史公牛马走司马迁再拜言。""牛马走"，即当牛做马的仆人。司马迁以此谦称自己，"走"即"我"。"走"有时含蔑称意："我议欲板筑，群走皆不怡。"（《建德新墙》）①

"走"由仆人的意思引申为自我谦称代词，相当于"我"，用为主格或领格。《小尔雅·广言》："走，我也。"自称谦词"走"在金文中就有所发现，但并没有得到推广，使用很少。如：成鼎108下："成曰：丕显走皇且（祖）穆公克夹（召）先王。"这里"走"用于领格作定语。另有汉代张衡《东京赋》："走虽不敏，庶斯达矣。"薛综注："走，公子自称走使之人，如今言仆也。""走"在这里为主语。"走史"即走使，指仆役。另有"走吏"一词，即供奔走的小吏。

自称"走"也用为"下走"。《汉书·萧望之传》："若管晏而休，则下走将归延陵之皋，修农圃之畴，蓄鸡种黍……与周召之遗业，亲日仄之兼听，则下走其庶几愿竭区区，底厉锋锷，奏万分之一。"应劭曰："下走，仆也。"师古曰："下走者，自谦。言趋走之役也。"

谦称代词"走"的使用没有得到推广，大约在汉以后就不再使用了。

4.1.2.4 民

"民"，最初指黎民百姓、平民。《日知录》卷二："晋时有自称'民'者。""民"为魏晋以后下对上的谦称，相当于"我"，主要作主语。多见于六朝刘义庆《世说新语》：

《世说新语·言语》："崔正熊诣都郡，都郡将姓陈，问正熊：'君去崔

---

① 引自在线《汉典》中"走"字的例句。

杼几世？'答曰：'<u>民</u>去崔杼，如明府之去陈恒。'"

《世说新语·规箴》："王右军与王敬仁许玄度并善，二人亡后，右军为议论更克。孔严诫之曰：'明府昔与王许周旋有情，及逝没之后，无慎终之好，<u>民</u>所不取。'右军甚愧。"

《世说新语·规箴》："襄阳罗友有大韵。……后为广州刺史，当之镇刺史桓豁语令莫（暮）来宿。答曰：'<u>民</u>已有前期。'"

《世说新语·排调》："陆太尉诣王丞相，王公食以酪，陆归遂病。明日与王牋（笺）云：昨食酪小过，通夜委顿，<u>民</u>虽吴人，几为伧鬼。"

《世说新语·政事》："陆太尉对王丞相曰：'公长<u>民</u>短。'"

从上面的例子我们可以看出，"民"是魏晋之后有官爵者对上司的自我谦称代词。但到唐代，自称"民"已经不通行，修晋史的史官们就把自称的"民"改成了"仆"。于是自称之"民"到唐以后便寿终正寝了。

4.1.2.5 鄙（鄙人）

"鄙"，本指边疆、边远偏僻的地方。《释名·释州国》："鄙，否也，小邑不能远通也。"战国后引申出庸俗、浅陋之意，常被用来作定语表示自我谦虚之意。如：

《论语·子罕》："吾少也贱，故多能<u>鄙</u>事。"

《战国策·魏策》："樗（chū）里子曰：'吾已合魏矣，无所用之。'对曰：'臣愿以<u>鄙</u>心意公，公无以为罪。'"

《战国策·齐策》："<u>鄙</u>臣不敢以死为戏。"

《史记·冯唐传》："上怒，起入禁中。良久，召唐让曰：'公奈何众辱我，独无间处乎？'唐谢曰：'<u>鄙</u>人不知忌讳。'"

很显然，"鄙"的上述用法是谦辞，表示"粗俗、浅薄"的意思，还不是谦称代词，但这样的用法无疑成了自我谦称代词的直接源头。大概到汉末，"鄙"就顺利过渡到了自谦代词，多用于有地位、有身份的人自称，通过对自己加以贬抑以示谦虚和对对方的敬重。"鄙"及相类的"鄙人"也被用作自称谦词。

竺法护译《大正大藏经·正法华经》："前者如来为<u>鄙</u>说法，已得于空，无相无愿。"

昙无谶译《大正大藏经·佛所行赞》："今得睹圣颜，沐浴饮清化，<u>鄙</u>虽处凡品，蒙圣入胜流。"

《晋书·愍怀太子传》:"太子至许,遗妃书曰:'鄙虽顽愚,心念为善,欲尽忠孝之节,无有恶逆之心。'"

唐代白居易《答户部崔侍郎书》:"首垂问以鄙况。不足云,盖默默兀兀,委顺任化而已。"

明代马中锡《中山狼传》:"鄙人不慧,将有志于世。"

用作自称谦词的"鄙""鄙人",相当于"我",主要在句中充当主语,也可作定语和宾语,但不多见。

"鄙"系列自称谦词还有"鄙夫""鄙臣""老鄙""卑人""卑微"等,都是谦指自己浅薄:

东汉张衡《东京赋》:"鄙夫寡识,而今而后,乃知大汉之德馨,咸在于此。"

《晏子春秋·谏上》:"使君之嗣,寿皆若鄙臣之年。"

明代陈子龙《上石斋师》:"二者必有所审,无俟鄙生之忖度也"。

元代高明《琵琶记》:"人之孝者亦多,卑人何足称孝?"

唐代《伍子胥变文》:"今乃不弃卑微,敢欲邀君一食"。

"鄙夫"意为浅薄的人;"鄙臣"尤自称小臣;"鄙生"即浅薄无知的读书人;"卑人""卑微"相当于"鄙人"。此不赘述。

4.1.2.6 下官

"下官",本指小官。《逸周书·史记》:"昔有共工自贤,自以无臣,久空大官,下官交乱,民无所附。"显然,这里的"下官"是与前面的"大官"相对的,是小官的意思。

宋以后引申为官吏自称的谦词,成为古代有官爵者对尊贵有爵者的谦称,即下属。俗语考源作品《通俗编》卷十八:"通典:'凡郡县内史相,并于国主称臣。宋孝武多积忌,始革此制,不得称臣,直云下官而已。'"《宋书·刘穆之传》也云:"先是郡县为封国者,内使、相并于国主称臣,去任便止。至世祖孝建中,始革此制,为下官致敬。"由此可见,宋孝武终结了自称的"臣",开了自称"下官"之风。

自称谦词"下官"主要用为任职期间的官吏自称,在六朝小说《世说新语》中尤为多见。例如:

乘中鸣云露车迳前曰:"听下官鼓音,一进而捷。"(《世说新语·识鉴》)

王文度为桓公长史……文度还报云："下官家中先得婚处。"(《世说新语·方正》)

抚军问孙兴公："……卿自谓何如？"曰："下官才能所经，悉不如诸贤。"(《世说新语·品藻》)

王司州先为庾公记室参军，后取殷浩为长史。始到，庾公欲遣王使下都。王自启求住，曰："下官希见盛德，渊源始至，犹贪与少日周旋。"(《世说新语·企羡》)

(弘之)将行，与会稽王道子笺曰："下官轻微寒士，谬得厕在俎豆，实惧辱累清流，惟尘圣世。"(《晋书·范弘之传》)

府尹禀道："下官问下情由，合行申禀老经略相公知道，方敢断遣。"(施耐庵《水浒传》)

后来，自称谦词"下官"经进一步引申词义范围有所扩大，为一般自称代词，不仅可以用于有官爵的人对尊贵有爵者自称，其他普通人也可以自称，而且对方不一定是有官爵的人，男女尊卑均可使用：

(1) 媒人下床去，诺诺复尔尔，还部白府君，下官奉使命，言谈大有缘。(汉代《玉台新咏·古诗为焦仲卿妻作》)

(2) 安期曰："下官先日往九河，见司阴与西汉夫人共游，见问以阳九百六之期，圣主受命之劫，下官答以幼稚，未识运厄之纪，别当咨太真王夫人。今既赐坐，愿请此数。"(宋代李昉《太平广记》)

(3) 要去任王归国去，下官决定不相留。(五代《敦煌变文集·妙法莲华经讲经文》)

(4) 新妇诗曰：本性龁齿可(qiā)处处知，阿婆何用事悲悲？若觅下官行妇礼，更须换却百重皮。(五代《敦煌变文集·龁齿可(qiā)书》)

例(1)中的"下官"是媒人自称。

例(2)中，"下官"是仙人安期先生对王母的小女——太真夫人说话时的自称。

例(3)讲的是，大王抛却王宫，不辞辛劳到庵中修行，一次大王到庵修行，因在山中采果汲水路遇猛兽姗姗来迟，不知原委的仙人心生不悦而说的话。"下官"是仙人的自我谦称。

例(4)中的"下官"是以新妇口吻自称。

词义范围扩大后，"下官"虽然还有一定的谦称意味，但这种谦恭意味在逐渐减弱，更多的是客套了。如例(3)和例(4)，表达的就是一种客套谦称，语气中的谦恭已经很少了。

4.1.2.7 卑职

"卑职",即卑微低贱的职位。如《陈书·沈炯传论》:"沉炯仕于梁室,年在知命,冀郎署之薄宦,止邑宰之卑职。"后引申为旧制州县以下的官对上司的自称:

卑职散宜生拜见君侯。(明小说《封神演义》)

湖州久不能下,以卑职拙见,乘此长胜之势,即令吕珍往说何如。(明小说《英烈传》)

卑职不敢自专,将刘三一干人证带到听审。(清小说《七侠五义》)

大人明鉴,这都是卑职糊涂,没有想到这层道理。(清小说《九尾龟》)

卑职丹徒县知县,禀见大人,愿大人少停,卑职有禀。(清小说《乾隆南巡记》)

卜子修道:"这是卑职的一点孝心,老太太虽然睡了,也一定欢喜的。"(清小说《二十年目睹之怪现状》)

卑职这取的案首匡迥是孤寒之士,且是孝子。(清小说《儒林外史》)

卑职到此不久,人地生疏,正要合大人讨人呢。(清小说《儿女英雄传》)

上头发款二万两,差卑职到上海办机器。(清小说《官场现形记》)

卑职等斗胆,请大人暂歇敝邑金亭馆驿,卑职等好尽恭敬之诚。(清小说《施公案》)

倘没有石达开,卑职早擒住洪大全了。(民国小说《清朝秘史》)

大人仆仆风尘,一路劳乏,您早些休息,卑职告退。(民国小说《雍正剑侠图》)

从语料来看,"卑职"的自我谦称用法始于明代,盛行于清代,"五四"以后逐渐消失。主要句法功能是充当主语、定语,偶尔也作兼语。使用群体为旧时州县以下的官员,他们对上司以"卑职"自称,表示卑微、谦恭和谨慎。

4.1.2.8 末将

"末将"一词最早出现在汉代,指"军中最小的将领",如西汉史书《史记》:"赵说请救,怀王乃以宋义为上将军,项羽为次将,范增为末将,北救赵。"北宋史书《旧五代史》:"臣为末将,出处无损益于国家。"明小说《三国演义》:"次日,帐下两员末将范疆、张达入帐告曰……"这些例句中的"末将"都是名词。

自称谦词"末将"的使用始于元代，盛行于明、清两代，民国时期文学作品中多见于历史小说中，为拟古用法。自称谦词"末将"专用于军中官职较小的将领对军阶较大的将领说话时的自称，表示谦敬与服从，单数，相当于"我"。复数形式为"末将+等"，相当于"我们"。在句子中主要充当主语，不作定语和宾语。

看**末将**即日传令，提兵击项王去来。（元杂剧·尚仲贤《汉高皇濯足气英布》）

（末云）令爱既不曾许聘于人，**末将**自亡妻室以来，亦不曾再娶，倘蒙不弃。（元杂剧·乔吉《玉箫女两世姻缘》）

末将不才，愿领天兵，先取金莲宝象国，首报效朝廷。（明小说《三宝太监西洋记》）

末将正要骄他的志，盈他的气，不患不成功。（明小说《三宝太监西洋记》）

明日主公亲临阵，**末将**愿为先锋。（明小说《五代秘史》）

末将自幼相从君侯，荷蒙提挈，玉带垂腰，**末将**愿效弩骀，以尽犬马。（明小说《封神演义》）

常将军，待**末将**为公活擒此贼。（明小说《英烈传》）

末将战他不过，败阵回来请罪。（明小说《西游记》）

末将蒙元帅如此错爱，其实才疏识浅，惧不能胜任。（清小说《七剑十三侠》）

末将被擒不屈，回见军师，愿报了军情，死而无恨！（清小说《木兰奇女传》）

大人是个文官，固然有革职的处分，**末将**是个武士，干戈扰乱，责任较大人尤重。（清小说《狄公案》）

末将等愚陋无知，愿听大帅指挥。（民国小说《明代宫闱史》）

古代有官位者自谦代词很有特点，文、武官有着不同的自称。文官对皇帝一般自称"微臣""小臣"；对等级比自己高的官自称"下官"；对年龄比自己小的官员自称"老臣"。武官对等级比自己高的官则自称"末将"，为武官谦称代词。

4.1.2.9 奴才

"奴才"，初见于宋以前的五代时期，指奴仆。因身份卑贱，故为鄙称，常用为"狗奴才""贱奴才"。明清时,奴仆常被称为"奴才"。清人梁章钜《称谓录》有别解,释为"奴仆之所能",即奴仆的能耐。"奴才"一词,本是古代北方游牧民族的一句骂人话,意为无用之人,只配为奴,故又写作"驽才"。今人骂某某人奴气重、是走狗,常称之为"奴才",称其一副"奴才相"。

"奴才"用作自称谦词,是从清代开始,是清代宦官及清代旗籍官员在皇帝面前的自称,也是清代特有的男性谦称代词。民国历史小说中也有很多自称"奴才"的,如民国小说《武宗逸史》:"奴才手下有个内线报告,在抄宁王府时搜查到几封王守仁写给宁王的密信。"此应为拟古用法。因此,自称"奴才",是大清王朝特有的现象。

起初,只是宦官及旗籍官员在皇帝面前自称"奴才",但后来意义泛化,只要身份卑贱者与自己的上司或主子说话,都自称"奴才",在句法上可以作主语、定语和宾语,限男性使用。例如:

奴才见他诚心不愿官爵,只得允诺。(清小说《七剑十三侠》)

奴才只有天天多烧几炉香,叩祝恩帅长春不老罢了。(清小说《二十年目睹之怪现状》)

如果要奴才当姨娘,不如还是当奴才的好。(清小说《二十年目睹之怪现状》)

奴才自从送了奴才大爷起身,原想十天八天就好了,不想躺了将近一个月。(清小说《侠女奇缘》)

依奴才看,他倒不是怕奴才这个人靠不住,他是靠不住奴才这岁数了。(清小说《儿女英雄传》)

但据奴才愚见,陛下倒不可趁了一时之气,连夜去惊动老佛爷。(清小说《孽海花》)

奴才奉旨拿获盗珍珠串之人,奴才找回珍珠串,徐胜胆小,不敢面君。(清小说《彭公案》)

不是奴才多话,论理这事该早严紧的。(清小说《红楼梦》)

娘娘,奴才叩见,不知呼唤奴才有何事干?(清小说《说唐全传》)

"奴才"一词,虽含鄙意,在清朝典章制度上却有着一个特殊的位置。大清律制规定,给皇帝上奏章,满臣要自称"奴才",汉臣则要自称"臣"。汉臣如果自称为"奴才"就算是"冒称"。乾隆三十八年(1773年),满臣天保和汉臣马人龙,共同上了一道关于科场舞弊案的奏折,因为天保的名字在前,便一起称为"奴才天保、马人龙"。乾隆皇帝看到奏折后,大为恼火,斥责马人龙是冒称"奴才"。于是,乾隆皇帝作出规定:"凡内外满汉诸臣会奏公事,均一体称'臣'。"这个规定,目的就是不让汉臣称"奴才",为此,宁肯让满臣迁就汉臣来称"臣"。从此以后,"奴才"自称才渐渐淡出历史舞台。

鲁迅先生在其杂文《隔膜》中说:"满洲人自己,就严分着主奴,大臣奏事,必称'奴才',而汉人却称'臣'就好。这并非因为是'炎黄之胄',特地优待,赐以佳名的,其实是所以别于满人的'奴才',其地位还下于'奴才'数等。"所以,汉臣不能称"奴才"而只能称"臣",是大清王朝为了将"臣"与"奴才"的等级相区别,以显示称"臣"的汉臣的地位低于称"奴才"的满臣,以此显示满族人作为一等公民的地位。

4.1.3 女性专用谦称——妾与奴

在古代汉语中,由于女性的位置在家中,大多关于交际的谦称代词都是男性的专利,有两个谦称代词却专属于女性,它们就是"妾"和"奴"。

4.1.3.1 妾(妾身、贱妾、臣妾)

"妾"本义为"女奴隶"。"妾"字为会意字,甲骨文字形为𡥀,字形上面是古代刑刀,表示有罪,受刑;下面是"女"字,合而表示有罪的女子。

《尚书·费誓》:"臣妾逋(bǔ)逃。"春秋《左传》:"盗入於北宫,乃归,授甲,臣妾多逃,器用多丧。"战国《荀子》:"赐予其宫室,犹用庆赏於国家也;忿怒其臣妾,犹用刑罚於万民也。"其中,"臣"为男奴隶,"妾"为女奴隶,为两个词,与宋以后贵族女子在皇帝前的自称代词"臣妾"不同。

从周代作品中我们可以看到,最初作为女奴隶的"妾",地位相当低,常被人们与畜生同举。周代《周易》:"其于地为风卤,为**妾**,为羊。"春秋《国语》:"季文子相宣、成,无衣帛之**妾**,无食粟之马。"又"且吾闻以德荣为国华,不闻以**妾**与马。"

"妾"在先秦和秦汉时是指性奴,由于在奴隶制度下,男性主人往往和性奴发生性关系,甚至使性奴成为专属于男主人的性行为对象,于是妾的词义开始改变,引申为男子在妻子之外另娶的女人。战国《吕氏春秋》:"其亲戚兄弟妻**妾**知识无能与居者。"《战国策·齐策》:"臣之妻私臣,臣之**妾**畏臣。"战国《公羊传》:"无障谷,无贮粟,无易树子,无以**妾**为妻。"

作为男性妻子之外配偶的"妾",地位仍然不高。在中国古代,妾所生的子女称为庶出,正室所生的子女称为嫡出,一般情况下,除非正妻无子女,否则庶出子女没有继承权。古代的朝鲜也继承了这一中国传统,庶出的子女需把父亲、嫡母和嫡出的兄弟姊妹视为主人来侍奉。

一、女子自称谦词"妾（贱妾、妾身）"

由于"妾"地位低下，战国以后，"妾"引申出谦称用法，成为古代女子表示谦卑的自称。女子不管已婚还是未婚，均以"妾"自称。战国列御寇《列子》："子列子入，其妻望之而拊心曰：'**妾**闻为有道者之妻子，皆得佚乐。今有饥色，君过而遗先生食。先生不受，岂不命也哉？'"这里的"妾"为自谦代词，相当于"我"。

战国时期的《晏子春秋》中，有这样一个著名的故事：

> 景公有所爱槐，令吏谨守之，植木县之下令曰："犯槐者刑，伤槐者死。"有不闻令，醉而犯之者，公闻之曰："是先犯我令。"使吏拘之，且加罪焉。其子往晏子之家说曰："负郭之民**贱妾**，请有道于相国，不胜其欲，愿得充数乎下陈。"……晏子闻之，……曰："所忧何也？"对曰："君树槐县令，犯之者刑，伤之者死。**妾**父不仁，不闻令，醉而犯之，吏将加罪焉。**妾**闻之，明君莅国立政，不损禄，不益刑，又不以私恚害公法，不为禽兽伤人民，不为草木伤禽兽，不为野草伤禾苗。吾君欲以树木之故，杀**妾**父，孤**妾身**，此令行于民而法于国矣。虽然，**妾**闻之，勇士不以众强凌孤独，明惠之君不拂是以行其所欲，此譬之犹自治鱼鳖者也，去其腥臊者而已。昧墨而与人比居庚肆而教人危坐。今君出令于民，苟可法于国，而善益于后世，则父死亦当矣，**妾**为之收亦宜矣。甚乎！今之令不然，以树木之故，罪法**妾**父，**妾**恐其伤察吏之法，而害明君之义也。邻国闻之，皆谓吾君爱树而贱人，其可乎？愿相国察**妾**言以裁犯禁者。"晏子曰："甚矣，吾将为子言之于君。"使人送之归。

故事中所使用的"妾""贱妾""妾身"，都为自称谦词，相当于"我"，在句中作主语、定语和宾语。可见，"妾"并不是对夫君说话才使用的自谦代词。自战国后，女子以"妾""妾身""贱妾"谦称自己便成普遍之势。

妾愿没入为官婢，赎父刑罪，使得自新。（西汉史书《史记》）

夫是田中郎，**妾**是田中女。（唐代孟郊《织妇词》）

君作秋胡不相识，**妾**亦无心学采桑。（五代《敦煌变文集新书》）

妾去乡时，略可记忆，**妾**父不幸死于乱兵，**妾**时环尸恸哭而去。（北宋史书《新五代史》）

贱妾与夫婿同到鳌山下看灯，人闹里与夫相失。（北宋小说《大宋宣和遗事》）

老父家有一少年子，深慕**妾**，**妾**已归之矣。(北宋小说《太平广记》)

妾悔作商人妇，**妾**命当逢薄幸夫。(元小令·徐再思《中吕·阳春曲·闺怨》)

妾椟中有玉，恨郎眼内无珠。(元话本选集《杜十娘怒沉百宝箱》)

足下见弃**妾身**，去卫尚书家为婿，此理安在？(元戏剧《西厢记杂剧》)

贱妾不才，愿奉将军枕席，将军意下何如？(明小说《三宝太监西洋记》)

妾身时刻在心，正恨无由补报。(明小说《二刻拍案惊奇》)

妾既私君，终当守君之节；君若弃**妾**，岂不负**妾**之诚。(明小说《今古奇观》)

诸位亲长，今日见此举动，看此妆饰，必然诧异，然愿听**妾**一言：此次雯青出洋，**妾**本该随侍同去，无奈**妾**身体荏弱，不能前往。(清小说《孽海花（上）》)

妾闻君王之圣德，如日当空，无物不照，何独遗**妾**？(清小说《小五义（上）》)

此后**妾**为君贞，君为**妾**义，两地同心，即伉俪也，何必旦夕相守，乃谓之偕老乎？(清小说《聊斋志异（上）》)

妾偏不饮，看陛下如何罪**妾**？(民国小说《两晋演义》)

自称谦词"妾""妾身""贱妾"一直到清代都很盛行，民国以后才逐渐消亡。

二、女子自称谦词"臣妾"

宋以后，"妾"系列的自称谦词出现了一个新面孔——"臣妾"。

"臣妾"本为两个词，指男奴仆和女奴仆，自称用法大致出现于宋代，首先是在口头语中应用，在宋时并未形成盛行之势。到元代，"臣妾"开始大量应用于文学作品中。其语法功能与"妾""妾身""贱妾"并无二致，但对自称者和说话的对方都有所限定。相比较而言，"妾""妾身""贱妾"是普遍通用的女性自称谦词，无论尊卑贵贱，无论对方是什么身份地位，女性都可以以"妾""妾身""贱妾"自称。而"臣妾"是贵族女子在皇帝前的自称，使用者不仅有后妃，也包括命妇，甚至某段时间的公主。

元末元脱脱等撰的《宋史卷四五·本纪第四五》：甲寅，皇太子择配，帝召其母族**全昭孙**之女择日入见。宝祐中，**昭孙**没于王事，全氏见上，上曰："尔父死可念。"对曰:"<u>臣妾</u>父固可念,淮、湖百姓尤可念。"这是典型的贵族女子对皇帝自称。

自称谦词"臣妾"产生于宋代,盛行于元明清三代,民国时期的历史小说仍见其延续使用,为拟古用法。

陛下以<u>臣妾</u>故,倘庇其父兄,不至冻饿,亦<u>妾</u>之蒙恩也!(北宋小说《大宋宣和遗事》)

愿陛下海量宽纳,听<u>臣妾</u>说一套儿伤心话。(元·马致远《江州司马青衫泪》)

陛下勿惧,<u>臣妾</u>自能退兵。(明小说《两晋秘史》)

实乃陛下洪福齐天,国家有此等神童出世,<u>臣妾</u>不胜欣幸!(明小说《二刻拍案惊奇》)

<u>臣妾</u>系原任江西中书省参政陶安之妻。(明小说《英烈传》)

<u>臣妾</u>之见,亦以为先固根本,后取南京。(清小说《七剑十三侠》,明太祖朱元璋第十七子朱权后裔明宗藩宁王<u>朱宸濠</u>的王妃与<u>朱宸濠</u>商议发动叛乱时自称,而志大才疏的<u>朱宸濠</u>则自称"孤",足见其觊觎皇位之野心。)

<u>臣妾</u>领旨,谨随龙驾。(清小说《海公大红袍传》)

<u>臣妾</u>乃张邦昌之女、康王之妃。(清小说《说岳全传》)

<u>臣妾</u>不知殿下驾到,偶然放肆,有污贵耳,罪该万死。(民国小说《元代宫廷艳史》)

<u>臣妾</u>福薄,既蒙陛下知遇,望赐寸地,妾得终身礼佛,就感激不尽了。(民国小说《明代宫闱史》)

"臣妾"最先是用于贵族女子对皇帝的自称,后来自称主体的范围有所扩大,偶尔也见非贵族女子在对皇帝说话时自称。例如明代小说《二刻拍案惊奇》:"不知官家来此,接待不及,<u>臣妾</u>罪当万死!"这是宋代名歌妓李师师对宋徽宗的自称。

"妾(贱妾、妾身)"和"臣妾"均用于女子表示谦卑的自称,但不仅仅限于具有夫妻关系的女子在丈夫面前的自称。

三、自称谦词"妾"等的复数形式

自称谦词"妾"一般表示单数,相当于"我",在句法上可以作句子的主语、定语和宾语,偶尔也见"妾"单独表示复数的。如北宋·沈括《梦溪笔谈》:"<u>妾</u>夫妇罪当死,不敢图生。"句中的"妾"表示复数,相当于"我们"。"妾"的复数形式大致产生于元代,而且口语中使用比较普遍。通常情况下,

199

"妾"的复数形式是加复数标记"＋等""＋们"，加"＋辈"的极少。

1. 妾＋等：

　　先生差矣，妾等乃巫山、洛水之俦，非路柳墙花之比。（《元话本选集·苏知县罗衫再合》）

　　陛下放心，今晚看妾等三人一阵成功，解陛下之忧闷耳。（明小说《封神演义》）

　　妾等乃巫山洛水之俦，非路柳墙花之比。（明小说《警世通言》）

　　妾夫既应，妾等自当相从。（清小说《七剑十三侠》）

　　妾等五人，一为县令媳，两为县令女，两为典史女。（民国小说《元代野史》）

　　昨夕将军宠召，妾等惊魂未定，故不敢应召。（民国小说《隋代宫闱史》）

2. 妾＋们：

　　妾等做诗，原没甚要紧，陛下还是进宫去的是，不要因了妾们拂了娘娘的兴。（清小说《隋唐演义》）

　　萧后道："陛下这三杯，是要奉的，妾们大家再陪一杯，乃是至公。"（清小说《隋唐演义》）

　　侯夫人未受雨露，圣上才这般痛惜，要是换了贱妾们，恐怕圣上反不会这样悲伤了。（民国小说《隋代宫闱史》）

　　不幸太后要臣妾们死，那不是只好去死么？（民国小说《明代宫闱史》）

3. 妾＋辈：

　　然宜自保重，郎君固非红楼选梦者流，而妾辈亦非紫陌寻春者比。（民国小说《元代野史》）

　　王爷尽忠，妾辈自应尽节。（民国小说《明代宫闱史》）

"妾＋辈"的用例极少，而且只见于民国时的历史小说中，应为时人拟古而创，"妾等""妾们"才是自称谦词"妾"的复数形式。

进入现代社会以后，妻妾并存制度彻底被废除，非自称意义和自称意义上的"妾"都已经成为历史。

4.1.3.2　奴（阿奴、奴家、奴奴）

一、"奴"的本义及其贱称用法

"奴",从字形可知,最初意义为"奴隶",而且指女奴,左为"女",右为一手执鞭抽打之状。也许是男奴不便另造字的缘故,不久,"奴"便成了奴隶的通称,男奴、女奴皆称"奴"。

《周礼》曰:"其奴,男子入于罪隶,女子入于舂藁(gǎo)。"后来新造了"婢"专表女奴,"奴"就只指男奴。《说文解字》:"奴,奴、婢,古之辠(zuì,罪)人也。"春秋以后,"奴"的意义泛化,不仅指奴隶,也指奴仆。这是"奴"的本义,也是"奴"的基本义和常用义。例如:

崇信奸回,放黜师保,屏弃典刑,囚<u>奴</u>正士,郊社不修,宗庙不享,作奇技淫巧以悦妇人。(周《尚书·泰誓下》,奴:奴隶。)

微子去之,箕子为之<u>奴</u>,比干谏而死。(春秋《论语·微子》,奴:奴隶。)

凡有爵者与七十者与未龀者,皆不为<u>奴</u>。(战国《周礼》,奴:奴隶。)

宾则入门而呼<u>奴</u>,主则望客而唤狗。(六朝晋·葛洪《抱朴子》,奴:奴仆。)

<u>奴</u>事新郎君,婢逐后娘子。(唐诗《白居易诗全集》,奴:男奴仆。)

钱少婢不嫁,财多<u>奴</u>共婚。(唐诗《王梵志诗》,奴:男奴仆。)

所畜奴婢,僧许留<u>奴</u>一人,尼许留婢二人,馀各任本家收管。(唐佛经《入唐求法巡礼行记》,奴:男奴。婢:女奴。奴婢:男女奴仆之总称。)

<u>奴</u>有私取盐一撮者,庆鞭之见血。(唐小说《野朝佥载》,奴:奴仆。)

为政贪秽,有<u>奴</u>为人持金以赂邺,<u>奴</u>隐其金,邺杀之。(北宋史书《旧五代史》,奴:奴仆。)

主若虐<u>奴</u>非正道,<u>奴</u>如欺主伤伦。(明小说《醒世恒言》,奴:奴仆。)

由于"奴"的地位卑贱,人们往往在"奴"的前面加上"狗""贼""贱"等限定语使之成为贱称词,如"狗奴、贼奴、贱奴"等,用来表示对他人的蔑视和辱骂。这些贱称词可以指称在说话现场的对方,也可以指称不在说话现场的第三方;可以指称单数,也可以指称复数。

今年杀诸<u>贼奴</u>,当取金印如斗大系肘后。(北宋·司马光《资治通鉴·晋纪》)

你这些<u>贼狗奴</u>,抬往那里去?(元小说《话本选集·玉堂春落难逢夫》)

你这大胆的泼<u>贱奴</u>,敢胡言乱道如此!(明小说《三宝太监西洋记》)

我受那卫家<u>狗奴</u>的气,无处出豁,他又不肯出屋还我,怎得个计较摆

布他便好？（明小说《初刻拍案惊奇》）

死**狗奴**，尽汝来打，吾岂惧哉！（明小说《隋唐野史》）

这个**贱奴**，还问他做甚？（清小说《续济公传》）

这番**狗奴**如此猖獗，追我哥哥，我不去救，那一个去救。（清小说《说唐后传》）

我夫尽忠，我当尽义，何处**狗奴**，敢来胡言？（民国小说《元史演义》）

"奴"的贱称用法跟"奴"基本义密切相关：既是无自由无身份、无地位无尊严的奴隶奴仆，被他人辱骂践踏也就在情理之中了。也因此，只要本义不灭，贱称就永存了。

"奴"的本义是作名词，无论后来"奴"的意义如何变化，"奴隶、奴仆"之义始终是"奴"的基本义和常用义，直到现在都没有其他意义能够撼动其根本。

二、"奴""阿奴"的对称意义与呼语特性

六朝时期，"奴"产生了新的意义——对称代词意义。"奴""阿奴"从六朝开始被用作对称代词来使用，相当于"你"，表示亲昵的称呼，用于长称幼、尊称卑，或夫妻之间的昵称。尤其以"阿奴"的使用最为普遍，后来逐步减少，一直到民国时期的拟古作品中还偶见：

（1）《晋书·周顗传》：顗性宽裕而友爱过人，弟嵩尝因酒瞋目谓顗曰："君才不及弟，何乃横得重名！"以所燃蜡烛投之。顗神色无忤，徐曰："**阿奴**火攻，固出下策耳。"（兄称弟。）

（2）六朝刘义庆《世说新语．德行》：谢奕作剡令。有一老翁犯法，谢以醇酒罚之，乃至过醉，而犹未已。太傅时年七八岁，着青布绔，在兄膝边坐，谏曰："阿兄，老翁可念，何可作此。"奕于是改容曰："**阿奴**欲放去邪？"遂遣之。（兄称弟。清梁章钜《称谓录·兄称弟》："盖晋世人通称弟为阿奴尔。"）

（3）六朝刘义庆《世说新语·识鉴》：周伯仁母冬至举酒赐三子曰："吾本谓度江托足无所，尔家有相，尔等并罗列吾前，复何忧？"周嵩起，长跪而泣曰："不如阿母言。伯仁为人志大而才短，名重而识暗，好乘人之弊，此非自全之道；嵩性狼抗，亦不容于世；唯**阿奴**碌碌，当在阿母目下耳。"（兄周嵩称弟周谟。）

（4）六朝刘义庆《世说新语·品藻》：刘尹、王长史同坐，长史酒酣起舞。刘尹曰：阿奴今日不复减向子期（向秀）。（同辈相称。）

（5）六朝刘义庆《世说新语·方正》：周叔治作晋陵太守，周侯、仲智往别。叔治以将别，涕泗不止。仲智恚之，曰："斯人乃妇女，与人别，唯啼泣。"便舍去。周侯独留与饮酒言话，临别流涕，抚其背曰："奴好自爱！"（同辈相称。）

（6）《元诗纪事·愁愤诗》陈衍注："《滇载记》……私语平章曰：'我父忌阿奴，愿与阿奴西归。'"（夫妻互称。）

（7）郁达夫《过兰江》诗："阿奴生小爱梳妆，屋住兰舟梦亦香。望煞江郎三片石，九姑东去不还乡。"（夫妻互称。）

上述例子中的"奴"和"阿奴"都是对称代词，相当于"你"的昵称。这与我国南方有些地区喜欢在名词前加词缀"阿"来表示亲近、亲昵有着相同的语用效果。如云南红河盛行的"阿弟""阿妹"，并不是称呼与自己有亲戚关系的弟弟和妹妹，而是用来称呼年轻的姑娘小伙儿，甚至是陌生人。云南楚雄的彝族也将年轻姑娘小伙儿称为、"阿表妹""阿表弟"。多一个词缀"阿"，就使得语用的境界大变，与"弟弟""妹妹""表弟""表妹"等完全不能等同。如果把"奴"直接处理成"你"，又是很难传达出它自身所蕴涵的亲昵意味，所以我们在理解或做古今翻译的时候，可以将它们与现代汉语语词相对应，其称代意义因对话方的关系不同而不同：

兄称弟："阿奴"——"小弟""兄弟"。
长称幼："阿奴"——"孩子"。
尊称卑："奴"——"你"。
夫妻互称："阿奴"——"老公""老婆"。

这样一处理，"奴"和"阿奴"就显现出称谓词的特质了。这就可以解释下面例句中"阿奴"作为呼语的称谓词性质：

《北史·麦铁杖传》：（麦铁杖）将度辽，呼其三子曰："阿奴！当备浅色黄衫。吾荷国恩，今是死日。我得被杀，尔当富贵。"（父称子。）

六朝刘义庆《世说新语·容止》：王敬豫有美形，问讯王公，抚其肩曰："阿奴，恨才不称！"（父称子。）

《南史·齐纪下·废帝郁林王》：武帝临崩，执帝（废帝郁林王）手曰："阿奴，若忆翁，当好作。"（祖称孙。）

上述三例中"阿奴"显然不能简单处理成与对称代词"你"对等，"阿奴"在其中独立成句，作呼语，处理成对称代词有些牵强，都只能看作是称谓词。

由此又印证了人称代词与称谓词的内在联系。

由身份地位卑贱的"奴"转变为昵称的对称代词，跨度较大，疑与方言的影响迁移有关，但有待考证。

但是，"奴"的复数形式"奴辈"就不再具有昵称意味，而更多的是贱称意味，相当于"你们这些奴才"。既有对称意味，又蕴涵了卑微低贱的名词本义。例如：

> 司马光《资治通鉴·陈纪》：武卫娥永乐，武力绝伦，素为显祖所厚，叩刀仰视，帝不睨之。帝素吃讷，仓猝不知所言。太皇太后令却仗，不退；又厉声曰："**奴辈**即今头落！"乃退。永乐内刀而泣。

> 咄，**奴辈**得伴我死，可谓至荣，尚敢声冤耶？（明小说《万历野获编》）

作为对称代词的"奴""阿奴"经历了六朝的兴盛之后便沉寂下来。直到五代时期，"奴""奴奴""奴家""阿奴"又卷起了自称的狂潮。

三、"奴"的称代逆转——自称代词"奴"（阿奴、奴家、奴奴）

自称代词"奴"是后起义，它产生稍晚。清代史学家钱大昕《十驾斋养新录》："妇人自称奴，盖始于宋时。"这一论断现在看来是不够准确的。谦称代词"奴"大概产生唐之后、宋之前的五代时期。大概是先在口语中流行，然后才在文学作品中盛行起来。在五代《敦煌变文集》中，除了"奴"之外，还出现了自称代词"奴家"，也作"阿奴"。它们都表示单数，相当于"我"，是对自己的谦称。如：

> 异方歌乐，不解**奴**愁；别域之欢，不令人爱。（五代《敦煌变文集·王昭君变文》）

> 远指白云呼且住，听**奴**一曲别乡关。（五代《敦煌变文集·王昭君变文》）

> **阿奴**今拟兴兵，收伏狂秦，卿意者何？（五代《敦煌变文集》）

> **阿奴**闻诸仙久居岩□，服气▲霞，寻百部之明经，占吉凶之善恶。（五代《敦煌变文集·王昭君变文》）

> 第一女道："世尊（即菩萨）！世尊！……**奴家**美貌，实是无双，不合自夸，人间少有。故来相事，誓尽千年。不弃卑微，永共佛为琴瑟。"（五代《敦煌变文集》）

> 女道："**阿奴**身年十五春，恰似芙容出水宾（滨）。"（五代《敦煌变文集》）

阿奴今拟兴兵，收伏狂秦，卿意者何？（五代《敦煌变文集》）

自称代词"奴"的产生与"奴"的本义是密切相关的。其本义表示没有人身自由的奴隶，到后来表示地位微贱的奴仆，都是指卑微的人，这就为自我谦称的"奴"奠定了意义基础。六朝时北方方言中将"奴"用为臣下对国君说话时的谦称。后来这一用法进入共同语，成为一般的自称代词，男女尊卑均可用，表示对自己的谦称。

宋代以后，"奴"一般只作女性自称代词了。南宋朱翌《猗觉寮杂记》："男曰人臣，女曰人妾。臣妾对君上之称，男女之别也。今妇人奏状则曰臣妾。某氏是以妇人兼男子之称也。男曰奴，女曰婢。故耕当问奴，织当问婢。今则奴为妇人之美称。贵近之家，其女其妇，则又自称曰奴。自汉以前妇人皆称妾。……不知起何代，古者妇人女子亦有名字，如孟光字德曜，曹昭字惠班之类是也。"由此可知，宋时妇女以"奴"为自我美称。《宋史·陆秀夫传》："杨太妃垂帘与群臣语，犹自称**奴**。"自五代产生之后，自称代词"奴"得到广泛发展，并产生了新的同义词"奴奴"，在宋、元、明、清的话本小说中普遍使用，民国以后"奴"的自称义使用逐步减少。

下面是北宋至民国之间的话本与小说中以"奴""奴奴""奴家""阿奴"自称的部分用例，均指女性：

奴肃王小女珍珍也。（北宋小说《大宋宣和遗事》）

公公要**奴**不说话，将我口儿缝住罢！（北宋《清平山话本·快嘴李翠莲记》）

奴面不如花面好。（南宋诗词《李清照词·减字木兰花》）

奴一心只忆着官人，泣诉其情，蒙五道将军可怜，给假三日。（元小说《话本选集·闹樊楼多情周胜仙》）

奴是王府中族姬，被歹人拐来在此的。（明小说《二刻拍案惊奇》）

奴自幼粗学一两句，不十分好，你却休要笑耻。（明小说《金瓶梅》）

西湖是**奴**的家乡，如何不见。（民国小说《清代宫廷艳史》，董氏对嘉庆皇帝说话时的自称）

闲庭独立鸟关关，争忍抛**奴**深院里。（全唐诗，欧阳炯《木兰花》）

前日为军马拥遏至此，其首领百户不知姓名，与此知县是兄弟，遂将**奴奴**嫁与他，今成亲六日矣。（北宋小说《大宋宣和遗事》）

奴奴不是自夸奖，从小生来志气广。（北宋《清平山话本·快嘴李翠莲记》）

奴家不幸，丧了丈夫，却被媒人哄诱，嫁了这个老儿，只会吃饭。（北宋小说《话本选集·错斩崔宁》）

奴家卖身葬夫，旁人也笑我不得。（元小说《话本选集·蒋兴哥重会珍珠衫》）

尊家乃是一位好人，奴家姓马，叫马玉荣。（清小说《济公全传》）

阿奴丑若无盐，蠢若东施，哪里称得起名妓？（民国小说《宋代十八朝宫廷艳史》）

上面例子中的"奴""奴奴""奴家""阿奴"，都是说话者的自称代词，均为单数，相当于"我"，为女性对自己的谦称。

"奴"像许多名词一样，还有动词用法（即名词动用），不过很少见。例如：

何能伊唔作书痴寒酸态，坐待外人奴我？（民国小说《清朝秘史》）

"奴"从它产生到现在，其间经历了多次嬗变，但无论怎么变，其本义是贯彻始终的。正因其本义的强大生命力，才使得"奴"无论怎样衍生，其意义都一直没能偏离本义的主线。换言之，起于本义，落于本义。"奴"的嬗变可以用如下流程表示：

奴：指称奴隶、奴仆→指称奴隶、奴仆兼作对称代词→指称奴隶、奴仆兼作自称代词→指称奴隶、奴仆。

4.1.4 读书人谦称

读书人的自称谦词有小生、晚生、晚学、鄙生、学生等，表示自己是新学后辈。

"晚生"一词最早出现于唐宋之交，本是"出生在后"的意思，引申为名词相当于"后生"。唐佛经《地藏菩萨本愿经》："缘是临终被诸眷属造是恶因，亦令是命终人殃累对辩，晚生善处。"

北宋时期"晚生"开始有自称代词用法，最先是读书人在对比自己早取功名的人说话时的自称谦词，如北宋语录《朱子语类》："晚生妄意未知折衷，惟先生教之。"但后来范围扩大，自称者不一定是读书人。另外，自称谦词"晚生"虽然产生于北宋时期，但普遍使用还是在明、清和民国时期。

如老先生不去，要晚生代解，不得不如此唐突。（明小说《二刻拍案惊奇》）

晚生衙内也不忌惮他，他衙里也就不忌惮晚生了。（明小说《醒世姻缘

传》)

　　刘云说道:"在老寨主面前,哪有**晚生**座位?"(清小说《三侠剑》)

　　晚生只愿家君早归田里,得以菽水承欢,这是人生至乐之事。(清小说《儒林外史》)

　　据**晚生**的愚见,不如把罪名一起卸在冯某人身上,乐得大家没事。(清小说《文明小史》)

　　晚生来了两个月,瞧着宝二爷的人品学业,都是必要大成的。(清小说《红楼梦》)

　　晚生父亲惨死此地,昼夜隐痛,实不忍闲游。(清小说《绿野仙踪》)

　　他的学问既高,一切尚要求教,如何不是**晚生**?(清小说《镜花缘》)

　　晚生年轻,应遵张先生指教。(民国小说《大清三杰》)

　　晚生思念前辈,云天路隔,俗事见忙,总未如愿。(民国小说《雍正剑侠图》)

　　自称谦词"晚生"的使用有自己的特点,自称"晚生"的人年龄需比对方小一些,但并不是很年轻的人才可以自谦称"晚生",只要对方比自己大,且比自己有成就,就可自我谦称为"晚生"。

　　自称谦词"晚学"原用为"晚学生",首先出现在元代小说话本中。《话本选集·王安石三难苏学士》:"东坡道:'**晚学生**自知才力不及,岂敢怨老太师。'"又"**晚学生**才疏识浅,全仗老太师海涵";等等。到清代"晚学生"简为"晚学",如清小说《儒林外史》:"不瞒老先生说,**晚学**今年在嘉兴,选了一部文章,送了几十金,却为一个朋友的事……"

　　自称谦词"晚学生"和"晚学",意义与"晚生"同,都是指后辈,读书人把它们作为对学高德劭的前辈说话时的自称谦词。相较之下,"晚学生""晚学"的使用频度比"晚生"要低得多,大概是先有了"晚生"的缘故。表示完全相同的意义没必要用多个不同的词。

　　"小生""鄙生"等是读书人的通用自称谦词。

　　"小生"指年轻人、后辈,还指戏曲中扮演"生角"的一种——扮演青年男子。东汉时期开始,被借为自称谦词,专用于年轻的读书人自称,表示谦虚。但直到元代以后,才逐渐盛行起来。

　　今**小生**闻是,心大悲而恐骇,知冤者诚多,当奈何哉?(东汉史论《太平经》)

　　小生有志攀月中丹桂,无心恋野外闲花。(元小说《话本选集·苏知县

罗衫再合》）

　　小生自有寒荆在家，焉敢望此？（元曲柯丹邱《荆钗记》）

　　非是咱自夸奖：他有德言工貌，**小生**有恭俭温良。（元戏剧王实甫《西厢记》）

　　请娘行尊坐，容**小生**拜谢还金之德。（明小说《三宝太监西洋记》）

　　小生与令爱恩深义重，已设誓过了，若有负心之事，教满某不得好死！（明小说《二刻拍案惊奇》）

　　小生不愧司马之才，娘子尽有文君之貌。（明小说《醒世恒言》）

　　家中又有老母，**小生**若再远离，来往川资糜耗，既无此巨款，且家母无人侍奉。（清小说《乾隆南巡记》）

　　小生从西番进宝，在此经过，听说这里拿妖，所以**小生**来看。（清小说《呼家将》）

　　小生所以踟蹰者，以文弱不能从戎，恐益为丈人累耳。（清小说《聊斋志异》）

　　一番风雨，不知吹落多少花儿，好生侍候郎君，**小生**作壁上观便了。（民国小说《同治嫖院》）

　　没有**小生**这种卑鄙，怎显得出先生的清高来。（民国小说《留东外史》）

"小生"是一个从汉代到清代使用较为普遍的自称谦词，只要是年轻的读书人均可使用，对方多为长辈，也可以是同辈间对话的谦称。在句中多作主语，很少用为宾语和定语。到民国时期，自称谦词"小生"在历史小说中还时见。在民间口语中，自称谦词"小生"消失得更早。

"鄙生"也是学生的自谦之称，但使用很少。明代陈子龙《上石斋师》："二者必有所审，无俟**鄙生**之忖度也"。"鄙生"表示自谦自己见识鄙陋，相当于"我"。

"学生"，本指读书的年轻人。元代开始被不是"学生"的非读书人用为自称谦词，盛行于明代，到清代已经逐渐减少，民国时期就基本不见了。

　　杨顺道："**学生**为此事朝思暮想，废寝忘餐，恨无良策，以置此人于死地。"（元小说《话本选集·沈小霞相会出师表》）

　　学生倦倦请教，止欲剖胸中之疑，并无他念。（元小说《话本选集·唐解元出奇玩世》）

　　学生家事虽寒，数千之物还尽可办。（明小说《初刻拍案惊奇》）

家尊与令祖相识甚厚，闻先生自杭而回，特命**学生**伺候已久。（明小说《喻世明言》）

不瞒娘子说，**学生**内帏失助，中馈乏人，鳏居已久，子息全无。（明小说《金瓶梅》）

学生有密旨在身，不能全礼，请刘军机跪接。（清小说《乾隆南巡记》）

叨扰的事，容**学生**再来另谢。（清小说《儒林外史》）

个个是**学生**提拔，如今皆成大僚了。（清代孔尚任《桃花扇》）

"学生"与"晚生"都不仅用于读书人，但"晚生"侧重于说话人年龄比对方小，"学生"则使用范围更广，年龄、成就、官位等小于对方，均可以谦称自己为"学生"。不仅读书人可谦称"学生"，官场中人也时常谦称学生。例如《金瓶梅词话》第七十四回："西门庆道：'也是淮上一个人送**学生**的。'"

"学生"又谦称为"学儿"。明·无名氏《东篱赏菊》："**学儿**是这彭泽县一个县丞。"

4.1.5 老者谦称

"老朽、老拙、老奴、鄙老、小老（小老儿）、老夫"等词，本指老年男性，都可以用为老者自称谦词，以表示自己年迈无为、卑微笨拙的谦谨之意。

宋·苏轼《与冯祖仁书》："辱笺教累幅，文义粲然，礼义兼重，非**老朽**所敢当。"

宋·陶毅《清异录》："**老拙**幼学时，同舍生刘垂，尤有口才。"

《新唐书·李辅国传》："**老奴**死罪，事郎君不了，请地下事先帝矣。"（"老奴"作自称，限于臣仆。）

《晋书·王接传》："求贤与能，小无遗错，是以**鄙老**思献所知。"（"鄙老"自谦，犹言"老朽"。）

《儒林外史》第三回："我**小老**这一双眼睛，却是认得人的。"（"小老"又为"小老儿"。《儿女英雄传》第八回："公子，你折杀**小老儿**了"。）

在这些老者的自称谦词中，"老夫"要特殊和普遍一些。

"老夫"用为年老男子自称谦词较早，在春秋时期就已出现。春秋《左传》："（郑伯）对曰：'**老夫**其国家不能恤，敢及王室。'"春秋之后，自称谦词"老夫"使用在各朝各代都较为普遍，主要表示谦和、通达之意，一般认为是谦称用法：

老夫年尊，绝意世事。（东汉史论《风俗通义》）

若为莽、卓，迫险乘危，老夫耄矣，无能为也。（唐小说《大唐新语》）

今日是老夫贱诞，聊备蔬酒，少展良辰。（元代柯丹丘《荆钗记·庆诞》）

老夫不敢有违，随引貂蝉出拜公公。（明小说《三国演义》）

此皆贤婿高才，致身青云之上，老夫何功之有？（明小说《二刻拍案惊奇》）

老夫深荷令先公推荐之力，得有今日。（明小说《醒世恒言》）

昨日府学开送一名廪生陈最良，年可六旬，从来饱学，一来可以教授小女，二来可以陪伴老夫。（明·汤显祖《牡丹亭》第五出）

老夫便是新调长沙太守的邵邦杰。（清小说《七侠五义》）

老夫年老，兼之耳目重听，实难应此重任。（清小说《乾隆南巡记》）

这是老夫幼时专心一志研炼得来的，并非仙传，亦非神授。（民国小说《上古秘史》）

老夫与小女，敬将军是盖世英雄，非敬将军之爵位也。（民国小说《貂蝉艳史演义》）

但是，我们在历代文学作品中所看到的许多句子，其中的"老夫"不仅没有自谦之意，更多的是倨傲之气。细细体味，或有一种自信从容的淡定之气，或者有恃强霸道、倚老卖老的傲然之气。

老夫有所爱，思与尔为邻；愿言诲诸子，从我颍水滨。（六朝诗文《陶渊明集》）

问我新从何处来，听取老夫细祗对。（五代《敦煌变文集新书》）

老夫历事三朝天子，见内宴数百，子本田舍儿，安知宫禁事！（北宋史书《旧五代史》）

老夫与他八拜之交，最相契厚。（元小说《话本选集沈小霞相会出师表》）

老夫自幼修髯满部，军民识与不识，皆呼为波厮钱大尹。（元曲关汉卿《钱大尹智宠谢天香》）

老夫梦中得见令先君，说令爱与小儿有婚姻之分。（明小说《今古奇观》）

等老夫再点大将，共破西岐，不得迟误。（明小说《封神演义》）

不道自己学疏才浅，敢来讥讪**老夫**！（明小说《警世通言》）

贼人假意败走，**老夫**后面追赶，他反背就给**老夫**一镖一袖箭，俱被**老夫**接住。（清小说《三侠剑》）

谢宝你好大胆量，助纣为恶，你敢过来跟**老夫**动手！（清小说《彭公案》）

老夫说的数目，你依得就罢，不依就怪不得**老夫**呢，你快些定夺！（民国小说《留东外史》）

自称词"老夫"对语境的依赖性很强，究竟是表示自谦还是自傲，得看它出现的具体语境和说话人的说话语气来判定。

4.1.6 平民谦称

一般平民百姓用来自我谦称的词比较多，称代凝固性较强的有"愚、小可、在下、敝人、小人、不才、不佞"等。

4.1.6.1 愚（愚生、愚下、下愚）

"愚"出现较早，先秦时期为"愚昧""愚蠢"的意思。用为自称谦词，大致是从西汉开始。西汉司马迁《史记·平准书》："式曰：'天子诛匈奴，**愚**以为贤者宜死节于边，有财者宜输委，如此而匈奴可灭也。'"又："**愚**不知所谓也。"诸葛亮《出师表》："**愚**以为宫中之事，事无大小，悉以咨之，然后施行。"从此以后，自称谦词"愚"就较为频繁地出现于后代文学作品之中：

东汉史论《太平经》："子知**愚**心，解未乎哉？"

六朝·陈寿《三国志》："嘉平元年九月，**愚**遣将张式至白马，与彪相问往来。"

六朝晋·葛洪《抱朴子》："**愚**甚惑焉，未之敢许也。"

唐史书《北齐书》："臣恃陛下威灵，得申**愚**节，不屈竖子，重奉圣颜。"

唐·刘得仁《贺顾非熊及第其年内索》"**愚**为童稚时，已解念君诗。"

宋·李昉《太平广记》："**愚**始游成都，止于逆旅，与卖草药李山人相熟。"

宋·朱熹《朱子语类》："**愚**殊不敢望得道，只欲得一个入头处。"

明小说《万历野获编》："**愚**谓二祖陪祀大臣，宜进宜退，事关宗庙，非今日所敢擅议。"

明小说《周朝秘史》："**愚**料石丙有勇无谋之辈，不足惧也！"

明小说《封神演义》："'红砂阵'毕竟愈出愈奇，更烦请教，以快**愚**意。"

清小说《东周列国志》："贾曰：'**愚**观子玉为人，勇于任事，而昧于决机。'"

清小说《红楼梦》："**愚**每有此心，但每遇兄时，兄并未谈及，**愚**故未敢唐突。"

清小说《绣云阁》："**愚**以一介书生，忝叨国选，特恐草茅初出，有玷相臣。"

清小说《绿野仙踪》："昔承尊翁老先生不以**愚**为不肖，嘱**愚**与贤契共励他山。"

民国小说《隋代宫闱史》："**愚**正为了此故，特行到来。"

自称谦词"愚"在句中主要充当主语和定语，很少见到用作宾语的例子。它一般表示单数，表复数者很少见。上述例子均表单数，下面两例表示复数：

清小说《续济公传》："**愚**弟兄得遇女英雄，可算遇着知己了。"（复数）

清小说《续济公传》："二位将军，就是**愚**父子所行不法，也当告明太庙，明正典刑，何能就宫中杀却？"（复数）

从上面两个例句来看，自谦代词"愚"表示复数一般依赖于其后面表示复数的词语。

西汉以后，自称"愚"继续发展，东汉时期的《太平经》中产生了相类的自称谦词"愚生"，贬抑自己愚钝、愚昧无知，以表示自谦。

愚生受书众多，大眩童蒙，不知当复问何等哉？

愚生得睹天心师言，已大觉矣。

今**愚生**见师言，眩冥不知东西，愿分别为下愚生说之。

根据 CCL 语料库，在其他作品中，尚不见自称谦词"愚生"的使用，因此，"愚生"现象应是特有的"太平经现象"，与"师"相对，意义相当于"学生"，指自己，表示自谦和对"师"的恭敬。

"下愚"又作"愚下"，本是卑下、愚蠢的意思，也指卑贱、愚笨的人。例如，明小说《包公案》："学生生来**下愚**，叫做先生的也无可奈何。"清小说《东度记》："上士勤修德，**下愚**妄自行。"又被用为谦称代词，主要充当主语和宾语：

明小说《封神演义》:"据愚下观丞相所为,恁般颠倒,连日如在醉梦之间。"

清小说《三侠剑》:"愚下水八寨大寨主朱甘棠是也。"

清小说《小五义》:"愚下走在此处,举目无亲,缺少盘费,人穷当街卖艺,虎瘦拦路伤人。"

清小说《彭公案》:"先生自嘉兴来此,有何事来找愚下?"

清小说《施公案》:"财主爷,要问'全不识山人'五个字,乃是愚下自撰的草号。"

清·曹雪芹《红楼梦》第120回:"下愚当时也曾与他往来过数次,再不想此人竟有如是之决绝。"

4.1.6.2 小可、在下、敝人、小人、不才、不佞

一、小可

"小可"本意为"寻常""不重要"。北宋史书《旧五代史》:"足下之过**小可**耳,尚如此,老夫不知如何也。"北宋语录《朱子语类》:"此也是**小可**事,也未说到命处。"元小说《话本选集·勘皮靴单证二郎神》:"你二人休得说谎,此事非同**小可**。"明小说《三国演义》:"将军在主公前要去夺粮,非**小可**之事。"

"小可"用为自称谦词,意为自己是不重要的、卑微的、不足挂齿的人。自称"小可"始见于元代,多见于早期白话中。

小可已曾吩咐了店小二,着他打听着,但有呵便报我知道。(元杂剧郑延玉《看钱奴买冤家债主》)

小可汴梁人氏,唤做燕和,嫡亲的三口儿家属。(元曲李文蔚《同乐院燕青博鱼》)

只望高抬贵手,凡事遮盖,不要牵累**小可**则个。(明小说《二刻拍案惊奇》)

小可并无别事,专来拜望妈妈。(明小说《今古奇观》)

小可久闻教头大名,不期今日来踏贱地,足称平生渴仰之愿。(明小说《水浒全传》)

恩公如有用着**小可**之时,**小可**当效犬马之劳,决不食言。(清小说《七侠五义》)

千里追风是**小可**别号,老人家何以知之?(清小说《三侠剑》)

圣天子一边逊道:"**小可**何能何德,过蒙老和尚称许。(清小说《乾隆

南巡记》）

　　小可正是徐达，不知壮士于何处见过？（民国小说《明代宫闱史》）

"小可"在元以后的早期白话文中，是一个较为常用的自称谦词，使用较普遍。它一般表示单数。偶尔表示复数，通常加复数标记"－每"或"－们"，但用例很少。例如，清小说《呼家将》："**小可们**愿在大王麾下效力。"明小说《二刻拍案惊奇》："**小可每**还疑心，不敢轻信。"

二、在下

"在下"是一个普通的自称谦词，多见于早期白话。古人坐席时尊长者在上位（坐北朝南位），所以晚辈或地位低的人谦称"在下"。北宋时初见其自称用法，但宋、元时期所见不多。到明清时期，自称谦词"在下"的使用到了全盛时期，尤其在说书人的口中，凡自称皆用"在下"。

　　在下卑贱，制不自由，娘子锁项，苦毒何甚！（北宋小说《太平广记》）

　　在下便是张富，不审有何喜信见报？（北宋小说《话本选集·宋四公大闹禁魂张》）

　　在下出外日多，里中虽晓得有这个人，并不相认。（元小说《话本选集·蒋兴哥重会珍珠衫》）

　　哥哥才学，与**在下**不同，有甚么名人古书，前皇后代，哥哥讲说些儿，小官洗耳拱听。（元杂剧宫天挺《死生交范张鸡黍》）

　　在下与孺人无意相逢，岂知得谐凤愿，三生之幸也！（明小说《二刻拍案惊奇》）

　　在下眼拙，失忘了足下，适蒙呼唤，愿求大名。（明小说《水浒全传》）

　　嫂子既然分付**在下**，**在下**一定伴哥同去同来。（明小说《金瓶梅》）

　　这就叫道心难坚，是学道最忌的毛病，所以**在下**替公子可惜。（清小说《七剑十三侠》）

　　镖头应当多少薪水，由**在下**衙门发给，求老达官速定为幸。（清小说《三侠剑》）

　　在下看女公子这样风度，却同我们敝营的四位女将军正相伯仲。（清小说《续济公传》）

　　在下正是刘伯温，不识高士怎样知道的？（民国小说《明代宫闱史》）

　　看官们若自以为是多情种子，不以**在下**的话为然，就请各位自己看自

己所遇。(民国小说《留东外史》)

大恩不言谢，<u>在下</u>想与恩公结为金兰昆仲，不知您意下如何？（民国小说《雍正剑侠图》）

"在下"表示单数，相当于"我"。从句法上看，既可充当主语，也可以作定语和宾语；从使用来看，"在下"的口语性非常强，虽为谦称词，但语气自信果敢。

三、敝人与鄙人

"敝"本为破旧、衰败、疲惫之义，后以"敝人"为对自己或自己一方的谦称，"敝邑"是对本国、本地的谦称，类似的还有"敝姓""敝处"等。"敝人"即谦称自己是僻陋疲惫之人。"敝人"自称始于清末，盛行于民国和现当代文学中，但现在只见拟古用法，一般书面语和口头语中已经基本不用。

<u>敝人</u>已有妻子在家，苦守我成名，难道反在此招亲，岂不是薛礼忘恩了。（清小说《说唐全传》）

陛下不务玄默以救<u>敝人</u>，而反任威刑以失民望，臣愚暗昧，窃有大惑。（民国小说《唐史演义》）

<u>敝人</u>的志愿，仕宦当作执金吾，娶妻当娶阴！（民国小说《汉代宫廷艳史》）

娘子天人，<u>敝人</u>昨天得睹仙姿，梦魂颠倒，不知娘子还肯下怜我么？（民国小说《汉代宫廷艳史》）

<u>敝人</u>是欧洲报界的首席记者，我想向您提几个问题。（当代报刊《读者（合订本）》）

严同志刚到我们厂里工作，大概还不十分了解<u>敝人</u>的脾气。（当代·周而复《上海的早晨》）

<u>敝人</u>一生与笔□儿为伍，会使甚麼兵刃？（当代·金庸《神雕侠侣》）

久闻慕游兄说起方部长大名，是党国的柱石，今我特来瞻仰，乘此也想解释一下外边对于<u>敝人</u>的攻击。（现代·茅盾《蚀》）

"敝人"与"鄙人"的区别：

"敝人"与"鄙人"相比，二者不仅使用年代截然不同，而且各有特色。"敝人"侧重状态，表达破败、疲惫的自谦意义，而"鄙人"侧重性质，表达鄙陋、浅薄的自称意义；"敝人"为平民大众所使用，口语性很强，而"鄙人"则多为官场谦词，用于较正式的场合。（"鄙人"详见4.1.2.5）

四、小人

"小人"是旧时男子对地位高于己者的自称谦词。

"小人"即"小民",指人民,既可指地位低微的人,又可指道德低下的人。周代《尚书·无逸》:"作其即位,爰知**小人**之依;能保惠于庶民,不敢侮鳏寡。"这里的"小人"指地位低微的人。"小人"又指道德低下的人,例如,《周易》:"内阳而外阴,内健而外顺,内君子而外**小人**。"又"**小人**不耻不仁,不畏不义,不见利不劝,不威不惩。小惩而不诫,此**小人**之福也。"春秋《论语》:"唯女子与**小人**为难养也,近之则不孙,远之则怨。"明小说《万历野获编》:"妇人以泣市爱,**小人**以泣售奸。"民国小说《宋史演义》:"**小人**譬之蝮蝎,其凶忍害人,根乎天性,随遇必发。"

从春秋时期开始,"小人"引申出自称用法,对地位高于自己的人表示谦虚,为男子专用。宋代钱愐《钱氏私志》:"燕北风俗,不问士庶,皆自称小人……对中人以上,即称小人,中人以下,则称我家。"从"燕北风俗"到流行中国,其间经过了一个较为漫长的时期。

  小人有母,皆尝**小人**之食矣;未尝君之羹,请以遗之。(春秋《左传》)

  小人母年垂百岁,抱疾来久,若蒙官一脉,便有活理。(六朝小说《世说新语》)

  小人今日奏王,特望天恩纳祐。(五代《敦煌变文集新书》)

  小人做了几项歹事勾当,不得已而落草。(北宋小说《大宋宣和遗事》)

  小人窃不自量,愿闻金玉之声。(北宋小说《太平广记》)

  小人急心疼,看看至死,怎么救**小人**一命!(元·关汉卿《包待制智斩鲁斋郎》)

  小人听了母亲言语,好意还他,他反来图赖**小人**。(《元小说话本选集·陈御史巧勘金钗钿》)

  小人到贾家,入门即撞见廉访相公问**小人**来意。(明小说《二刻拍案惊奇》)

  小人蒙老爹莫大之恩,可怜见与**小人**出了气,**小人**举家感激不尽。(明小说《金瓶梅》)

  他见了**小人**打了一只獐子,就要**小人**献与他。(清小说《七剑十三侠》)

  大仙恕**小人**肉眼无珠,语言唐突。(清小说《八仙得道》)

小人在本处卖卜，略晓阴阳，兼知地理。（民国小说《明代宫闱史》）

在春秋时期出现于文学作品之前，自称谦词"小人"应该已先在民间流传了。到宋元明清的繁荣盛行，中间经历了春秋战国、秦汉魏晋、隋唐五代的漫长过渡时期，到宋元明清，以至民国时期，自称谦词"小人"已经发展得较为完善，句法上可以作主语、定语和宾语，应用相当普遍。

有时，"小人"也用为对平辈自称的谦词。《三国志·魏志·陈登传》："君（指许汜）求田问舍，言无可采。……如小人（刘备自称），欲卧百尺楼上，卧君于地，何但上下床之间邪？"《京本通俗小说·错斩崔宁》："小人情愿伏侍小娘子前去。"

"小人"在自称时也用为"小的"。例如《红楼梦》第四回：葫芦僧判断葫芦案："小的在暗中调停。"

五、不才

"不才"一词春秋时期就有，意为没有才能。如《唐诗三百首》："不才明主弃，多病故人疏。"用为自称谦词，是从唐代开始，表示谦虚，谦称自己没什么才能，一般表示单数，相当于"我"。但是，直到明清时期，"不才"的自谦用法才逐渐普遍起来。这可能跟当时的社会风尚及统治者的倡导主流有关。明清两朝是中国历史上封建专制统治极为严酷的两个朝代，等级森严，礼教繁缛，谦称词自然要发达得多。

不才甘下第，君子蹇何重。（唐·李频《送薛能少府任》）

钓船抛却异乡来，拟向何门用不才。（唐·罗隐《书怀》）

不才请退。（南宋佛语录《五灯会元》）

不才无学，有辱明问。（明小说《三国演义》）

何以更辱馈遗，则不才益将何以报焉。（明书信体杂文·宗臣《报刘一丈书》）

不才无识无能，误犯虎威，万死尚轻，何故相戏？（明小说《水浒全传》）

请先生暂停于此，使不才少聆清诲，以毕平生之愿。（清小说《木兰奇女传》）

不才亦未敢以俗事相屈，或往或还，悉凭尊意。（清小说《海国春秋》）

不才正是徒拥虚名，毫无真实，未免辜负国家，委实惶愧之至。（清小说《续济公传》）

不才做书做到此地，却有一件事情，急于敬告读者诸君。（民国小说《大清三杰》）

　　不才正要冒一回险，前去探探他的实在。（民国小说《西太后艳史演义》）

　　自称谦词"不才"产生之后，在唐、宋时期使用不多，元朝也只声称自己"不才"，很少以"不才"代称自己，明清时期使用稍多。到民国时期，以"不才"自称的情况也不多，现代汉语中就基本不用了，偶尔见到，也只是拟古用法。

六、不佞

　　"不佞"是古代自称谦词之一，谦指自己没有才智，笨嘴拙舌。

　　"不佞"最初指才智低，不聪明，笨拙。春秋《国语》："君幼弱，诸臣**不佞**，吾何福以及此！"西汉史书《战国策》："寡人**不佞**，不能奉顺君意，故君捐国而去，则寡人之不肖明矣。"

　　自称谦词"不佞"，最早见于西汉史书《战国策·赵策二》："公子成再拜曰：'臣固闻王之胡服也，**不佞**寝疾，不能趋走，是以不先进。'"这是赵武灵王的叔父公子成的自称谦词。但从明代开始，"不佞"的谦称用法才被广泛使用。由于"不佞"是一个典型的书面语词，所以它的普及范围也较为有限。

　　不佞举刀笔，不谙举业，又不敢废典制，原先生留意。（明小说《万历野获编》）

　　不佞虽死，受国恩厚无所恨，第恨余文不知我心，以所剩官帑付我家。（明小说《万历野获编》）

　　古有引玉，**不佞**愿先抛一砖。（明小说《三宝太监西洋记》）

　　将军忠心义胆，**不佞**识之久矣。（明小说《封神演义》）

　　不佞见获，万目所睹，今若逃去，岂不累君？（清小说《海国春秋》）

　　莫若明日诡荐**不佞**，移于彼处，再作区处。（清小说《海国春秋》）

　　先生念切生民，**不佞**当助一臂之力。（清小说《海国春秋》）

　　莫说足下，即如**不佞**忝为大臣，也常遭鞭挞。（清小说《隋唐演义》）

　　闻先生言，**不佞**顿开茅塞，吾与蒙古，誓不两立，望诸君勿吝赐教，则**不佞**幸甚！（民国小说《元代野史》）

　　不佞对于汉帝，每多贬词，惟有此事，不肯没其孝思。（民国小说《汉代宫廷艳史》）

　　不佞非但欲我皇上忘之，且欲汗并忘之也。（民国小说《清史演义》）

从语料看，自称谦词"不佞"一般作主语和宾语，不作定语。它主要流行于明清时期和民国时期的书面语中。但随着现代白话文的发展，"不佞"的使用也只是偶尔为之的拟古用法了。

　　虽然是"会稽俞葆真兰浦编辑"，与**不佞**有同乡之谊，——但我还只得老实说：不大高明。(现代文学，鲁迅《朝花夕拾》)

　　不佞自幼便是戏迷、影迷，却从未达到昏迷之度，尚非发烧友也。(当代报刊《人民日报》，1994\\94Rmrb1.)

4.1.7　小结

汉语言堪称是一种表达精细入微的语言，以自称代词或名字自称被认为不礼貌，没教养。所以自称有很多讲究，称呼随时代和交际双方身份的不同而不同。

谦称是表示谦虚的自称，表示谦逊的态度。中华民族是一个以谦恭为美德的民族，中华民族文明史，是一部谦恭谨慎的历史。尤其古代汉语中流传下来很多谦称辞，主要语用功能是在语言交际中抬高对方，贬抑自己和自己一方，以便顺利达成交际目的。古代王侯以"孤(孤家、孤身)、寡人、不谷(不穀、不毂)、哀家"谦称自己；臣下以"臣(臣下)、仆(僕)、走、民、鄙(鄙人)、下官(末官、小吏)、卑职、末将、奴才"等谦称；女子自称则用"妾(妾身、贱妾、臣妾)、奴(阿奴、奴家、奴奴)"等；读书人自我谦称"晚生、晚学、小生、鄙生、学生"等；老者自称"老朽、老拙、老奴、鄙老、小老(小老儿)、老夫"等；一般人自称"愚(愚生、下愚)、小可、在下、不才、敝人、小人、不佞"等是自谦自己没有才能或才能平庸，以表示自己的谦卑和对对方的敬重。其中，每一个谦称代词都有着自己独特的称代特点，它们互为补充，形成一个较为完备的谦称代词系统。

4.2　傲称代词

从古至今，中华民族在礼节上都算是个非常谦卑、善于扬人抑己的民族。因而创造了极为发达的谦辞系统，无论在数量上、层次上，还是表意的精确细腻，都堪称世界之最。但是，在我们的汉语语汇中，也存在另一个词汇系统——傲辞系统。只不过比起谦辞系统来，傲辞系统的发展显得比较萧条。傲称代词主要有四个：尔公、乃公、老子、老娘。

北宋小说《太平广记卷第三百三十·鬼十五·王鑑》讲了一个关于鬼的故事：

> 兖州王鑑，性刚鸷，无所惮畏，常陵侮鬼神。开元中，乘醉往庄，去郭三十里。鑑不涉此路，已五六年矣。行十里已来，会日暮。长林下见一妇人，问鑑所往。请寄一袱，而忽不见。乃开袱视之，皆纸钱枯骨之类。鑑笑曰："愚鬼弄**尔公**。"策马前去，忽遇十余人聚向火。时天寒，日已昏，鑑下马诣之。话适所见，皆无应者。鑑视之，向火之人半无头，有头者皆有面衣。鑑惊惧，上马驰去。夜艾，方至庄，庄门已闭。频打无人出，遂大叫骂。俄有一奴开门，鑑问曰："奴婢辈今并在何处？"令取灯而火色青暗，鑑怒，欲挞奴，奴云："十日来，一庄七人疾病，相次死尽。"鑑问："汝且如何？"答曰："亦已死矣。向者闻郎君呼叫，起尸来耳。"因忽颠仆，既无气矣。鑑大惧，走投别村而宿。周岁，发疾而卒。（出《灵异集》，明钞本、陈校本俱作出《灵怪集》）

文中王鑑所说的"愚鬼弄尔公"一句，有的人将其译为"蠢鬼戏弄你的老公"，这显然是错误的。首先，"愚鬼"戏弄的是王鑑，而王鑑并不是妇人的老公；其次，古汉语中，"公"是用来称父亲或丈夫的父亲的，绝对没有称"丈夫"的用法。因此，这里的"尔公"是"你老爹"，代"我"，用现在的话说就是"你老爹我"，有一种无所忌惮的凛然傲气。整句话应该译为"你这蠢鬼，竟然戏弄你老爹我"。"尔公"不宜拆开来理解，它已凝固为一个自称傲词，相当于"我"。

但是，自称傲词"尔公"的用例极少。相类似的"乃公"出现更早，但使用也很少。如《汉书·高帝纪》中："铃王辍饭吐哺曰：'竖儒几败**乃公**事。'"其中的"乃公"，不能分开来看，这是汉王盛怒下的自称，大致可以理解为"你老子"，相当于"老子"，为自称傲词，相当于"我"，作定语。而"老子"和"老娘"用为自称傲词的情况却颇为普遍。"老子"为男用自称，"老娘"为女用自称。汉文化中，自称对方的"老子"或"老娘"是"托大"，表现对对方的侮辱、蔑视和自我张扬的傲然神态。

"老子"原指老者，后又指老父。北宋史书《旧五代史》："契丹主曰：'此老子（指老者）不是好闹人，无相牵引，皆尔辈为之。'"明小说《喻世明言》："儿子见老子（指老父）身死，放声大哭。"清小说《东度记》："一个宽厚老子（指老父），生下这两个奸险儿男。"大约从六朝时期用为自称代词，盛行于明清之后，直至现代。

诸君少住，**老子**于此处兴复不浅。（六朝小说《世说新语》，"老子"是东晋声名赫赫、拥重兵镇武昌、号征西将军的庾亮的自称。）

老子又晓得了，也藏在肚里。（明小说《喻世明言》）

老西说道："真教**老子**费事。（清小说《三侠剑》）

老子有话问他，你快快说来，免得**老子**动手！（清小说《乾隆南巡记》）

老子向与你无仇无隙，你胆敢前来与**老子**作对！（清小说《乾隆南巡记》）

父亲不屑一顾，时不时地抛来一句："学费？**老子**没给你学费吗？**老子**喝酒照样供得起你上学。"（当代·程维平《买瓶好酒回家过年》）

"老娘"原指老母亲。北宋小说《话本选集·万秀娘仇报山亭儿》："当初来这里指望偷些个物事，卖来养这八十岁底**老娘**。"元代以后用为傲称代词。

看你面，便宽到十日。第十日没有银子，不干**老娘**之事。（元·冯梦龙《警世通言·杜十娘怒沉百宝箱》）

我今日与你定个雌雄，拼个死活，你才认得我**老娘**来！（明小说《三宝太监西洋记》）

你错认了**老娘**，**老娘**不是个饶人的。（明小说《金瓶梅》）

老娘姓李名小环，乃雷教头之妻。（清小说《乾隆南巡记》）

老娘不怕你是皇帝本家，学台大人，只问你做官人强奸民女，该当何罪？（清小说《孽海花》）

你敢来欺负**老娘**的女儿，**老娘**是不肯饶恕的。（民国小说《清朝三百年艳史演义》）

老娘预备出空房钱，谁希罕你们这批臭房客。（现代·苏青《搬家》）

老娘要是收拾不了他，就管我叫废物老婊子！（现代·老舍《鼓书艺人》）

自称傲词"老子"和"老娘"虽然产生较早，但都盛行于明以后各个时期，直到现在，我们还可以在有些口语性很强的文学作品中看到这两个自称词，还可以在我们的社会生活中听到它们被悬挂在一部分民众的嘴角上。使用"老子"和"老娘"这两个词自称的，一般是社会中文化不高、受教育较少，性格或豪爽不羁、或蛮横泼辣的人，是典型的市井语词。

4.3 尊称代词

在汉语语用中，如果不是长对幼或者上对下，是不能随口称呼对方名字的，这一点在古代尤其讲究。很多时候，要表示对对方的尊敬，直呼对方姓名是很不礼貌的，用一般的对称代词称呼也不妥帖，于是就在通用对称代词之外创造出许多尊称，我们把这一类表示对对方的尊敬的称呼的代词称为"尊称代词"。

尊称代词表示对交际的对方的尊敬，其语用意图是提升对方的心理情感地位，以确保交际更加圆满、顺利地进行。广义的敬辞范围也很广，这里主要探讨敬辞中的对称代词，即敬称（尊称）。主要有：公、子、君、吾子、卿、您（恁）、官、仁、尊、尊家、陛下、殿下、足下、阁下、执事、左右等。

4.3.1 公、子、吾子、君、卿

4.3.1.1 公

"公"，原为平分之意。《说文解字》："公，平分也，从八从厶。八犹背也。韩非曰背厶为公。古红切。"《韩非子·五蠹》："背厶谓之公，或说，分其厶以与人为公。"《春秋·元命苞》："公之为言公正无私也。"《史记·屈原贾生列传》："屈平疾王听之不聪也，谗谄之蔽明也，邪曲之害公也，方正之不容也。"后来词性发生变化，由动词变为形容词、名词、副词和代词。

"公"先被借为爵位之称，五等（公、侯、伯、子、男）爵位之首曰"公"，为封建制度最高爵位：周代指"太师""太傅""太保"；西汉指"大司徒""大司马""大司空"。再借用于对人的尊称，往往与姓或名连称，如周公、召公、海公、包公、诸公、平阳公等。这种用法到现代汉语中还时常用于一些书面语性很强的书信和文学作品中。

单称对方为"公"，就逐渐演变为尊称代词了。《史记·郦生陆贾传》中的"无久溷（hùn，担忧；烦扰；污辱；混乱）**公**为也"在《汉书·陆贾传》中为"毋久溷**女**为也"，二者义同。王先谦曰："史记'溷'下'女'作'公'。……汉人称公，无尊卑贵贱皆用之。"在汉代，君称臣、父称子，均可用对称代词"公"。

但有一点值得注意：虽然"公"是一个"无尊卑贵贱皆用之"的尊称代词，是指对使用者而言，而不是说对任何人都可以称"公"的。不管是上对下，

还是父对子,还是其他关系,可对其称"公"的人必须是公人或有爵位的人。这也是"公"具有对称敬辞内涵的基础。例如:

(1)《史记·高帝纪》:"夜乃解纵所送徒曰:<u>公等</u>皆去,吾亦从此逝矣。"

(2)《史记·留侯世家》:"上乃大惊,曰:'吾求<u>公</u>数岁,<u>公</u>辟逃我,今<u>公</u>何自从吾儿游乎?'"(求:找;辟逃:逃避。)

(3)《史记·淮南王列传》:"上哭甚悲,谓袁盎曰:'吾不听<u>公</u>言,卒亡淮南王。'"

(4)《资治通鉴·卷八》:"<u>公</u>徐行则免死,疾行则得祸。"

(5)《史记·袁盎晁错传》:"错父闻之,从颍川来,谓错曰:'上初即位,<u>公</u>为政用事,侵削诸侯,别疏人骨肉,人口议多怨<u>公</u>者,何也?'"

例(1)为汉高祖刘邦对其随从亲信称"公等",为君称臣。例(2)是皇上称跟随护卫太子的"商山四皓"为"公",相当于"你们",也是君称臣。例(3)是汉景帝对堪称"无双国士"的袁盎称"公",君称臣。例(4)是楚怀王的上将军<u>宋义</u>与齐使者<u>高陵君显</u>的对话,是对有爵者之称。例(5)是晁错之父称<u>晁错</u>为"公",父称子,也是对有爵者之称。

对称敬词"公"在句法上只用于主位和宾位,不能用于领位。在数的表达上,一般表示单数,极少表示复数。若表示复数,一般加复数标记"－等"。由于"公"包含尊敬意味,所以其复数表达式不加"－辈"这样含有轻视意味的复数标记,也不加其他表示多数的同位成分。

"公"又用来称父亲或丈夫的父亲以及长辈、老年男性。不过这就不是人称代词而是作为称谓名词使用了。例如:

《战国策·魏策一》:"其子陈应止其<u>公</u>之行。"("公"指父亲)

《古诗为焦仲卿妻作》:"便可白<u>公</u>姥,及时相遣归。"("公"指丈夫的父亲)

北宋小说《话本选集·碾玉观音》:"崔宁叫出浑家来看时,不是别人,认得是璩家<u>公</u>、璩婆。"

现代汉语中有"公公""外公"等称呼,为亲属称谓。

4.3.1.2 子

"子",甲骨文为𣎆,古代指儿、女,现在专指儿子。

"子"最初泛指人。《诗经·邶风·匏有苦叶》:"招招舟子。"毛传:"舟子，舟人，主济渡者。"《荀子·王霸》："何法之道，谁**子**之与也。"杨倞注："谁子，犹谁人也。"《红楼梦》第七回："你别在焦大跟前使主**子**性儿！"

先秦时期，"子"又指五等爵位的第四等。《礼记·王制》："王者之制禄爵：公、侯、伯、子、男，凡五等。"又为中国古代士大夫的通称。赵彦卫《云麓漫钞》："诸侯之上大夫卿、下大夫、上士、中士、下士凡五等亦称'子'，若宣子、武子之类是也。""子"还被古人用为对自己老师的称呼。例如：《论语》："**子**曰：学而时习之。"《墨子·公输》："**子**墨子闻之。""子"还通"慈"（cí），爱，尤指像对子女一样地爱护。《尚书·召诰》："天迪从**子**保。"王引之云："子，当读为慈。"唐·柳宗元《封建论》："封建者，必私其土，**子**其人。"《说文解字》："十一月阳气动，万物滋人，以为偶。象形。凡子之属皆从子。李阳冰曰子在襁褓中足併也。即里切。"所以作为地支的第一位，十二时辰之一的"子时"指的是现在深夜的11时至凌晨1时。

古代对男子也通称"子"。《玉篇·子部》："子，男子之通称也。"《诗·卫风·氓》："送**子**涉淇。"郑玄笺："子者，男子之通称。"《谷梁传·宣公十年》："其曰'子'，尊之也。"范宁注："子者，人之贵称。"《史记·鲁仲连邹阳列传》："夷维**子**为执策而从。"张守节正义："子者，男子之美号。"在古代，"子"还用于称呼女子。《正字通·子部》："子，女子亦称子。"《诗·周南·桃夭》："之**子**于归，宜其室家。"毛传："之子，嫁子也。"《左传·庄公二十八年》："小戎**子**生夷吾。"杜预注："子，女也。"《孟子·告子下》："踰东家墙而搂其处**子**。"赵岐注："处子，处女也。""贵称""美号"，是"子"向对称敬词过渡的直接基础。

"子"借作尊称代词，疑始于东周，相当于"你"或"您"，通常用于称男性。《尚书》中有用例，但比较少。如《尚书·洛诰》："周公拜手稽首曰：'朕复**子**明辟。'"意为周公尽礼致敬言："我复还明君之政于**子**。""子"相当于"您"，为周公对称成王之代词。

"子"在《诗经》和《国语》《左传》中使用较为普遍。但从《诗经》看，只有十三国风中大量使用"子"来对称男子。夫妻、恋人之间使用较为普遍。

　　死生契阔，与**子**成说。执**子**之手，与**子**偕老。（周《诗经·邶风·击鼓》）

　　知**子**之来之，杂佩以赠之。知**子**之顺之，杂佩以问之。知**子**之好之，杂佩以报之。（周《诗经·郑风·女曰鸡鸣》）

　　子有衣裳，弗曳弗娄。**子**有车马，弗驰弗驱。……**子**有廷内，弗洒弗

扫；……子有钟鼓，弗鼓弗考。……子有酒食，何不日鼓瑟？（《诗经·国风·唐风》）

可以看出，尊称代词"子"在当时已普遍流行于民间口语和民歌中。随后，对称代词"子"逐步进入了文人口语，被广泛应用于先秦诸子散文、历史散文和后代文学作品的人物对话中。可用于朋友对称、夫妻对称、尊卑互称和普通人对称等。例如：

伯宗朝，以喜归。其妻曰："子貌有喜，何也？"曰："吾言于朝，诸大夫皆谓我智似阳子。"（伯宗之妻称伯宗，妻称夫，《国语·晋语》）

公锡魏绛女乐一八、歌钟一肆，曰："子教寡人和诸戎、狄而正诸华，于今八年，七合诸侯，寡人无不得志，请与子共乐之。"（尊对称卑，《国语·晋语》）

子墨子自鲁即齐，过故人，谓子墨子曰："今天下莫为义，子独自苦而为义，子不若已。"（友人对称，《春秋·墨子·贵义》）

以子之矛陷子之盾何如？（普通人对称，《韩非子·难势》）

子为正卿，亡不越竟，反不讨贼，非子而谁？（晋国太史董狐对称作为晋国正卿的执政大臣赵盾，春秋《左传·宣公二年》）

鲁、卫谏曰："齐疾我矣！其死亡者，皆亲昵也。子若不许，仇我必甚。唯子则又何求？子得其国宝，我亦得地，而纾于难，其荣多矣！（鲁王、卫王谏劝晋侯时对称，春秋《左传·成公二年》）

子路曰："卫君待子而为政，子将奚先？"（子路对称老师孔子，《论语·子路篇》）

陈亢问于伯鱼曰："子亦有异闻乎？"（孔子的学生陈亢对称孔子的儿子孔鲤，《论语·季氏》）

靳尚谓郑袖曰："子亦知子贱于王乎？"（大臣靳尚对称楚夫人郑袖，《史记·张仪列传》）

子所交皆一世老苍。（普通人对称，宋·陈亮《送吴允成运幹序》）

从对称代词"子"的使用情况看，"子"一般表示单数，多对称男子；不具备复数表达功能，也没有"子们""子等""子辈"的用法。其句法位置灵活，可以用于主位、宾位和领位，以主、宾位为多。

尊称代词"子"和"您"的语用区别：

仔细考察对称敬词"子"的语用条件和环境，我们发现，"子"和"您"虽然都是尊称代词，但"子"并不完全等同于"您"。

首先,"您"一般用于卑对尊、幼对长,有辈分年龄和社会地位势差的要求,具有单向性;而"子"则没有辈分年龄和社会地位势差的要求,夫妻之间、师生之间、朋友之间,都可以以"子"对称,甚至可以用于尊卑互称,具有双向性,这是与"您"的最大不同。例如:

《国语·晋语八》:赵文子为室,其橼而砻之。张老夕焉,而见之,不谒而归。文子闻之,驾而往,曰:"吾不善,<u>子</u>亦告我,何其速也?"对曰:"天子之室,其橼而砻之,加密室焉。诸侯砻之,大夫之,士首之。备其物,义也;从其等,礼也。今<u>子</u>贵而忘义,富而忘礼,吾惧不免,何敢以告。"文子归,令之勿砻也。

上述记载了春秋赵文子筑室过于奢华,晋大夫张老(张孟)歌以讽之。赵文子称张老用"子",反过来,张老称赵文子也用"子",具有双向性,现代汉语的"您"一般不具备双向性,是不可以互换的。

其次,"您"可以对称男性,也可以对称女性,但"子"一般对称男性。

王成喜对张先生说,家乡的人都很想念<u>您</u>,希望<u>您</u>早日回去看看,大家都盼望祖国早日统一。(两个"您"均对称男性,当代报刊《人民日报》,1993\\R93_03)

阿姨,给<u>您</u>一张。("您"对称女性,当代报刊《人民日报》1993\\R93_02)

妈妈,女儿好想念<u>您</u>哪!("您"对称女性)

<u>子</u>惠思我,褰裳涉溱;<u>子</u>不我思,岂無他人?<u>子</u>惠思我,褰裳涉洧。<u>子</u>不我思,岂无他士?(四个"子"均对称男性,《诗经·郑风·褰裳》)

唐苟谓石首曰:<u>子</u>在君侧,败者壹大。我不如<u>子</u>,<u>子</u>以君免,我请止。(三个"子"均对称男性,春秋《左传·成公是十六年》)

再次,"子"的语用内涵不同于"您"。对称"您",除了尊敬、礼貌之外有一种客气的距离感,而对称"子",则只表达一种尊敬和礼貌,无距离感。

这一点与"子"和"您"的势差要求不同是有关系的。我们尝试将一些平辈之间用"子"对称的句子置换成以"您"对称的句子,就会感觉很别扭。原因就在于置换之后造成了一种距离感。例如:

(1)执<u>子</u>之手,与<u>子</u>偕老。→愿牵着<u>您</u>的手,和<u>您</u>一起白头偕老。

(2)陈亢问于<u>伯鱼</u>曰:"<u>子</u>亦有异闻乎?"→陈亢问伯鱼:"<u>您</u>跟<u>您</u>的父亲孔子学到了什么特别的东西吗?"

例（1）用于两个相爱的男女之间，用"您"表达增强了距离感和陌生感，但也能表现出发话者的郑重其事。例（2）中陈亢是孔子的学生，伯鱼（孔鲤）是孔子的儿子，当属平辈人，用"您"就显得有些疏离和客套。从语用涵义上，"子"介于"你"和"您"之间，比"你"更礼貌，比"您"更亲切。

当然，尽管尊称代词"子"和"您"有一些区别，但要古今对译"子"的话，"您"还是不二选择。

在汉魏六朝北方的汉译佛经中，还出现用"子"表示他称的用例：

汉·康孟详《中本起经》："王问忧陀。悉达在国。栴檀苏合。以涂**子**身。"（"子"即"他"，指"悉达"）

三国·魏白延《须赖经》："天帝释自念言。是仁者戒行纯备。恐**子**将夺我处。"（"子"即"他"，指"仁者"）

这种用法主要在汉末西晋年间，西晋以后就很少使用。这可能是由于当时汉语中他称代词缺乏，译经者难以对译经文，只好临时以"子"代之，随着他称代词渐成雏形，表示他称的"子"逐步隐退。

4.3.1.3 吾子

"吾子"，最初是一个偏正式名词短语，即我的儿子。《国语·鲁语下》："今**吾子**夭死，吾恶其以好内闻也。"《战国策·秦策二》："人告曾子母曰：'曾参杀人。'曾子之母曰：'**吾子**不杀人。'"

在这个基础上，"吾子"被借用为对对方的敬爱之称，比尊称代词"子"更加亲近，是"自己人"。一般用于男子之间。《左传·隐公三年》："**吾子**其无废先君之功。"《仪礼·士冠礼》："某有子某，将加布於其首，愿**吾子**之教之也。"郑玄注："吾子，相亲之辞。吾，我也；子，男子之美称。"南朝梁·沈约《报王筠书》："擅美推能，寔归**吾子**。""吾"和"子"合在一起，构成了一个整体"吾子"——成为对称敬词。"吾子"是一个充满敬爱感与亲近感的"你"或"您"：

(1) 从者曰："君不命**吾子**，**吾子**请之，其为选事乎？"（春秋《国语·鲁语》）

(2) **吾子**勉之，有宣子之忠，而纳之以成子之文，事君必济。（春秋《国语·晋语》）

(3) 公（晋悼公）跣而出，曰："寡人之言，亲爱也。**吾子**之讨，军礼也。寡人有弟，弗能教训，使干大命，寡人之过也。**子**无重寡人之过，敢以为请！"（《左传·襄公三年》）

227

(4)（黄帝）闻广成子在于空同之上，故往见之，曰："我闻吾子达于至道，敢问至道之精。"（战国《庄子·在宥》）

(5) 定公曰："前日寡人问吾子，吾子曰：'东野毕之驭，善则善矣！虽然，其马将失。'不识吾子何以知之？"（战国《荀子·哀公篇》）

(6) 今吾子涉世落魄，仕数黜斥，材未练於事，力未尽於职，故徒幽思属文，著记美言，何补於身？（东汉《论衡》）

(7) 吾子苟知老农之小功，未喻面墙之巨拙，何异拾琐沙而捐隋和，向炯烛而背白日也。（六朝晋·葛洪《抱朴子》）

(8) 吾子试更研求，何遽见还也？（唐小说《明皇杂录》）

(9) 专美职岐下，曾梦具裳简立嵩山之顶……因以所梦告崧，且言："某非德非勋，安可久居此位，处吾子之首乎！"因恩求他官，寻移宣徽使，崧深德之。（北宋史书·薛居正等《旧五代史》）

(10)（魏）先生因戏之（李密）曰："观吾子气沮而目乱，心摇而语偷。（宋·李昉等《太平广记·精察》）

例（1）中，文仲子请出使齐国，随员对文仲说话，以"吾子"相称。例（2）是智武子对赵文子称之。例（3）是晋悼公的弟弟扬干在（鸡泽会盟的）曲梁地方扰乱军队的行列，（中军司马）魏绛杀了他的驾车人。晋悼公大怒要杀魏绛，幡然醒悟之后急忙出来阻止即将自刎的魏绛，以"吾子"称之。后来更加信任魏绛，任命他做新军副帅。例（4）是黄帝对称广成子。例（5）是定公称颜渊。例（6）是有人与王充开玩笑称王充。例（7）是潜居先生与友人抱朴子论道，其称后者"吾子"。例（8）是杨雄归还道士尹崇的《太玄经》时尹崇所言。例（9）是专美对称学士李崧，含亲近、敬重之意。例（10）是魏先生与李密开玩笑时说的话。这些用例比较全面地展示了对称敬词"吾子"的表达功能。它只在男子之间使用，可以用于君臣之间、朋友之间以及一般人之间，用来表示敬重和亲昵，所以常常被用来与交际对象套"近乎"。

"吾子"在意义表达上，比"子"要更亲热一些。杨伯峻《孟子译注（上）》言："吾子，亲密的对称敬词。"《春秋左传·隐公十一年》注："吾子，亲而又尊之对称代词。"《春秋左传·隐公三年》注："吾子，对称代词，既表恭敬，亦表亲昵。"在所有对称代词中，"吾子"的亲昵意义是其他尊称代词所不能及的。这当是"吾子"名词性本义的对称化用结果。

元代以来，汉语遭遇口语化转折，"吾子"多用本义，作尊称代词的用法已逐步减少，明代尚有少数"吾子"尊称用例，到清代只偶尔出现于历史小说中，当属拟古用法。例如：

> 世之为欺者不寡矣，而独我也乎？<u>吾子</u>未之思也！（明·刘基《卖柑者言》）

> 若如<u>吾子</u>之喻，是乃所谓不见是物，而先有是事者矣。（明·王守仁《传习录》）

> <u>吾子</u>若能行废立之事，寡君愿与<u>吾子</u>世修姻好。（宋太宰华督拘禁要挟利诱郑国重臣祭足废太子忽而立太子突，清小说《东周列国志（上）》）

4.3.1.4 君

"君"甲骨文为 ![img]。《说文解字》："君，尊也，从尹。发号故从口。举云切。""君"先为君上之称，如《国语·晋语》："太子曰：'<u>君</u>赐我以偏衣、金玦，何也？'""君"指君上晋献公，为名词。古代又用为大夫以上据有土地的各级统治者的通称或封号，如商君、春申君、信陵君等，后来借为对对方的尊称，相当于"您"。

从指君上到借为对称代词，其过渡是非常自然的。当语境是面对面交谈的时候，对称君上的"君"也可以置换成对称敬词"您"。例如《国语·晋语》："骊姬谓公（晋献公）曰：'吾闻申生之谋愈深。……<u>君</u>若不图，难将至矣！'"此句中骊姬所称"君"指君上晋献公，若置换为"您"，似乎也无不妥。对称敬词"君"的产生大致由此演变而来。

"君"作为一个典型的尊称代词，始见于周代。在《尚书·君奭》就有使用："（周）公曰：呜呼！<u>君</u>肆其监于兹。我受命无疆，惟休亦大惟艰。告<u>君</u>乃猷裕，我不以后人迷。"《书序》："召公为保（太保），周公为师（太师），相成王为左右。召公不说，周公作《君奭》。"可见，这里使用的两个"君"，都是周公对称召公，是平等对称，相当于"您"，表示尊敬和客气。

"君"运用范围较广，可用于下对上、上对下、晚辈对长辈、夫妻互称、平辈彼此对称，等等。

> 春秋《国语·晋语》："丕郑之子曰豹，出奔秦，谓穆公曰：'晋君大失其众，背君赂，杀里克，而忌处者，众固不说。今又杀臣之父及七与大夫，此其党半国矣。<u>君</u>若伐之，其君必出。'"（下对称上）

> 春秋《国语·晋语》："（晋惠）公令韩简挑战，曰：'昔<u>君</u>之惠也，寡人未之敢忘。寡人有众，能合之弗能离也。<u>君</u>若还，寡人之愿也。<u>君</u>若不还，寡人将无所避。'"（君对称臣）

《左传·庄公十一年》:"宋大水,公使吊焉……对曰:孤实不敬,天降之灾,又以为**君**忧,拜命之辱。"(列国诸侯对称"君")

《战国策·齐策四》:"今**君**有一窟,未得高枕而卧也。"(冯谖对称孟尝君,下对称上)

西汉《史记·汲黯列传》:"上曰:**君**(称淮阳太守黯)薄淮阳耶?吾今召**君**矣!顾淮阳吏民不相得,吾徒得**君**之重,卧而治之。"(君对称臣,上称下)

西汉《史记·孝武本纪》:"嗜鱼客有遗相鱼者,相不受。客曰:'闻**君**嗜鱼,遗**君**鱼,何故不受也?'"(嗜鱼客对称丞相,下对称上)

西汉刘向《列女传·杞梁妻》:"杞梁妻曰:'今殖有罪,**君**何辱命焉?若令殖免于罪,则贱妾有先人之弊庐在,下妾不得与郊吊。'于是庄公乃还车。"(下对称上)

晋·陈寿《三国志·魏书·武帝纪》:"玄谓太祖曰:'天下将乱,非命世之才不能济也,能安之者,其在**君**乎?'"(梁国桥玄对称魏太祖武皇帝,下对称上。其:大概)

唐·李白《将进酒》:"**君**不见,黄河之水天上来,奔流到海不复回。"(平辈友人互称)

唐·杜甫《新婚别》:"**君**行虽不远,守边赴河阳。"(妻称夫)

唐·李商隐《夜雨寄北》:"**君**问归期未有期,巴山夜雨涨秋池。"(夫称妻)

唐·王维《渭城曲》:"劝**君**更尽一杯酒,西出阳关无故人。"(平辈友人互称)

何香凝《回忆廖仲恺》:"劝**君**莫惜头颅贵,留得中华史上名。"(妻称夫)

毛泽东《吊罗荣恒同志》:"**君**今不幸离人世,国有疑难可问谁?"(同志相称)

尊称代词"君"使用范围广泛,突破了性别的限制,不仅可以对称男性,还可以对称女性。在句法上,它主要用于主位,还可以用于宾位和领位,是一个语法功能较为完善的对称敬词。因此生命力也比较长久,到现代汉语的一些诗文中还时有所见。

4.3.1.5 卿

"卿",本为官爵,在公之下,大夫之上。《说文解字》:"卿,章也。六卿:

天官冢宰、地官司徒、春官宗伯、夏官司马、秋官司寇、冬官司空。"《晋书·百官志》："古者，天子诸侯皆名执政大臣曰正卿，自周后始有三公九卿之号。"《韵会》："秦汉以来，君呼臣以卿。"《正韵》："君呼臣为卿，盖期之以卿也。"《韵会》："隋唐以來，侪辈下已，则称卿，故宋璟卿呼张易之。"另有"卿子"一词，为时人相褒尊之称，犹言公子也。

秦汉时"卿"被借为对人之爱称，一般与人的姓或名连用。如称荀子为荀卿，称荆轲为荆卿，等等。司马迁《史记·荆轲传·索隐》："卿者，时尊重之号，犹如相尊美亦称子然也。"

这就是说，"卿"最初是官名，后来演变为对有地位身份者的爱称，这时的"卿"还只是一个表示尊爱之称的名词。汉以后直至唐代以前，"卿"普遍用于对称谈话的对方以表示喜爱，并演变为尊称代词，相当与"你"或"您"，男女尊卑都可以用。可用于尊与卑之间、夫妻之间、朋友之间和所有人之间互称。卑称尊相当与"您"，尊称卑、夫妻之间、朋友之间和一般平辈之间互称则相当于"你"。例如：

后汉·月沙门支娄迦谶译《杂譬喻经·大正大藏经》：比丘问天帝："卿等天上尽何所为？"（卑对称尊）

西晋·三藏竺法护译《生经·佛说鳖猕猴经》卷四：（鳖妻）谓其夫言："吾病甚重，当得卿（妻对称夫）所亲亲猕猴之肝，吾乃活耳。"其夫答曰："是吾亲友，寄身托命，终不相疑，云何相图用以活卿（夫称妻）耶。"

六朝·刘义庆《世说新语·贤媛》：郭氏语充，欲就省李，充曰："彼刚介有才气，卿往不如不去。"（夫对称妻）

六朝·刘义庆《世说新语·言语》：嵇中散语赵景真："卿瞳子白黑分明，有白起之风，恨量小狭。"（朋友相称）

六朝·刘义庆《世说新语·方正》：王太尉不与庾子嵩交，庾卿之不置。王曰：君不得为尔。庾曰：卿自君我，我自卿卿，我自用我法，卿自用卿法。（对称朋友）

六朝·刘义庆《世说新语·宠礼》：羊（指羊孚）去，卞（指卞范）语曰：我以第一理期卿，卿莫负我。（朋友对称）

南朝·徐陵《玉台新咏·古诗为焦仲卿妻作》："我自不驱卿，逼迫有阿母。"（夫对称妻）

晋·干宝《搜神记》卷二：道人曰："卿可往见之，若闻鼓声，即出勿

留。"（一般人互称）

唐·房玄龄等《晋书·刘聪载记》：（刘）聪每谓元达曰："**卿**当畏朕，反使朕畏**卿**邪？"（尊对称卑）

六朝《世说新语·惑溺》中有一段有趣的记载：

王安丰妇常卿安丰。安丰曰："妇人卿婿，于礼为不敬，后勿复尔。"妇曰："亲卿爱卿，是以卿卿；我不卿卿，谁当卿卿！"遂恒听之。

王安丰的妻子经常在称呼和举止上与丈夫亲昵。王安丰认为夫妻之间应该相敬如宾，况且男尊女卑，妻子在称呼丈夫时不应如此随便。妻子则认为夫妻之间相亲相爱，亲密无间，不应拘于礼节客套，坚持不改，王安丰辩不过，只好听任妻子所为。加了下划线的"卿"即为对称敬词，相当于"你"。"卿"可以用于主格、宾格和领格，一般表示单数，偶尔用"卿等"表示复数。

唐以后，"卿"一般就只用于君上称臣下了。如唐小说《大唐新语》："朕识**卿**姓名，知**卿**鲠直，但守至公，勿有回避。"北宋司马光《资治通鉴·赤壁之战》："今**卿**廓开大计，正与孤同。"明小说《续英烈传》："国家或废或兴，或久或远，**卿**可细细为朕言之。"随着封建帝制的终结，尊称代词"卿"也随之消亡。

在众多尊称代词中，"卿"侧重表达的是喜爱的语用内涵，所以在较为亲近的人之间使用普遍，因此有的学者认为，"卿"到后来发展成了一个狎昵之称。但我们认为，用"爱称"描述"卿"的性质更为恰当一些。古汉语中用"卿"来对称，主要是表达说话人对对方的亲切和喜爱。与"君"相比，"卿"重在喜爱，"君"重在尊敬。

4.3.2 官、仁、尊（尊家）

4.3.2.1 官

《说文解字》："官，史事君也。"所以其最普遍的意义是官府、官职、官员。六朝时期借为礼貌式尊称代词，通常用于卑贱者对尊贵有爵者称之，相当于"您"。

六朝·刘义庆《世说新语·术解》：殷中军妙解经脉，中年都废。有常所给使，忽叩头流血。……诘问良久，乃云："小人母年垂百岁，抱疾来久，若蒙**官**一脉，便有活理，讫就屠戮无恨。"

唐·李延寿《南史·戴法兴传》：外间云："宫中有两天子，**官**是一人，戴法兴是一人。"

　　唐·房玄龄等《晋书·石苞传附子崇》：（石）崇谓绿珠曰："我今为尔得罪。"绿珠泣曰："当效死于宣前。"因自投于楼下而死。

　　唐·房玄龄等《晋书·高帝纪》：其妻崔氏许氏谏攸之曰："宣年已老。"

"官"也可用于他称，相当于"他"。如：

　　六朝刘义庆《世说新语·伤逝》：王东亭与谢公交恶，王在东，闻谢丧，……王于是往哭。督帅刁约不听前，曰："宣（指谢安）平生在时，不见此客。"

　　清代严可均《全晋文卷二七·王献之杂帖》："闻宣前逼遣足下甚急。"

作为尊称敬词和他称代词的"官"，只在少数作品及文献中使用，在汉语中运用并不普遍。

4.3.2.2　尊、尊家

"尊"，本指酒器，甲骨文为，为手捧酒器之状。《周礼·春官》："司尊彝，掌六尊六彝之位。"六尊，谓牺尊、象尊、著尊、壶尊、太尊、山尊，以待祭祀宾客。后借"尊"表尊贵之意而另造形声字"樽"来表示本义。《广韵》：尊，重也，贵也，君父之称也。《礼·曲礼》："礼者，自卑而尊人。虽负贩者，必有尊也。"尊贵者，指地位高或辈分大。在此基础上，"尊"在六朝时又被借用为尊称敬词，相当于"您"。如：

　　古印度马鸣著，北凉昙无谶译《佛所行赞》："尊为我大师，我是尊弟子。"

　　西晋·月氏三藏竺法护译《佛说方等般泥洹经·大正大藏经》卷十二：以偈问佛言："世间之光明，谁于是四方，右数师子座，愿尊为我说。"

　　六朝·刘义庆《世说新语·品藻》：（王脩）问父曰："刘尹语何如尊？"丈史曰："韶音令辞不如我，往辄破的胜我。"

　　南朝梁·沈约《宋书·谢灵运传》：（谢灵运）谓（叔父谢）方明曰："阿连才悟如此，而尊作常儿遇之。何长瑜当今仲宣，而饴以下客之食。尊既不能礼贤，宜以长瑜还灵运。"

　　唐·房玄龄等《晋书·列女传》：皆曰："尊若不讳，妾请效死。"

对称敬词"尊"可以一般表示单数，可以用于句子的主位、宾位和领位。由于古代汉语对称敬词很发达，加上"尊"一词另有重要职责，所以对称尊词

233

"尊"也没有得到广泛发展就逐渐消亡了。

"尊家"作为尊称代词大概是在清代,但用例很少。不过它不是用来对称地位高或辈分大的人,而是一个跟"您"接近的普通对称代词,表示礼貌和客气。我们看清代小说《济公全传》中的三个例子:

> 贫道我可是直言无隐,<u>尊家</u>可别恼。
> <u>尊家</u>的相貌,贫道也就不能往下再说了。
> <u>尊家</u>乃是一位好人,奴家姓马,叫马玉荣。

上述三个"尊家",都是一个相面老道在对话中对称<u>王太和</u>的。<u>王太和</u>是一个破落的老员外家的破落子弟,"少运乖舛,七岁丧父,九岁丧母","长到十六岁,家中这落得柴无一把,米无半升,自己住的这所房子,都被人家拆着零碎卖了,就剩了两间破屋"。相面老道以"尊家"称之,从语境来看,只是表示礼貌和客气而已。

由于"尊家"和"您"的表意功能完全一样,它也就没有了存在的价值,所以很快就退出了人称代词系统。

4.3.2.3 仁——佛家专用对称尊词

"仁",最初含义是指人与人之间的亲善关系。《尚书·仲虺之诰》:"仁,爱也。"《诗·郑风·叔于田》:"洵美且仁。"《左传·襄公九年》:"体仁足以长人。"先秦指有仁德的人。"仁"借为对称敬词,广泛应用于佛经翻译中,但不见于其他典籍中。多为佛教徒对佛、罗汉的尊称,或尊称佛门中有道德有学问的人,带有尊敬、客气意味,相当于"您"。

> 吴康居国沙门康僧会译《六度集经·弥兰经》:"(四美人谓弥兰)妾等四女,给<u>仁</u>使役,晚息夙兴,惟命所之,愿无他游。"
> 吴天竺三藏康僧会译《旧杂譬喻经》:"儿语目连及舍利弗:'愿以我声因请世尊、诸菩萨僧并及<u>仁</u>等。'"
> 姚秦竺佛念译《出曜经》:"佛告比丘:'……汝等如心便负彼人。如<u>仁</u>所行,何不如是行?'"
> 唐·玄奘《大唐西域记·健驮逻国》:"夫沙门者,慈悲为情,愍伤物类。<u>仁</u>今所笑,愿闻其说。"
> 唐·玄奘《大唐西域记·摩揭陀国上》:"(盲龙)谓菩萨曰:'<u>仁</u>今不久当成正觉。'"

根据语料来看,"仁"是一个佛家专用的尊称代词。

4.3.3 陛下、殿下、足下、阁下、执事、左右

"陛下、殿下、足下、阁下"是将自己置于与对方相关的典型处所之下位，来表示对对方的敬畏与尊重，以处所代称对方以表示"因卑达尊"之意。"执事、左右"则是以对方职责对称听话人，表示对对方的体贴与敬重。这是一组较为特殊的尊称代词，它们的特点是以处所或职责婉转称代。

4.3.3.1 陛下

"陛下"的"陛"，是指帝王宫殿的台阶。《说文》："陛，升高阶也。从阜，坒声。"本义是台阶，特指皇宫的台阶。"陛下"是古时臣僚谒见帝王时所处的地点和位置。当帝王与臣子谈话时，臣子不敬直呼天子，称"陛下"，意为通过在天子台阶下的臣属向天子传达卑者话，表示卑者向尊者进言。"陛下"就成了臣子对帝王的尊称。汉·蔡邕《独断》卷上："谓之陛下者，群臣与天子言，不敢指斥天子，故呼在陛下者而告之，因卑达尊之意也。上书亦如之。及群臣庶士相与言殿下、阁下、执事之属，皆此类也。"《史记·秦始皇本纪》："今陛下兴义兵，诛残贼，平定天下，海内为郡县，法令由一统。自古以来未尝有，五帝所不及。"所以"陛下"是以临朝正堂前台阶下的臣子称君以示敬畏和尊重。这种用法大致从战国开始。例如：

臣视非之言，文其淫说靡辩，才甚，臣恐**陛下**淫非之辩而听其盗心，因不详察事情。（战国《韩非子》）

陛下虽数亡山东，萧何常全关中以待**陛下**，此万世之功也。（西汉《史记》）

陛下用吏如积薪矣，后来者居上。（东汉《论衡》）

岂悍忤逆之灾，而令**陛下**不闻至言乎？（六朝《三国志》）

臣若不尽诚竭节，敢负**陛下**，则使身受天殃，子孙殄绝。（唐《北齐书》）

皇后出自名家，先帝为**陛下**所娶，伏事先帝，无违妇德。（唐《大唐新语》）

市中有八尺君子，雅合**陛下**之心，见在群臣，不胜喜贺。（五代《敦煌变文集新书》）

臣日夜为**陛下**忧，为宗庙忧，为天下贤人君子忧。（北宋《大宋宣和遗事》）

倘有忧危，臣等誓肝胆涂地，以报**陛下**恩德。（北宋《大宋宣和遗

> 事》）
>
> 董太师乃<u>陛下</u>社稷之臣，无端被王允谋杀，臣等特来报仇，非敢造反。（明《三国演义（上）》）
>
> <u>陛下</u>爵禄其子孙，世受国恩，即所以报之也，又何必不乐哉？（明《封神演义（下）》）
>
> 若得成事，必知彼处动静，兵数强弱，国之利害，密遣人报知<u>陛下</u>。（清《杨家将》）

"陛下"在句法中，主要充当主语，也可以作宾语和定语。"陛下"只用来尊称帝王，使用"陛下"者也是有限定条件的，必须是能谒见帝王的臣僚，这一局限性致使它的应用也很有限，到清以后逐渐减少消亡。

4.3.3.2 殿下

"殿下"最初是高大殿堂的殿阶下面。例如，西汉《史记》："群臣侍殿上者不得持尺寸之兵；诸郎中执兵皆陈<u>殿下</u>，非有诏召不得上。"东汉《论衡》："臣请伏於<u>殿下</u>以伺之，星必不徙，臣请死耳。"

六朝时期，"殿下"和"陛下"一样，被用为对天子的敬称。如六朝《三国志》："太祖在长安，欲亲征蜀。（刘）廙上疏曰：'……于今之计，莫若料四方之险，择要害之处而守之，选天下之甲卒，随方面而岁更焉。<u>殿下</u>可高枕于广厦，潜思于治国。广农桑，事从节约，修之旬年，则国富民安矣。'"句中"殿下"是时任黄门侍郎的刘廙对魏王曹操的尊称。

汉代以后，"殿下"的称谓对象随着历史的发展而有所变化，南朝宋谢庄《庆皇太子服上至尊表》："伏惟皇太子殿下，明两承乾，元良作贰。"之后，惟太子、皇太后、皇后称"殿下"。宋代高承《事物纪原》卷二："汉以来，皇太子、诸王称<u>殿下</u>，至今循用之。""殿下"由敬称天子逐渐演变为对太子、亲王、皇太后、皇后的尊称。他们生活起居在宫殿之中，故有此称。例如：

> 南朝谢庄《庆皇太子服上至尊表》："伏惟皇太子<u>殿下</u>，明两承乾，元良作贰。"（称皇太子）
>
> 南朝丘迟《与陈伯之书》："中军临川<u>殿下</u>，明德茂亲，总兹戎重。"（按，<u>梁武帝弟萧宏</u>，封临川郡王）
>
> 北宋薛居正监修《旧五代史》："礼院上言，百官上疏于皇后曰'皇后<u>殿下</u>'，及六宫及率土妇人庆贺只呼'<u>殿下</u>'，不言'皇后'"。（称皇后）

不过，上述三例中的"殿下"只是表示身份地位的称谓名词，我们这里着重考论的是单独用于对称的尊称代词。它不附加在其他身份名词之后，而是独立用来称呼对方以示尊敬，表示单数，相当于"您"。例如：

唐·李百药《北齐书》："晞流涕曰：'……**殿下**不食，太后亦不食，**殿下**纵不自惜，不惜太后乎？'"（王晞称常山王。）

明《三国演义（下）》："（司马）炎曰：'曹丕尚绍汉统，孤岂不可绍魏统耶？'贾充、裴秀二人再拜而奏曰：'**殿下**正当法曹丕绍汉故事，复筑受禅坛，布告天下，以即大位。'"（贾充、裴秀二人称晋王太子司马炎。）

民国《十叶野闻》："'……且智能驭力，**殿下**之智能自用，则吾侪小人皆**殿下**之囊中物耳。'太子首肯者再，深为感动。"（称太子）

现在一般只有外交时对对方政府高官才使用"殿下"称之，如"（尊敬的）王子殿下"。但这时的"殿下"不是代词而是表示身份的名词。

4.3.3.3 足下

"足下"为典型的尊称代词。在古代，下对称上，或同辈相互对称，都可用"足下"，意为"您"。尊称代词"足下"产生较早，战国时期就已使用。如战国《纵横家书》："**足下**虽怒于齐，请养之以便事。"（清）梁章钜《称谓录》说："古称人君，亦以'足下'称之，则'足下'之为尊称。"

战国以前，"足下"一般用于臣下对君上的敬称。下面是臣子称君主的例子：

《韩非子·难三》："今**足下**虽强，未若知氏；韩魏虽弱，未至如其在晋阳之下也。"意思是：如今您虽然强大，还不如当年的智伯；韩国、魏国虽然很弱，还不至于像在晋阳城下屈从智伯的地步。

乐毅《报燕惠王书》："恐伤先王之明，有害**足下**之义，故遁逃走赵。"意思是说：担心损害了先王英明的形象，破坏了您仁义的声名，所以逃到赵国。

《史记·秦始皇本纪》："阎乐前即二世，数曰：'**足下**骄恣，诛杀无道，天下共畔**足下**，足下其自为计。'"意思是说：阎乐上前走近秦二世胡亥，批评胡亥说："您骄傲任意，随便杀人，天下都背叛了您，请您自己想一想。"

《战国策·燕策一》记载苏代对燕昭王说："**足下**以为足，则臣不事**足下**矣。"意思是说："您以为够了，那么我就不必在此侍奉您了。"

《战国策·韩策二》："严仲子辟人，因为聂政语曰：'臣有仇而行游诸侯众矣，然至齐，闻**足下**义甚高。'"

《史记·项羽本纪》："张良谢曰：'……谨使良奉白璧一双，再献大王足下；玉斗一双，再拜奉大将军足下。'"

战国以后，不仅是臣下对君主，同辈之间也可以用"足下"来称呼。宋代裴骃《史记集解》中引东汉末年蔡邕的话解释说："群臣士庶相与言，曰殿下、陛下、足下、侍者、执事，皆谦类。"如西汉《史记·季布传》："曹丘至，即揖季布曰：'……且仆楚人，足下亦楚人也。仆游扬足下之名于天下，顾不重邪？何足下距仆之深也。'"意思是曹丘到了，就对季布作揖说："况且我是楚地人，您也是楚地人。我把您的名声传扬到四方，难道不好吗？为什么您把我排斥在外呢？"曹丘与季布为平辈之人。三国魏嵇康《与山巨源绝交书》中曰："足下昔称吾於颖川，吾常谓之知言。"也是用于平辈之间对称。

无论是下对称上，还是同辈相对称，"足下"都带有浓重的敬意。在古汉语中，对称尊词"足下"使用较为普遍。

若不言足下之所能，陈足下之所见，则无以宣明诏命，弘光大之恩。（六朝《三国志》）

以足下之才，不忧不见用，无为非分妄求。（唐《隋唐嘉话》）

以将军英勇，兼足下才能，师之克殄，功在旦夕。（北宋《太平广记》）

今何妨由公家出钱三千万与之，望足下将愚言告知大将军。（民国《西汉野史》）

关于尊称对方"足下"的来历，有一个十分有趣的故事。据南朝宋时刘敬叔《异苑》卷十记载：

介子推逃禄隐迹，抱树烧死。文公（晋文公重耳）拊木哀嗟，伐而制屐（木制底部有齿的鞋）。每怀割股之功（传说重耳流亡绝粮时，介子推曾割自己大腿上的肉为重耳煮汤充饥，亦称"剐肉奉君"），俯视其屐曰："悲乎足下！""足下"之称起于此。

不过很多学者认为"足下"和"陛下""殿下""阁下"等一样，只是谦虚地尊称对方的称呼。

4.3.3.4 阁下

我国古代的中央官署往往称"阁"。汉代的丞相、太尉和汉以后的三公官署避用朱门，厅门涂黄色，以区别于天子，故称为"黄阁"，后以"黄阁"称宰相官署。唐武则天曾改中书省为"凤阁"。由于古时候高级官员的官署往往称阁，如龙图阁、天禄阁、东阁、文渊阁等，即使在书信公文中，称呼对方时直指其名还是很不礼貌,故以"阁下"相称,以示尊敬。不过这种用法中的"阁下"仍是名词,在正式书面语体中常常加于官职之后以表尊敬和敬重。这一用法沿用到了现在。例如:

　　一月三十日,大金固伦尼伊拉齐贝勒、左则元帅致书于<u>大宋宣抚郡王阁下</u>。(北宋《大金吊伐录》)

　　臣乃中山靖王之后,<u>孝景皇帝阁下</u>玄孙,刘雄之孙,刘弘之子也。(明《三国演义(上)》)

　　<u>罗斯福总统阁下</u>:我很荣幸地接待你的代表赫尔利将军。(《毛泽东致罗斯福总统的一封信》,中华民国三十三年十一月十日)

尊称代词"阁下"一词最早出现于六朝《世说新语·方正》中:"钟曰:'栋折榱崩,谁之责邪?'庾曰:'今日之事,不容复言,卿当期克复之效耳!'锺曰:'想<u>阁下</u>不愧荀林父耳。'"其中的"阁下"不是名词,而是相当于"您"的尊称代词,为钟雅对庾公的敬称。在修辞学上是采用了"借代"的手法——以相关处所代人,但这一用法并未能在六朝时得以发展。对称尊词"阁下"的盛行是在唐代以后,当时是对高级官员的尊称,大多用来称代高级官员或某些具有显赫的地位、受人尊崇的显要人物(如罗马天主教主教、国家的统治者、大使、总督)。古代多用于口语对话中,现代多用于书信公文中和正式的外交场合,相当于"您"。例如:

　　韦相贯之,为尚书右丞,入内,僧广宣赞门曰:"窃闻<u>阁下</u>不久拜相。"(唐小说《唐国史补》)

　　<u>阁下</u>为仆税驾十五日,朝觞夕咏,颇极平生之欢。(唐·白居易《与刘苏州书》)

　　不肆欲以穷取,惟内恕而及物,此固贤达明智、挺立古今之表者,固<u>阁下</u>胸中素定,而两地之人所望于<u>阁下</u>者也。(北宋《大金吊伐录》)

　　<u>阁下</u>不若就在草舍权住几时,小人领着家小自到外家去住。(明《今古奇观(上)》)

"阁下"原本是用于称呼地位显贵的男士,因为只有达官显贵才有"阁",而且其所在位置总是高高在上使人仰视的,因此"阁下"表示"我在您的'阁楼'之下"。它和"陛下""殿下"具有同样性质的引申义,但后二者的所指对象是称定的人物(国王、王子等),而"阁下"一词后被广泛用作对有一定地位者的尊称,唐以后其使用范围又进一步扩大,泛化为对一般百姓均可使用的敬称,明清以来尤其盛行。唐·赵璘《因话录》卷五:"古者三公开阁,郡守比

古之侯伯，亦有阁。所以世之书题有阁下之称……今又布衣相呼，尽曰阁下。"这与它的口语特性有关。

  阁下以时文博会元，以青词博宰相，安知有所谓古文词哉？（明《万历野获编》）

  我不知**阁下**姓甚名谁，素不相识，如何来问我要银子？（明《金瓶梅》）

  阁下廷试第一，不可谓无伱；枢密入相，不可谓无位；年逾七秋，不可谓无寿，不于此时有所建白，更待何时？（清·黄钧宰《金壶浪墨·吴门秀士书》）

  程士俊说道："果然盗出，我必将老道师徒献与**阁下**。"（清《三侠剑（中）》）

  阁下积石为山，引水为池，种奇花，植异卉，备极点染。（民国《南北史演义》）

  老江还要诉原委，朱启钤道朝彦轻易动手，固然是他的卤莽，但**阁下**（指江朝宗）既然晓得此案棘手，嫁祸与人，这乱子都也惹得不小。（民国《民国野史》）

  近代至现代，尊称代词"阁下"则多用于书籍信函中和正式的外交场合，中国武侠小说中亦常用于对第一次见面的人的尊称表示郑重。有时还用于双方舌战交接场合，带有讽刺、贬斥、不满对方等意味。目前人们在书信（尤其是公函、业务相关书信）中仍然使用阁下来称呼彼此，但是今天若在现实中这样称呼他人会有讽刺或诙谐的意味。

  在外国文学作品或影视中对男士这样称呼一般也是在19世纪以前尤其是中世纪。现在，阁下的称呼多用于外交场合。为表示尊敬，称呼外国重要官员时，常常在其职务的后面加上"阁下"一词，如"（尊敬的）总统阁下""总理阁下"等。香港的法院于1997年回归祖国后对法官的正式对称由"法官大人"转为"法官阁下"。这时的"阁下"是一个表示身份的称谓名词。

  现在，"阁下"已成为外交语用中专用的尊称代词，其他场合基本不再使用。

  汉语中还有两个尊称代词"台下"和"麾下"。但不普遍，极少使用。

  "台下"一般是古代下级对上级的敬称。汉代称尚书为中台，御史为宪台，谒者为外台，合称"三台"。后来又以"三台"比"三公"（古代最高官位）。因此，旧时常用"台"来表示对别人的尊称。

"麾下"的"麾"是古代用以指挥军队的旗帜。麾下,意思是在主帅的旌麾之下,即现今所说的部下。在通信中,"麾下"专用于对军队将帅的尊称。

4.3.3.5 执事

尊称代词"陛下、殿下、足下、阁下、执事、左右"等,都表示"因卑达尊"之意。

"执事"最初用为动词或名词,指掌管事务或掌管事务的人,特指举行典礼时担任专职的人,也指侍从左右供使令的人。《现代汉语词典》:"执事:名词,旧时俗称仪仗。"这一意义一直到民国时期还在使用。如:

《尚书·盘庚下》:"呜呼!邦伯师长百**执事**之人,尚有隐哉。"孔颖达疏:"其百**执事**谓大夫以下,诸有职事之官皆是也。"

《国语·越语上》:"寡君勾践之无所使,使其下臣种,不敢彻声闻于天王,私于下**执事**曰:'寡君之师徒,不足以辱君矣。'"

《周礼·天官·大宰》:"九曰闲民,无常职,转移**执事**。"郑玄注引郑司农云:"闲民,谓无事业者,转移为人执事,犹今佣赁也。"

民国小说《清朝秘史》:"在**执事**固无足怪,仆闻之,怒发冲冠。"

老舍《四世同堂》:"没有**执事**,没有孝子,没有一个穿孝衣的,而只有那么一口白木匣子装着没有头的小崔,对着只有一些阳光的,荒冷的,野地走去。"

鲁迅《朝花夕拾》:"别的一张'老鼠成亲'却可爱,自新郎、新妇以至傧相、宾客、**执事**,没有一个不是尖腮细腿,象煞读书人的,但穿的都是红衫绿裤。"

春秋以后,"执事"开始用为对对方的敬称,相当于"您"。使用"执事"称呼对方,表达了对对方操劳事务的艰辛的体谅和敬重。

起初"执事"多对称国君,是以办事的人"执事"代君王,这是外交中的一种客套和策略。如:

《左传·成公三年》:"**执事**不以衅鼓,使归即戮,君之惠也。""执事"是<u>知莹</u>对称<u>楚共王</u>的尊称代词。

《左传·僖公二十六年》:"寡君闻君亲举玉趾,将辱于敝邑,使下臣犒**执事**。"杜预注:"言执事,不敢斥尊。"这里,"执事"是鲁国大夫<u>展喜</u>对领兵进犯鲁国北部边境的<u>齐孝公</u>的敬称,属于语用策略中的外交辞令。

后来所称范围扩大,"执事"可以用来对称所有掌管一定事务的官吏。例如:

韩愈《上张仆射书》："今之王公大人，惟<u>执事</u>可以闻此；惟愈于<u>执事</u>也，可以此言进。"

杨修《答临淄侯牋》："又尝见<u>执事</u>握牍持笔，有所造作。"

清·张廷玉《明史·徐一夔传》："迩者县令传命，言朝廷以续修《元史》见征，且云<u>执事</u>谓<u>仆</u>（即自称"我"）善叙事，荐之当路，私心窃怪<u>执事</u>何惓惓（juànjuàn）于不材多病之人也。<u>仆</u>素谓<u>执事</u>知我，今自审终不能副执事之望，何也？"

无论用来对称国君还是对称其他官员，尊称代词"执事"都是要婉曲表达体恤、敬重和感谢的语用意义。

从语料分析来看，尊称代词"执事"一般用于公文书信中表示对对方的敬重和体恤。

在国外，"执事"专用于称呼宗教方面的一种职位，英文为 deacon，也叫助祭或辅祭，属于基督教神职之一，即教会的仆人，从事服务工作的人。《圣经》中保罗写信给哥林多人说："人应当以我们为基督的<u>执事</u>，为神奥秘事的管家。"

4.3.3.6 左右

"左右"最初表示"身边"之意，进而引申出"近臣、侍从"的意思。《诗·大雅·文王》："文王陟降，在帝<u>左右</u>。"唐·韩愈《唐故赠绛州刺史马府君行状》："方书、《本草》恒置<u>左右</u>。"清·王士禛《池北偶谈·谈异四·前定》："又在萧中道者，日侍<u>左右</u>。忽得罪，黜为外郡监。"这些用例均表示"身边"之意。下面的"左右"均表示"近臣、侍从"：

《左传·宣公二十年》："〔楚子〕<u>左右</u>曰：'不可许也，得国无赦。'

《北史·尧君素传》："炀帝为晋王时，君素为<u>左右</u>。"

元·岳伯川《铁拐李》第一折："离了官房没了倚靠，绝了<u>左右</u>没了牙爪。"

《警世通言·皂角林大王假形》："知县大怒，教<u>左右</u>执下庙官送狱勘罪。"

又引申出在身边帮助、辅佐、影响的意思，如《尚书·虞书·益稷》："臣作朕股肱耳目：予欲<u>左右</u>有民，汝翼。"《易经·泰》："辅相天地之宜，以<u>左右</u>民。"<u>孔颖达</u>疏："左右，助也，以助养其人也。"《国语·晋语四》："此三人者，实<u>左右</u>之。"唐·刘禹锡《唐故中书侍郎平章事韦公集纪》："以公用经术<u>左右</u>先帝五年，稔闻其德。"清·刘大櫆《程孺人传》："吴君竭力以养其兄嫂，抚其兄之子，延师教督，而孺人常<u>左右</u>之。"

战国以后,"左右"被借为尊称代词,委婉地以任事之词表示对对方的尊敬。下面句子中的"左右",相当于现代汉语的"您"。例如:

战国·乐毅《报燕惠王书》:"臣不佞,不能奉承先王之教,以顺<u>左右</u>之心。"

《史记·张仪列传》:"是故不敢匿意隐情,先以闻于<u>左右</u>。"

唐·无名氏《秀师言记》:"小僧有情曲,欲陈露<u>左右</u>。"

信札中也常用"左右"来称呼对方。例如:汉·司马迁《报任少卿书》:"是仆终已不得舒愤懑以晓<u>左右</u>。"清·恽敬《与赵石农书》:"前送马圉(yǔ)人回州,曾有书奉谢,并陈一切,想达<u>左右</u>。"

尊称代词"执事"和"左右"在汉语中使用较少,明清之后就很少见了。

4.3.4 小结

"公、子(吾子)、君、卿"是汉语中突出的尊称代词。"公"用来对称公人或有爵位的人。"子"由"贵称""美号"演变为可用于朋友对称、夫妻对称、尊卑互称和普通人对称等。"吾子"比"子"表情更亲切,是一个充满敬爱感与亲近感的"你"或"您",语用意义更接近"您"。对称代词"君"始见于周代,逐渐发展成一个典型通用的对称尊词,可用于下对上、上对下、晚辈对长辈、夫妻互称、平辈彼此对称,等等。"卿"侧重表达的是喜爱的语用内涵,是一个爱称。"君"与"卿"相比较,"君"侧重表达尊敬,"卿"侧重表达喜爱。

"官""尊(尊家)"在六朝时被借为礼貌式对称代词,"官"通常用于卑贱者对称尊贵有爵者;"尊(尊家)"所称则不一定是有爵者,它可以用来对称地位高或辈分大的人。"仁"多为佛教徒对佛、罗汉的尊称,尊称佛门中有道德有学问的人。

另外还有一些尊称代词,如"陛下""殿下""足下""阁下""执事""左右"等,它们以与对方相关的典型处所来代称对方,或以表示职责任事的身份词来代称对方,表示对对方的尊敬和体谅。"先生"一词有时也用于交际中表示对对方的敬称,但作为一个重要的常用称谓词,它在向人称代词转化的动态过程中,称代凝固性弱于上述词语,所以我们没有将它列入考论范围。

第五章 人称代词的变异使用与发展

5.1 汉语人称代词的变异使用

无论哪一种指示语，都具有很强的自我中心性，人称指示语也不例外。人称指示就是通过公开的或隐含的人称代词把话语中涉及的人或物与说话者、听话者或第三者联系起来，表明彼此间的关系。人称指示语的使用反映出发话者借助语境对语言进行编码并赋予语言某种特定的含义指向。人称代词一般以说话人为中心原点，表达说话人的主观立场，并以此为视点观察其他的人或事物。所以其指称对象随发话主体、交际语境而变化。人称代词的选择和使用与发话主体的主观立场和心理认知活动密不可分，甚至与接受者的心理认知过程密切关联。这是人称代词的复杂性所在，也是人称代词变异用法的基础。

语言的交际是有很多原则的。由于礼貌原则及其他语用因素和认知模式甚至句式结构的影响，人们经常有意打破语言的使用常规，灵活变异地运用语言，使其产生特殊的语用效果，这就是语言的变异用法。

人称代词的语用变异，是指语用中对人称的性质和数量的违反。人称代词所称代的对象不再是原当代指的人称、词性和数量，而是转而代指其他人称、词性、数量，或者只是起到区别、任指或强化语气的作用。人称代词的变异使用古已有之，不是现代才有，包括转化、泛化和虚化三种情形。

人称代词的变异用法属于修辞学范畴，是寻常词语的变异运用，是发话主体出于某种修辞目的和表情达意需要而赋予人称代词一种临时的言语义（语境义）或外在形式，使得其原固有的语言义脱落，一旦离开语境，人称代词便不再具有该语境意义。

由于人称代词的变异使用可以产生多样的言外之意，所以，人称代词的变异用法也是语用的重要手段。

汉语人称代词的语用变异主要有三种情况。

5.1.1 人称转指

前面我们说过，代词都是具有游移泛代性的，在一定范围内可以游移地指代某一个或多个需要指代的对象，但当一个代词一旦进入语境，它就会有明确的指代对象。如果一个代词进入语境之后所指并不是它的能指，而是有所转指，那么这个代词就是产生了变异用法。汉语中，人称代词的转指比较普遍。

人称转指，是指人称代词由其本来所称代的人称转向指代其他的人称。在话语表达中，人称代词指称语的使用经常与所指客体的一致性相违背，这跟说话人的主观意图密切相关。语用规律是：说话人对概念客体的感知距离越近，所表达的主观性就越高，就越倾向于用近指人称代词（自称代词）进行编码，反之，则倾向于用远指人称代词（他称代词）进行编码。说话人对人称代词的选用，暗示了主观性的高低强弱。汉语人称代词的主观性由高到低依次排列为：我（们）＞你（们）＞他（们）／她（们）／人家。遵循的是由近指人称代词（自称代词）到远指人称代词（他称代词）主观性逐渐减弱的原则。人称转指正是通过人称代词的变异使用来调控交际中的主观程度，取得主动，顺利达成交际目的。

人称转指这种变异现象在汉语中较为常见，主要有以下几种情况：

（一）对称代词"若"转指他称代词"他（她）"，一般作定语。主要是为了避免用词的简单重复而用以替代古汉语中的他称代词"其"，相当于"他（她）的"。

"若"，本为古汉语中一个重要的对称代词，相当于现代汉语中的"你"。其变异用法一般为转指为他称代词，相当于"他（她）"。如《淮南子·汜（sì）论》：

> 宋人有嫁子者，告其子曰："嫁未必成也。有如出，不可不私藏。私藏而富，其于以复嫁易。"其子听父之计，窃而藏之。<u>若</u>公知其盗也，逐而去之。其父不自非也，而反得其计。

这里的"若"，显然不再表示常规的对称意义。根据上下文，"若"是指前面出嫁的"子"，即"女儿"。大意是：宋人嫁女儿。女儿听从她父亲的话，嫁入夫家后，把一些值钱的东西偷偷地藏起来。她的公公得知她会偷东西，就把她赶出了家门。"若"在这里已经变异转指他称代词"她"，作定语。

245

《论衡·实知》："孔子生，不知其父，**若**（他的）母匿之。"根据前文得知："若"也已经转指前面的"孔子"，在句中相当于"他"，作定语。

对称代词"若"转指"他称"，当属语用中为追求语言变化，避免简单重复而临时转用。上述《淮南子·氾论》句中"若"的位置本可以用"其"，但由于后面还用了一个"其"，这里又没有与"其"意义和功能都接近的人称代词或准人称代词可以替代（"之"一般作宾语，"彼"通常作主语或宾语），于是只好利用人称代词可以转指的条件，临时借与"其"功能接近的"若"来替代转指"其"。上述《论衡》的句子也是如此，之前有"其父"，为避免重复，"若"被临时借来代替"其"，用为"若母"，"若"转指"他"——孔子。当然这种临时的借用不是无原则和随心所欲的，它跟借用代词与原代词的语音和谐、语法功能和语用表现等均有关系。

（二）他称代词"之"转指自称代词或对称代词，通常作宾语，相当于"我（们）"或"你（们）""您"。利用"之"的转指变异，将本来处在当事者位置的"我（们）"或"你（们）""您"暂时从心理上拉离话语现场，便于客观地谈论事情和表达观点。

下面的例子中，"之"或转指自称代词"我（们）"，或转指对称代词"你（们）"：

  司马迁《史记·廉颇蔺相如列传》：廉颇闻之，肉袒负荆，因宾客至蔺相如门谢罪，曰："鄙贱之人，不知将军宽**之**（＝我）至此也！"（宾语）

  司马迁《史记·信陵君窃符救赵》：公子往而臣不送，以是知公子恨**之**（＝我）复返也。（宾语）

  柳宗元《捕蛇者说》：蒋氏大戚，汪然出涕曰："君将哀而生**之**（＝我）乎？则吾斯役之不幸，未若复吾赋不幸之甚也。"（宾语）

  徐珂《冯婉贞》："与其坐而待亡，孰若起而拯**之**（＝我们）？"（宾语）

  司马迁《史记·荆轲传》：箕（荆轲）踞（蹲着）以骂曰："事所以不成者，乃欲以生劫**之**（＝你），必得约契以报太子也。"（宾语）

  班固《汉书·蒯通传》："臣，范阳百姓蒯通也，窃闵公之将死，故吊**之**（＝您）。"（宾语，与前面的对称敬词"公"同指）

  商鞅《商君书·更法》："君亟定变法之虑，殆无顾天下之议**之**（＝您）也。"（宾语，与前面的对称敬词"君"同指）

"之"本是指示代词，借用为人称代词后主要用为他称代词，转指自称或对称，由远指人称代词活用为近指人称代词，主观性减弱，给人以客观感，便于表情达意,属于临时的变异用法,有着特殊的语用功能和目的。

(三)他称代词"其"转指自称代词、对称代词或自称、对称的反身称代词,通常作定语,相当于"我(们)的""自己(的)""你(们)的"。其修辞作用也是将本来处在当事者位置的话语一方暂时从心理上拉离话语现场,便于客观地谈论事情和表达观点。

  司马光《赤壁之战》:"今肃迎操,操当以肃还付乡党,品**其**(=我的)名位,犹不失下曹从事。"

  司马迁《史记·晋世家》:"此子材,吾受**其**(=你的)赐;不材,吾怨子。"

  《论语·先进·子路曾晳冉有公西华侍坐》:"子曰:何伤乎?亦各言**其**(=自己的)志也!"

  曹操《求官令》:"自今以后,诸掾属(yuàn)属、治中、别驾,常以月旦言**其**(=我的)失,吾将览矣。"

  《战国策·赵策·触詟(zhé)说赵太后》:"老臣以媪为长安君计短也,故以为**其**(=你的)爱不若燕后。"

  柳宗元《骂尸虫文》:"来,尸虫!汝曷不自形**其**(=你的)形。"

  王安石《游褒禅山记》:"余亦悔**其**(=自己)随之而不得极夫游之乐也。"

利用"其"的转指,将交谈双方的事情置于现场之外的角度来谈论,似乎不关"你""我",显得淡定从容。

(四)对称代词"你"转指自称"我"或他称"他(她)",有意模糊本指和实指二者之间的界线,淡化二者之间的对立关系,使听话者如临其境,感染力大增,具有委婉而强烈的表意效果。

对称的"你"用为转指自称"我"的情况主要见于现代汉语中。我们看下面一段对话:

  "你不是还有亲戚本家吗?"

  "十多年了,<u>你</u>晓得他们还在不在?<u>你</u>这样叫化子似的回去,他们才爱理<u>你</u>哩!"(艾芜《石青嫂子》)

上例中,问句中的你没有变异,但答句中的三个"你"都是变异了的对称代词,实指"我",即发话人石青嫂子。发话人通过"你"的变异使用,使得听话人和发话人的心理界线临时发生了模糊,故意使指称对象与说话主体疏离,却拉近了会话双方的心理距离和情感距离,便于客观谈论主体。

汉语中像这样用对称"你"转指自称"我（们）"的用例比较多见。一般表示说话人的抱怨、烦恼和无奈。如：

  婵娟："我每一次看见她，都有点害怕。她那双眼睛就跟蛇的眼睛一样，凶煞煞的、冰冷冷的死盯着<u>你</u>，<u>你</u>就不住要打寒噤。"（郭沫若《屈原》）

  一口咬定要我给栓儿定亲，就象驴推磨一样，老和<u>你</u>在这一点上兜圈子。（柳青《种谷记》）

  我昨晚没睡好。一只蚊子嗡嗡来嗡嗡去，打又打不到它，绕得<u>你</u>没法入睡，真是烦死人。

对称"你"转指他称"他（她）"的用例主要用于对话中，尤其在表达生气、怨愤的感情时使用较为突出。

在明代万历本《金瓶梅》第12回，妓女李桂姐向西门庆"揭条"潘金莲的"不是"：

  "待要不请<u>你</u>见，又说俺院中没礼法。……当能请<u>你</u>拜见，又不出来。家来同俺姑娘又辞<u>你</u>去，<u>你</u>使丫头把房门关了。端的好不识人敬重！"

这段话中的你，显然不是指受话人西门庆，而是指并不在场的"她"——潘金莲。所以在崇祯本中，这几个"你"全被改成了"他"（即"她"）。其实，这样一改，反而没了李桂姐用"你"转指"她"时的那种与潘金莲争风吃醋、互揭短处，竭力掩饰又难以掩藏的尖酸刻薄的不满语气。这其实是作者有意地模糊"你"和"她"的界线，以达到含沙射影之功效。

《金瓶梅》第13回，西门庆与隔壁的李瓶儿勾搭被潘金莲发现之后，西门庆慌忙跪下央求潘金莲说李瓶儿要给潘金莲做鞋儿并认潘作姐姐，情愿做妹子。潘金莲怒道：

  我是不要那淫妇（李瓶儿）认甚哥哥姐姐的。他（李瓶儿）要了人家汉子，又来献小殷勤儿，我老娘眼里是放不下砂子的人，肯叫<u>你</u>(她，李瓶儿) 在我跟前弄了鬼儿去！

这里的"你"，显然也是指并不在场的"她"——李瓶儿。将"他（她）"换做"你"，如在目前，将对象拉近，在怒骂中发泄说话主体的切齿愤恨。

在《金瓶梅》第18回中，当西门庆从冯妈妈口中得知自己觊觎已久的李瓶儿招赘了蒋竹山，气得马上"跌脚"叫道：

  "苦哉！<u>你</u>嫁别人，我也不恼，如何嫁那矮王八，他有什么起解！"

这里，"你"已不是对称代词，而是指不在现场的"她"——李瓶儿。用"你"转代"她"，表现了西门庆气急败坏，以致模糊了话语对象的恼怒神情。"你"的转指，是从西门庆的视点出发，模糊了话语对象，拉近了自己和李瓶儿的心理距离。如果将"你"换成"她"，就没有了这种意味。

（五）他称代词"他"转指自称和对称代词"我""你"。其修辞作用是以"他"将"我""你"置于一个"安全"距离，给当事双方创造一个缓冲的心理空间，温婉柔和，避免针锋相对和不可调和。

《红楼梦》第16回，王熙凤向贾琏诉苦卖乖，说贾珍跪求老太太要自己去"帮他几天"，自己没做好，要贾琏见了贾珍说说好话：

> 凤姐（对贾琏）道："……你明儿见了<u>他</u>（贾珍），好歹赔释赔释，就说我年轻，原没见过世面，谁叫大爷（贾珍）错委了<u>他</u>呢。"

这里的"他"，指王熙凤自己。是王熙凤临时转换了发话角度，导致同句中先前的"我"换成了"他（她）"，即以"他（她）"转指"我"。下面的例子同理，都是将自己放在第三者的位置，以便客观、和缓地谈论自己的事情。

《金瓶梅》第21回，西门庆撞见妻子吴月娘雪夜为自己祷告，一时非常感动，请求她千万饶恕自己往日的胡作非为，月娘应道：

> "我又不是你那心上的人儿，凡事投不着你的机会，有什么良言劝你。随我在这自生由活，你休要理<u>他</u>。"

这里的"他"，转指吴月娘自己，相当于"我"。说话人采用"他"（古代汉语中无"她"）来称说自己，故意将矛盾的双方推远（拉开），使双方的对抗有了缓冲余地，而不像"你休要理我"那样针锋相对，不可逆转，使月娘的语气柔和了许多。像这样的转换，现代汉语中也不少。例如巴金《雨》：

> 吴先生——你读到这封信时，不知道你的脑中可还有我的影儿存在么？那天你在会馆义地上遇见的蓝衣女子便是我。<u>她</u>是你的一个学生。在××大学高中部教室里<u>她</u>曾经听过你许多次的讲课，而且因为<u>她</u>的身世的凄凉曾经博得你的同情。你是<u>她</u>所敬爱的一位仁慈的先生，<u>她</u>永远不能够忘记的先生。

这是发话人从自我角度置换为旁人角度的一个典型用例。将自己临时放于一个置身事外的角度，可以从容谈论自己的事情和表情达意。置换后，原来的"我"，就成了"他（她）"，"他（她）"转指"我"。

"他"转指"你"的修辞作用，也是临时变换角度，通过将"你"转换成

"他（她）"，把对方置于一个置身你我之外的位置来谈论，避免了表达的直露和生硬，委婉而亲切，别有意味。如：

　　……遥想你在"南边"或也已醒来，但我想，因为<u>她</u>明白，一定也即睡着。（鲁迅给许广平的信）

　　孩子，当你跌倒的时候，我告诉自己：<u>他</u>一定会自己爬起来的，只要给<u>他</u>鼓励。

这种变异临时转换了对方的角色，将与自己相对的对方临时置换为与第一、第二人称相对的第三方，使表达更为温婉可亲。

（六）自称代词"我们/咱们"转指对称代词"你（们）"。这样说话者的立场位移向听话者一方，缩短了双方的心理距离和情感距离，和蔼亲切，使其言语和观点易于为对方所接受。多用于长辈对晚辈、长者对幼者。

"咱"既可以表示单数也可以表示复数，如："走，咱（=咱们）今晚happy去！"也可加"们"明确表示复数。"咱"的常规用法是作自称代词，但语用中常见用"咱（们）"来代替会话对方、转指对称代词的情况，相当于"你（们）"。其语用理据就是中国传统宗法社会体系下的"亲、近"意识，喜攀亲戚，爱套近乎。在"亲、近"意识支配之下，交际很容易成功。所以，交际中人们喜欢把"你（们）"换成"咱（们）"来说，将自己位移，靠向听话者一方，加强一体感和亲近感，得到对方在心理和情感上的快速认同，从而接受自己的劝说和观点，顺利达成语用目标。

《金瓶梅》第69回，媒婆文嫂受西门庆之托，向林太太"拉䌽"（即"拉纤"，此处比喻在男女之间撮合）说：

　　"（西门大官人）端的击玉敲金，百伶百俐。闻知<u>咱家</u>乃时代簪缨人家，根基非浅，又三爹在武学肄业，也要来相交……"

这里的"咱家"，指的是林太太家，对话中相当于对称"你们家"。以"咱家"转指"你们家"，"套近乎"的意味特别强。既然亲近如一家人，"拉䌽"就容易多了。

邵力的《李双双》中：

　　老支书："喜旺呀，你就别推辞了，大伙选<u>咱</u>，那是信任<u>咱</u>。"

这里的两个"咱"的所指，需要从上下文推知。根据前问的"你"，可知句中的两个"咱"指称的都是受话者"喜旺"，即"你"。这里运用人称转指的语用手段，使得发话人和受话人站在了一边，拉近了话语双方的情感距离，既表现了老支书的亲切，又表达了老支书对喜旺的支持。

自称"我们/咱（们）"转指对称"你（们）"这种用法，由于能有效地消减距离感，拉近对话双方的心理距离，因此在现代汉语中得到了较好的发展和被较为广泛地运用。如：

记者问校长：咱们（＝你们）学校有多少学生在这次汶川地震中遇难？
你刚参加工作，还年轻，不会咱（＝你）就多问多学呗！
大家好！我是第一次来咱们（＝你们）学校作演讲。
老师：同学们，我们/咱们（＝你们）是学生，现在我们（＝你们）的主要精力要放在学习上。
奶奶：宝宝别急，我们/咱们（＝你）先穿上小袜袜，再出去找妈妈，啊！

这种转指，由于它非常符合汉语社会的语用特征和语用需要，所以在汉语中是较为普遍的用法。

另外，古汉语里还有自称代词"吾"转指他称反身代词"他（自己）"的情况，其修辞功能主要是起婉转称代的作用。这种语用现象主要出现在古代，用例也不多，现代汉语中不见用例。

(1) 庄周终身不仕，以快吾（＝他自己的）志。（《史记·老庄申韩列传》）

(2) 然民虽有圣知弗敢我（＝他，指君王）谋，勇力弗敢我（＝他，指君王）杀；虽众不敢胜其主；虽民至亿万之数，县重赏而民不敢争，行罚而民不敢怨者，法也。（《商君书·画策》）

例(1)中的"吾"，显然不是发话者自称，而是指不在语境现场的"他"——庄周自身，相当于"他自己的"。这是作者为了表达对所指对象的敬重，拉近自己和所述对象庄周的心理距离而故意以自称"吾"来婉转指代"他自己"。例(2)中的两个"我"也不是说话人自指，而是转指对话双方之外的第三者——君王。原因之一首先是不能以"他"直称君王，称"君王"又不符合句式要求，于是以"我"转指君王，既绕开了忌讳，又委婉地表达了对君王的敬重，以自称转指他称，同时也拉近了自己和君王的情感距离。这一用法到近、现代已经消失。

(七) 旁称代词"人（家）"转指自称代词"我（们）"，或转指他称代词"他（们）""她（们）"，表情达意含蓄委婉，避免直指而过于直露。

"人（家）"本是不定指旁称代词，其指称具有一定的模糊性。以"人

（家）"来转指说话人自己，代替"我（们）"，或以"人家"转指本来很明确的第三方，迂回委婉，巧妙避开了直指的正面冲突和直露，多半带着或娇嗔，或怨愤的语气，委婉含蓄，体现模糊表达的语言魅力。

《诗经·鄘风·柏舟》中，女主人公在追求爱情受到家人阻止时，发出了不平的抗争："母也，天只！不谅<u>人</u>只！"

句中的"人"，原本是旁称代词，相当于"人家"，这里转指主人公自己，相当于"我"，表达强烈的怨愤。句子意为：妈呀，天哪，怎么这么不体谅我呀！"人家"转指说话人自己，一般只用于口语，而且为女性用法。

从社会语言学角度看，旁称代词"人家"的自指功能使"人家"成了一个"性别优先选用词（sex-preferential words）"。与男性相比，女性更喜欢使用它来表达或娇嗔、或埋怨，委婉、含蓄的微妙心理和情感，也暗示了话语双方关系的亲密。这类例子不少，尤其是在口语和小说的对话中。例如：

（玉箫想要书童的银红纱香袋儿）书童道："<u>人家</u>（＝我）个爱物儿，你就要。"玉箫……不由分说，把两个香袋子等不的解，都揪断系儿，放在袖子内。书童道："你好不尊贵，把<u>人</u>（＝我）的带子也揪断。"（明小说《金瓶梅》第31回）

<u>人家</u>（＝我）正是心悬悬的，你偏要来吓<u>人家</u>（＝我）！（清小说《乾隆南巡记（下）》）

女人真有点生气了，心里一个劲地埋怨着男人，你究竟怎么搞的嘛，就是有事也该捎个话吧。你不知道<u>人家</u>（＝我）心里惦着你吗？不知道每礼拜这阵儿<u>人家</u>（＝我）都在这里等着你吗？你倒好，跟个没事人似的，不捎话，人也不露面，谁知你野到哪儿去了？女人心里喧嚣着，一抬头，看到了对面的男人。（当代小说，王保忠《光斑》，载《光明日报》2008年12月13日）

当"人家"被女性用来自指的时候，一般是与亲近的人撒娇，此时它的表现力比"我（们）"要强得多，那种欲说还休、欲拒还迎的娇嗔幽怨情态，是其他自称代词所难以企及的。女性喜欢以"人家"转指"我（们）"，男性则使用很少。所以说，自称的"人家"是一个"性别优先选用词"。男性使用它，则语义上与"我（们）"相差无几，但表情上就多呈现焦急懊恼之情。如张天翼《谭九先生的工作》："我的茶呢？<u>人家</u>忙得要死，吃了茶就要有事去。"

人们偶尔也用另一个旁称代词"别人"来转指自称的"我们"，功能与"人（家）"完全相同。如清小说《红楼梦》第27回："只见宝钗那边笑道：

'说完了,来罢。显见的是哥哥妹妹了,丢下**别人**(=我们,指宝钗和黛玉),且说梯己去。我们听一句儿就使不得了!'"

"人家"用来转指他称代词"他(们)"或"她(们)",是将本来确定的第三方故意表达得模糊笼统,含蓄隐蔽,一方面避免了直指的直露和生硬,另一方面体现了模糊表达的语言魅力。例如明代兰陵笑笑生《金瓶梅》:"**人家**不请你,怎的和俺们使性儿!"这里的"人家"即"她",指贲四娘子。清代《三侠剑(下)》:"我容**人家**,**人家**不容我。""人家"也是指"他"。

5.1.2 数的变异

数的变异,指的是在语用中,由于表情达意的需要,使人称代词数的形式临时发生变异,临时用复数形式的人称代词"我们""咱们""你们""他们"来代替"我""你""他(她)"表示单数意义。

我们知道,古代汉语中有很多人称代词都是单、复数同形,即同一个词既可表示单数,又可以表示复数。这种情况不属于变异。但是,一个人称代词,当它加上复数词缀"-们""-等""辈"等之后,它一般就只能表示复数。我们这里所指的数的变异,指的是常规下只能表示复数的词在语境中临时变异来表示单数,其作用是,将自己或个体的位置和立场靠向对方或集体,以复数形式表示单数,使个体在心理上产生归依感,消除孤独感和对立感,易于共鸣与合作。有些用例只出现数量变异,有些用例则出现双重变异,即"人称转指+数量变异"。例如:

刚要告辞,只见奶子抱大姐儿出来,笑说:"王老爷也瞧瞧**我们**(=她)。"(曹雪芹《红楼梦》第42回)

周朴园:"你可以冷静点。现在你我都是有子女的人。如果你觉得心里有委屈,这么大年纪,**我们**(=你)先可以不必哭哭啼啼的。"(曹禺《雷雨》)

我和**我们**(=我)那口子早商量好了!

我们(=我)认为,语言学家的研究方法,就是不能墨守陈规,要以自己的原创性理论为基础,建立一个适应性较大,并能在较大范围内左右驰骋的知识和理论之网。(骆小所《从普通语言学到艺术语言学的呼唤》)

超常搭配发挥了巨大的表达作用,远远不止**我们**(=我)所说的这几点,**我们**(=我)所谈的只不过是超常搭配的主要表达作用。(冯广艺《超常搭配》)

253

乖乖，**咱们**（=你）不哭，一会儿就好了，啊？

上述变异，都是临时的，一旦脱离特定语境，这种用法就不被认可。足以表明该人称代词是单数还是复数的语境，是人称代词实现"数的变异"的必备条件。不具备这一条件而变异，就会发生混乱，出现语用错误。

5.1.3 词性变异

一个词的词性通常具有二重性：词汇层面的词性和句法层面的词性。词汇层面的词性是词语固有的词性，体现的是内在表述功能，可以在词典中标明；句法层面的词性是词语在使用中产生的，体现的是外在表述功能，由句法规则控制。词性变异即一个词由内在固有词性临时变异为外在临时词性。

人称代词的词性变异，指的是人称代词临时脱落了代词词性和句法功能，而显现为其他的词性和句法功能。人称代词的词性变异主要体现为人称代词临时变异为动词。

变异为动词一般表示"称×"的意思，使表达简洁精练。例如：

见公卿不为礼，皆<u>汝</u>之。（《隋书·杨伯丑传》）

游雅常众辱奇，或<u>尔汝</u>之。（《魏书·陈奇传》）

凤姐儿（对贴身侍女平儿）笑道："你又急了，满口里<u>你我</u>起来。"（《红楼梦》第55回）

见到长辈要用"您"，别成天<u>你</u>呀<u>你</u>的。

<u>你</u>总是<u>他他他</u>的，有没有为自己想过？

"尔"和"汝"在古汉语中，是带有一定蔑称意味的对称代词，直称对方"尔"或"汝"，是不礼貌的，带有轻视、欺负的意味。近、现代汉语中，人称代词的词性变异具有这样一个特点：变异使用的人称代词必须是组合式或是叠加式，光杆人称代词是不能变异为动词的。例如"卿卿我我"是一个组合叠加式的动词，是由人称代词"卿"和"我"重叠再组合而成的变异使用，已经凝固成词。

南朝刘义庆《世说新语·惑溺》第六则讲到这样一个有趣的故事：

王安丰妇常<u>卿</u>安丰。安丰曰："妇人<u>卿</u>婿，于礼为不敬，后勿复尔。"妇曰："亲卿爱卿，是以<u>卿</u>卿；我不<u>卿</u>卿，谁当<u>卿</u>卿！"遂恒听之。

"卿"本已是对对方的敬称之辞，而王安丰认为妻子这样称呼自己，还是不符合当时的礼数，所以要妻子以后不要这样称呼自己。妻子巧妙反驳了丈夫的批评并大获全胜。对话中加了下划线的"卿",均已从敬称代词变异为动词,变为"称卿"的意思。

汉语人称代词的词性变异还有一种情况是变异为形容词,常与副词"很"组合使用并受其修饰,如"很自己"(详见4.1.5),表示任情随性,特立独行,自我性很强。与名词活用为形容词的组合"很淑女""很香港""很希腊"等相似,"很"所修饰的人称代词或名词本身要有特异性。这种变异目前还只是个别特例,暂时没有出现其他人称代词的形容词异变。

5.1.4 指称泛化和虚化

指称泛化,是指人称代词在语用中指称意义超出了原有的指称对象,并不明确指称某一个具体对象。汉语中,"你""我""他(她)"都有泛化任指用法。

"你""我""他(她)"在表示任指的时候,意思相当于"无论谁""任何人"。其修辞作用是:通过对称代词"你""我""他(她)"的变异使用,既拉近了说者与听者的心理空间距离,又泛化了能指,模糊了所指,"你""我""他(她)"可以指某一特定语境中的任何人。例如:

不管是谁,只要是18岁以上的国家公民,他都有选举权。

如果你到云南走走,你就会发现,云南是一个颇具民族风情和"异国"情调的地方。

在人的一生中,你得遭遇各种各样的困难,经历各种各样的考验。

上车干一天,月底才发给你(泛指电车工人)一天的工钱,要是你今天到晚了一步,派车员喊你没应声,那今天就没有你那五毛四了。(初中课文《新手表》)

呵,人要使死后没有一个人为他哭,是不容易的事呵。(现代·鲁迅《孤独者》)

可是我清楚地知道,任何新的局面,都不是任何一个人的力量所能够打开的。如果他(泛指任何人)没有群众的支持,那么他就什么都作不成。(当代·峻青《黎明的河边》)

这些例句中的"你""我""他(她)",都不是实指一定语境中的特定的对象,其意义已经较为广泛,甚至有所虚化,即由实词转化为虚指实词。泛化之后的人称代词,其意义所指其实已经较为虚空,它不实指谁,而是指交互动作的人们。一般用法是以虚指的"你"和虚指的"我"对举,或以虚指的"你"

和虚指的"他"对举，强调的是动作的交互性，邢福义先生称之为"游动称代"。① 例如：

福胜一片地，行也任<u>你</u>行，住也任<u>你</u>住。（南宋佛语录《五灯会元》）
<u>你</u>一宗，<u>我</u>一宗，从晌午说到太阳落。（当代·赵树理《小二黑结婚》）
桃花，杏花，梨花，<u>你</u>不让<u>我</u>，<u>我</u>不让<u>你</u>，都开满了花赶趟儿。（现代·朱自清《春》）
大家<u>你</u>看看<u>我</u>，<u>我</u>看看<u>你</u>，还是一言不发。
大家<u>你</u>说<u>你</u>的<u>我</u>说<u>我</u>的，乱成了一锅粥。
他们<u>你</u>来<u>我</u>往明争暗斗了几年，仇恨越积越深，疙瘩越结越大。
会上<u>你</u>一言<u>我</u>一语，气氛非常热烈。
大家都<u>你</u>请假，<u>他</u>请假，这会怎么开？

指称的泛化是人称代词虚化历程中的一个重要阶段——尽管虚化（语法化）不一定是指称泛化的必然结果。

人称代词的泛指和虚指用法，都是人称代词的非指示用法，属于人称代词的变异活用。

5.2 "你"和"他（它）"的语法化

语法化（grammaticalization）指的是语法范畴和语法成分产生和形成的过程或现象，最典型的表现是语言中意义实在的词汇或结构式演变成无实在意义、仅表语法功能的语法成分，或者一个较虚的语法成分变成更虚的语法成分。人称代词的语法化是从虚化开始的。

人称代词的虚化程度并不平衡，在其内部，自称代词"我"最保守，虚化程度最轻，仅仅只由实词变为虚指实词；对称代词"你"相对保守，但有较大程度的虚化；他称代词"他（它）"的虚化程度最高，虚化为语气助词，最终成为一个指称标记。

人称代词的虚化实质上是一个语法化的动态过程。"你""他（它）"的虚化大致从元明时期开始。人称代词"你"和"他（它）"由于语境的影响，由

---

① 邢福义《词类辩难》，兰州：甘肃人民出版社，1981年。

它们的本用泛化出游动称代、任指等用法时，它们的称代意义也有所虚化，但其词性仍没改变。随着虚化程度的加深，其性质慢慢发生转化，"你"语法化为超词结构的一个成分，"他（它）"则最终语法化为一个语气助词和指称标记。

5.2.1 "你"的虚化

"你"的虚化用法一般是用于动词"任"后面时产生的。"任+你"本是两个词，是"任凭你""听凭你"的意思。如唐《寒山诗》："**任你**千圣现，我有天真佛。"五代《祖堂集》："**任你**天下忻忻，老僧独然不顾。"明《包公案》："我若不写退书，**任你**守至三十年，亦是我妻。"清《施公案（三）》："你若能赢得咱爷爷手上家伙，咱爷爷**任你**处治。"后来，"你"的用法逐渐泛化出游动称代、任指用法，同时其称代意义有所虚化，"任+你"逐渐凝固成一个只有连接作用的超词成分"任你"，其意义也只有"任凭"之意，"你"的意义由逐步淡化到完全虚化。

"你"的游动称代用法我们前面已经谈及。下面例句中是"你"跟在"任"字后的泛化任指用法，"你"指任何人。例如：

莫说是哈里虎再敢舞刀相向，只见他走进关里，紧闭上关门，任你是个甚么火炮打将去，他只是一个不开关。（明《三宝太监西洋记（三）》）

彼众我寡，**任你**一可当百，也须有个照会。（清《七剑十三侠（上）》）

据小子看，争讼一事，任你百般强横，万种机巧，久而久之，究竟不利于己。（清《镜花缘（上）》）

若是八股文章欠讲究，任你作出甚么来，都是野狐禅，邪魔外道。／那异兽名为"黑九"，任你坚冰冻厚几尺，一声响亮，叫他登时粉碎。（清《儒林外史（上）》）

任你吵得地暗天昏，他只我行我法。（清《儿女英雄传（下）》）

这一天累得我精疲力尽，一面替她做，一面教给她听，任你说得唇干舌焦，而她还是"圣质如初"，什么都学不会。（现代·苏青《王妈走了以后》）

明心见性以前，**任你**修什么法门，如何用功，都跳不出"盲修瞎炼"的范畴！（当代《佛法修正心要》）

一碗甜酒糟放在树杈上，就能叫一窝艳丽的松鼠醉倒在树下，温驯地**任你**抚摩。（当代·中杰英《罗浮山血泪祭》）

企业积极性难以调动，基层要求简政放权，他却墨守陈规，寸土不让，

任你跑断腿，磨破嘴，就是关卡一道不能少，公章一个不能少，拖拉疲沓依旧。（当代《人民日报》，1993\ \ R93_01）

任你怎么劝说，他都不为所动。

这些例句中的"你"显然已经不是实指对称代词"你"，其意义有一定程度的虚化，但它的称代功能还没完全消失，还隐约有任指的意义。"任+你"表示"任凭谁"的意义。

随着虚化程度的加深，"你"的语法功能也逐渐转变，由实有所指逐步完全虚化，这时词性改变，不再具有称代功能，但还没脱离语法层面。例如：

闭门不管闲风月，**任你**梅花自主张。（明《金瓶梅》）

那里管农忙之际，**任你**山根石脚，都要凿开，坟墓民居，尽皆发掘。（清《隋唐演义（上）》）

任你是"土特产"也好，"舶来品"也罢，只要一沾"文"气，必能"化"出新境界，不然怎么说文化是社会发展到较高阶段表现出来的状态呢？（当代报刊《人民日报》，1995\ \ Rm9501a）

任你是哪一个干部来，只要跨进福佑的门，思想就一定会得到改造。（当代·周而复《上海的早晨》）

只要控制住周围制高点，**任你**"千里驹""万里驹"，都有来无去。（当代·张正隆《雪白血红》）

西湖的夏夜老是热蓬蓬的，水像沸着一般，秦淮河的水却尽是这样冷冷地绿着。**任你**人影的憧憧，歌声的扰扰，总象隔着一层薄薄的绿纱面幂似的。（现代·朱自清《桨声灯影里的秦淮河》）

任你是龙潭虎穴，我也要闯一闯。

上述例句中，"你"已经完全虚化，不表示对称也不表示任指或游动称代，不再具有称代功能，它已经和"任"凝固成超词成分"任你"。这时"任"的动词意义"任凭""听凭"有所削弱，"你"由实有所指的人称代词虚化后，与"任"组成了一个没有实际意义、只表示关联的超词成分。这时的"任你"，相当于"任凭""无论"，常与"都""也""总"组配使用。

从"你"的使用来看，其意义虚化用法有四个特点：

一是与"任"结合使用，由分立到凝固；

二是凝固后的"任你"之"你"完全语法化、称代意义完全脱落；

三是超词成分"任你"一般用于小句句首，与"都""也""总"等组成较为固定的关联结构；

四是"任+你"的凝固与文言词向白话词的双音化发展是有较大关系的。汉语白话的双音化趋势向"你"的称代意义的脱落提出了要求。于是在某些需要表示关联的特定情况下，跟在"任"后的"你"称代意义脱落，与"任"凝固为一个相对固定的超词成分。在不表达关联意义的情况下则不凝固，而是分别表达实在意义。

汉语中，完全语法化、称代意义脱落，只有语法意义的人称代词只有"你"和"他（它）"。

5.2.2 "他（它）"的语法化

"他（它）"的语法化过程与"你"大致相同：先泛化出游动称代、任指等用法，词性仍为人称代词（见6.1.4）。随着虚化程度的加深，其性质慢慢发生转化，逐步语法化为一个语气助词——由他称代词变异为语气助词，在其语境中只有强化语气的作用，不再具有指称代替作用。例如：

常言道头醋不酸，二醋不焰，咱还待他个甚的？（元·尚仲贤《汉高皇濯足气英布》）

或在禅堂里坐，对着那个砖墙，一坐坐他个几个月；或在僧房里坐，对着那个板壁，一坐坐他个半周年。（明《三宝太监西洋记（一）》）

咱们喝罢，喝醉了给他个睡，什么事全不管他。（清《七侠五义（下）》）

论庆王干儿义子不计其数，不过做书的叙出两个代表，要晓得载振、载捕还收些干孙子，躲在旁边，下卷书中，索性讲他个痛快。（民国《西太后艳史演义》）

我怎么能再支他个三五年的，我的庙起码够吃、够喝了，我就推了。（民国《雍正剑侠图（下）》）

她体态丰盈，语音清脆，谈锋颇健，即使是聊它个一天半日，也不知疲倦。（民国《古今情海》）

今天星期三，星期六晚上我把牌要回来打它个通宵，看李梅亭又怎么样。（现代·钱钟书《围城》）

我们的茶馆、茶店以至茶场（厂），何不也来它个"借梯登楼"，提高经济效益呢？（当代报刊《人民日报》，1993\\R93_06）

现在时间不早了，大家回去先想一下，明天要再开会，诉他个痛快！（当代·周而复《上海的早晨》）

这叫做虎入深山，龙归大海，我要把共产党的天下搅他个天昏地暗，杀他个尸骨堆山。（当代·曲波《林海雪原》）

真的四五十一盒，咱处理成五块、八块的，就这样算下来，也至少弄他个五六百万。（当代·李佩甫《羊的门》）

该擦的擦，该换的换，一慢二看三通过，创他个百日行车无事故的记录。（当代·王朔《永失我爱》）

台上台下天真烂漫，百花争艳，广告宣传、电视转播，再请到十位退休的国家领导人，搞他个普天同庆，老少皆宜。（当代·王朔《人莫予毒》）

到敌人据点里干一场去，抓不住野猪也捎他个兔子！（当代·马烽《吕梁英雄传》）

今天咱哥几个喝它个一醉方休。

上述用例中的"他（它）"都没有实在意义，完全失去了指示称代的语汇功能，变异为一个意义虚无、只起强调语气作用的助词，一般以"他（它）+个"的形式来强调语气，只具有语法功能而无语汇功能，"他"的隐现与否都不影响语义的表达。在句子中，去掉"他（它）"，语义也不会改变。虚化的"他（它）"的一般出现环境是"V_ _ 个"，而且这个"V"必须是单音动词，语法化形式为"单音动词+他（它）+个"，双音动词后的"他（它）"没有虚化用法。例如：

唱他个痛快——*歌唱他个痛快
猜它个八九不离十——*猜测它个八九不离十
死他个把人——*去世他个把人
搅他个天昏地暗——*搅和他个天昏地暗

上述对比中，加*号的为错误说法。另外，偶尔也见虚化的"他（它）"出现于"单音动词+他（它）"环境，没有"个"。例如我国中央电视台"梦想剧场"有一个环节叫"亮他一小脸儿"，或叫"亮他一小手儿"。这里的"他"是无实在意义的虚化的"他"。

值得注意的是，不符合"单音动词+他（它）+个"环境的情况下，"他（它）"一般不能虚化，但是符合该环境也不一定表示虚化，要根据具体语境来推断。有时候，位于单音动词及其宾语或补语之间、与上述句子结构相似的"他（它）"，仍然是实指他称代词，并没有虚化。例如：

任你打他一千，杀他一万，见了风就活，万年不死。（两个"他"，都

是指"风婆娘",没有虚化。明《三宝太监西洋记（三）》）

待儿拿住了窦虎,杀他个千刀万剐,方解心头之恨!（"他"指"窦虎",没有虚化。民国《隋代宫闱史》）

还有一些相对固定的结构中的"他（它）"也是虚化了的代词。例如：

管他三七二十一,先去了再说。（表强调语气的助词）

任他是龙潭虎穴,我也要闯一闯。（虚化后与"任"组成超词成分）

在这样的结构中,"他（它）"是失去了实在意义的语法成分。

当"他（它）"进一步虚化,便成为一个指称标记,它与"这个""那个"等组合起来成为一种篇章连接的语用手段,其使用由语法层面进入语用层面。其作用在于缓冲语势,故意含糊其辞,以赢得快速思考确认的时间,一般用于小句句首的主位。这种用法到目前为止尚只见于当代口语之中。例如：

他这个将领里就有很多回族人。（当代·冯振《北京话口语》）

那么他就,当时就好像,他这个运输好像现在连我舅舅,听我舅舅说吧,他写那个家谱挺有意思。（当代·冯振《北京话口语》）

他这个包头章胡同啊,他这东西就是在旧社会的时候儿啊,古老年间据说那……（当代·胡天顺《北京话口语》）

哎,没有什么特别的区别,没有什么区别,就是有时候他这个有一个标志,贴着这么一个啊,经文哪,啊,阿拉伯文,阿拉伯文……（当代·侯崇忠《北京话口语》）

他不介啊,他里头,也有,剪纸,接上纸,回头他那个凿一下儿,他那个就出来那么一茧儿。（当代·梁国柱《北京话口语》）

他原来,他那个,穿那个鞋啊,都是那么高的跟儿的。（当代·戴鼎培《北京话口语》）

他那个时间哪,就是在下午两点钟,下午两点钟以前,有一个小聚礼。（当代·刘芳《北京话口语》）

"他这个""他那个"的结构在句中是以"插入语"的身份出现的,其隐与现都不改变句子语义的表达,但可以使整个结构意义消减。

人称代词的虚化是一个渐变的动态过程,是一个由实指到泛化任指,再到完全虚化（语法化）为虚词和指称标记的过程：代词（实词）→泛化任指（虚指实词）→关联词和助词（虚词）→指称标记（附着形式）。其演进方向是按不可逆转的"较少语法化"向"较多语法化"演变。正如 Martin Haspelmath 从语言演变的共性角度指出的:"无意义的单位是原来有意义的单位经过'语素＞词缀＞音位'这种连续演变之后留下的残迹。"①

语法化过程是一个动态、连续的过程,新旧形式往往并行共存,很难用切割方式来为它们划分界限。

5.3 人称代词的暗示功能

汉语中还经常巧用人称代词表达暗示意义,或含沙射影,或暗示人物间的特殊关系。

在清小说《红楼梦》第29回有一段"宝黛吵架"环节:

> 林黛玉哭道:"我也是白效力。他也不希罕,自有**别人**替他再穿好的去。"

宝、黛二人两小无猜,彼此暗怀情愫,又总是心口不一,导致吵架愈演愈烈。此处黛玉利用"别人"的旁称功能,表面没有确指,实则含沙射影,影射与宝玉有着"金玉良缘"、一直让她醋溜溜、如鲠在喉的薛宝钗,具有很强的暗示意义。

《红楼梦》中,宝玉对身边的女孩子(尤其是袭人和晴雯)用情甚深。第31回,晴雯不慎跌断了宝玉的扇子,遭到宝玉指责,正自愤愤不平,这时袭人过来劝说,推晴雯道:"好妹妹,你出去逛逛,原是**我们**的不是。"

袭人巧用"我们"暗示晴雯,自己和宝玉是同一阵营,不料晴雯一听"我们"二字就打翻了醋坛子,冷笑道:"我倒不知你们是谁,别教我替你们害臊了!便是你们鬼鬼祟祟干的那事儿,也瞒不过我去,那里就称起'我们'来了。明公正道,连个姑娘还没挣上去呢,也不过和我似的,那里就称上'我们'了!"

还有,《红楼梦》第63回"寿怡红群芳开夜宴"中:

> 平儿笑道:"好,白和我要了酒来,也不请我,还说给我听,气我。"晴雯道:"今儿**他**还席,必来请你的,等着罢。"平儿笑问道:"**他**是谁?谁是**他**?"晴雯听了,赶着笑打,说道:"偏你这耳朵尖,听得真。"

---

① 参考吴福祥《"语法化"问题》,中国社会科学院院报,2003-01-09。

作为下人，晴雯本该称宝玉为"宝二爷"，却不经意随口就冒出"他"。中国这样一个称谓等级森严、势差显著的社会，随口称自己的主人为"他"，是有违封建礼节的，也不符合语用的势差原则。因此，她的这个冒失，向人们经意或不经意地泄了密：她和宝二爷的关系很亲密，否则是不可能如此大胆，也不可能这么随意的。当然，我们还可以透过晴雯对人称代词"他"的跨位使用，窥见她对宝二爷那种掩饰不住的情愫以及情窦初开的娇羞，因为含蓄的中国人在称呼自己的爱人时往往不呼名道姓，而是犹抱琵琶半遮面、羞答答地以"他（她）"来代替，称他人的爱人也是"你（他/她）的那个她（他）"来称呼。这一用法在年轻群体中尤其盛行。

可见，在汉语中，一个普普通通的"你""我""他（她）"，摆放在某些特定语用环境中，其蕴含意义就特别值得咀嚼品味了。

5.4 人称代词的网络变体——"偶（们）"

网络语言存在很多变异现象，对传统语言形成较大的反叛和革命。在汉语词典中，"偶"字没有表示第一人称的意思。但是在闽粤湘浙一带，由于方言发音特点，有把"我"字发音说成"偶"音的，北方方言自称代词也有"nge(me)"，这是谐音变异形成而在网络上广为流行的自称代词。"偶（们）"是目前网络上最为流行的变异人称代词，正如网民所言，"大概是因为这个'偶'字比较 IN 的缘故"，网络中人们喜欢用"偶（们）"自称，一方面感觉时尚，另一方面有些戏谑，可以增加亲切、调侃的味道。例如：

没办法，谁叫<u>偶们</u>是吃这碗饭的。
<u>偶</u>是好男银哦。
后来<u>偶</u>才知道，他是爱"干净的人"，而不是爱干净。
在这一点上，<u>偶们</u>家一向清高的小流氓却甘愿媚俗。

自称代词"偶（们）"变异的动因主要由几个方面组成：网络文化、网民心理、视觉追求、社会语言风尚等。网络使用的语言多调侃意味，"偶（们）"就具有非常浓重的调侃气息。尽管"我（们）"是汉语中功能最全面、使用最普遍的自称代词，但在网络语言中，"偶（们）"比"我（们）"就嬉皮多了，说来令人轻松有趣。不过，就现在来看，"偶（们）"也仅仅是汉语自称代词的网络变体，离开网络这一特殊媒体，它就失去了鲜活的生命力。

5.5　小结

　　人称代词的语用变异情况多样。自人称代词产生之后，不仅从数量上有所发展变化，在语用中也不断翻新，既可转指，还可以在代词意义上泛化，在性质、表数上进行变异使用。人称代词意义的泛化和虚化使人称代词产生了非指示用法。但是，我们看到，任何的变异，都是以语用为基础，以恰切地表情达意为原则。将当场性的人称代词变异为非当场性的人称代词，是为了拉开心理距离，客观说事，避免直面的直露和不客观；将非当场性的人称代词变异为当场性的人称代词，则是为了拉近情感距离，使双方感情趋同、心理共鸣，更加易于接受自己的观点。指称的泛化和虚化、数的变异使用和词性的变异等，也都有着各自的语用目标和价值。以语用为基础的人称代词的变异，正是在原有规范之下的适度偏离。这种偏离同其他语言现象一样，今后还会有所发展、有所创新。

　　因此，人称代词的变异研究也是动态发展的。由于语用中表情达意的需要，当下的常规用法常常衍生出一些变异用法；变异用法经长期使用被公众接受认可，就会逐步凝固为常规用法。语言的发展变化过程也是这样一个生生不息的、不断转化代谢的过程。

第六章 结　语

汉语人称代词流变研究立足于汉语本体研究，从静态共时和动态历时两个层面对汉语史上产生的主要人称代词的情况做了较为全面、详尽的考察，考察的内容包括汉语人称代词与称谓名词的关系、汉语人称代词的范围及类型、汉语人称代词的产生和发展演变，涉及汉语人称代词的发展史、汉语人称代词的常规用法及活用变异用法，涉及汉语人称代词的汉语史价值及其词汇、语法和语用功能等的考论。静态考论侧重于汉语人称代词语法功能和语用特点及其同类人称代词的互补性特征的共时考察；动态考论则侧重于汉语人称代词的发展源流及其使用变异的历时考察。通过以上两个层面的考察，我们对汉语人称代词系统的发展、系统内各个人称代词分支的具体人称代词、它们之间的用法和关系等做如下总结。

6.1　系统外围考察结论

本文的系统外围考察，指的是与人称代词系统交接的一些问题的考察，包括人称代词概念与范围的确定、人称代词与称谓名词之间的关系等。通过大量考察，我们作出如下结论。

6.1.1　人称代词的概念及其范围的确定

我们在前人研究的基础上对人称代词这个一直未有准确定位的概念作出如下定义：

人称代词，是在言语交际中代替交际双方和相关联（言语交际双方谈及）的第三方的名称的一类词。

我们所说的"言语交际",包括具有当场性和非当场性的言语交际(如现场对话、电话交谈、网络聊天、短信息沟通等)和具有交际虚拟性的书面言语交际(如信函往来、文学作品中的叙述与对话等)。文学作品中的叙述也是一种虚拟的言语交际,作者一般选取一个叙述角度对交际对象"读者"进行虚拟交际。人称代词的使用与语言中心视点的选择定位(即叙述角度的选择定位)有关。

"人称代词"的称代范围很广,包括当场和非当场的言语交际中关涉到的发话人、受话人以及他们双方或一方谈及的所有人,用以代替这些人的名称的代词就是人称代词。当然,人称代词也可以用来称代事物。一个词的意义等于人称代词,不等于它就是人称代词,而要看它的称代凝固性和约定俗成性。偶尔、临时的用法不能形成人称代词。

6.1.2 人称代词和称谓名词的关系

人称代词和称谓名词本是不同的概念。人称代词是基于语言的经济原则用来代替人和事物名称、使交际中的语言变得简省明快的一类代词;称谓名词是基于社会关系用来称呼社会网络中的各类关系人的一类名词。随着社会历史的发展,在语言应用中人称代词和称谓名词的一些部分出现交叉现象,使得本来泾渭分明的两类词出现了边界模糊,造成了不少的混乱,引起了不少的争议。

我们认为,人称代词和称谓名词的界线是非常清楚的,只是因为借用现象才造成了交叉。二者交叉的部分属于兼类词,是称谓名词向人称代词发展的动态过程中的一种状态。

称谓名词本来是一些身份性符号,带有一定的身份性特征和社会标记的烙印,在交际中根据不同的交际对象和交际目的而交替变换使用,其中一部分在发展中被借来用作指别性的人称代词,具有了称代功能,其身份性特征逐渐减弱,如"妾、奴、君、卿、子、公、陛下、殿下、足下"等。另外还有一部分人称代词,由名词或形容词组合形式借用而来,它们可以自由独立地用来称代人,如古汉语中的"孤(孤家)、寡人、不谷、哀家"等。这是由于汉语人称代词在谦敬功能的表达上有着明显缺位,于是,古人就采用礼貌式称谓称人称己,来填补这种缺位,这些称谓一般是由名词或名词化了的词和短语充当,却同时又有人称代词的功能,人们习惯称之为"尊称""谦称"和"傲称",这些由宗族社会关系中的专用称谓逐步泛化为全社会的称谓形式,最后固化为功能较为确定的人称代词,我们称之为"非典型人称代词",它们是人称代词的借用形式,是称谓名词和典型人称代词的"中间状态",形式是称谓名词,功能是称呼替代。

6.2 系统内部考察结论

对汉语人称代词系统内部,我们主要考论了汉语人称代词的系统结构、人称代词的发展演变和内在机制、人称代词的语法功能和社会语用功能、人称代词的变异用法和语法化历程等。

汉语人称代词系统也算是一个复杂的词类系统。

我们把人称代词看作是一种特殊的称谓形式,而将谦称代词、敬称代词和傲称代词看作是人称代词的特殊形式,并将人称代词分为典型人称代词(自称代词、对称代词、他称代词)、话题人物代词(反身称代词、旁称代词、统称代词、无定代词、隐名代词)和非典型人称代词(谦称代词、敬称代词和傲称代词)共三大类十一小类。这三大类十一小类人称代词形成了汉语人称代词词汇意义表达功能、语法功能和语用功能完善互补的庞大系统,较好地满足了汉语中不同时期、不同语境下称代的需要。

6.2.1 人称代词考察结论

6.2.1.1 典型人称代词

典型人称代词体现人物之间的客观关系。

典型自称代词的考论,以学术界争议最多的"吾我之辨"为重点,从词源、语义、语法和语用等方面考察了典型汉语自称代词"我、吾、余、予(yú)、朕、卬、台、言、侬(侬家、阿侬)、身、咱、昝(喒、偺)、俺、洒家、某、某甲、某乙"等。提出了以下几个要点:

(一)"我"与"吾"具有一定同源关系,语义、用法极为相似,但有所不同。从语音上看,二者有重读与非重读之别,这与它们的声调有关,"我"是曲折长调,重读;"吾"是半升短调,非重读。从语法功能上来讲,总的来说是谦让互补的。对比来看,"我"充当宾语是无条件的,但"吾"在东汉以前则必须与其他成分组成短语才能够充当宾语,或者在否定句中用于动词前作前置宾语。光杆"吾"是不作宾语的。从语用上来看,二者各得其所,"吾"具有谦和意味,在对等交际中颇受青睐;而"我"重自我强调,在势差交际中如鱼得水。在长句中,人们或者将二者交叉使用,体现参差美和对仗美;或者只用其一,以体现连贯美和气势美。"我""吾"在汉语史上曾一度争夺激烈,此消彼长,但东汉以后,它们在口语中各方面差异逐渐趋同,出现混用。随着"我"的语法语用功能日益完善,最终完全取代"吾"而成为汉语中最重要的自称代词。

(二)"余""予""我""朕"都盛行于先秦时期,但它们各有分工和侧重。"余""予"同为贵族使用,但"予"自我感较强,"余"则多含谦抑意味;"朕"由贵族自称词发展为帝王专用自称代词;"我"为典型通用自称代词。当自称表示单数时用"余""予""朕",当自称表示复数或否定时用"我"。起初,"余""予"语用意义有所区别,后来逐渐混用,清以后自称"余""予"逐渐消失。早期它们只出现在对话当中,鲜有例外。后来这一界线被打破甚至被颠覆,自述时通常用"余""予",而引述或转述时往往用"我""吾"。

"余""予""我""朕"居领格时,"余""予"和"朕"对后面的名词都有选择性,而"我"对后面的名词没有选择性。"余""予"居领格,后面的名词表示的都是说者本身所拥有的一般的人或事物。"朕"居领格,后面的名词都是令人尊崇的人或事物,或者是希望听者加以重视的人或事物,如帝王的先祖、身体、意志、言论,颁布的律令、礼仪等。

(三)汉语史上出现过一些典型方言自称代词。周代有"卬(áng)、台(yí)、言",六朝时期有"侬(侬家、阿侬)",宋元时期有"俺、洒家"。"卬(áng)"是西周时代的特有方言自称代词,只见于周代;"台(yí)"为周人方言自称代词,多表示自谦,大致在元代以后完全消失;"言"是《诗经》中特有的方言自称代词,在其他作品中未见使用。"言"是在先秦时期语言体系不够完善和统一的情况下短暂出现和使用的方言自称代词。它们在汉语史上使用时间很短,使用范围狭窄。"侬(侬家、阿侬)"为南方方言自称代词,吴语广为用之,始见于魏晋南北朝时期,到现代北部吴语中就用为对称代词了。"俺、洒家"盛行于宋元时期,方言特色鲜明,一般用于对话语言中,而不用于叙述语言。与"俺"相比,"洒家"具有更强的自我性。

(四)具有礼貌意味的自称代词"身",是一个典型自称代词,又是一个自称话题人物代词,作自称代词相当于"我",作自称话题人物代词相当于"自己"。但宋以后,自称代词"身"就很少使用了。到元代,自称代词"身"在书面语中逐渐消失,新产生了一个自称代词"老身",用于老年女性自称。"吾"和"身"都是具有礼貌谦和意味的自称代词。

"身"之后,产生了另一组口语性很强的自称代词"咱"和"昝(喒、偺)"。"咱"始见于宋,元、明之后应用比较普遍。"咱"的读音不同,意义也不同。"咱(zá)"多见于早期白话,也称"咱家",表示单数,相当于"我"。

"咱（zán）"相当于"咱们"，为包括式复数，总称己方（我或我们）和对方（你或你们）。自称代词"昝（喒）"初见于元代戏曲，"偺"稍晚，可以表示单数，也可以表示复数，表示复数时一般为包括式，使用很少。

（五）"某""某甲"和"某乙"为佛家专用自称代词，几乎同时产生于唐代，为自称代词的"委婉用法"。南宋以后，随着佛教业的式微，"某甲"和"某乙"结束了自称代词的历史使命，回归到隐名代词的本来面目，一直到今。这与自称代词系统内部竞争太激烈有很大关系。

典型对称代词主要考论"女（rǔ）、汝、尔（爾、尒）、而、若、乃（迺）、戎、你（妳）"。"女（rǔ）、汝、尔、而、若、乃、戎"是汉语中最早产生和使用的对称代词，"尔""汝"是对轻贱之人的对称代词。到中古时期，对称代词统一于"汝""尔"两个，其中"尔"逐渐写为"你"，并在用法上得到全面完善。元代以后，在白话作品中，"你"几乎成为对称代词的唯一形式。近代汉语还出现了一个比较重要的对称代词——"您"，金元文献中也用"恁"，相当于"你"，但后来逐渐演变为尊称代词。清代以后，"恁"不再作人称代词。到现代汉语中，对称代词完全统一于"你"和"您"。对称代词考论部分我们得出以下结论：

（一）"女（rǔ）"和"汝"并非古今字的关系，而是通假字的关系。它们本是两个不同的名词，但自从春秋战国时期被普遍借用为对称代词以后，二者就进入相对混用时期，人们对对称代词"女（rǔ）"和"汝"的使用带有很大的随意性，与作者、作品内容以及所涉语境均无关系。从东汉以后，局势发生转化，二者有了明确分工，不再混用——"女"一般作名词使用，读作"nǔ"，很少再用为对称代词。"汝"自产生之后，大有完全代词化的趋势：首先，是语法功能的全面化，主格、定格、宾格全面包揽占据；其次，是数的全面化，单数、复数全面表达；最终取代"女（rǔ）"，取得了稳固地位，成了一个专门的对称代词。

（二）"女、汝、尔、而、若、乃、戎"是汉语中产生和使用最早的对称代词。"汝"和"女（rǔ）"只能占主位和宾位，只能表示单数，与主要占领位、既可表示单数也可表示复数、有着较大的表现优势的"尔（爾、尒）"形成互补体系；"而"和"乃"多作定语，但使用较少。"尔（爾、尒）""女（汝）"一般用来对称轻贱之人。"汝"是一个对听话人带有一定轻蔑之情的对称代词，在有标记复数形式中，这种势差感更为鲜明。比较而言，"汝等"更侧重表现客观的地位身份势差，"汝辈"更侧重表达主观的心理情感势差。"若"是对称代词中的一个蔑称，以居于主格和宾格为主，说话人以"若"称对方，有一种居高临下的意味。"而"的语用色彩有着自己的特点，以"而"称呼交际的对方，有一定的亲密意义，是亲密称。与表轻贱的对称代词"尔""汝"不同，无论用作对称代词还是用作他称代词，"乃"在语用中传达的是一种庄重和文雅。"戎"则是《诗经》中特有的对称代词，其他作品中未见使用。

（三）"你"，古代写作"尒、伱"，"尒、伱"是"尔"的俗体。起初，"你"只是个方言词，并未在汉语中普遍使用，最早见于《隋书·五行志》所载"北齐谣"："武平元年童谣曰：'狐截尾，你欲除我我除你。'"从唐代开始，由于佛教兴起，文风突转，白话入文入诗，对称代词"你"隆重登上汉语史舞台。唐宋以后，"你"就成为了与"我"相对的一个专职对称代词，句法功能相当完善，可以用于主语、宾语和定语，既可以表示单数又可以表示复数。

"妳"最早作"嬭（nǎi）"，是"奶"的古字。"妳（nǐ）"被借为女性对称代词较早，出现于宋词中，读为"nǐ"，成为女性专用自称代词，但并未普及。直到五四新文化运动时期，他称代词分出了男女性别之不同，随后人们也发掘出久违的女性对称代词"妳"来区分谈话对方的女性性别，并且在当时一些作品及港台书面语中使用，成为女性专用自称代词。直到现在，虽然现代汉语早已摒弃不用，但"妳"还时常出现在港、澳、台及海外华人的文学作品、电影电视和报刊网络之中，不过这时的你已不是女性专用对称代词，而是男女皆代。

（四）"您"，最早见于宋代作品，在宋元话本小说和金元诸宫调里使用普遍。在金元文献中一般用为"恁"。北宋时，俗字"您"被引入文学作品中，而且专职作对称代词。北宋时的文献中，"您"使用频繁，历经宋、元、明三代，"您"都只是作为一个普通的对称代词运用于通俗易懂的小说、话本和诸宫调等艺术形式中，和"你"一样通称对方，并不是一个尊称代词。清代以后，"您"语用意义发生大转变，成了一个具有较大文明程度的对称敬词，一般用于下对上、卑对尊、幼对长。这种势差有时是决定于身份地位，有时则决定于心理情感。"恁（nín）"多见于早期白话，尤以元曲中最为多见，清代以后不再作人称代词。

典型他称代词所称代对象不在交际现场，发话人和受话人对其称呼不用太多考虑情感、态度、语气等因素，因此他称代词系统较为单纯而不繁复。

上古汉语借用了"厥""其""之""彼""诸""夫"几个指示代词作为他称代词，形成了一个功能上互为补充的相对完整的他称代词系统。到了汉以后，方言他称代词"伊""渠"和"他"才逐渐产生并盛行起来。最终"他"以绝对优势取得主流地位成为汉语通用他称代词。清代以后，逐渐产生了几个区别性的他称代词，如："她""它（牠）""祂（tā）""怹（tān）"等。主要观点总结如下：

（一）先秦时期由指示代词借用为他称代词的"厥""其""之""彼"在语法功能上恰成互补之势："厥（其）"主要作定语，"之"主要作宾语，"彼"主要作主语。"诸"主要作宾语，是一个较为特殊的他称代词。其特殊之处还在于它可以同时身兼代词和介词，或者同时身兼代词和语助词。"诸"不仅用作"代词+介词"形式"之于"和"代词+语助词"形式"之乎"的合音，而且语义上也是"之于""之乎"的合义。与它们同时代的"夫"，则由于它作为名词的本义和引申义应用广泛，具有压倒性优势，其他称代词用法未能形成较大影响。因此，很多字典都没有列出"夫"的他称代词义项。

"厥"在先秦时即被借作他称代词并开始盛行，汉以后就少见。主要用于领位作定语，单、复数同形。汉以后逐渐被比"厥"功能更完善的"其"所替代。"其"与"厥"比较而言，二者都是单、复数同形他称代词，主要句法功能都是作定语。但是，"其"虽然不能在句子中单独作动词后宾语，但可以在连动句中作动词后宾语，在双宾句中作间接宾语，也可以作介词宾语，或用于使令动词之后作兼语。"其"以其较为完善的语法功能在汉语中得到了较为广泛的应用，直到"他"出现，"其"的使用频率才逐步减少。

"之"从先秦开始借用为他称代词，代替人或事物的名称，主要作宾语。到现代汉语中，"之"一般不再作他称代词，而是多用于名词和它的修饰语之间作结构助词。

"彼"从春秋时期用为他称代词，单、复数同形，是古汉语中一个使用较为普遍的他称代词，相当于"他（的）""她（的）""他们（的）"。"彼"主要用于主格充当主语，偶尔也用于宾格和领格充当宾语和定语，还可以在使令动词后作兼语。与纯粹表示复数的"彼"有所不同，其有标记复数形式"彼等"代指不包括说话的人或作者在内的一群非特指的人或势力，尤指对说话者或写作者而言不受欢迎或不持认可态度的一群人或势力，在语用意义上表示出对被称呼者的谴责、责备和不满。

（二）"渠"和"伊（伊家）"都是方言他称代词，一般表示单数，盛行于魏晋和唐宋时期口语性很强的文学作品和佛教语录中。宋以后，由于"他"在口语里的普遍应用，"渠"和"伊"就只用于一些方言之中，书面上就很少见了。"伊"多见于上海、江浙一带方言中，"渠"则多见于粤语和客家话中。"渠"在粤语中写成"佢"，平声变为上声，在客家话中则念为不送气音。

"渠"本为名词，作他称代词是后起意义，来自吴方言、赣方言和江淮方言。初见于南北朝时期，唐以后专门用作他称代词，相当于"他""她""它"

"袘"（指神，佛）。唐代佛语录中最多。"渠"均表示单数，表示复数常用"渠伊""渠侬""渠辈""渠等"。"渠"可以用于主格、宾格和领格，是一个语法功能较为全面的方言他称代词。

在魏晋时期到清代，他称代词"伊"尚无性别之别，但在民国时期的文学作品中，"伊"就很少称代男性，它一般代指女性，相当于"她"。"伊"和"伊家"都可以作对称代词，相当于"你"，常见于金元的曲文里。在现代汉语中，他称代词"伊"只在一些方言中使用了，最突出的是吴方言区的上海、江浙一带。"伊"一般表示单数，要表示复数主要靠组合结构，如"渠伊""伊行""伊曹""伊俦""伊们""伊拉"等（吴语方言"阿拉"则代指"我们"），都是代指"他（她）们"。他称代词"伊家"则出现较晚，产生于宋代，大概盛行于宋元之后，元明词曲中通用。

（三）他称代词"佗"仅见于南宋佛语录，之后其他称意义和功能均由"他"所替代。在表达指别意义上，"他"比"佗"要早得多；在表示他称功能方面，"他"也比"佗"更加全面和完善。"他"涵盖了现代汉语中"他""她""它"三个词所代指的一切内涵和外延，即无论他称男性、女性还是指称事物，都用"他"。到"五四"前后，"他"分化为"他""她""它"。

他称代词"他"最早出现于六朝时期的《百喻经》，主要为佛家使用。不过，其盛行是到唐代开始。到宋代，他称代词"他"才在佛语录之外的各类体裁的文学作品中盛行起来，尤其在话本小说中使用普遍。"五四"之前，"他"不仅称代男性，也称代女性；不仅称代人，也可以称代事物。至现代汉语中，"他"分化为"他""她""它"，成为汉语最重要的他称代词。在语言应用中，"他"的意义还逐渐发生虚化，在有些情况下只具有了语法意义而失去了词汇意义，因此称为"语法化"。"他"的发展演变经历了这样一个过程：

动词（同"佗"，本义"负担"）→甄别代词（别的）→包举所有别的人或泛指任何的别人（无定实词）→"他"定指一个或几个别的男女或事物（有定实词，尚具无定性质）→"他"专用为他称代词（有定实词）→他称代词和泛化任指的虚指实词→他称代词和关联词、助词（虚词）→他称代词和指称标记（附着形式）。

"她"字本是方言中"姐"的另一体，这与后来的他称代词"她"在读音和字义上都没有关系。后来"姐"字产生，"她"几乎成了个"死"字。直到近代，著名诗人、杂文家和语言学者刘半农先生借用其字形而赋予了新的音和义，"她"字才获得了新生，成为女性专用他称代词。

"它"和"他"在先秦时就都被借为表示"别的，其他的"的意义，大多情况下都可以互相代替。到近代，由于刘半农先生的提议，"它"在"五四"以后也成了一个独立的、称代人以外的事物的他称代词。"牠"是"它"的异体字，主要称代动物，有时也用来称代非生命事物，但使用很少，后为"它"取代。

（四）"祂"是称代上帝、耶稣或神的他称代词。在宗教教徒的心中，上帝既不是人，也不是物，上帝是超然万物之上的造物主，应该拥有专属的称代词。汉语中上帝专属的他称代词就是"祂"，可以指上帝、圣母、男女神和耶稣等，其本身又是无性别的。在现代汉民族共同语中，男性神用"他"，女性神用"她"，不再使用"祂"。

（五）"怹（tān）"，北京方言，是汉语中唯一一个他称敬词。对称敬词"您"逐渐进入普通话，而他称敬词"怹"表敬称的用法却逐渐消减，并且只保留在方言里了。原因是，第三方不在现场，用不用敬称并不影响交际，也体现不出实在的语用功能。根据语言的趋简性，"怹"就被削减了。

6.2.1.2 话题人物代词

话题人物代词是指称话题中心人物、非中心人物和表示遍指的人物的代词，表示主观的指称对象，在交谈时这类代词的指称对象随发话人的主观愿望或话题而定，可因需要而改变，带有说话人鲜明的主观性。话题人物人称代词包括反身称代词、旁称代词、统称代词、无定代词和隐名代词等。通过考论提出以下几点：

（一）反身称代词主要有"自、己、身、躬、自己（自个儿）"几个。"自"和"己"是先秦时期的两个重要的反身称代词，它们因语法功能的互补而共存。"自"在句法中主要作主语，"己"则主要作宾语和定语。同时代的反身称代词"身"和"躬"都由名词发展而来，但反身称代功能都没有得到长足发展，最终为"自"和"己"取代。

"自己"凝固成一个反身代词使用至少源于六朝时期而不是到现代汉语，唐宋以后逐渐盛行。它整合了"自"和"己"的语法功能，在句子中可以用于主位、宾位和领位，充当它所代替的名词所能充当的所有句子成分。"自个儿"是方言反身称代词，表意与"自己"同。其使用大致始于清代，通常用于某些方言和口语之中。

"自己（自个儿）"可以跟在其他人称代词后面以强调前面的人称代词所指的人本身，如"我（们）自己""你（们）自己""他（们）自己"。但单音反身称代词无此用法。"自己"还可以活用为形容词，一般用副词"很"修饰，表示"自我""自在""有个性"之意。这在现代汉语中始见,是单音反身称代词"自"和"己"所不具备的用法。

(二)旁称代词指代说话人和听话人以外的其他人和事,可以表示单数也可以表示复数,强调的是与"我""己"的对立。我们主要考论"人、人家(rénjia)、别人(biéren)和旁人"四个。

旁称代词"人"主要用于汉代以前,其最基本特征是:它一般与自称代词"卬""我"或反身称代词"己"对举而称"别人",但不和"自"对立使用。旁称代词"人家"的基本功能是泛指或专指说话人和听话人以外的非中心人物,也可以和后面的名词性成分共同构成同位语,还可转指第一人称,指说话人自己。"旁人"出现于东汉时期,早于"别人"。二者的词汇意义和语法功能相似,只在语体上存在一定的互补。"旁人"多用于口语和非正式场合,"别人"则显得更为庄重,多用于书面语和较正式场合。这种差异到近代以后更加明显。"别人"自隋唐时期凝固成词之后,就合成一个旁称代词,读为 [bié ren],表示"另外的人""自己或某人以外的人"。注意两点:

其一,旁称代词"人家"和"别人"的区别。

"人家"和"别人"是一对常用的旁称代词,当它们泛指说话人和听话人以外的人,一般前面有先行词(即所指代对象已在上文出现),并与"自己"相对时,二者的意义和用法相当,可以互换。但是二者在语义和语用上都存在一定区别。

1. "别人"侧重于指代"另外的人",且不强调与"自己"的相对;而"人家"则较强调与"自己"的相对,一般指代特定的"他(们)""她(们)"。

2. "人家"可以指代人,也可以指代物,但"别人"只能指代人。如巴金《春》:"'四弟,你放了它罢。**人家**好好地飞着,你为什么一定要把它拖来关起?'淑英不愉快地对觉新说。"这里的"人家"就不能换成"别人"。

3. "人家"可以用来转指说话人自己,表达娇嗔、埋怨的亲近语用意义,为女性优选用法,但"别人"一般没有这种用法。

4. 语用上,他称代词"别人"一般用于正规语体和正式场合,具有一定的郑重意味,而"人家"多用于对话口语中,表达随和亲近。

其二,"旁称代词"与"他称代词"关系密切,"旁称代词"称代的是"别人""另外的人",所指是模糊不定的;"他称代词"称代的是说话人和听话人所谈及的具体的第三方,所指是具体明确的。在具体语境中,"旁称代词"的模糊性弱化之后所指明朗,可以转指他称代词,相当于"他(她、它)""他

（她、它）们"。

（三）到目前为止，统称代词系统还不够稳定，我们主要考论"诸位""列位""各位""众位""大家（大伙儿、大家伙儿）""彼此""各自"几个。汉语中，统称代词为数不少，它们都有着各自的语义倾向和语用特征，有着自己特定的表达范畴。

"诸位"作为统称代词，最早出现于六朝佛经中，表示对所指若干人的尊称。使用"诸位"，可以表达一种对对方的客气、礼貌和尊敬，属于书面语体。清以前，"诸位"与后面的名词或名词短语结合复指统称；清以后，"诸位"独立称代就非常普遍了。值得注意的是，有的学者把"诸公""诸君"也列为统称代词，这有待讨论。"诸公"和"诸君"两个词分别表示"诸位公卿大人""诸位先生"，后来泛称各位人士，应为名词短语。跟"诸位"相比，"列位"出现得晚（大致是宋代），但独立性比"诸位"强，多用于口语性很强的语境中，而且一般用于依"位"而"列"的情形下，民国以前一般属于民间市井用语，多为说书讲史者使用，运用范围比"诸位"狭窄。而"诸位"则一般用于比较正式的场合，更倾向于书面用语。

"各位"统称众多对象，最早见于元代口语。从明代开始，在之后各代的小说中使用频率都很高。清代是统称代词"众位"的全盛时期，其所指一般不包括说话人自己。一般来讲，在复指关系中，"众位"与对称代词复指，它就表对称；与他称代词复指，它就是表他称（"众位"通常不与自称代词构成复指关系来使用）。在相对关系中，如果"众位"与说话人相对，它表示对称，相当于"你们"；如果与说话人和听话人"你（们）"相对，它表示他称，相当于"他们"。"五四"以后，随着白话语言的蓬勃兴起，统称代词"众位"就为"各位"或"大家"所取代。

统称代词"大家"到唐代才开始崭露头角，之后便迅速成为各代小说话本和佛经中最为通用的统称代词，其统称功能也逐渐成了"大家"的最主要最常用的功能。它能泛代一定范围内所有的人，词汇、语法功能都是统称代词中最全面的一个。至于语体和语用上的不足，书面语用"诸位""各位"加以补充，口语则用"大伙（儿）""大家伙儿"等加以补充。

"彼此"又称"互指代词"，不仅可以称代"双方"，而且可以称代当事的各方，着重强调处于一定事件中的各方的互动。"各自"表示多人中的个人自己或者多方中的每一方，它强调多个或多方中的个体行为。"彼此"强调一种交互性，而"各自"强调自为性。

"诸位"和"列位"属于较典型的文言统称代词，代表了文言统称代词书面用语和口头用语两个方面，有较强的对称属性；"各位"和"众位"代表了由文言向白话过渡转型期比较典型的口语和书面用语两个方面；"大家"和"大（家）伙（儿）"则代表了白话中统称代词的典型通用和方言口语两个方面。它们各自有着自己的表述使命。

（四）无定代词没有确定的指示对象，是古汉语特有的代词，现代汉语没有这一类代词。

"或"和"有"字是肯定性无定代词，二者意义相当。在句子中，通常只充当主语，一般指人，相当于现代汉语中的"有人""有的人"或"某人"，表示肯定局部。但"有"的无定代词用法不是它的主要用法，在汉语中使用并不多。

"莫"和"无"字是否定性无定代词，可以用来指代人，也可以用来指代事物。相当于现代汉语的"没有谁"或"没有什么东西（事情）"，表示对某一范围内的人或事物的全体的否定。"莫"和"无"一般都不能够互相替代，原因就在于它们具有一些不可忽视的差异：

1. 在"无定"意义上，"莫"和"无"都没有特定指称对象，二者均为无定称代。但"莫"前面一般都伴有或暗含一个指人或事物群体的先行词，"莫"通过对先行词所表达的群体中的个体进行逐个否定，从而否定整个全体，而"无"的前面有时有先行词，但大多没有先行词，直接否定全体。

2. 在"否定"意义上，"莫"和"无"否定的侧重点不同。"莫"为后向否定，否定的是它后面的动作行为或性质，其否定形式为"没有谁（或什么事物）怎么样"，如《韩非子·历山之农者侵畔》"吾盾之坚，物<u>莫</u>能陷也"否定的是"没有什么东西能刺穿"。而"无"为前向否定，否定的是它前面的人或事物，或直接否定全体，其否定形式为"没有什么人（或事物）"，如《韩非子·难一》"吾矛之利，于物<u>无</u>不陷焉"否定的是"没有什么东西"。这就是"莫"有"莫若""莫如"用法，而"无"鲜见"无若""无如"用法的原因。

（五）隐名代词是一类特殊的人称代词，用来代替不能、不便、不愿、不需说出的人或事物的名称。这一类词以"某"为基础，与隐名代词"甲、乙、丙、丁"合用，产生了"某甲""某乙""某丙""某丁"等，到现在还在普遍使用。

"某"与"某甲""某乙"的隐名功能是一样的，但它们在运用时有所分工：

首先，"某"运用范围很广，可以代人，可以代物，还可以代事件，而"某甲"和"某乙"一般只能代人。

其次，指代人的时候，如果只是单个人，可以用"某"，也可以用"某甲"

或"某乙",但如果要分别指代两个以上的人,则分别用"某甲""某乙""某丙""某丁"……

再次,"某甲"和"某乙"的独立性强于"某",一般独立指代一个人,而"某"常与其他语素组合称代。"某"指代人时可代姓名,也可只指代名而将姓置于"某"前或单用"某",还可用"某人"表示;指代事物时,多用"某+属性名词"来代替,偶尔也单用"某"来指代。唐以后,"某"的角色功能逐步向第一人称代词转化。

第四,隐名代词"某甲"和"某乙"产生之初就如孪生兄弟,唐代时同时被佛家借去用作第一人称代词,而隐名代词功能就主要由"某"来承担。北宋以后"某甲"和"某乙"又逐步转向隐名代词功能。

值得注意的是,"甲""乙""丙""丁"系列一般成组使用,或连续用为"甲、乙、丙、丁",或合用为"甲乙丙丁",多表示天干,也可以表示隐名,有时则表示序数,相当于"第一、第二、第三、第四"。类似的隐名代词还有"张三""李四""王二麻子"等。

6.2.1.3 非典型人称代词

汉语非典型人称代词是指从普通名词、形容词或表示身份性特征的称谓名词演化而来的借用形式,具有较强的社会属性。它包括谦称代词、傲称代词和尊称代词三类。

谦称代词数量庞大,用于王侯谦称的有"孤(孤家、孤身)、寡人、不谷(不穀、不毂)、哀家"等;用于臣下谦称的有"臣(臣下)、仆(僕)、走、民、鄙(鄙人)、下官(末官、小吏)、卑职、末将、奴才"等;女子自称则用"妾(妾身、贱妾、臣妾)、奴(阿奴、奴家、奴奴)"等;读书人自我谦称"晚生、晚学、小生、鄙生、学生"等;老者自称"老朽、老拙、老奴、鄙老、小老(小老儿)、老夫"等;一般人自称"愚(愚生、下愚)、小可、在下、不才、敝人、小人、不佞"等以表示自己的谦卑和对对方的敬重。其中,每一个谦称代词都有着自己独特的称代特点,体现着中华几千年文化的深厚积淀。

以"孤"自称主要是谦称自己是"孤危无援之人",以"寡人"称自己为"寡德之人",以"不谷(不穀、不毂)"谦称自己"不善",都是有意贬抑自己,是交际中的一种语用策略。"哀家"为先帝留下的"未亡人"的自称,是一种低调、内敛的自我谦称。"臣、仆、走"是先秦时期臣下对上级官吏的自称谦词,"民、鄙(鄙人)、下官"是六朝时臣下对上级官吏的自称谦词。"下官"的词义范围后来有所扩大,普通人也可以自称,而且对方不一定是有官爵的人。

"卑职"为明清以后臣下对上级官吏的自我谦称。"末将"为汉以后武官的自称谦词。"奴才"为清代特有自谦代词,最初为清代宦官及清代旗籍官员在皇帝面前的自称(汉族官员只能自称"臣"以示低于满旗籍官员一等),后来范围有所扩大。"妾(妾身、贱妾、臣妾)"为战国后女子专用的谦称代词。"奴(阿奴、奴家、奴奴)"为五代时期产生的谦称代词,宋代以后只作女性自谦代词。读书人的自称谦词有小生、晚生、晚学等,表示自己是新学后辈,"小生""晚生"等是读书人的通用自称谦词,读书人和官场中人都可谦称"学生"。"老朽、老拙、老奴、鄙老、小老、老夫"等词,本指老年男性,都可以用为老者自称谦词,以表示自己年迈无为、卑微笨拙的谦谨之意。但"老夫"有时可以表示傲称,当依具体语境和说话人的语气来判定。"愚(愚生、下愚)、小可、在下、敝人、小人、不才、不佞"等都是以自称自己愚钝、鄙陋、卑微和笨拙来表示谦卑。

傲称代词"尔公""乃公"分别出现于北宋和东汉时期,但用例极少,这与当时俗文学尚未形成气候有关。傲称代词"老子"的使用始于东汉,"老娘"则产生于元代。随着早期白话的兴起,"老子"和"老娘"用为傲称代词的情况日趋普遍,盛行于明以后各个时期,相当于"我"。"老子"为男用自称,"老娘"为女用自称。使用者多为社会中文化不高、受教育较少,性格或豪爽不羁、或蛮横泼辣的人,是典型的市井语词。

"公、子(吾子)、君、卿"是汉语中突出的尊称代词。"公"用来对称公人或有爵位的人。"子"由"贵称""美号"演变为可用于朋友对称、夫妻对称、尊卑互称和普通人对称等。"吾子"比"子"表情更亲切,是一个充满敬爱感与亲近感的尊称代词,语用意义更接近"您"。对称代词"君"始见于周代,逐渐发展成一个典型通用的对称尊词,可用于下对上、上对下、晚辈对长辈、夫妻互称、平辈彼此对称,等等。"卿"侧重表达的是喜爱的语用内涵,是一个爱称。

古代尊称代词"子"和现代尊称代词"您"不是完全等同的,它们之间有着较大的语用区别。首先,"您"一般用于卑对尊、幼对长,有辈分年龄和社会地位势差的要求,具有单向性;而"子"则没有辈分年龄和社会地位势差的要求,夫妻之间、师生之间、朋友之间,都可以"子"对称,甚至可以用于尊卑互称,具有双向性,这是与"您"的最大不同。其次,"您"可以对称男性,也可以对称女性,但"子"一般对称男性。再次,"子"的语用内涵不同于"您"。对称"您",除了尊敬、礼貌之外有一种客气的距离感,而对称"子",则只表达一种尊重和礼貌,无距离感。不过,要古今对译"子"的话,"您"

还是现代汉语的不二选择。窥斑见豹,可见汉语人称代词的发展体现了融合趋简的方向,但并不能完全包容古汉语人称代词的语用功能。

"官""尊"都在六朝时被借为尊称代词,"官"通常用于卑贱者对称尊贵有爵者;"尊"所称则不一定是有爵者,它可以用来对称地位高或辈分大的人。"尊家"产生于清代,纯粹是一个跟"您"接近的普通对称代词,表示礼貌和客气。"仁"为佛家专用尊称代词,多为佛教徒对佛、罗汉的尊称,或尊称佛门中有道德有学问的人。

"陛下""殿下""足下""阁下""执事""左右"等是以与对方相关的典型处所来代称对方,或以表示职责任事的身份词来代称对方,表示对对方的尊敬和体谅。"执事"和"左右"在汉语中使用较少,明清之后就很少见了。还有,"先生"等词有时也用于交际中表示对对方的敬称,但作为一个重要的常用称谓词,它在向人称代词转化的动态过程中称代凝固性尚不够强,所以我们没有将它列入考论范围。

6.2.2 人称代词的活用变异

一般来说,作为一个词语层面的人称代词,其能指和所指是一致的,一个人称代词所称代的对象应是明确、无可争议的,但一旦进入社会情境和现实语境,人称代词的"标记性用法"① 就会不可避免地出现。在人称代词的使用中常常出现惯常用法的偏离,这并不是发话者误用,而是交际情境的需要。在话语表达中,人称代词指称语的使用经常与所指客体的一致性相违背,这跟说话人的主观意图密切相关。

人称代词的活用变异用法是发话主体出于某种修辞目的和表情达意需要而赋予人称代词一种临时的言语义(语境义)或外在形式,使得其原本有的语言义脱落,一旦离开语境,人称代词便不再具有该语境意义。受话人只有把握了特定情境,才能够对其中人称代词的变异进行解码和领悟。

人称代词的活用变异主要有四种情况:人称转指、数的变异、词性变异、指称泛化和虚化几种情况。

在所有人称代词中,"你"和"他(它)"的虚化(语法化)程度最深,所以我们还重点考论了"你"和"他(它)"的虚化(语法化)问题。

根据对语用实际的考察论证,我们总结出汉语人称代词活用变异的四种

---

① 根据布拉格学派的音位理论代表人物特鲁别茨科依和雅各布逊提出的"标记(markedness)"理论,人称代词的常规用法为无标记用法,特殊变异用法为有标记用法。

情况。

（一）通过人称代词的主观化介入和数的变异，拉近心理情感距离。

1. 自称代词"我们""咱（们）"转指对称代词"你（们）"。这样说话者的立场位移向听话者一方，缩短了双方的心理距离和情感距离，和蔼亲切，使其言语和观点易于为对方所接受。多用于长辈对晚辈、长者对幼者。

2. 人称代词"数"的变异也可以拉近心理情感距离。

数的变异，指的是在语用中，由于表情达意的需要，临时用复数形式的人称代词"我们""咱们""俺们""你们""您每""他（她）们"来代替"我""你""他（她）"表示单数意义，使人称代词数的意义临时发生变异，其作用是，将自己或个体的位置和立场靠向对方或集体，以复数形式表示单数，使个体在心理上产生归依感，消除孤独感和对立感，易于共鸣与合作。有些用例只出现数量变异，有些用例则为"人称转指＋数量变异"。

（二）远指人称代词代替近指代词，有意将当事人拉离话语的心理现场，消减主观性，造成客观冷静的心理感受，便于客观谈论事情和表情达意。

人们将近指人称代词（自称代词和对称代词）变异为远指人称代词（他称代词或旁称代词）"之、其、他（们）、她（们）、人家"等来应用，将本来处在当事者位置的当事人（及对话双方）暂时从心理上拉离话语现场，以"他（们）"将"我（们）""你（们）"置于一个"安全"距离，给当事双方创造一个缓冲的心理空间，便于客观地谈论事情和表达观点，避免事情的不可调和。

以具有一定的模糊性的旁称代词"人（家）"转指自称代词"我（们）"和他称代词"他（她）""他（她）们"，表达含蓄委婉，迂回委婉，巧妙避开了直指的正面冲突和直露，多半带着或娇嗔，或怨愤的语气，委婉含蓄，体现模糊表达的语言魅力。

（三）人称代词的词性变异，指的是人称代词临时脱落了代词词性和句法功能，而显现为其他的词性和句法功能。人称代词的词性变异主要体现为人称代词临时变异为动词，一般表示"称……"的意思，使句子表意精练减省。

人称代词的词性变异用法一般由人称代词的组合式或叠加式来实施，极少用单个人称代词来实现其词性变异。主要有以下几种形式："A＋B"式、"A呀A"式、"A呀B呀"式、"AAA"式。

（四）借助人称代词的泛化和虚化变异，有意模糊指称对象，淡化能指与所指之间的对立关系，委婉表情达意。

指称泛化，是指人称代词在语用中指称意义超出了原有的指称对象，并不明确指称某一个具体对象。汉语中，"你""我""他（她）"都有泛化任指用法。"你""我""他(她、它)"在表示任指的时候,意思相当于"无论谁""任何人"。其修辞作用是:通过人称代词"你""我""他(她、它)"的泛化或虚化变异使用,"你""我""他(她)"可以指某一特定语境中的任何人或变得无所指,淡化了能指与所指之间的对立关系,拉近了说者与听者的心理距离。

在所有人称代词中,他称的"他(它)"的虚化程度最高,对称代词"你"次之。虚化的"他(它)"的一般出现环境是"单音动词+他(它)+个",有时可以不出现后面的"个"。"你"的虚化环境为"任+你"。但并非"他(它)"和"你"只要一出现在这样的语言结构中就虚化了。虚化与否,要看具体语境。

我们看到,语言的变异,都是以语用为基础,以恰切地表情达意为原则。将当场性的人称代词变异为非当场性的人称代词,是为了拉开心理距离,客观说事,避免直面的直露和不客观;将非当场性的人称代词变异为当场性的人称代词,则是为了拉近情感距离,使双方感情趋同,更加易于接受自己的观点。指称的泛化和虚化、数的变异使用和词性的变异等,也都有着各自的语用目标和价值。以语用为基础的人称代词的变异,正是在原有规范之下的适度偏离。这种偏离同其他语言现象一样,今后还会有所发展有所创新。这也是变异语言所体现的强大包容性和创新性。

6.2.3 人称代词的发展演变

人称代词的发展演变与社会历史发展状况息息相关。在汉语史上,人称代词的发展是极不平衡的。从历时层面来看,产生人称代词数量最多的是先秦时期。

先秦时期诸侯争雄割据,天下四分五裂,给语言文字的发展和应用带来了很大的困难,各国语言文字各自为政,各自有一套人称代词系统,各说各语,各用各文。随着天下的一统,各自的系统合为一个庞大繁杂的人称代词系统,尽管统一的秦国推行"书同文,语同音"的语言文字政策,一时仍难从根本上撼动语言与文字的陈规和惯性,所以先秦时期是汉语人称代词最为复杂的时期,常常出现多个词表示完全同一意义的情况,东汉以后才发生重大转变。人称代词系统中也是如此,表达完全相同的意义和语用内涵,常常在同一时期就出现多个同义人称代词,人们只好择其所好,或者交织使用以示灵活多变。这一点在自称代词系统内部尤为突出。

非典型人称代词的涌现,则更多地与社会政治体制、主流文化观念相联系。等级森严、尊卑分化的政治文化土壤,更容易培植出大量丰富多样、各具特色的谦称代词、傲称代词和尊称代词。

网络传播的特点，又为网络语言的发展提供了极好的条件。汉语人称代词也出现了网络变体——自称代词"偶"。但人称代词的网络变体使用时间还太短，尚不够成熟稳定，需要语言实践的长期检验才能定论。

随着国家的统一稳定、社会交往的频繁，人称代词系统开始优胜劣汰，优化精简，最精华、最符合社会发展和人们需要的就留到了最后。"五四"以来，人称代词的发展渐趋统一平稳，体现为：数量精简，指称明确，功能明确，用法多样，发展稳定。直到新兴人称代词产生，又开始新的优胜劣汰和合理代谢。

不过，汉语人称代词的发展体现了融合趋简的方向，适应了社会发展的节奏，但并不能完全包容古汉语人称代词的语用功能。

6.2.4 相关问题思考

6.2.4.1 人称代词及其方言背景

任何一种语言，都与它所赖以生存的人群息息相关。汉语人称代词的产生发展演变离不开方言的影响。要想说明一个人称代词的来源和发展演变机制，通常要与不同时代不同地域的社会方言影响相联系。对方言研究的深入，可以帮助我们理清一些线索，解决一些争议，澄清一些事实，使人称代词研究更加科学完善。这一点难度很大，但这是我们今后需要致力去做的事情。

6.2.4.2 汉语人称代词及其汉语语料库基础

汉语研究对汉语语料库的依赖是很强的，人称代词的研究也不例外。

目前国内已建成几个不同规模的汉语语料库，如北京大学汉语语言学研究中心的"CCL语料库"、北京语言大学的"当代北京口语语料库"、国家语委的"现代汉语语料库"等。但除了北大的"CCL语料库"外，其他库的规模都比较小，用途单一，不能长期使用，研制工作也算不上精细。

"CCL语料库"是目前规模最大的汉语语料库，包括古代汉语库和现代汉语库，是很多汉语研究者进行汉语研究最重要的基础。但我们仍然发现该语料库有一些欠缺。

一是欠缺甲骨文和金文材料。当然这与甲骨文金文研究的不够成熟有直接的因果关系。以后随着甲骨文金文研究的日趋成熟，应该将这个部分补上。

二是语料库选材上，在某些阶段只侧重史论小说和诗词戏曲，欠缺一些经典散文名篇语料。

三是在繁体字和简体字的处理上，有些语料中未能保持最初的字体样貌。

这给汉语和汉字的研究造成一些不便。我们所依赖的语料库的不足，同时也就是我们的研究的不足。

科学强大的汉语语料库是汉语研究的基本保障。因此，汉语语料库建设的加强、完善和规范仍然是我们今后的重大任务。

参考文献

鲍延毅."子"作尊称及其所构成的尊称词说略 [J]. 语言文字学, 1990 年第 10 期。

鲍延毅.人称代词的"错位"用法——《金瓶梅》易代辞格说略 [J]. 徐州师范学院学报, 1996 年第 3 期。

陈翠珠.汉语自称代词"某""某甲"和"某乙"[J]. 云南师范大学学报（对外汉语教学与研究版), 2008 年第 6 期。

陈辉, 陈国华.人称指示视点的选择及其语用原则 [J]. 当代语言学, 2001 年第 3 卷。

陈梦家.殷墟卜辞综述 [M]. 北京：中华书局, 1956。

程邦雄.论语中的称谓与避讳研究 [J]. 语言研究, 1997 年第 2 期。

程工.从汉语"自己"一词的历时性演变看新格赖斯主义语用照应理论 [J]. 解放军外语学院学报, 1994 年第 6 期。

储泽祥, 谢晓明.汉语语法化研究中应重视的若干问题 [J]. 世界汉语教学, 2002 年第 6 期。

崔希亮.人称代词及其称谓功能 [J]. 语言教学与研究, 2000 年第 1 期。

崔希亮.现代汉语称谓系统与对外汉语教学 [J]. 语言教学与研究, 1996 年第 2 期。

戴志军.现代汉语人称代词系统的语用认知研究 [J]. 云南师范大学学报（对外汉语教学与研究版) 2006 年第 4 卷第 4 期。

丁声树.现代汉语语法讲话 [M]. 北京：商务印书馆, 1961。

方绪军.现代汉语实词 [M]. 上海：华东师范大学出版社, 2000。

冯广艺.共时点和历时链：关于语言变异问题的思考 [J]. 学术研究, 1990 年第 6 期。

冯广艺.超常搭配 [M]. 银川：宁夏人民出版社, 1992。

冯广艺．形名错位［J］．修辞学习，1994年第1期。

冯广艺．语境适应论［M］．武汉：湖北教育出版社，1999。

高名凯．汉语语法论［M］．北京：科学出版社，1957。

高予远．对"吾与我"的思考［J］．中国哲学史，2005年第4期。

《古代汉语词典》编写组．古代汉语词典［Z］．北京：商务印书馆，2003。

顾曰国．礼貌、语用与文化［J］．外语教学与研究，1992年第4期。

关德英．人称指示在汉语、英语中的语用对比分析［J］．河北理工大学学报（社会科学版），2006年第6卷第4期。

管燮初．殷墟甲骨刻辞的语法研究［M］．北京：中国科学院，1953。

桂诗春．心理语言学［M］．上海：上海外语教育出版社，1985。

郭锐．现代汉语词类研究［M］．北京：商务印书馆，2002。

郭锡良主编．古代汉语［M］．北京：商务印书馆，2006。

何兆熊．新编语用学概要［M］．上海：上海外语教育出版社，1999。

洪波．兼指代词语源考［J］．古汉语研究，1994年第2期。

先秦汉语对称代词"尔""女（汝）""而""乃"的分别［J］．语言研究，2002年第2期。

胡明扬等．词类问题考察［M］．北京：北京语言文化大学出版社，1997。

胡树裕．现代汉语［M］．上海：上海教育出版社，1995。

黄森学．论《金瓶梅词话》女性人称代词［J］．明清小说研究，2002年第3期。

黄盛璋．古汉语的人身代词研究［J］．中国语文，1963年第6期。

黄宇鸿．《诗经》中的人称代词［J］．武汉教育学院学报，1995年第5期。

黄玉顺．中国传统的"他者"意识——古代汉语人称代词的分析［J］．中国哲学史，2003年第2期。

贾则复．对"朕""余"（予）、"吾""我"的初步研究（上）［J］．陕西师范大学学报（哲学社会科学版），1981年第1期。

贾则复．对"朕""余"（予）、"吾""我"的初步研究（下）［J］．陕西师范大学学报（哲学社会科学版），1981年第2期。

焦长令．古汉语无定代词辨疑［J］．西南师范大学学报（人文社会科学版），2003年第6期。

竟成．简论汉语人称代词［J］．古汉语研究，1996年第1期。

黎锦熙．新著国文语法［M］．北京：商务印书馆，1998。

李峻锷．《称谓录》及其作者梁章钜：兼论中国古代的称谓体系［J］．上海师范大学学报（哲学社会科学版），1991年第2期。

李开. 战国时代第一人称代词"我""吾"用法种种［J］. 南京大学学报，1984年第3期。

李如龙. 汉语方言的比较研究［M］. 北京：商务印书馆，2001。

李向农. 通名报姓漫谈［J］. 学语文，1991年第3期。

李佐丰. 古代汉语语法学［M］. 北京：商务印书馆，2004。

连淑能. 英汉对比研究［M］. 北京：高等教育出版社，1993。

刘秉忠. 孤寡不穀本义探［J］. 语言文字学，1991年第9期。

刘国辉. 言语礼貌·认知期待·语境文化规约［J］. 外语教学，2005年第2期。

刘宝恒. 释"爾"［J］. 现代语文，2007年第3期。

吕叔湘. 现代汉语八百词［M］. 北京：商务印书馆，1980。

吕叔湘. 汉语语法论文集［M］. 北京：商务印书馆，1984。

吕叔湘. 近代汉语指代词［M］. 上海：学林出版社，1985。

吕叔湘. 吕叔湘自选集［M］. 上海：上海教育出版社，1989。

吕叔湘. 中国文法要略［M］. 北京：商务印书馆，1990。

陆俭明. 现代汉语语法教程［M］. 北京：北京大学出版社，2003。

骆小所. 变异修辞的神韵美［J］. 修辞学习，1991年第1期。

骆小所. 略论变异修辞语言产生的心理基础及其美学意义［J］. 北京师范学院学报（社会科学版），1991年第1期。

骆小所. 艺术语言学［M］. 昆明：云南人民出版社，1992。

骆小所. 略论修辞中的话语交际和社会角色的关系［J］. 云南师范大学学报（哲学社会科学版），1993年第1期。

骆小所. 现代修辞学［M］. 昆明：云南人民出版社，1994。

骆小所. 话语交际和受话人的主观心境［J］. 修辞学习，1994年第4期。

骆小所. 论艺术语言的弹性美［J］. 语言文字应用，1995年第4期。

骆小所. 语言美学论稿［M］. 昆明：云南人民出版社，1996。

骆小所. 艺术语言："有意味的语言形式"［J］. 修辞学习，2000年第4期。

骆小所. 艺术语言再探索［M］. 昆明：云南人民出版社，2001。

骆小所. 艺术语言学：哲学的反思［J］. 云南师范大学学报（对外汉语版），2003年第4期。

骆小所. 现代汉语引论（修订版）［M］. 昆明：云南人民出版社，2005。

罗竹风主编．汉语大词典［Z］．上海：上海辞书出版社，1986。

马国权．两周铜器铭文代词初探［J］．中国语文研究，1986年第3期。

欧阳东峰．略论人称代词的标记性用法［J］．广东工业大学学报（社会科学版），2006年第4期。

（日）大西智．亲属称谓的自称用法刍议［J］．世界汉语教学，1994年第4期。

（日）杉田泰史．《论语》的第一人称代词"吾"与"我"的区别［J］．古汉语研究，1993年第4期。

容庚．周金文中所见代名词释例［J］．燕京学报，1929年第6期。

商务印书馆编辑部编．辞源（修订本）［Z］．北京：商务印书馆，1983。

邵敬敏．汉语语法学史稿［M］．北京：商务印书馆，2006。

邵敬敏．论汉语语法的语义双向选择性原则［J］．中国语言学报，1997年第4期。

沈家煊．语言的主观性与主观化［J］．外语教学与研究，2001年第4期。

沈家煊．不对称和标记论［M］．南昌：江西教育出版社，1999。

束定芳．中国语用学研究论文精选［M］．上海：上海外语教育出版社，2001。

童秀芳．古汉语中的"自"和"己"——现代汉语"自己"的特殊性的来源［J］．古汉语研究，2002年第1期。

汪国胜．大冶方言语法札记［J］．华中师范大学学报（哲学社会科学版），1994年第2期。

汪国胜，苏俊波．2005年的汉语方言研究［J］．汉语学报，2006年第4期。

王桂安．论"人称代词活用"［J］．华南师范大学学报（社会科学版），1995年第2期。

王力．古代汉语［M］．北京：中华书局，1995。

王力．汉语史稿［M］．北京：中华书局，2004。

王力．汉语语法史［M］．北京：商务印书馆，1989。

王力．中国语法理论［M］．北京：中华书局，1954。

王国安，王小曼．汉语词语的文化透视［M］．上海：汉语大词典出版社，2003。

王建华．礼貌的相对性［J］．外国语，1998年第5期。

王建华．礼貌的语用距离原则［J］．东华大学学报（社会科学版），2002年第4期。

王勤．汉语修辞通论［M］．武汉：华中理工大学出版社，1995。

温锁林，宋晶．现代汉语称谓并用研究［M］．语言文字应用，2006。

吴福祥．"语法化"问题［J］．中国社会科学院院报，2003年01月09日。

吴明华．语用前提预设的"远近原则"［J］．汉语学习，1994年第6期。

吴礼权．现代汉语修辞学［M］．上海：复旦大学出版社，2006。

吴友富．国俗语义研究［M］．上海：上海外语教育出版社，1998。

吴振国．称谓方式与社会结构［J］．语文建设，1993年第9期。

伍铁平，吴涌涛．文化语言学［J］．文史知识，1991年第2期。

夏先培．左传交际称谓研究［M］．长沙：湖南师范大学出版社，1999。

向景安．陛下殿下 阁下…浅释几则常见称谓［J］．大公报，2004年12月26日。

向熹．简明汉语史［M］．北京：高等教育出版社，1998。

肖永凤．谈今、古汉语人称代词的差异性和继承性［J］．六盘水师专学报，1999年第11卷第4期。

邢福义．词类辨难［M］．兰州：甘肃人民出版社，1981。

邢福义．现代汉语语法研究的两个"三角"［J］．语言文字学，1990年第1期。

邢福义．汉语复句格式对复句语义关系的反制约［J］．中国语文，1991年第1期。

邢福义．从句法组织看现代汉语的丰富、优美与精炼［J］．语文建设，1991年第6期。

邢福义．从"龙的子孙"说到"星期七"：关于语言和文化［J］．学语文，1993年第1期。

邢福义．《红楼梦》里的"因Y，因G"［J］．湖北大学学报（哲学社会科学版），1993年第4期。

邢福义．南味"好"字句［J］．华中师范大学学报（哲学社会科学版），1995年第1期。

邢福义．说"您们"［J］．方言，1996年第02期。

邢福义．汉语语法学［M］．长春：东北师大出版社，1996。

邢福义．汉语语法结构的兼容性和趋简性［J］．世界汉语教学，1997年第3期。

邢福义．文化语言学（增订本）［M］，武汉：湖北教育出版社，2000。

邢福义．表达正误与三性原则［J］．湖北大学学报》（哲学社会科学版），

2001年第2期。

邢福义．汉语语法三百问［M］．北京：商务印书馆，2004。

邢福义；汪国胜．现代汉语［M］．武汉：华中师范大学出版社，2003。

熊学亮；刘国辉．也谈礼貌原则［J］．四川外语学院学报，2002年第3期。

徐大明等．当代社会语言学［M］．北京：中国社会科学出版社，1985。

徐杰．汉语描写语法十论［M］．郑州：河南教育出版社，1993。

徐时仪．"侬"的语源义探析［J］．医古文知识，2003年第3期。

徐通锵．历史语言学［M］．北京：商务印书馆，1991。

许仰民．古汉语语法新编［M］．郑州：河南大学出版社，2001。

杨伯峻．中国文法语文通解［M］．北京：商务印书馆，1936。

杨伯峻，何乐士．古汉语语法及其发展［M］．北京：语文出版社，1992。

杨任之译注．尚书今译今注［M］．北京：北京广播学院出版社，1993。

杨希英．"女"与"汝"与第二人称代词（rǔ）之关系考［J］．江西社会科学，2006年第2期。

杨一吾．古代妇女代称种种［J］．修辞学习，1992年第3期。

姚大志．哈贝马斯：交往活动理论及其问题［J］．吉林大学科学社会学报，2000年第6期。

姚振武．汉语谓词性成分名词化的原因及规律［J］．中国语文，1996年第1期。

叶正渤．古代语词类活用与修辞［J］．修辞学习，1992年第4期。

易洪川．双语人"您"类词误用研究［J］．湖北大学学报（哲学社会科学版），1994年第1期。

俞光中、（日本）植田君．近代汉语语法研究［M］．上海：学林出版社，1999。

俞理明．汉语人称代词内部系统的历史发展［J］．古汉语研究，1999年第2期，总第43期。

袁毓林．谓词隐含及其语法后果［J］．中国语文，1995年第4期。

曾卫军．人称代词的虚化及其语法化解释［J］．湖南城市学院学报，2007年第02期。

翟颖华．旁指代词"人家"的构成及其语用状况考察［J］．修辞学习，2004年第04期。

张伯江，方梅．汉语功能语法研究［M］．南昌：江西教育出版社，1996。

289

张春泉．第一人称代词的虚指及其心理动因［J］．浙江大学学报（人文社会科学版），2005年第35卷第3期。

张惠英．第二人称"贤、仁、恁、您"语源试探［J］．中国语文，1991年第3期。

张静．汉语语法问题［M］．北京：中国社会科学出版社，1987。

张炼强．人称代词的变换［J］．中国语文，1982年第3期。

张榕．言语交际中的语码转换略探［J］．语言文字学，1995年第4期。

张玉金．西周汉语代词研究［M］．北京：中华书局，2005。

张志公．汉语语法常识（改订本）［M］．上海：上海教育出版社，1959。

中国大辞典编纂处．汉语词典（原名"国语辞典"）［Z］．北京：商务印书馆，1991。

中国社会科学院语言研究所编辑室．现代汉语词典（第5版），北京：商务印书馆，2005。

周法高．中国古代语法·称代编［M］．北京：中华书局出版社，1990。

周国光．古汉语代称中的语义变异［J］．学语文，1994年第2期。

邹华清等．汉语大字典［Z］．成都：湖北、四川辞书出版社，1986。

周生亚．论古代汉语人称代词繁复的原因［J］．中国语文，1980年第2期。

朱德熙．语法讲义［M］．北京：商务印书馆，1982。

自指和转指：汉语名词化标记"的、者、之、所"的语法功能和语义功能［J］．方言，1983年第4期。

朱振家等．古代汉语［M］．北京：高等教育出版社，1988。

祝中熹．先秦第一人称代词初探［J］．兰州大学学报（社会科学版），1986年第2期。

宗廷虎．20世纪中国修辞学［M］．北京：中国人民大学出版社，2007。

Biber, D. Conrad, S. &Reppen, R. 1998. Corpus linguistics. Cambridge：Cambridge University Press.

Brown, P. Levinson, S. 1987. Politeness：Some universals in language usage. Cambridge：Cambridga University Press.

Carroll, D. 2000. Psychology of language（3rd edition）．Beijing：Foreign Language Teaching and Research Press.

Chu, C. 1998. A DiscourseGrammar of Mandarin Chinese, New York：Peter Long Publishing.

Coulthard, M. (ed.) 1992. Advances in spoken discourse analysis. London: Routledge.

Hopper, Paul J. &Thompson, Sandra A. 1980. Transitivity in grammar and discourse, Language vol. 56, No. 2.

Karlgren, Bernhard. 1949. The Chinese Language: An Essay on its Nature and History. New York.

Klimov. G. A. 1974. On the Character of Languages of Active Typology. Linguistics. 131.

Zpbl, H. 1983. markedness and the projection problem. Language Learning 33.

后 记

实话实说，这次与6年前撰写这本书时的心情完全不同。那时候，是我的第一部所谓专著，是"十月怀胎，一朝分娩"的初为人母的激动和喜悦，字斟句酌，反复推敲。成书的过程，无疑付出了千辛万苦的努力工作，恰如"心血"凝成的"结晶"。

首先，查阅了无数的相关著作、论文，在理论上广泛学习思考。

其次，是通过数据库查询和分析了无数的相关用例，搜集整理、归纳分类、分析应用；

再次，是与导师的无数次倾谈和与武汉桂子山同窗的反复切磋讨论；

然后，是撰文之严谨、构思之"烧脑"，一切的一切，自不待言。

有时为了一个句子的表述和成立，竟会花上好几天时间。有时，大脑里思绪万千一团乱麻，感觉山穷水尽的样子。于是，干脆放下，出去疯一天，回来撸起袖子加油干，继续埋头写续篇。

专著再版之际，也常常感念那个艰难时期常常带我去疯的几个昆明的朋友：温文尔雅的李波大哥、古道热肠堪担大任的苏亭二哥、善解人意温良贤淑的魏汝美姐姐，还有侠骨须眉锵锵豪气的小伍同学和娇憨可人不让须眉的小毕妹妹……他们陪我开心帮我纾解困乏。

还记得，苦累交加之际，苏二哥载着李大哥、伍小弟和毕小妹来到楼下，电话这端，我飞奔下楼……

曾记得，东川红土地的锵锵三人行，我们，游兴大发，短诗抒怀；海埂漫步，我们畅谈人生；西山晚游，我们在吟诗作对中蓦然看见"白狐"惊鸿乍现……

没有这帮哥们儿，我的写作会多么乏味、多么艰难！

还有，我的大学闺蜜、集智慧温婉善良于一身的杨焓琳，我们一起进餐、散步聊天、分享快乐，其实我们只需要静静相伴，默默关怀，内心就很怡然。

感恩友人们，情义无价！

因此，我的"创作"历程不算太苦，甚至可以说回味甘甜。

此次再版，我把这些在艰辛的创作中关怀我陪伴我幸福我的朋友们写出来，谨以此书表达对朋友们的不胜感激。

前面很用力用心，再版时正文就没有较大改动，只在标题中改了俩字，正文做了微调。

但愿再版的《汉语人称代词流变》能对汉语研究者有所裨益。果真如此，我便满足心安。

本人水平有限，书中观点和表述若有不当之处，敬请专家们不吝斧正。在此谢过！

陈翠珠

2019 年 11 月，彩云之南——蒙自